WIRTSCHAFT VERSTEHEN MIT INFOGRAFIKEN

EINE EINFÜHRUNG IN 111 INFOGRAFIKEN

經濟學 INFOGRAPHICS 視覺資訊大繪解

THOMAS RAMGE | JAN SCHWOCHOW

托馬斯・蘭姆格、揚・史沃喬夫—合著

劉于怡—譯

從資訊圖表看懂經濟

我們希望以資訊圖表作為媒介，創造出一種容易理解且不失趣味的入門方式，讓讀者對經濟學這門複雜學科產生興趣，這也是本書最重要的目的。這本書是寫給那些早上總是因為看不懂而跳過報紙財經版的讀者，以及大學時忘了選修、或是總是睡過頭而蹺掉「經濟學原理課」或「工商管理導論課」的人。

我們的經濟學之旅，是從經濟學最小單位「個人」開始。隨著篇幅展開，視野也會漸漸擴大，進入企業、國民經濟以及世界經濟的領域一窺究竟，並由經濟學大師開拓我們的心智，思考利潤與地球生態之間如何維持平衡，追求財富的貪欲也未必非得破壞自然環境。最後，我們展望未來，想像新思維與新科技將如何創造出一個以人為主的新經濟體系。

要達到上述目標並不是一件容易的事，經濟世界不只複雜，還非常廣泛。針對每一項主題，我們設法將所有重要的概念與其相互間的關聯，以及論述與事實，皆以圖表的形式呈現。在這個過程中，我們不免有所取捨，因此，本書並不像描繪全球地理狀態的地圖那般追求絕對詳盡，而是希望能藉此引發讀者的好奇心，踏進這塊值得一探究竟的領域。

身為財經記者及圖表專家，這門學問之所以深深吸引我們二十多年，不只是因為經濟學這個領域裡有許多精采的故事，更是因為經濟的重要性與所有人的生活息息相關。所以，理解經濟有其必要。

揚・史沃喬夫
托馬斯・蘭姆格
2016.07 寫於柏林

I

個人篇

就業者
・
老闆
・
消費者
・
窮人與富翁
・
工作、錢、幸福

「勞工類型」決定你的「職場規則」

工作決定了我們的生活樣貌，而我們透過契約關係、執照認證所獲得的法定身分，從制度上規範了我們的工作方式、工時與工資計算方法，甚至是繳納稅金、保險的金額。在德國，職場受僱者約可分為以下6大類，台灣大致也可如此劃分。

學徒、實習員工

- **修習2至3.5年後，通過結業測驗即可獲得「熟練工」(Gesellen)或專業技工(Facharbeiter)的認證。(兩者差別在於前者多為自僱，後者為受僱)**
- 雙軌技職教育: 業界練實務，職校學理論。
- 薪資標準各異: 根據地區、產業而有落差。

台灣．建教合作生

- 高職與專科學校和企業簽約合作。
- 實習根據合約，在寒暑假或學期中進行。
- 企業應按月給付建教生的生活津貼，金額不得低於《勞基法》所定的基本工資。

雇員

- 根據上級指令與原則來工作。
- 每月薪資按照勞資集體或個人協議發放。
- 按特定程序可解除工作合約。
- **雇主權限委託給管理階層代理。**

台灣．雇員

- 《勞基法》保障，薪資不得低於基本薪資。
- 一例一休: 勞工7天內須有2天休假。
- 勞保: 由勞工本人、雇主、政府共同繳納，負擔比例為2:7:1。
- 勞退: 雇主每月額外為員工提繳薪資6%以上的退休金，讓勞工60歲時領回。

工人

- 以體力工作為主。
- **有專業技工、有證及無證工人的區別**
- 薪資通常以時數或計件結算。
- 工人與雇員在法律上的區分相當模糊

台灣．工人

- 法律上與雇員無特別區分。
- 強調體力的職缺，現在多由外籍移工填補。
- 最缺人的產業: 營建、製造、漁業、社福照護。

基本工資

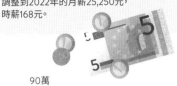

德國的《基本工資法》於2015年上路，當時基本工資為時薪8.5歐元（含稅），相當於全職員工時薪中位數的51%，某些不受此限的行業在2017年1月1日後取消特例。德國是歐盟中第22個訂立基本工資的國家。

台灣的基本工資則由1956年的月薪300元，調整到2022年的月薪25,250元，時薪168元。

迷你短工或一般短工

兩者皆工時短，迷你短工每月薪資不超過450歐元，一般短工薪資則介於450.1~850歐元。迷你短工無需繳稅或社會保險費，一般短工則需繳交社會保險，雇主負擔比例為19.325％。

見習生

讓學生學以致用以及累積實務上的專業經驗。基本上，見習生也有保障基本工資，但若是學校強制的實習課程則不受此限。

大學實習生

大學生每週允許工作20小時，此類工作必須與所學科系相近並可增加實務經驗（非一般學生打工）。大學實習生有強制加入退休保險的義務。

非典型就業

此指兼職短工、勞動派遣及定期契約工。透過這種形式，好處是能讓一些人快速進入就業市場，弊病則是這些雇員幾乎缺乏社會保險，長期而言對社會保險制度帶來難以評估的傷害。

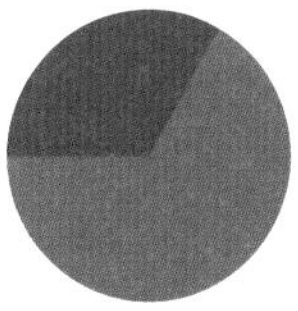

自由業者及
一般小型企業老闆之
總數無確切統計。

公務員

- **與雇主（政府）間有特殊僱傭及忠誠關係。**
- **身分確立是透過任命，而非工作合約。**
- 在健保及退休保險上享有部分特權。
- 無法任意解除職務關係。若公務員本身不同意，只能藉由違紀懲戒訴訟程序解除職務。

台灣 · 公務員

- 需通過國家考試與訓練。
- 不受《勞基法》保障，但有公教人員保險。
- 福利：子女教育津貼、優惠儲蓄存款等。
- 《公務員懲戒法》：違法失職可能被記過、剝奪退休金、撤職。若事態嚴重，將交由監察院審查或懲戒法院審理。

專門職業及技術人員

- **從事特定職業者，如醫生、律師、演員、稅務顧問、記者、學者、助產士及照服員。**
- **具有特殊專業技能。**
- **不受《營業法》之約束。**
- 工作型態：受合約約束之工作（例：事務所的受僱律師）、自為雇主（例：醫生開設診所）。

台灣 · 專門職業及技術人員

- 依《專門職業及技術人員考試法》及其他法規取得執業資格的人員。例如律師、會計師。
- 可自行執業，或受僱於特定的事務單位。
- 稅率：高於平均。
- 社會保險：健保費較高。且若無加入勞保、農保等，將強制加入國民年金。

雇主或自僱者

- 雇主或自僱者。
- **根據勞務或工作合約，接受其他公司的委託。**
- **收取不定期且不定數額之酬金。**
- 可自行訂定工作條件，且不直接受限於委託人地區、時間及專業指示，完全獨立。

台灣 · 自由業

- 實際從事勞動或技藝工作獲得報酬，且無固定雇主。
- 職業工會：加入工會後，可由工會加保勞健保。
- 勞保：由勞工與政府共同繳納，比例為6:4。

生涯進程與報酬

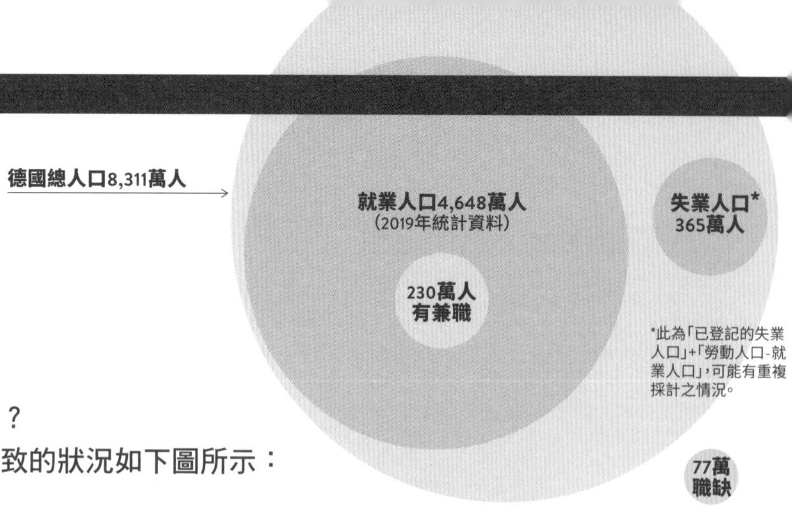

不同的工作型態能獲取的收入也不同，
那麼不同職業在退休之前能賺進多少財富？
各式行業中的就業者共有多少人？失業者又有多少？
養兒育女要花多少錢？國家提供多少補助？德國大致的狀況如下圖所示：

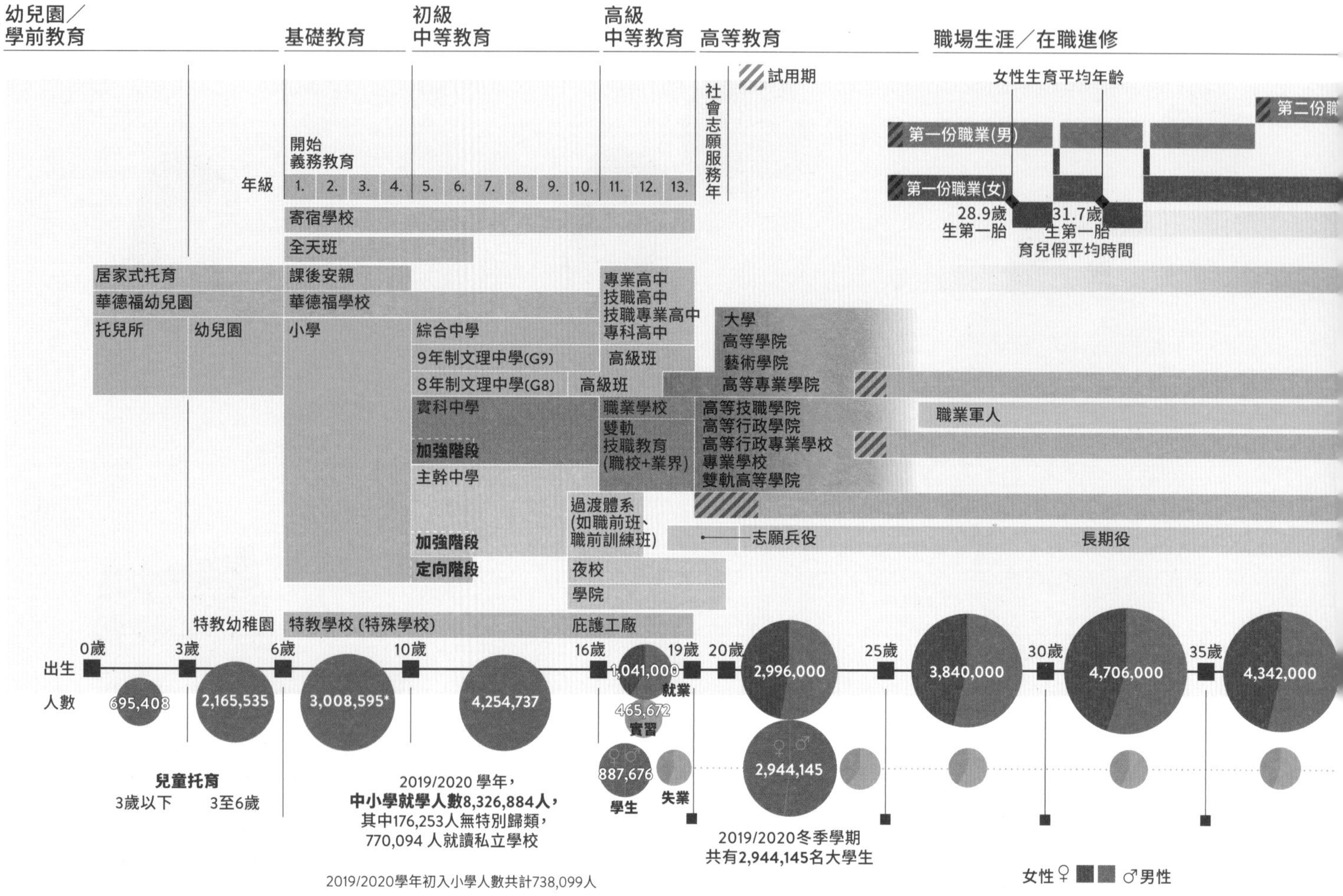

養兒育女之費用

每月發放育兒津貼作為父母的經濟支援

第一胎:	第二胎:	第三胎:	第四胎起:
€219	€219	€225	€250

(發放至孩子滿18歲，與父母收入所得無關)

每月發放父母津貼作為經濟支援

最低€300 最高€1,800

發放金額根據留職停薪居家照顧孩子的父或母，在孩子出生前一年的平均每月工作所得淨額決定。發放期限為14個月(特殊狀況可達24個月)，父母可自行分配居家照顧時間。

計算方式(以2022年2月為例)

分娩前收入		每月父母津貼
€1,400(稅後淨額)	收入的65%	€910

分娩前收入淨額€1,200起，父母津貼比率會從67%降至65%(€1,240起降至65%，€1,220則降至66%)。

撫養1個小孩所需的每月費用(單位:歐元)

€550

到孩子滿18歲費用推估

€120,000

扶養子女免稅額

€8,338

子女免稅額不像育兒津貼直接發放，而是從應繳所得稅之金額中扣除，是減稅方式之一。出生當年的免稅額度則照比例計算，離婚父母基本上各享有一半的免稅額。

各行業收入全觀表(未扣稅之收入毛額，不含任何津貼補助)

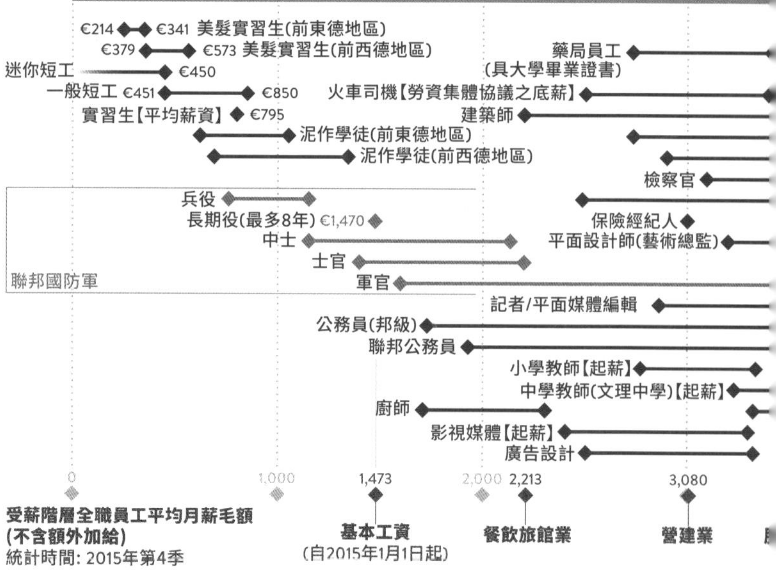

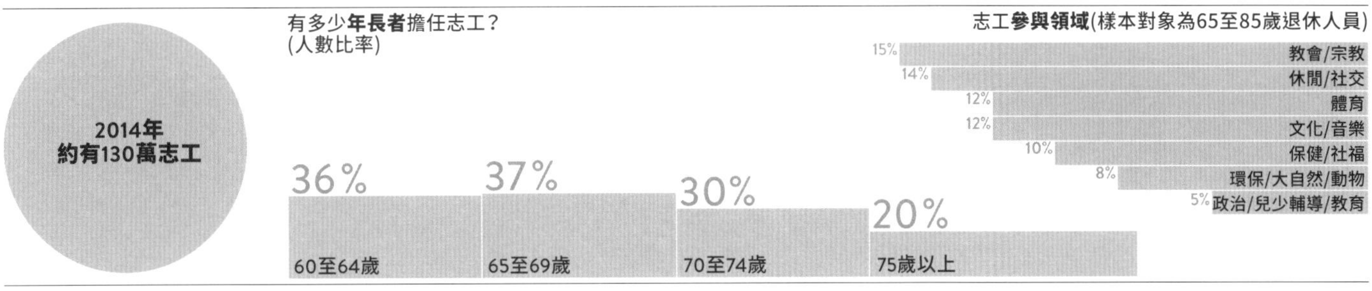

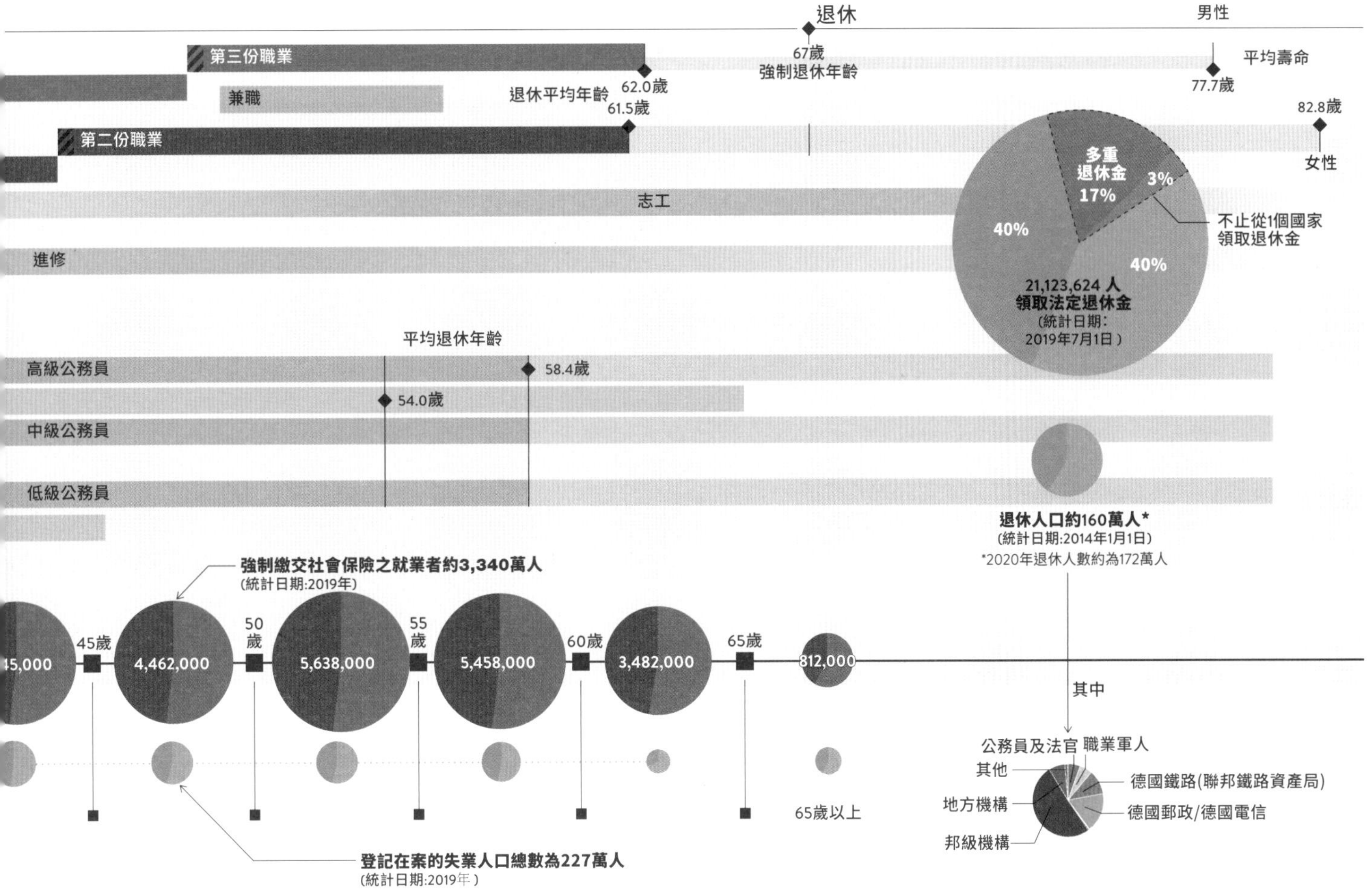

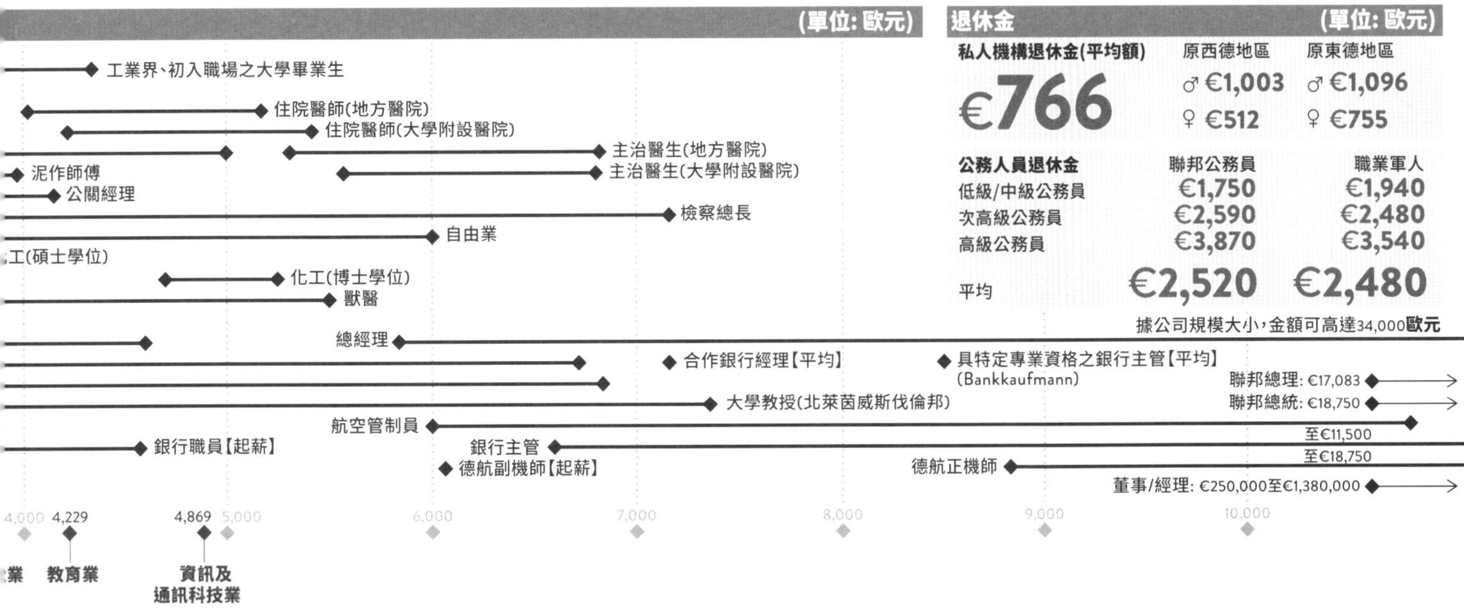

退休金 (單位: 歐元)

私人機構退休金(平均額)	原西德地區	原東德地區
€766	♂ €1,003	♂ €1,096
	♀ €512	♀ €755

公務人員退休金	聯邦公務員	職業軍人
低級/中級公務員	€1,750	€1,940
次高級公務員	€2,590	€2,480
高級公務員	€3,870	€3,540
平均	€2,520	€2,480

據公司規模大小，金額可高達34,000歐元

台灣人，你要如何規畫人生？

遭遇「少子化」與「高齡化」的夾殺，台灣同樣面對勞動力不足的近憂，甚至連公共保險退休金都出現破產危機。然而，留在台灣職場只能領著差不多的低薪，因此愈來愈多人放眼國際，將海外進修與工作列入生涯選項。

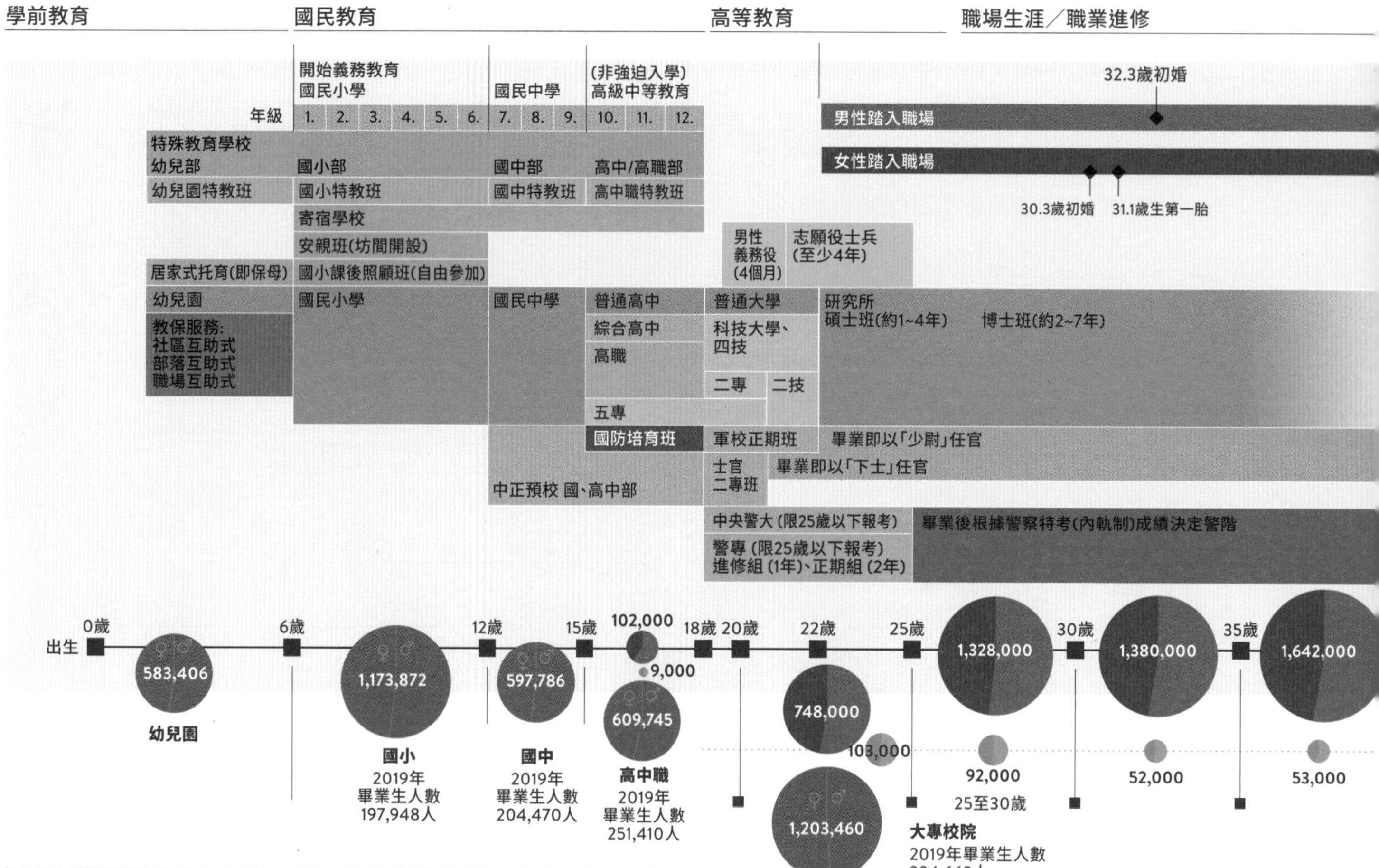

養兒育女之費用 (單位: 台幣)

生育給付(政府保險單次發放)

國民年金、勞保、農保、公保**女性**被保人的**2個月**投保額。

生育補助(縣市政府單次發放)

每位新生兒

最低 $10,000

最高 $80,000

育嬰留停津貼(勞保、公保)

父母於子女3歲前皆可申請，同一子女單人合計最多6個月，月所得8成投保額。

勞保試算(以2021年10月為例)

月薪		$40,000
投保級距		$40,100
換算八成	×	0.8
每月津貼		$32,080

若家庭綜合所得稅率未達20%，除可申請育嬰留停津貼外，可再擇一申請「育兒津貼」或「托育補助」。

【2022年8月起】

育兒津貼(0-4歲，中央政府每月發放)

第一胎	第二胎	第三胎以上
$5,000	$6,000	$7,000

托育補助(0-2歲，中央政府每月發放)

	第一胎	第二胎	第三胎以上
公共化	$5,500	$6,500	$7,500
準公共	$8,500	$9,500	$10,500

針對中低收入戶、低收入戶、弱勢家庭，托育補助有額外加碼，育兒津貼則無。

扶養子女免稅額

子女年紀在20歲以下，或20歲以上因在學而需扶養者，每位免稅額為

$88,000

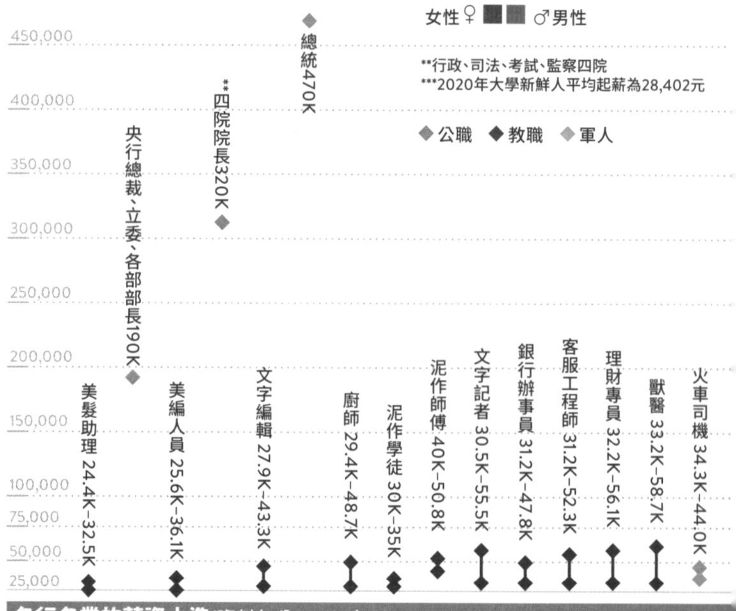

各行各業的薪資水準(資料年分: 2020年)

平均壽命

62.1歲退休

65歲
強制退休

78.1歲

84.7歲

61.1歲退休

志工

進修

老農津貼 8%

公保+公退撫 15%

國民年金(國保) 12%

勞保+勞退 66%

2020年退休金發放
合計約6,604億台幣

60歲
強制退休

2019年12月全台勞工保險被保人數約1,047萬人

2020年
約32萬人申請退休

2,000 45歲 1,432,000 50歲 1,312,000 55歲 1,019,000 60歲 608,000 65歲 70 歲

其中

,000 35,000 32,000 32,000 15,000

教職 公務員 軍人 其他 勞工

2019年全台失業人口合計約46萬人

設計主管 38.3K-70K

金融專業主管 42.4K-68.8K

建築師 43.1K-68.8K

公立中小學正式教師 43.1K-99.4K

IC設計工程師 43.2K-92.8K

公關經理 43.3K-71.8K

新聞/傳播媒體主管 43.6K-80K

士兵 34.3K-37.7K

飛航管制員 45K-70K

士官 40.2K-58.2K

軍官 49K-78.4K

公務員(委任) 30.2K-58.8K

公務員(薦任) 47.6K-84.0K

公務員(簡任) 71.1K-136.1K

公立大學教授 70.8K-116.8K

住院醫師 100K-125K

主治醫師 133K-167K

檢察總長287K

檢察官108K

華航正機師395K

華航副機師231K

各行各業CEO、總經理(金額可高達758K)

金控總經理410K-8,330K

(月薪,單位:台幣)

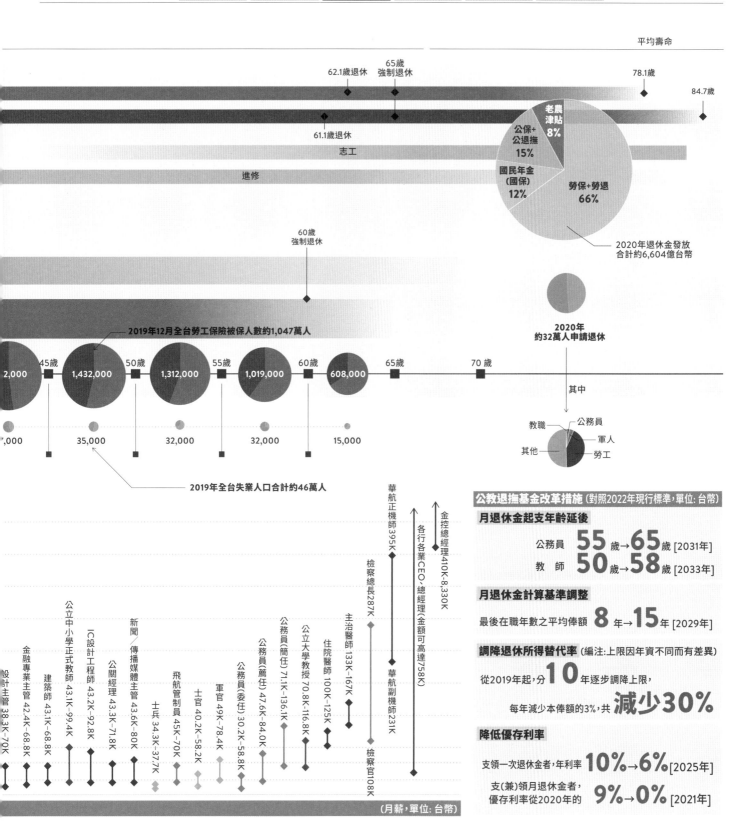

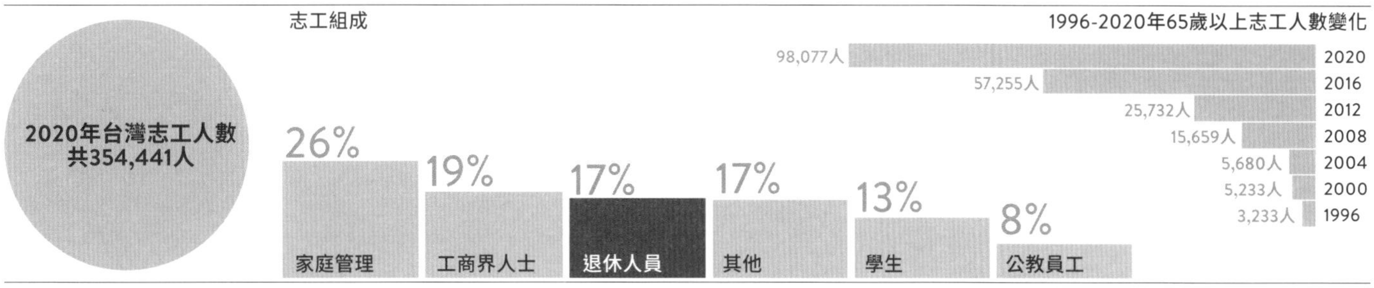

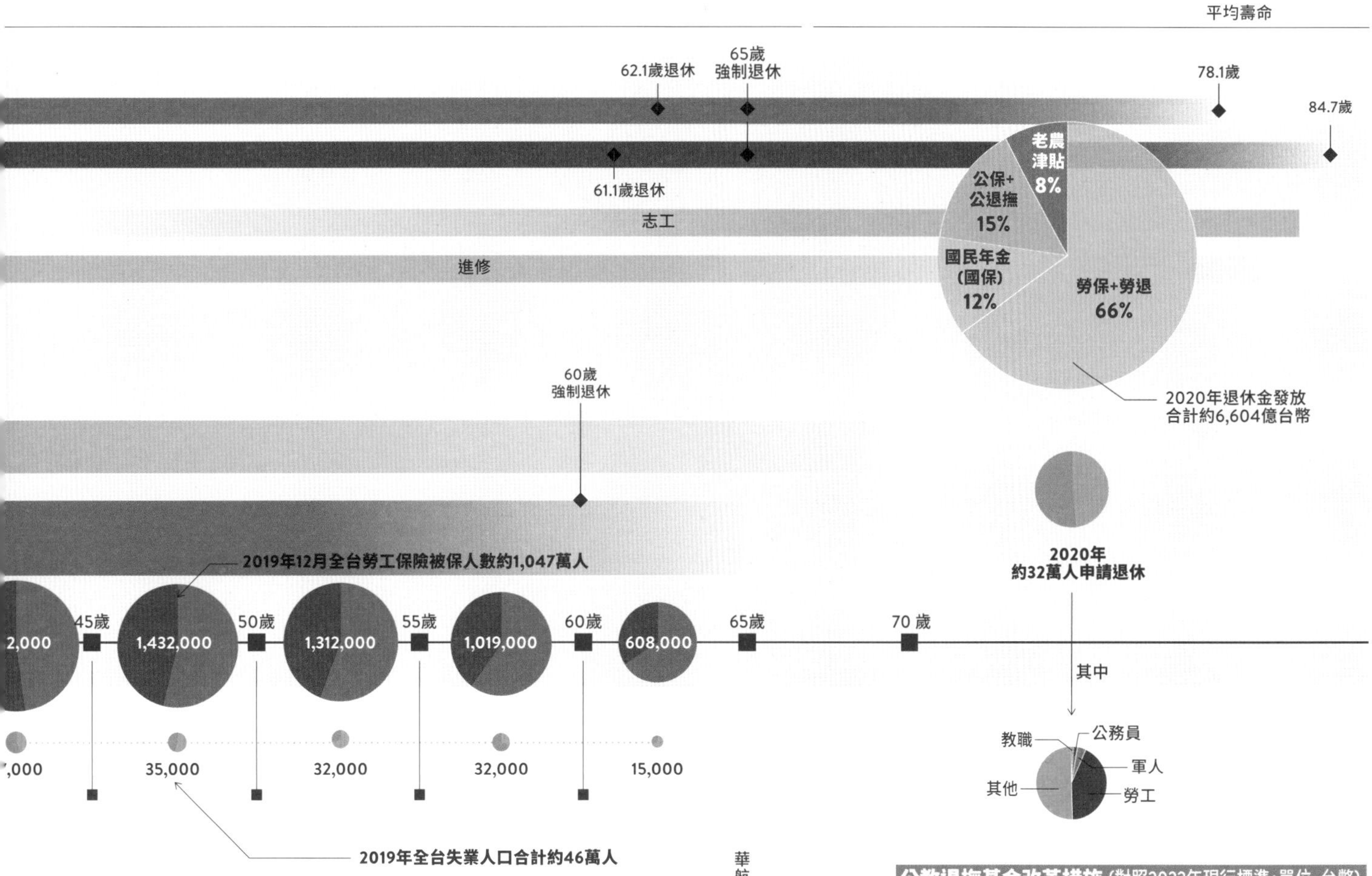

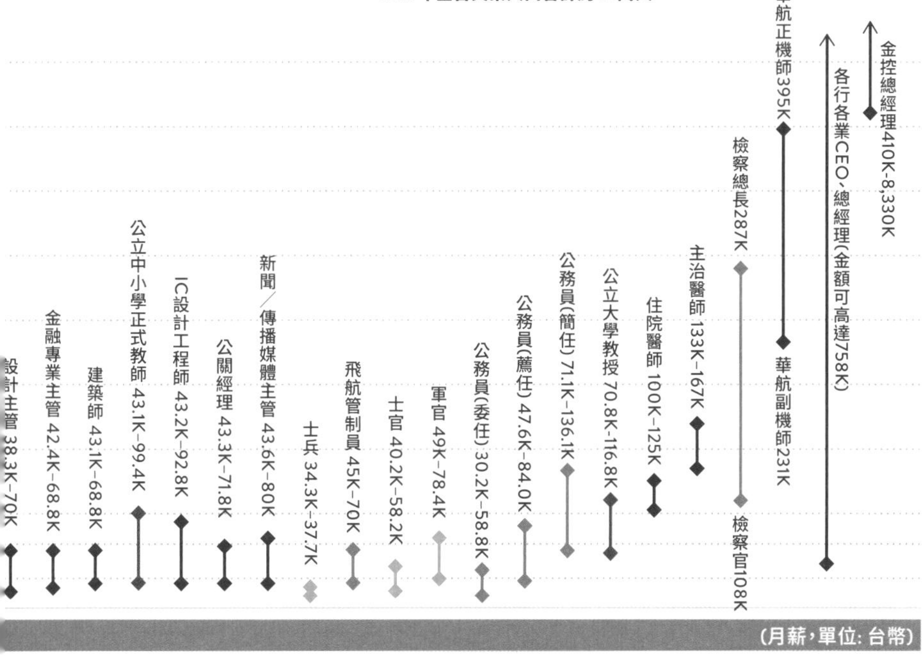

公教退撫基金改革措施(對照2022年現行標準,單位:台幣)

月退休金起支年齡延後

公務員 55歲→65歲 [2031年]

教　師 50歲→58歲 [2033年]

月退休金計算基準調整

最後在職年數之平均俸額 8年→15年 [2029年]

調降退休所得替代率(編注:上限因年資不同而有差異)

從2019年起,分10年逐步調降上限,

每年減少本俸額的3%,共減少30%

降低優存利率

支領一次退休金者,年利率 10%→6%[2025年]

支(兼)領月退休金者,
優存利率從2020年的 9%→0%[2021年]

領導者的風格指南

一個好老闆必須具有什麼能力？抽象來說，他要能在創造價值的過程中，也帶領其他人創造經濟附加價值，因此必須具有充分的專業及領導能力。

他所做出的決定必須高瞻遠矚，要訂立目標，找出妥當的溝通方式，化解各式衝突。一個人很難同時具備上述所有能力，這可能就是大半老闆都不討人喜歡的原因。

換個角度來看，人們對領導階層的期望可能過高。在瑞典，許多公司領導階層的職位就常因此徵不到人。

好老闆就該這麼做！

舞池與高台
哈佛大學領導學教授隆納・海菲茲（Ronald Heifetz）認為，老闆要能一邊跳舞、一邊上高台觀察員工跳舞狀況。

動機迷思
管理顧問萊納德・史布萊格爾（Reinhard K. Sprenger）認為，老闆無法激勵員工，就算祭出獎金都辦不到。老闆只能創造一個好的環境，讓員工得以自我發展，因而自我激勵達成更高的績效。

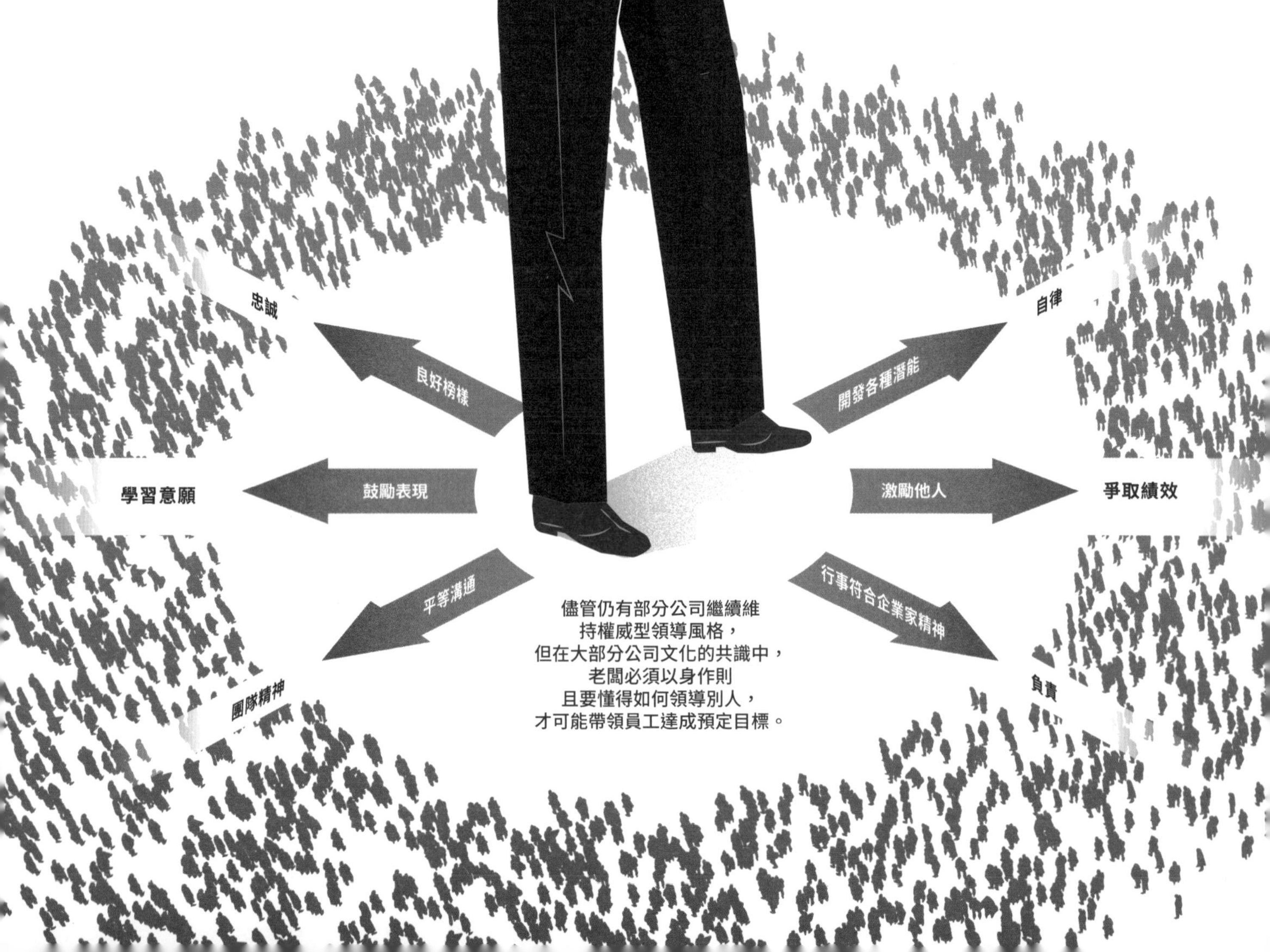

儘管仍有部分公司繼續維持權威型領導風格，但在大部分公司文化的共識中，老闆必須以身作則且要懂得如何領導別人，才可能帶領員工達成預定目標。

領導風格

自20世紀以來，管理學理論已有很大的變化。社會學家馬克斯 · 韋伯 (Max Weber) 在20世紀初將權威領導風格細分為4種。在美國，自1950年代後漸漸朝著目標協議的方向前進，管理學家稱其為「交易型領導」。當代領導模式多半奠基於詹姆斯 · 麥格雷戈 · 伯恩斯 (James MacGregor Burns) 在1970年代末期提出的「轉換型領導」概念。

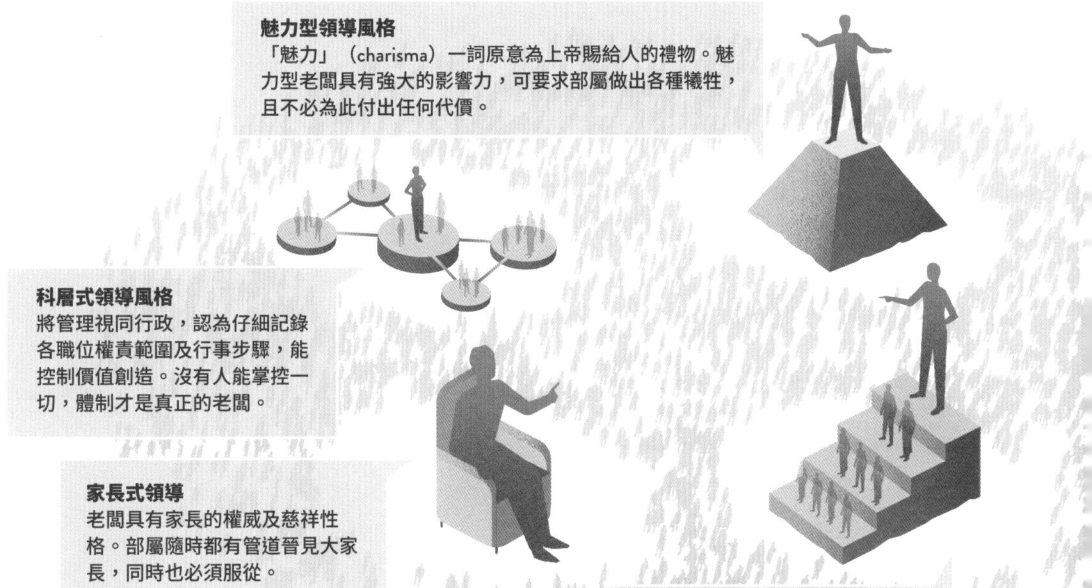

魅力型領導風格
「魅力」（charisma）一詞原意為上帝賜給人的禮物。魅力型老闆具有強大的影響力，可要求部屬做出各種犧牲，且不必為此付出任何代價。

科層式領導風格
將管理視同行政，認為仔細記錄各職位權責範圍及行事步驟，能控制價值創造。沒有人能掌控一切，體制才是真正的老闆。

家長式領導
老闆具有家長的權威及慈祥性格。部屬隨時都有管道晉見大家長，同時也必須服從。

專制領導風格
上位者擁有極大的權力且控制一個結構嚴謹的管理機關，部屬必須完全服從領導者。在這樣的領導風格裡沒有大家長式的仁慈性格，也沒有魅力型領導激發出來的熱情。

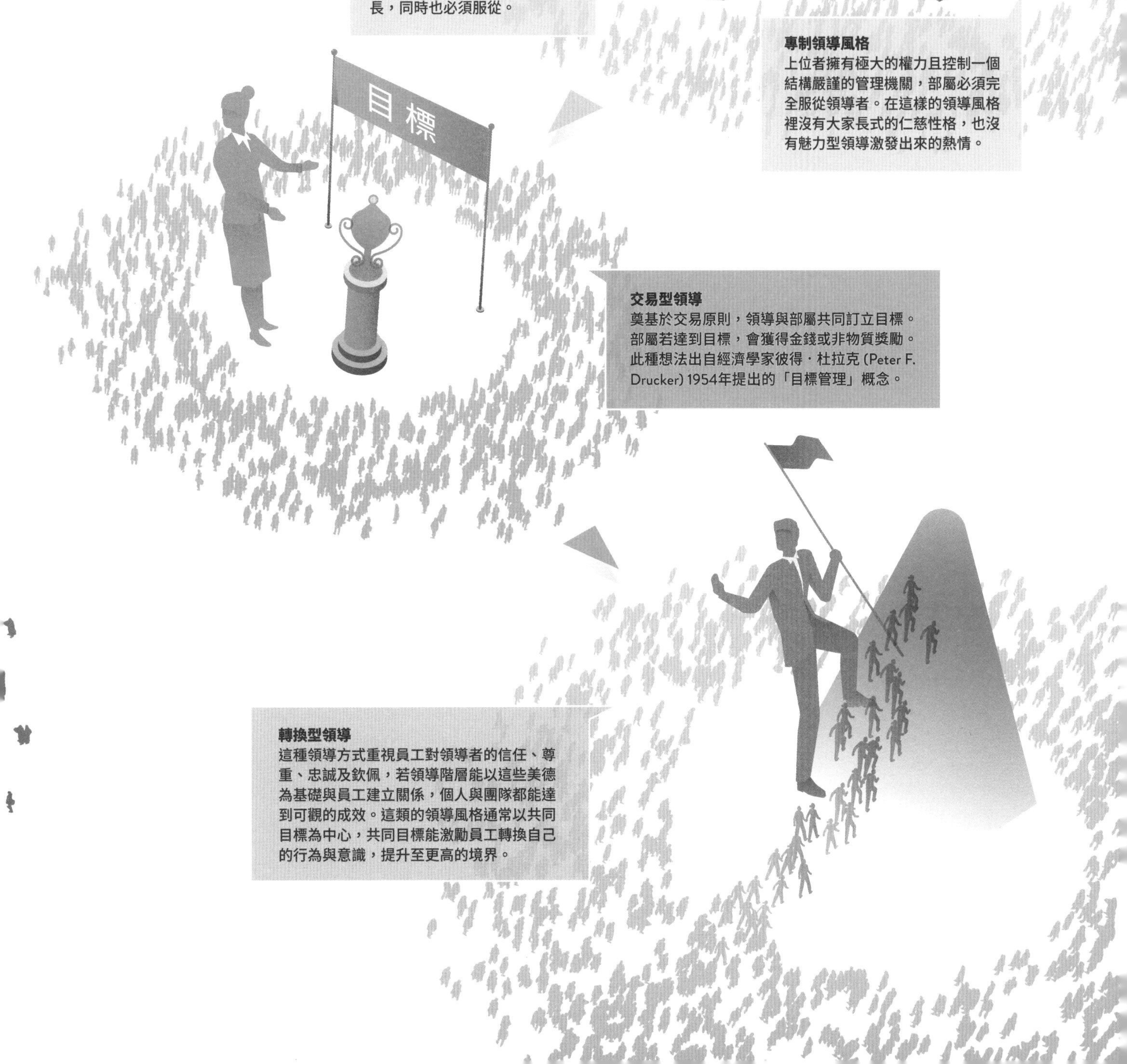

交易型領導
奠基於交易原則，領導與部屬共同訂立目標。部屬若達到目標，會獲得金錢或非物質獎勵。此種想法出自經濟學家彼得 · 杜拉克 (Peter F. Drucker) 1954年提出的「目標管理」概念。

轉換型領導
這種領導方式重視員工對領導者的信任、尊重、忠誠及欽佩，若領導階層能以這些美德為基礎與員工建立關係，個人與團隊都能達到可觀的成效。這類的領導風格通常以共同目標為中心，共同目標能激勵員工轉換自己的行為與意識，提升至更高的境界。

大老闆必備高學歷？選對專長更重要

大學要讀哪個科系才能在大公司中一路高升呢？從統計資料來看，若在哈佛工商管理學院就讀，可能性將會提高，但非頂尖大學畢業也可能達成同樣的目標。

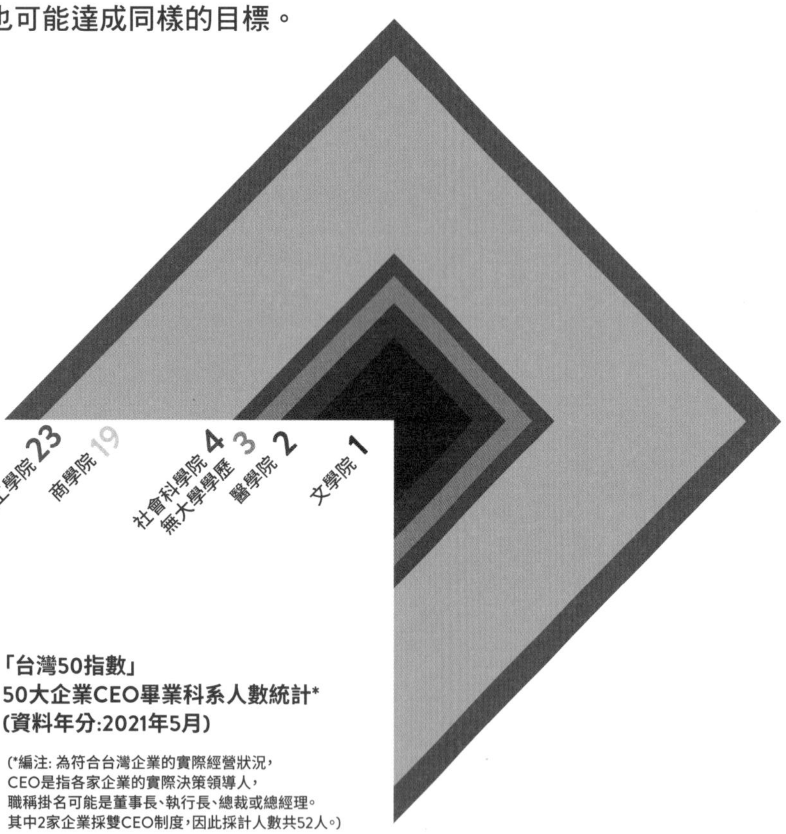

「台灣50指數」
50大企業CEO畢業科系人數統計*
(資料年分:2021年5月)

(*編注：為符合台灣企業的實際經營狀況，CEO是指各家企業的實際決策領導人，職稱掛名可能是董事長、執行長、總裁或總經理。其中2家企業採雙CEO制度，因此採計人數共52人。)

非頂尖大學出身的大老闆

德國

赫伯特．海納
(Herbert Hainer，1954-)
愛迪達公司執行長 (2001-2016)

最高學歷
蘭斯胡特應用科學大學工商管理系

美國

蘭德爾．史蒂芬森
(Randall L. Stephenson，1960-)
AT&T公司董事長兼執行長
(2007-2020)

最高學歷
奧克拉荷馬大學會計系

德國

喬．凱颯
(Joe Kaeser，1957-)
西門子公司執行長 (2013-2020)

最高學歷
雷根斯堡應用科學大學工商管理系

荷蘭

保羅．波爾曼
(Paul Polman，1956-)
聯合利華 (2009-2019)

最高學歷
格羅寧根大學經濟系

國際菁英大學

《財星》全球500大企業CEO母校指數排名，CEO畢業校友人數 (資料年分:2017年)

美國	哈佛大學	29
美國	史丹佛大學	14
法國	巴黎高等商學院	12
法國	巴黎高等綜合理工學院	11
美國	康乃爾大學	10
美國	賓州大學	9
中國	武漢大學	9
美國	芝加哥大學	8
美國	麻省理工學院	8
法國	巴黎高等礦業學院	7
法國	國家行政學院	7
日本	京都大學	7
法國	歐洲工商管理學院	7
英國	牛津大學	7
德國	科隆大學	6
日本	東京大學	6
德國	斯圖加特大學	6
美國	紐約大學	5
美國	西北大學	5
英國	劍橋大學	5

中途退學的名校企業家

美國

馬克．祖克柏
(Mark Zuckerberg，1984-)
臉書*執行長 (自2004年起)
(*編注：於2021年更名為「Meta」)

哈佛大學
心理學，計算機科學

印度

阿茲姆．普雷吉
(Azim Premji，1945-)
軟體巨擘．威普羅公司 (Wipro)
董事長 (1966-2019)

史丹佛大學
工程學系

CEO 薪資戰：哪個產業最有錢途？

2019年，台裔美籍的 CEO 蘇姿丰女士在超微半導體公司（AMD）
獲得 5,850 萬美元（約新台幣 17.5 億）的年薪，成為全球年薪最高之經理人。
那你知道你的主管收入多少嗎？或者，如果你自己就是高階主管，
你的薪資在同行中是否符合水準呢？

台灣各產業高階主管的平均月薪
(單位: 新台幣，資料年分: 2019年7月)

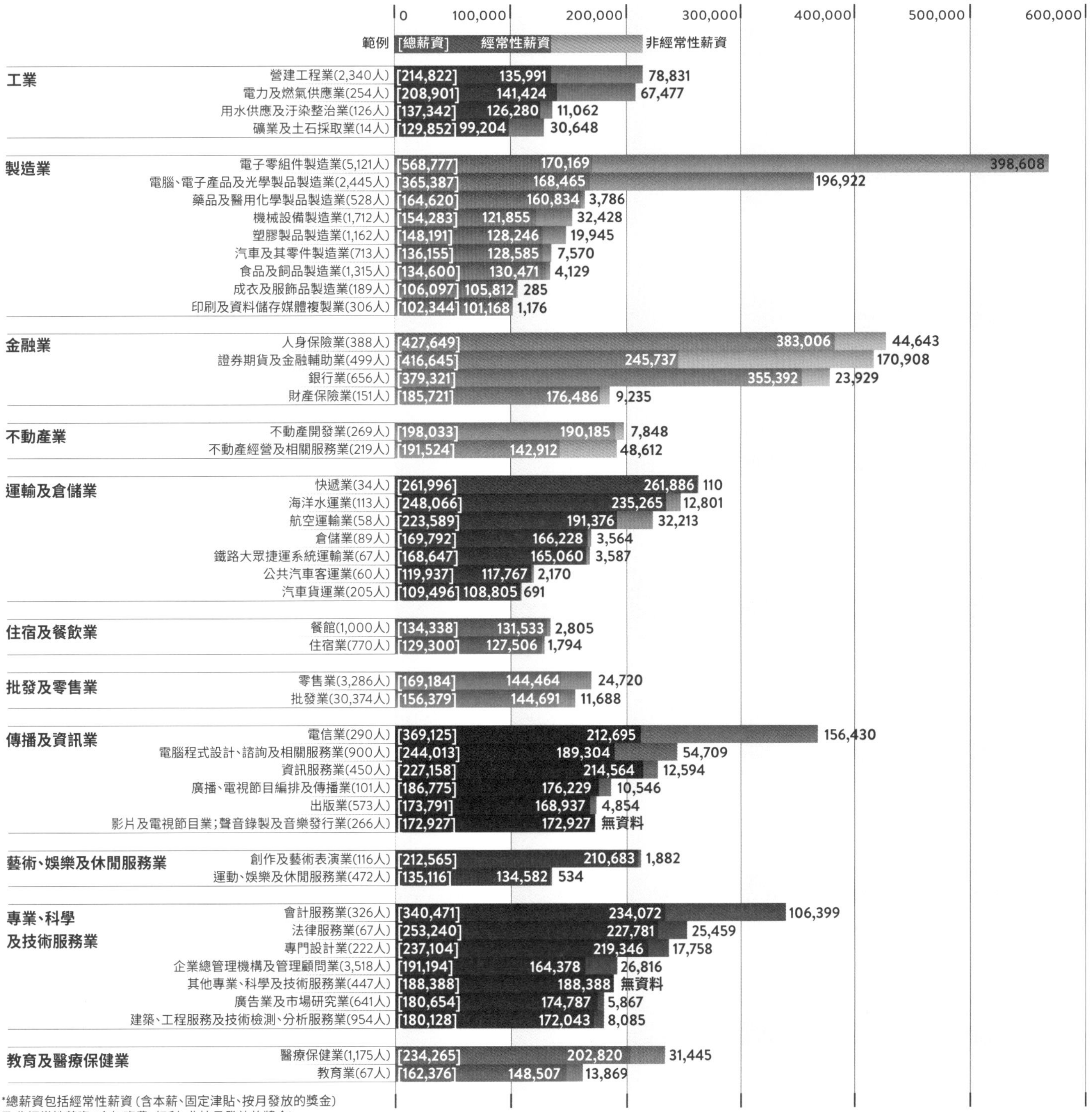

*總薪資包括經常性薪資（含本薪、固定津貼、按月發放的獎金）
及非經常性薪資（含加班費、紅利、非按月發放的獎金）。

家裡的錢都花到哪裡去了？

對經濟學家來說，所謂消費就是指個人購買消耗品或非消耗品的行為，從消費者信心指數（Consumer confidence index）高低，可以預測經濟發展走向。對消費者而言，消費具有多重的意義：帶來滿足、身分地位象徵、補償作用、購買必需品、消遣、社交活動，或者獨自坐在沙發上瀏覽網路商店好幾個小時來殺時間。以下為消費金額統計：

家計單位平均每月消費支出
(單位：歐元)

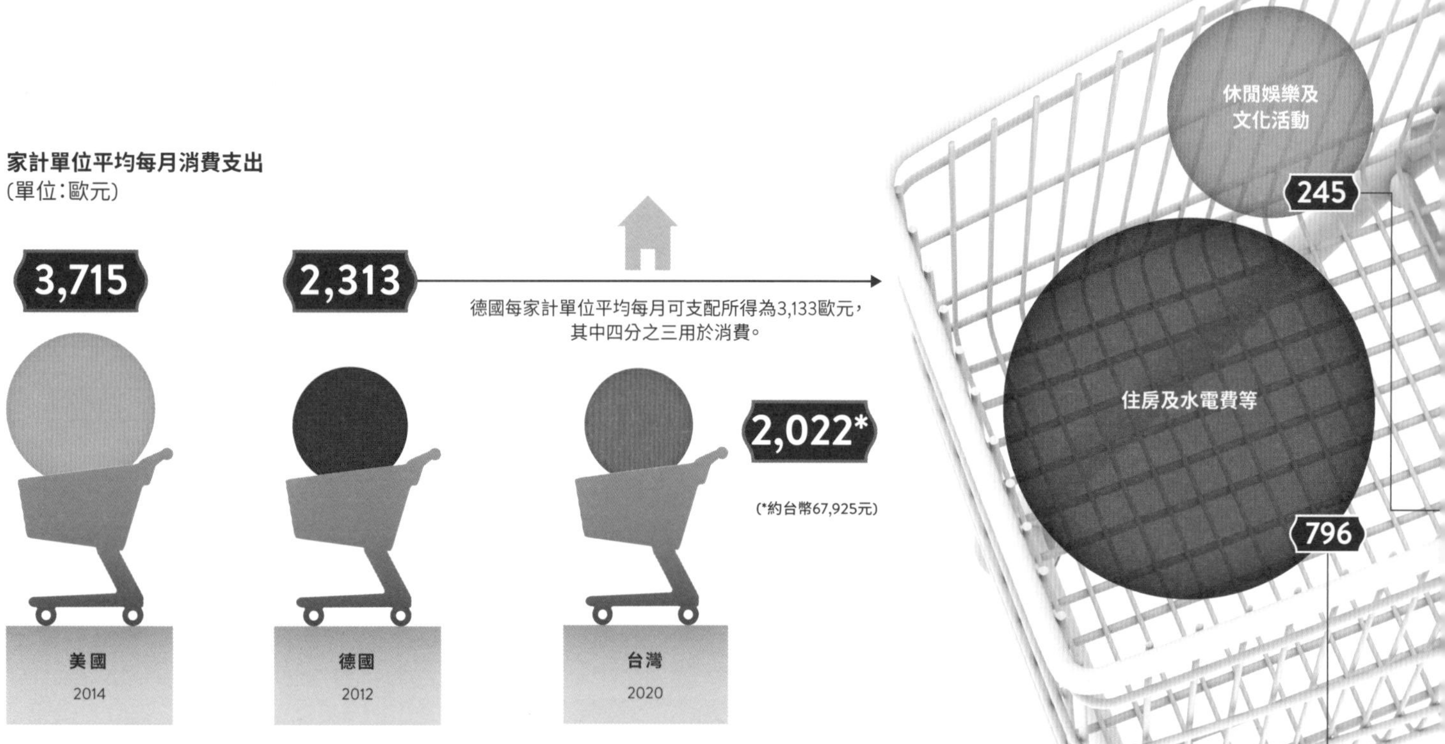

2020年約為4,520歐元。

2020年為2,507歐元。

台灣家庭的消費支出結構(單位：%)

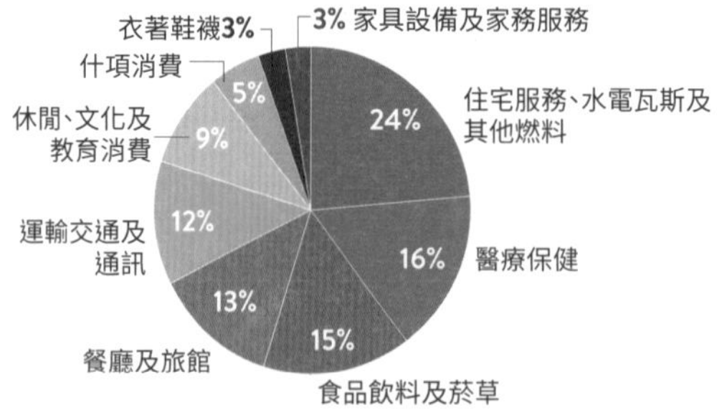

人均每年消費金額變化
1970-2012年，單位：美金

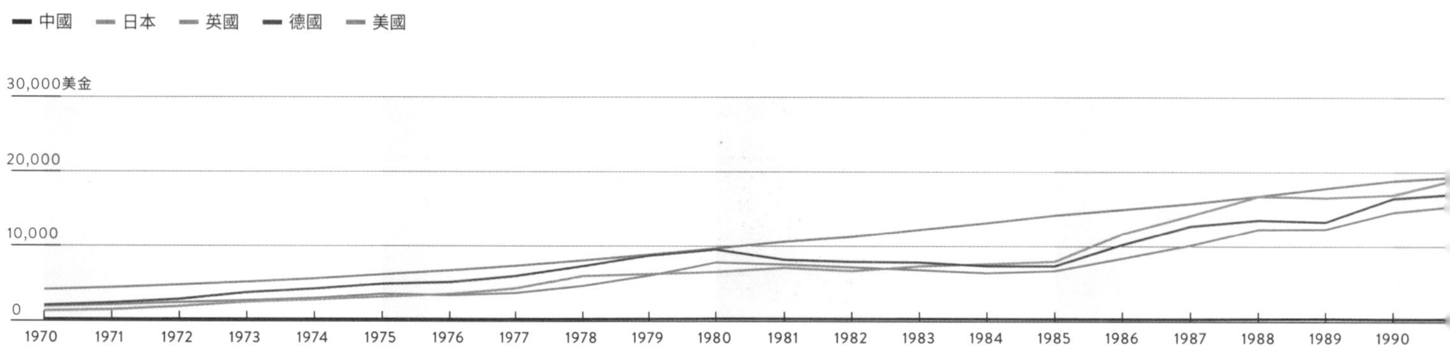

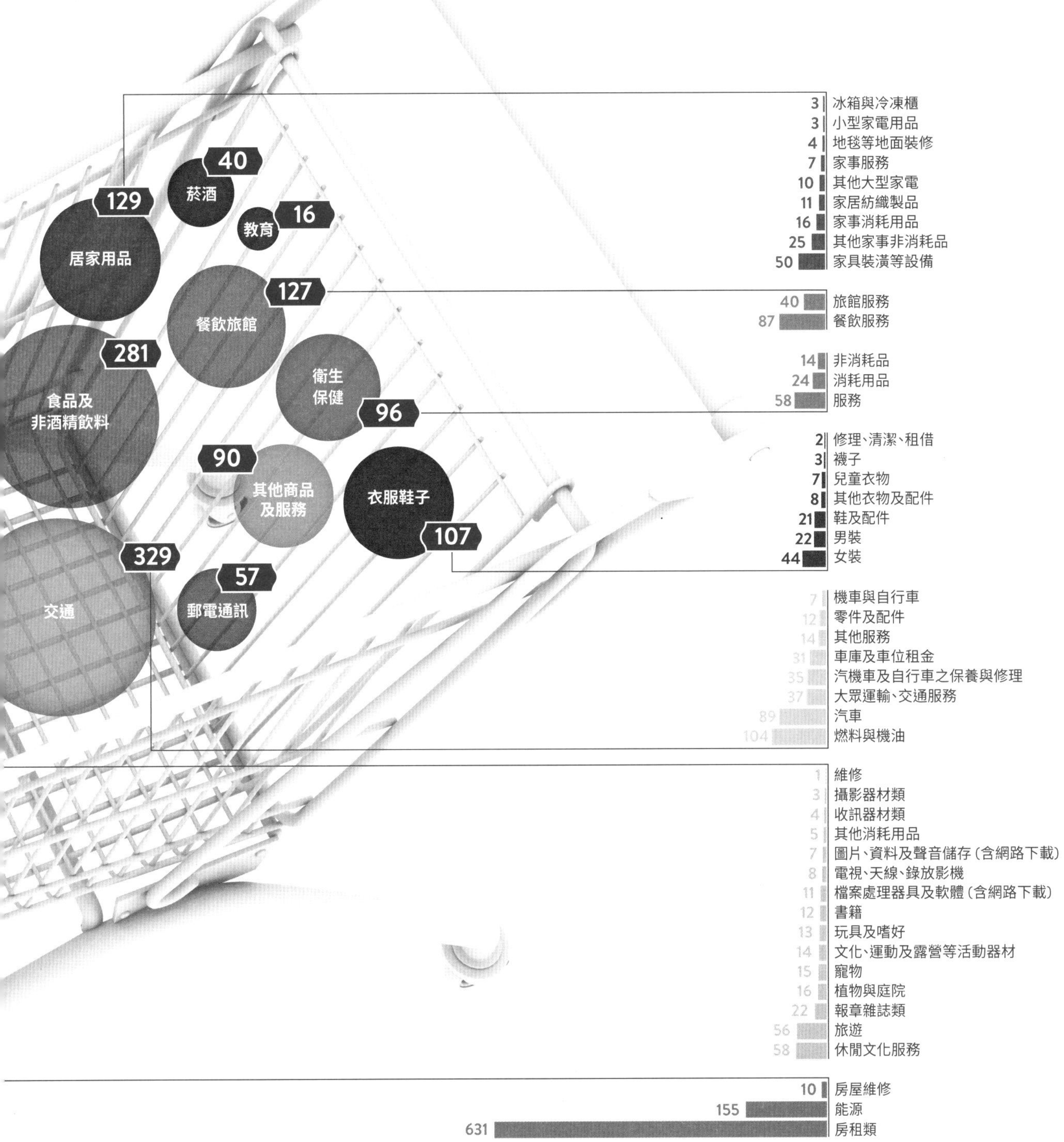
40
菸酒
129
16
教育
居家用品
127
餐飲旅館
281
衛生
保健
食品及
非酒精飲料
96
90
其他商品
及服務
衣服鞋子
107
329
57
交通
郵電通訊
3 冰箱與冷凍櫃
3 小型家電用品
4 地毯等地面裝修
7 家事服務
10 其他大型家電
11 家居紡織製品
16 家事消耗用品
25 其他家事非消耗品
50 家具裝潢等設備
40 旅館服務
87 餐飲服務
14 非消耗品
24 消耗用品
58 服務
2 修理、清潔、租借
3 襪子
7 兒童衣物
8 其他衣物及配件
21 鞋及配件
22 男裝
44 女裝
7 機車與自行車
12 零件及配件
14 其他服務
31 車庫及車位租金
35 汽機車及自行車之保養與修理
37 大眾運輸、交通服務
89 汽車
104 燃料與機油
1 維修
3 攝影器材類
4 收訊器材類
5 其他消耗用品
7 圖片、資料及聲音儲存（含網路下載）
8 電視、天線、錄放影機
11 檔案處理器具及軟體（含網路下載）
12 書籍
13 玩具及嗜好
14 文化、運動及露營等活動器材
15 寵物
16 植物與庭院
22 報章雜誌類
56 旅遊
58 休閒文化服務
10 房屋維修
155 能源
631 房租類

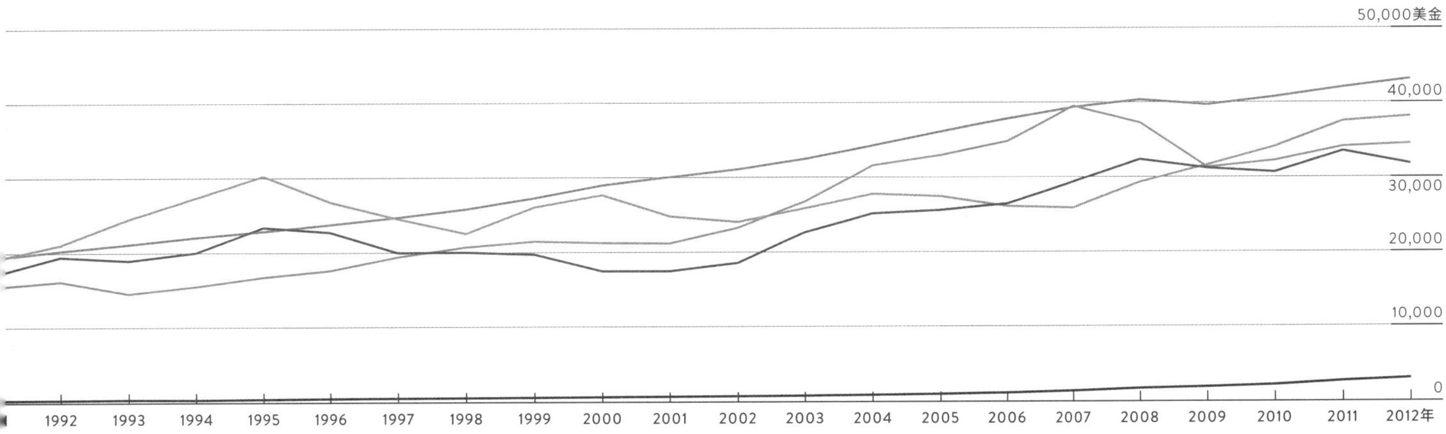
50,000美金
40,000
30,000
20,000
10,000
0
1992
1993
1994
1995
1996
1997
1998
1999
2000
2001
2002
2003
2004
2005
2006
2007
2008
2009
2010
2011
2012年

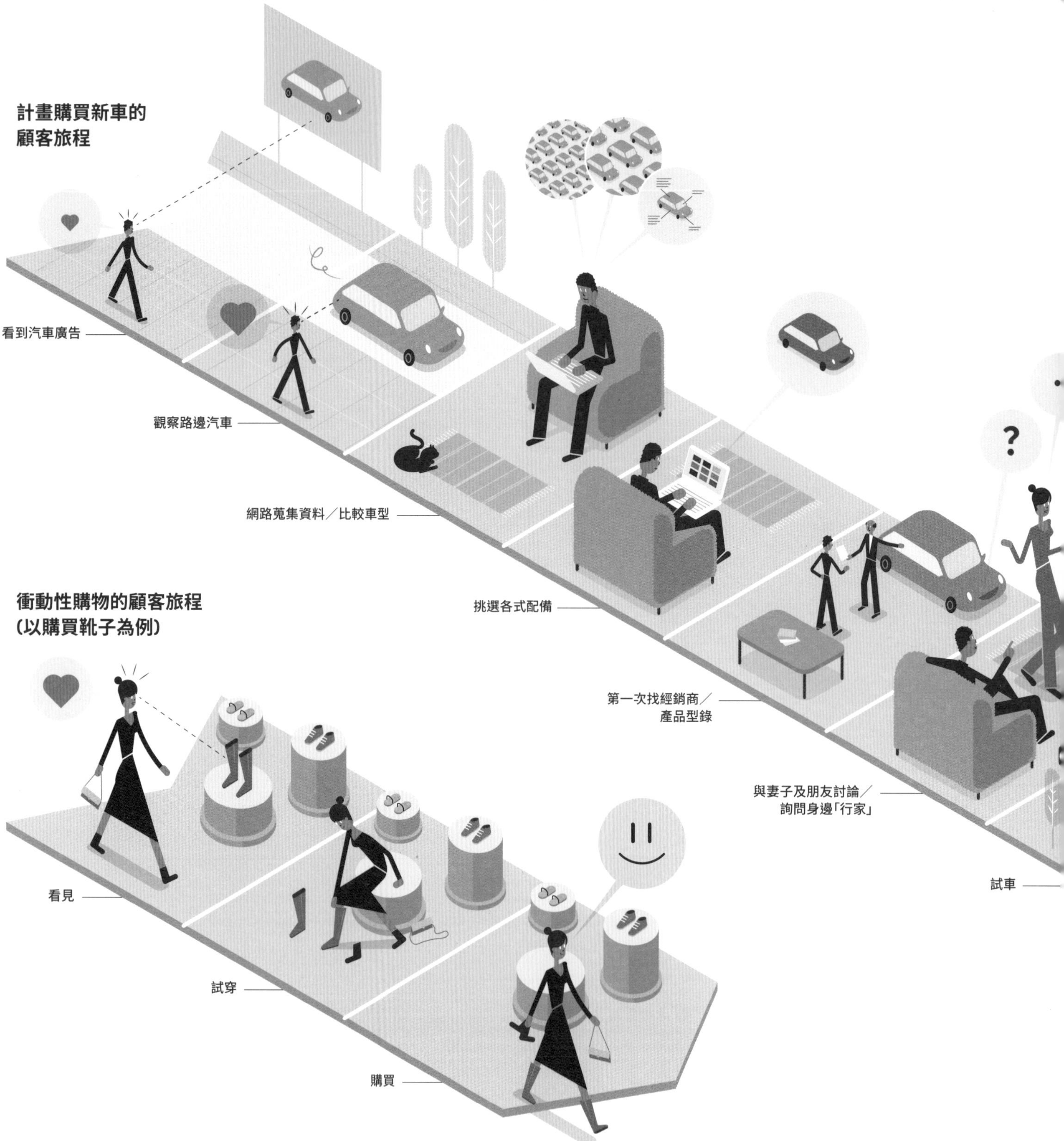

顧客旅程地圖：讀懂消費者的所有心思

決定買下東西前，身為顧客的我們會經歷幾個不同階段，行銷專家稱之為「顧客旅程」(customer journey)。顧客從計畫購買到真正買下商品、品牌或服務，會經歷好幾個接觸點(touchpoint)，每個人的旅程各有不同。基本上，愈貴、愈複雜的產品，顧客在旅程中暫停的機會就愈多。行銷人員要想辦法在每次與顧客接觸時，幫助顧客輕鬆度過關卡，將他們推向決定購買之路。

購物前，消費者會經歷哪些階段？

銷售點 (point of sale) 就在顧客的大腦中，顧客決定購買時，須動用大腦邊緣系統 (limbic system) 裡的多項功能。購買行為所刺激的理性、感性及身體反應，都是下決定前的預備動作。最新消費研究顯示: 最理想的購買決定方式，是先理性考慮多方因素，然後暫時放下，過幾晚再依直覺決定。

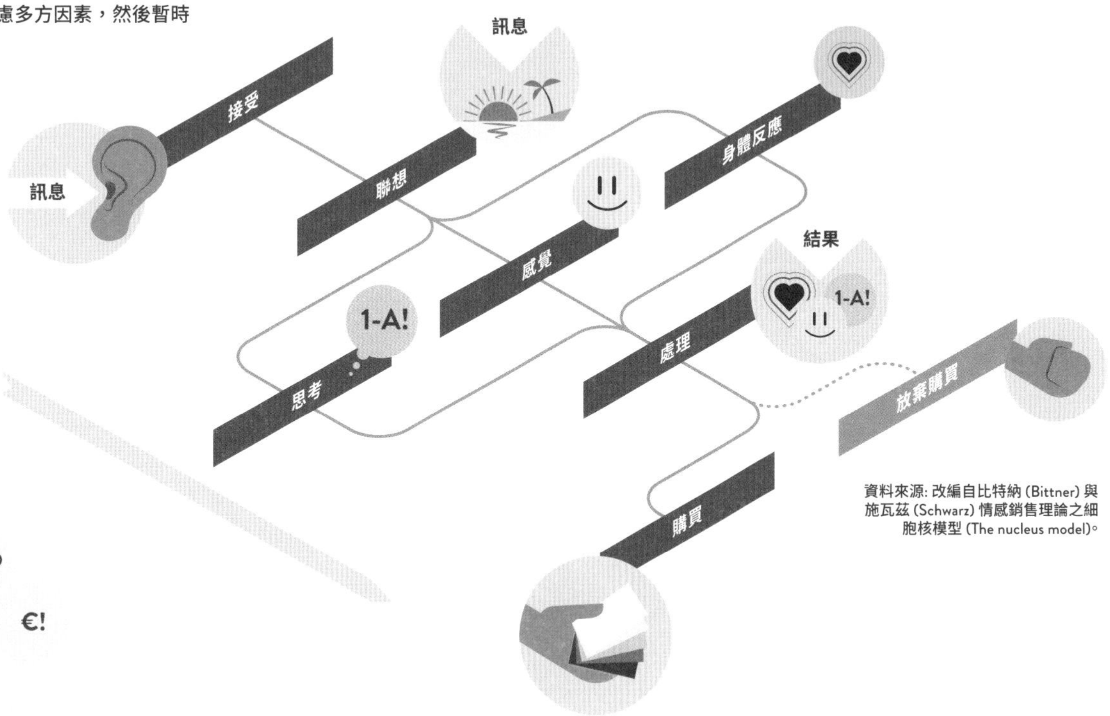

資料來源: 改編自比特納 (Bittner) 與施瓦茲 (Schwarz) 情感銷售理論之細胞核模型 (The nucleus model)。

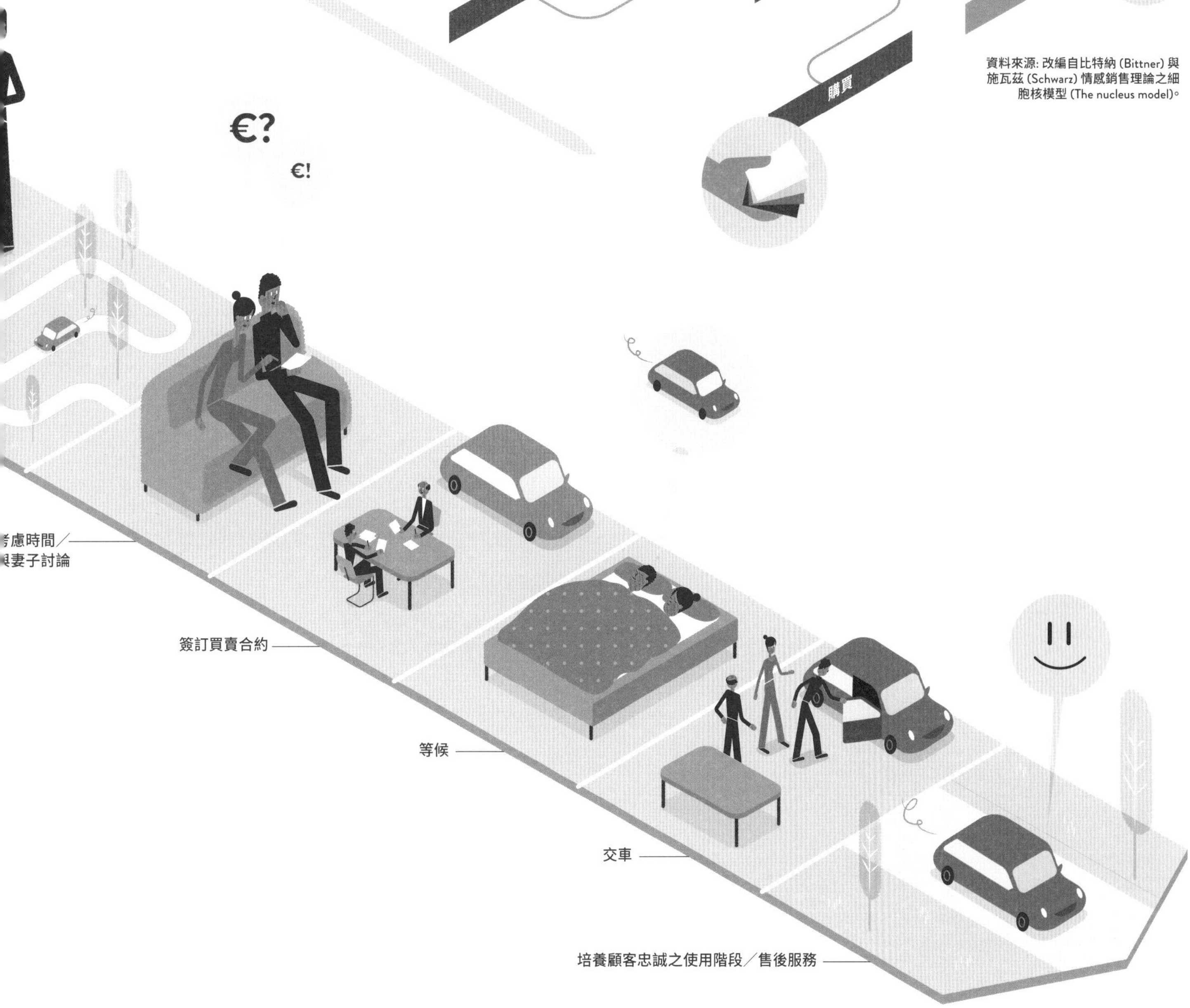

讓你愈買愈多的「賣場心理學」

為什麼生鮮超市入口總在右邊？因為消費行為研究顯示，大多數的顧客在購物時較喜歡以逆時鐘的方向前進。顧客心情好，就會買得多，這就是所有超市設計的最終目的。

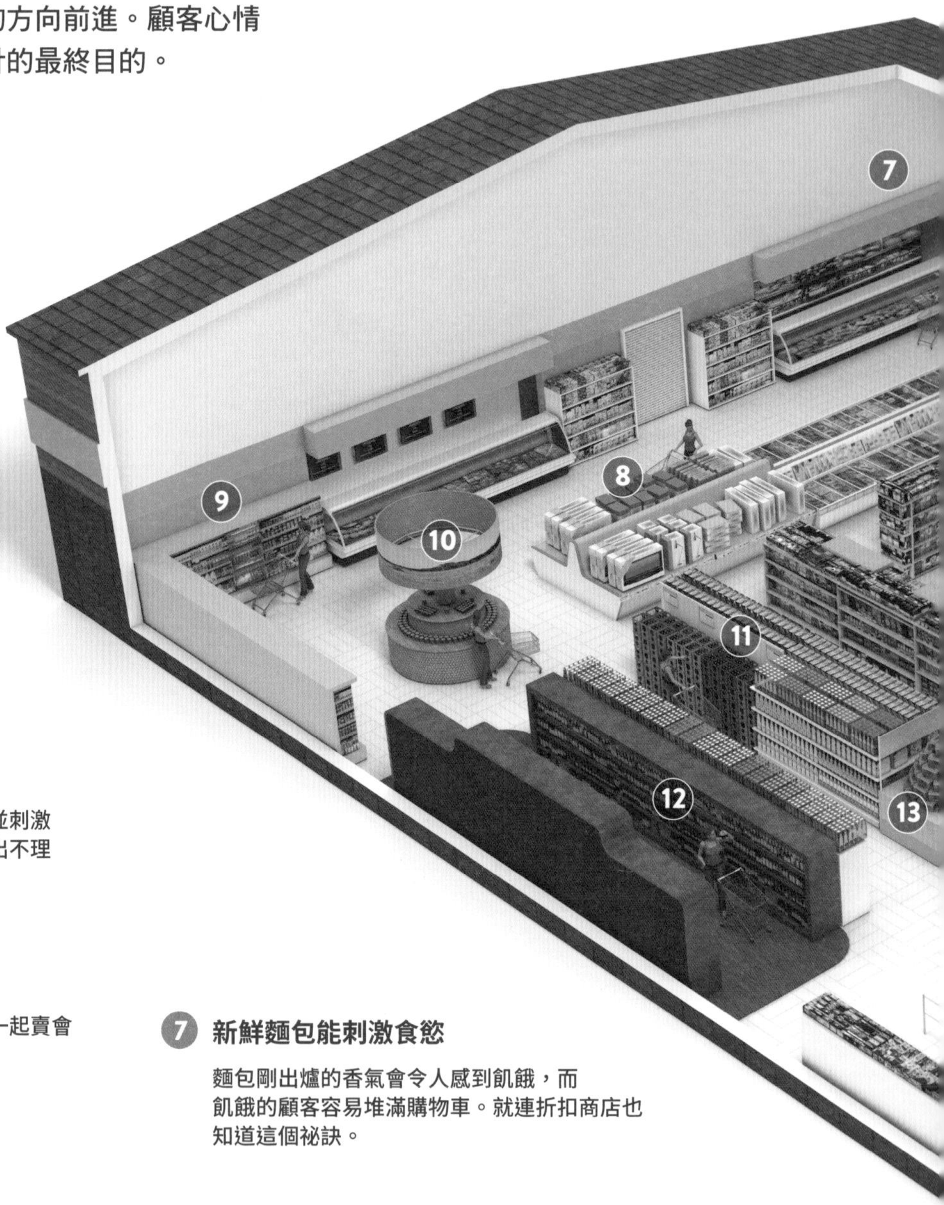

1 購物車大小是關鍵

進到超市，你感覺自己變小，但你錯了，其實是超市的購物車變大了。推車容量多一倍，顧客購物量平均增加40%。

2 入口設計: 只進不出

入口單向門的設計不是為了防止小偷逃逸，而是強迫誠實的顧客無論如何都得朝著結帳櫃檯前進。

3 入口區: 讓你垂涎三尺

入口區的水果蔬菜能招攬更多顧客走進商店，並刺激感官，提高購買興致，使顧客在購物時容易做出不理性的決定。

4 早餐的聚集經濟學

超市會在咖啡附近擺放果醬及麵包半成品，放一起賣會比個別分開賣得更好。

5 將貨架視為銷售漏斗 (sales funnel)

高利潤商品要擺放在走道末端的貨物架 (所謂的endcap)，因為此處最能吸引顧客的目光。

6 最昂貴的架位: 顧客平視之處

與視線等高的貨物架是最昂貴的，不只是對顧客而言，對製造商也一樣。想將商品陳列至此處，必須付出更高的上架費。

7 新鮮麵包能刺激食慾

麵包剛出爐的香氣會令人感到飢餓，而飢餓的顧客容易堆滿購物車。就連折扣商店也知道這個祕訣。

8 活動通道 (action alley): 放置短期優惠商品

活動通道上的短期優惠商品在在暗示顧客: 此處商品物超所值。有時這是真的。

9 牛奶總在最遠處

麵包跟奶油通常放置在超市末端，因為在走到那裡之前，顧客有很多衝動購物的機會。

⑩ 免費試吃: 讓顧客掏出更多錢

免費試吃常常會令我們付出昂貴的代價，先不論東西好不好吃——光是試吃就會令我們良心不安，然後掏錢購物化解不安。

⑪ 走道中間: 陳列旗艦品牌

可口可樂、亨氏番茄醬及最暢銷的黃金吐司置於所有走道的中間，它們是我們購物時，空間及價格的參考座標。

⑫ 專櫃區: 放置價位較高的商品

化妝品專櫃或酒櫃常常自成一國，在這一個國度裡，顧客可以接受另一種價位。

⑬ 優惠標籤: 讓消費者知道這家店很便宜

壓低價格能吸引節儉的顧客，但對大多數的顧客而言，優惠標籤僅具象徵性意義，代表這是一家便宜的店，不必再去留意標籤上的價錢。

⑭ 結帳櫃檯區: 放低單價的商品

排隊等結帳時，大人會買健達出奇蛋讓小孩安靜等待，也會想犒賞自己終於完成購物這項重責大任。

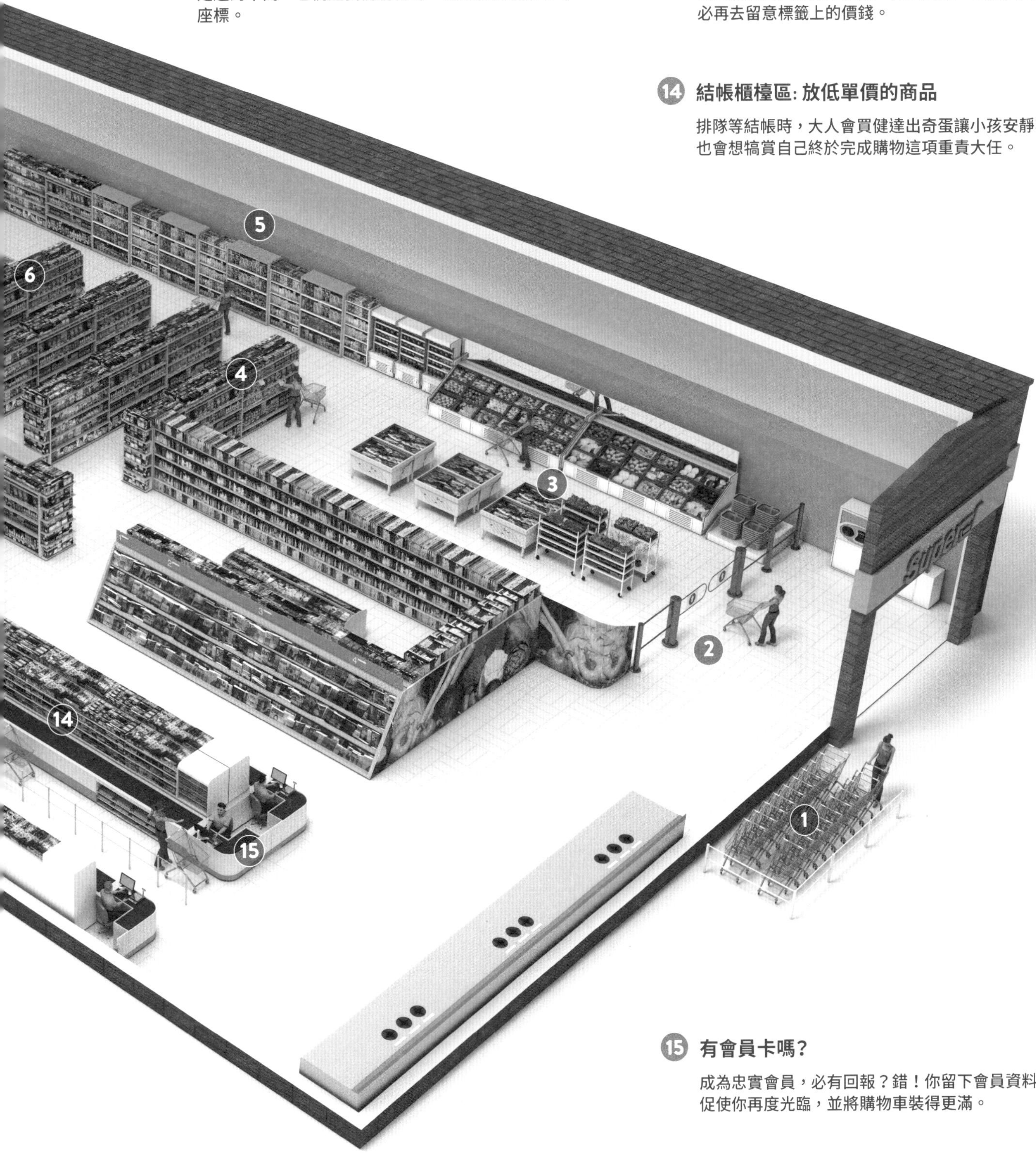

⑮ 有會員卡嗎?

成為忠實會員，必有回報？錯！你留下會員資料，將會促使你再度光臨，並將購物車裝得更滿。

30 億人財富總和低於全球 1% 財富

誰是窮人？比起富有，貧窮的定義較為清楚，經濟學家大致將其區分為「絕對貧窮」及「相對貧窮」。

「相對貧窮」的判定以平均收入為基準，在富有國家裡，遊民與被社福保護網漏接的人就落於貧窮線下。據聯合國統計資料顯示，近年來「絕對貧窮」的人數逐年下降，這無疑是個好消息。

各國人均年國民所得毛額(GNI)
單位:美金，
資料年分: 2017-2020年最新數據

貧窮地區	單位: 美金
蒲隆地	$736
索馬利亞	$861
中非共和國	$959
剛果民主共和國	$1,046
賴比瑞亞	$1,191
莫三比克	$1,257
尼日	$1,278
馬拉威	$1,421
查德	$1,501
馬達加斯加	$1,561

富有地區	單位: 美金
澳門	$112,322
卡達	$91,500
新加坡	$88,088
百慕達	$85,192
盧森堡	$72,145
瑞士	$71,367
愛爾蘭	$67,587
阿拉伯聯合大公國	$67,462
挪威	$66,262
汶萊	$63,963

如何定義絕對及相對貧窮？

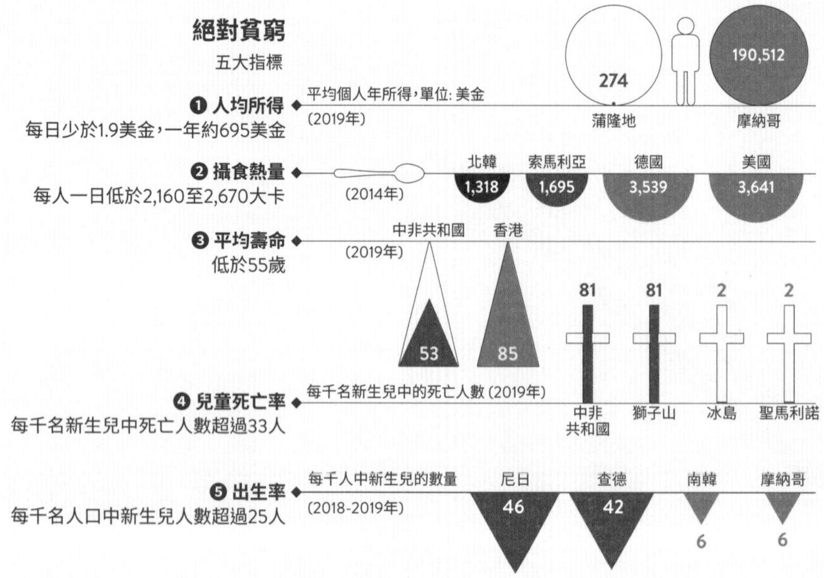

相對貧窮

定義

相對貧窮是依據個人與其身處之社會環境(社會繁榮及生活水準)定量比較的結果。

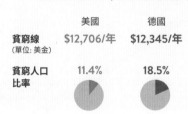

若一個人的可支配所得低於社會中位數的60%，便屬於相對貧窮。

編注: 2020年，台灣主計處公布台灣省的每月最低生活費為台幣12,388元，台北市為17,005元。

	美國	德國
貧窮線 (單位: 美金)	$12,706/年	$12,345/年
貧窮人口比率	11.4%	18.5%

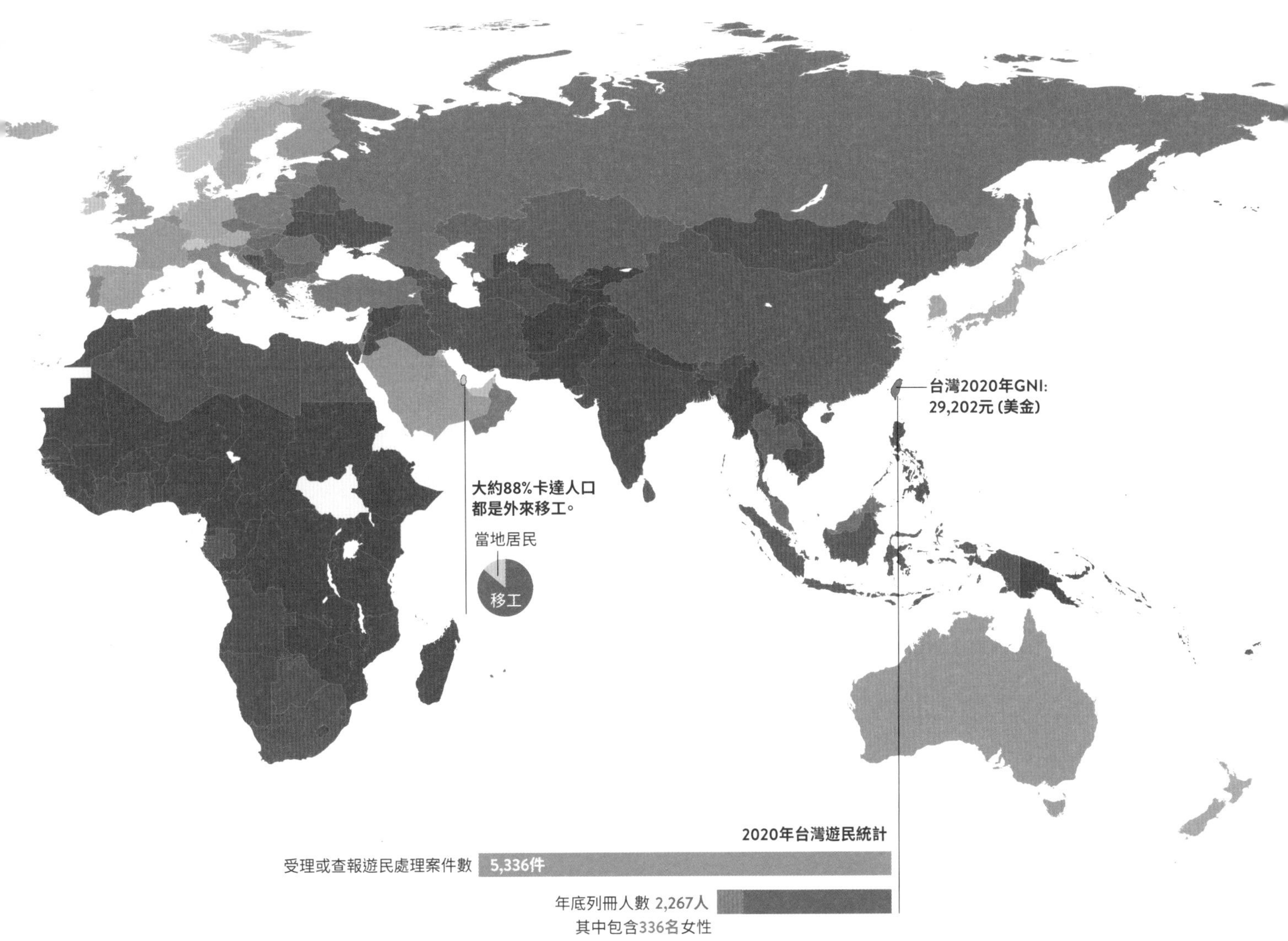

歐洲單身者之貧窮風險閾值(資料年分:2014年)

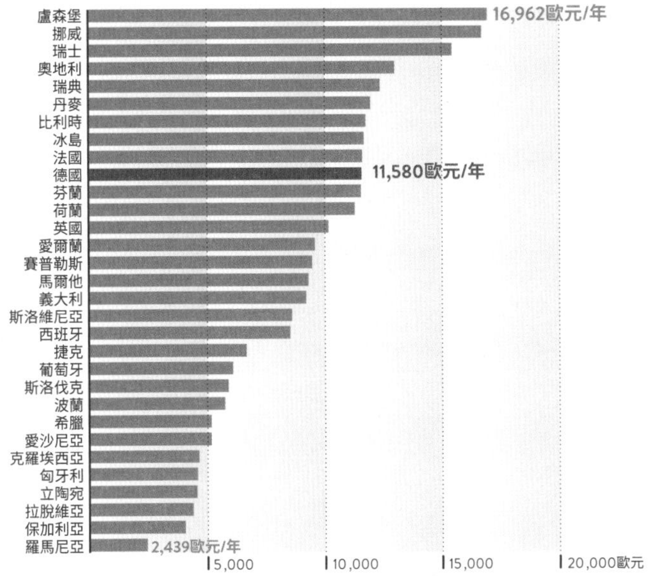

債務歸零,脫離貧窮的重生之路

(以下為德國程序,台灣情況請根據我國《破產法》)

無力清償債務
月所得不夠支付維生所需+降低生活標準仍無法增加償還能力。

向法院聲請
聲請個人破產+減免剩餘債務。

財產查封扣押
扣押之財產得以分配給債權人(譯注:類似台灣債務更生程序)。

強制階段
破產管理人得以將部分所得拿去繳交程序費用或清償債務。

免除債務
債務人若在3年內償還35%之債務及程序費用,即可免除其他債務。

10% 人口 壟斷全球 82% 財富

何謂富有？這問題恐怕沒有標準答案，但對於「有錢人」的定義，人們有不少說法。例如德國的工會組織研究機構漢斯─波克勒基金會（Hans-Böckler Stiftung）提出，個人年所得淨額超過35,616歐元便算富有。

對許多美國銀行家而言，富有的最低標準是擁有100萬美元的投資資產，符合此項標準，就會被列入「高淨值資產人士」的客戶名單中；超過500萬美元，是「極高淨值資產人士」；超過3,000萬美元，就是「超高淨值資產人士」。但有錢人就一定富有嗎？或許就像希臘船王暨億萬富翁亞里士多德·歐納西斯（Aristotle Onassis）所說：「富人常常不過是有很多錢的窮人而已。」

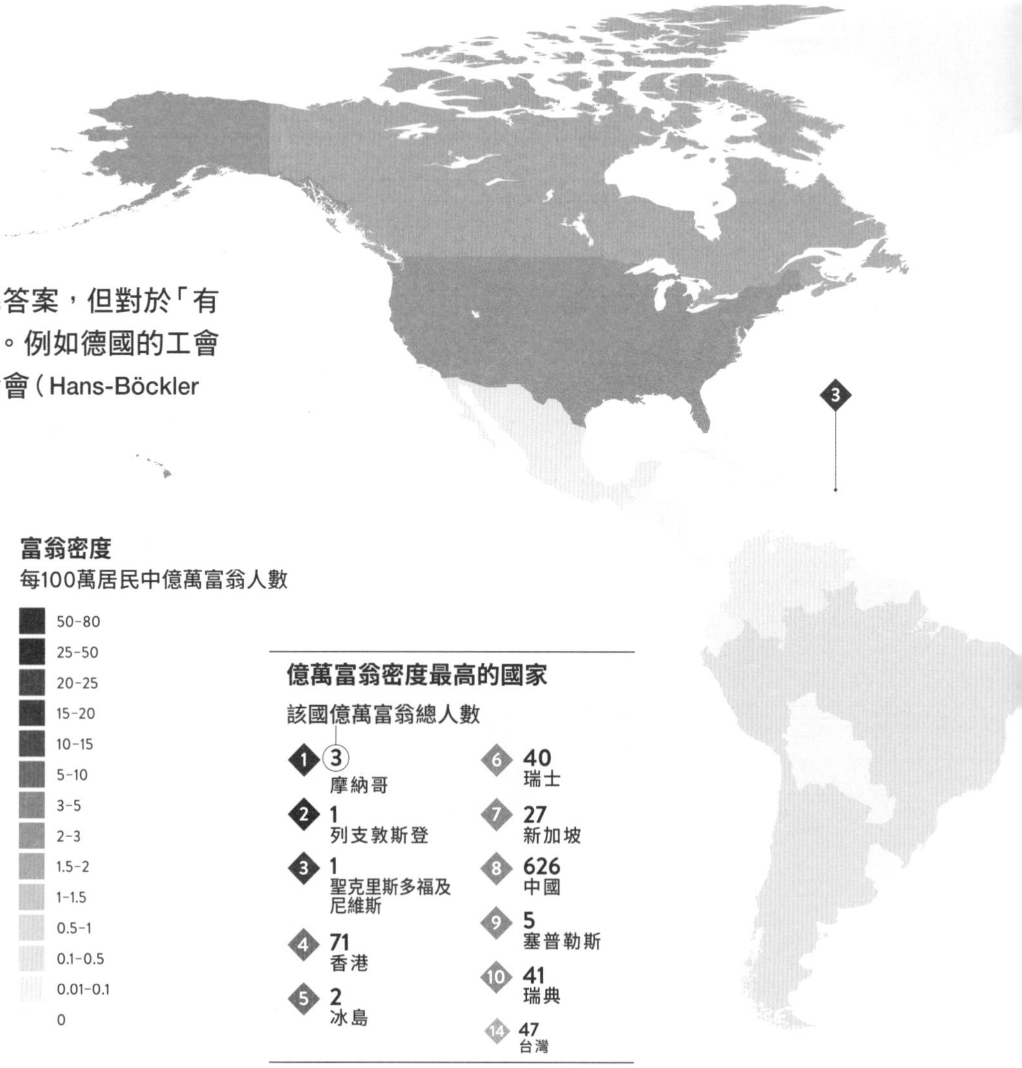

超級富豪榜

資產單位: 美金，資料年分: 2021年

財產來源：繼承 / 繼承後再擴張 / 白手起家

世界10大富豪

傑夫·貝佐斯 美國	1,770億美金	Amazon
伊隆·馬斯克 多重國籍	1,510億	特斯拉
貝爾納·阿爾諾 法國	1,500億	LVMH
比爾·蓋茲 美國	1,240億	微軟
馬克·祖克柏 美國	970億	Facebook
華倫·巴菲特 美國	960億	波克夏海瑟威
賴瑞·艾里森 美國	930億	甲骨文
賴瑞·佩吉 美國	915億	Google
謝爾蓋·布林 美國	890億	Google
穆克什·安巴尼 印度	845億	信實工業

全球10大女富豪

法蘭絲瓦茲·貝登古-梅耶 法國	736億美金	萊雅
艾莉絲·沃爾頓 美國	618億	沃爾瑪
瑪肯西·史考特 美國	530億	Amazon
茱莉亞·科克 美國	464億	科氏工業
瑪莉安·艾德森 美國	382億	賭場
賈桂林·馬爾斯 美國	313億	瑪氏食品
楊惠妍 賽普勒斯	296億	碧桂園
蘇珊娜·卡蘭登 德國	277億	BMW、製藥廠
吉娜·萊因哈特 澳洲	236億	礦場
伊莉斯·馮特伯納 智利	233億	礦場

全台10大富豪*

張聰淵	138億美金	華立實業
蔡宏圖三兄弟	92億	國泰金控
蔡明忠、蔡明興	79億	富邦金
魏應充四兄弟	78億	頂新
張虔生、張洪本	72億	日月光
郭台銘	71億	鴻海
蔡衍明	61億	旺中
林百里	58億	廣達
陳泰銘	50億	國巨
林書鴻	48億	長春

*編注: 台灣富豪的財產與其他兩者相差太多，此處將其圖表放大顯示。

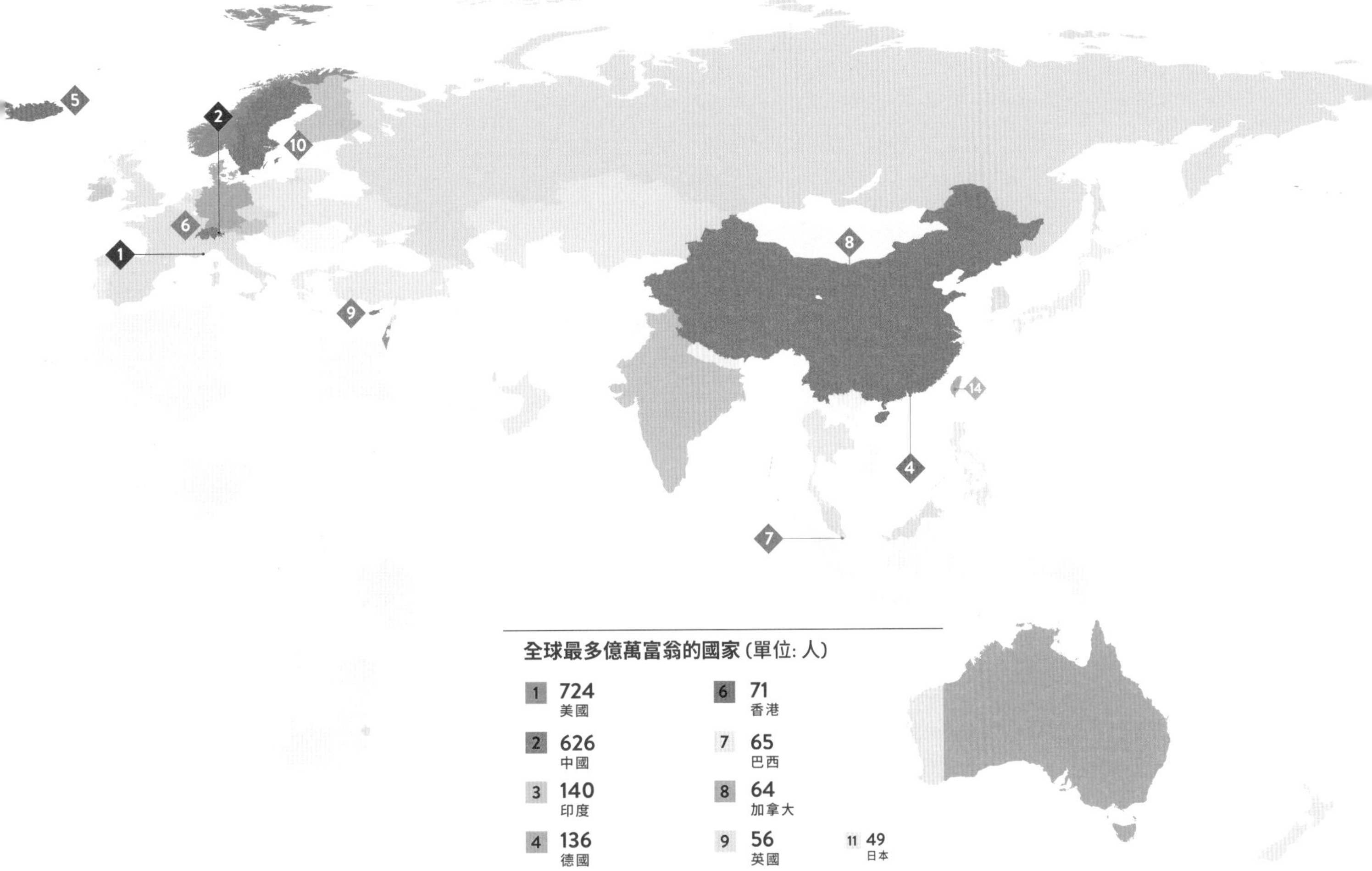

全球最多億萬富翁的國家 (單位: 人)

1	**724** 美國	**6**	**71** 香港				
2	**626** 中國	**7**	**65** 巴西				
3	**140** 印度	**8**	**64** 加拿大				
4	**136** 德國	**9**	**56** 英國	**11**	**49** 日本		
5	**118** 俄羅斯	**10**	**51** 義大利	**12**	**47** 台灣		

何以致富?

繼承

弗利德里希・卡爾・弗利克 (1927-2006)

企業家弗利德里希・弗利克的兒子。其父為 1950 年代西德最有錢的人之一，也是當時戴姆勒賓士集團的最大股東。

繼承後再擴張

蘇珊娜・卡蘭登 (1962-)

企業家赫伯特・匡特的女兒，其父為 BMW 最大的股東。

白手起家

拉爾夫・多摩莫斯 (1963-)

United Internet 的公司創辦人。

全球有多少億萬富翁*?
*2020 年淨資產超過 10 億美元者

173	126	86	385位女性

183	795	1,841	2,819位男性

啟動「心流」模式

當某人進入「心流」的狀態，代表他此刻全神貫注在工作上，進入渾然忘我的境界，既不會因為壓力過大而感到恐懼，也不會因為缺乏挑戰而感到無趣。此時腦中控管情感的邊緣系統與掌握理智的新皮質（neocortex）和諧運作，不只讓工作充滿樂趣，更能提升成果的品質與產出效率！

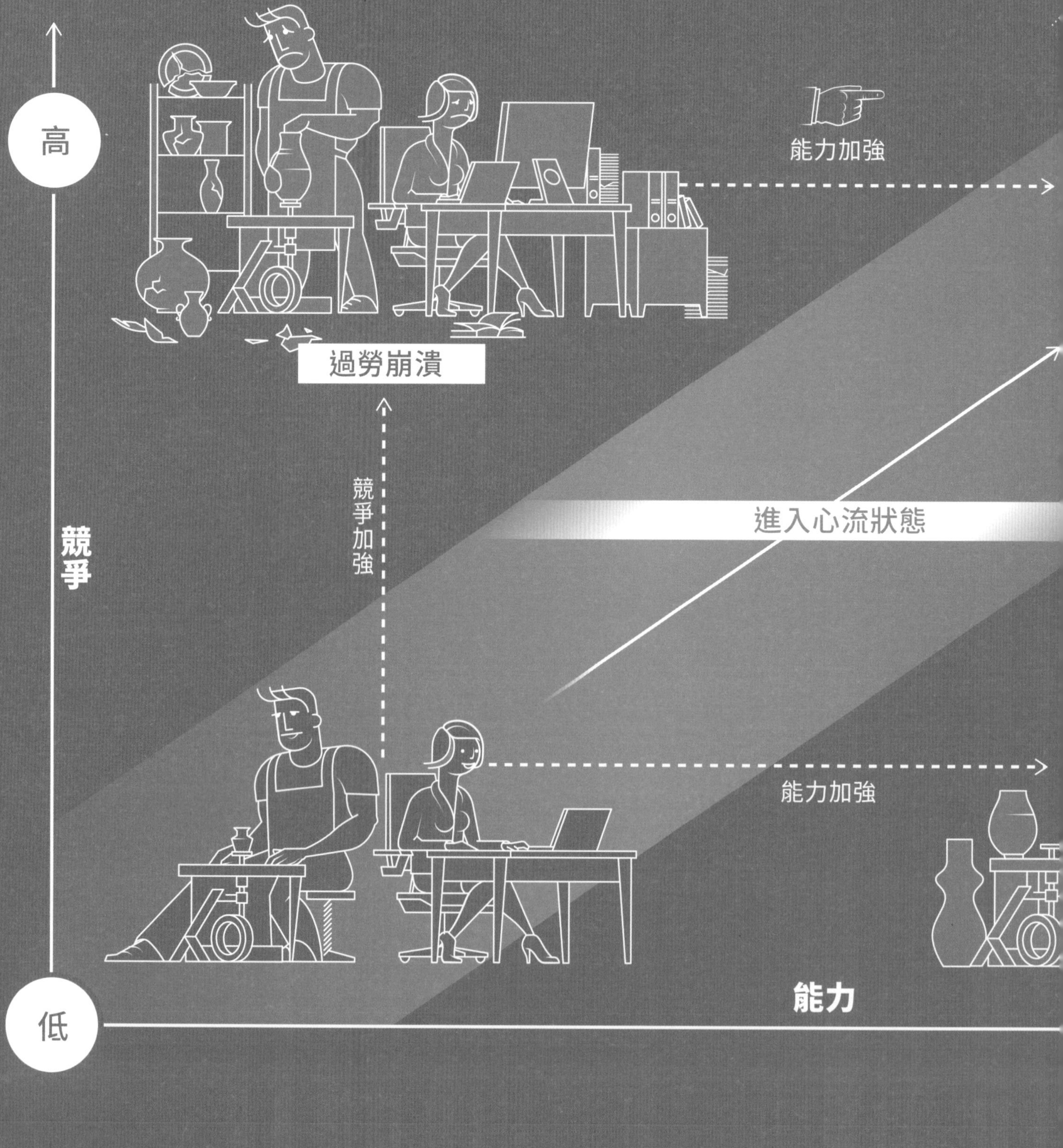

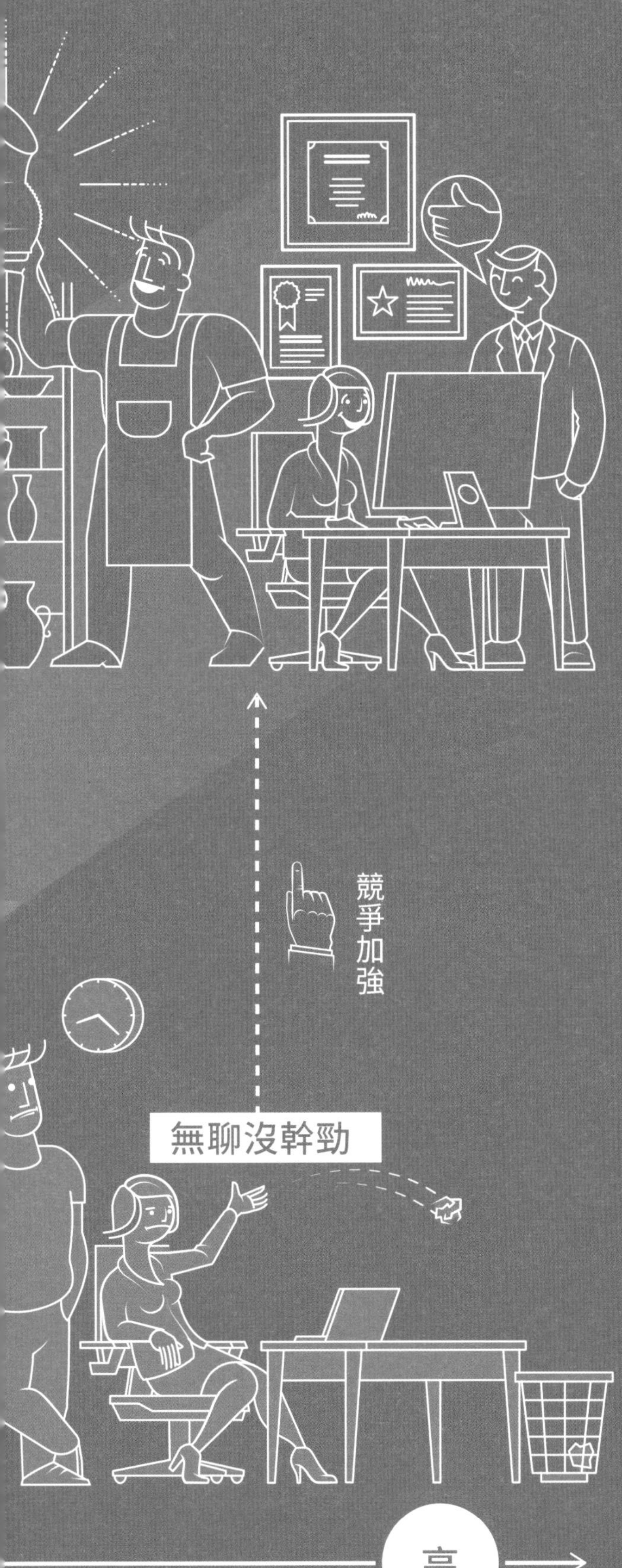

資料來源:
米哈里·契克森米哈伊 (Mihály Csíkszentmihályi) 的心流概念

台灣勞工的生活就業大調查

(資料年分: 2020年)

你滿意你的工作嗎?

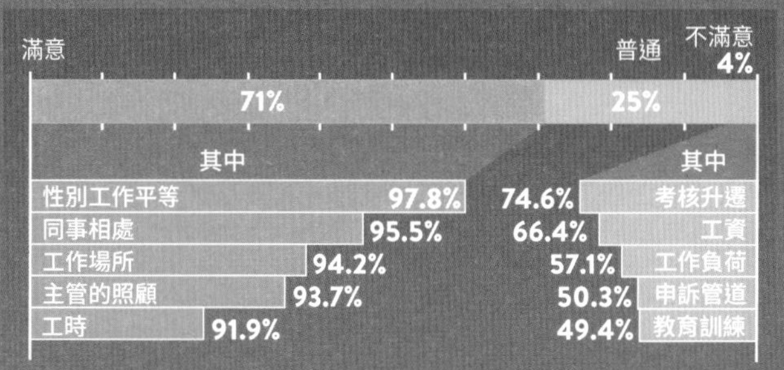

你累了嗎?

2020年台灣年總工時為2,021小時,在勞動部最新國際勞動統計中排名第4,僅次於新加坡、哥倫比亞和墨西哥。

爆肝產業TOP3

2020 年加班最多的前 3 產業,在2016-2020年平均每月加班時數變化

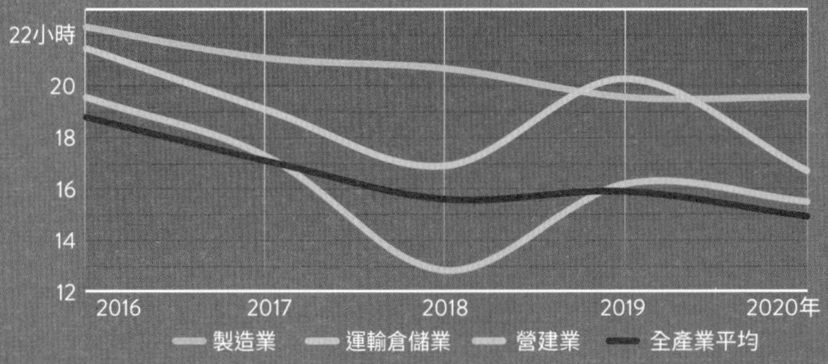

加更多班,兼更多差

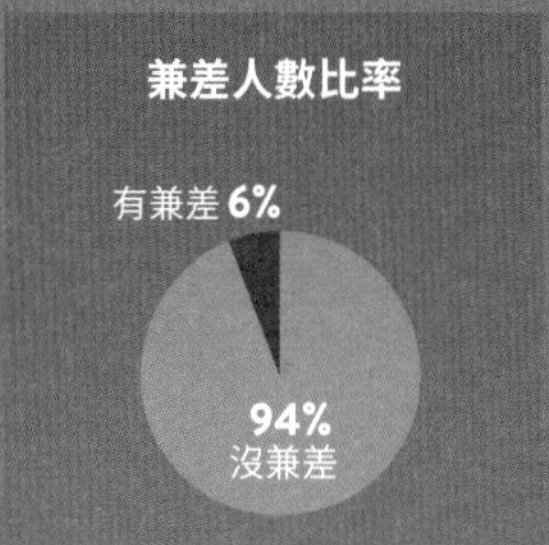

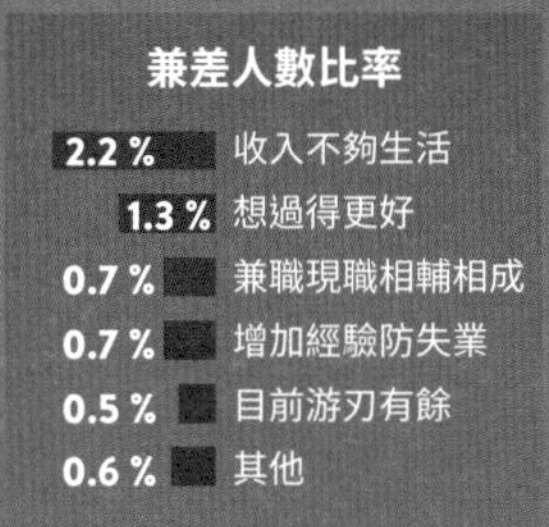

夠滿足了嗎？先喘口氣吧！

生而為人，我們有哪些需求呢？美國心理學家亞伯拉罕．馬斯洛（Abraham Maslow）在1943年提出需求層次理論，它的核心概念是：需求促使我們追求經濟上的成果，當個人或群體社會爬上一個階段後，就會繼續朝著更上一層努力爬升。

自我實現需求

尊重需求

愛與歸屬需求

安全需求

生理需求

薪水啊，可以再漲快點嗎？

「您的收入有多少？」這短短幾個字的問題，回答起來可不容易，因為在經濟學裡，個人所得可區分成工作所得（薪資或執行業務報酬）、資本所得（利息、股利及房屋租賃）及移轉收入（失業救濟金及社會福利金），全部加起來就是一個自然人或家計單位所謂的「淨資產」。
下列圖表顯示德國自1949年來國民平均薪資所得的變化。

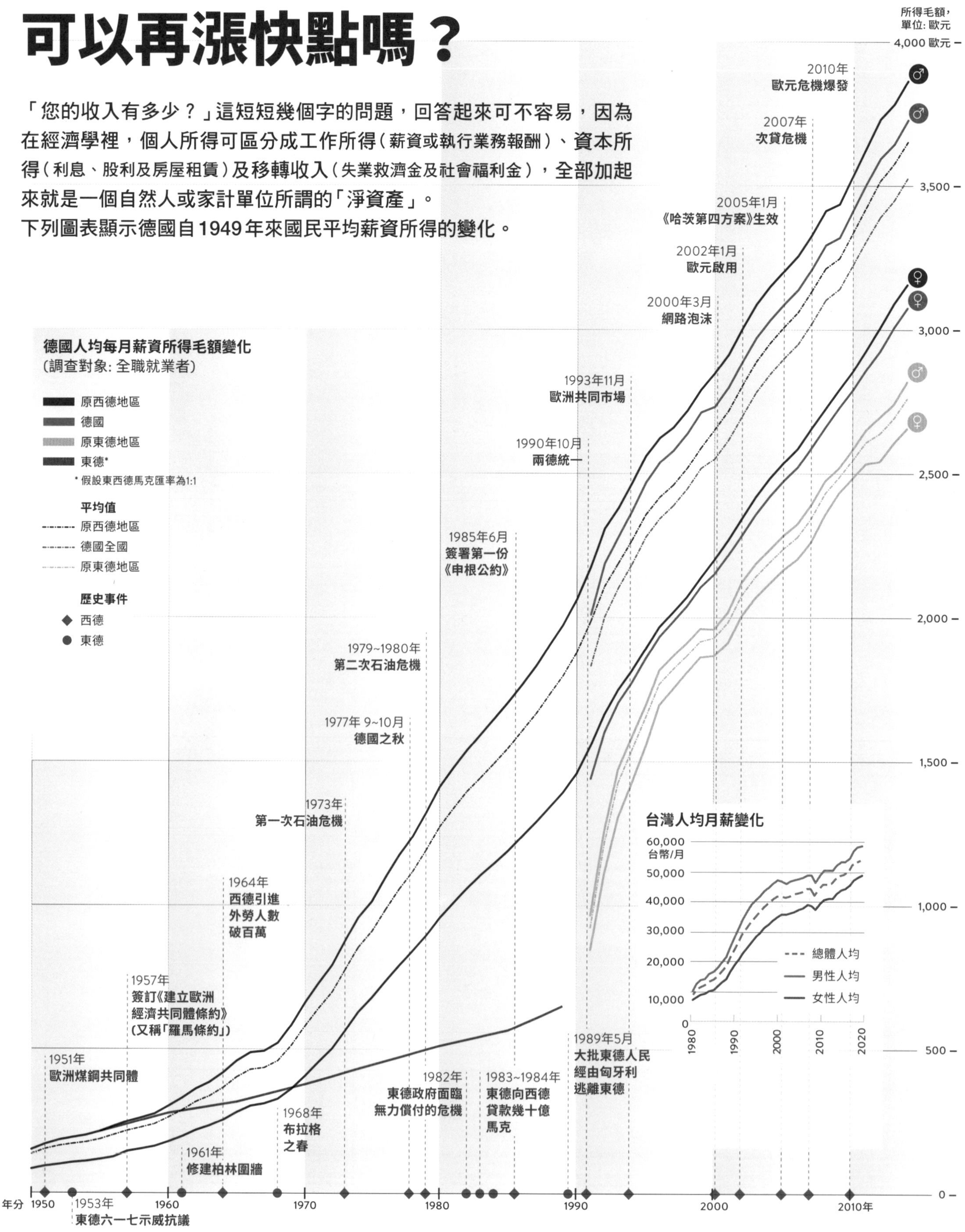

II

企業篇

企業
・
商業模式
・
產品
・
組織
・
團隊
・
財務
・
顧客

向成功企業取經：福斯汽車的世界版圖

福斯股份有限公司（Volkswagen AG）的發展歷程
可說是德意志聯邦共和國歷史的縮影。
當年希特勒企圖打造普羅大眾也買得起的汽車，
因而成立了這間公司，後來福斯在二戰結束後被英國軍方接管。
1950年代福斯推出的金龜車，成為推動德國經濟奇蹟的象徵，
也是德式勞資合作模式的先驅。
福斯公司極早就利用全球化優勢，成長為全世界最大的汽車製造公司，
但在此同時，顯然也將某些技術及道德倫理拋之腦後。
2015年秋天所爆發的廢氣排放醜聞，令福斯公司付出沉重的代價。

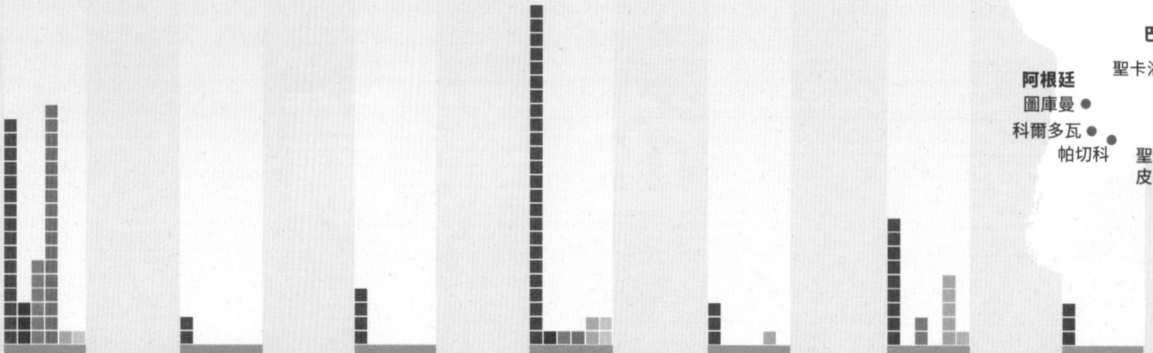

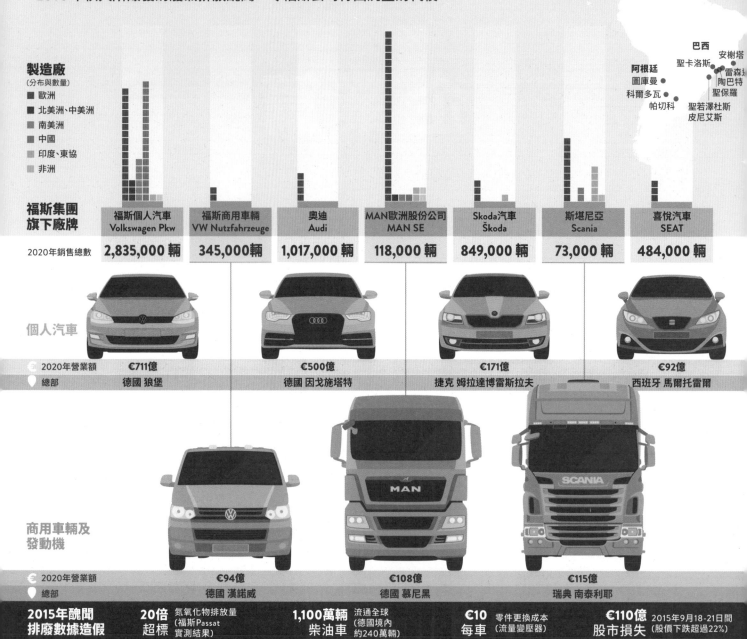

福斯集團旗下廠牌	福斯個人汽車 Volkswagen Pkw	福斯商用車輛 VW Nutzfahrzeuge	奧迪 Audi	MAN歐洲股份公司 MAN SE	Skoda汽車 Škoda	斯堪尼亞 Scania	喜悅汽車 SEAT
2020年銷售總數	2,835,000 輛	345,000輛	1,017,000 輛	118,000 輛	849,000 輛	73,000 輛	484,000 輛

個人汽車

	福斯個人汽車	奧迪	Skoda汽車	喜悅汽車
2020年營業額	€711億	€500億	€171億	€92億
總部	德國 狼堡	德國 因戈施塔特	捷克 姆拉達博雷斯拉夫	西班牙 馬爾托雷爾

商用車輛及發動機

	福斯商用車輛	MAN歐洲股份公司	斯堪尼亞
2020年營業額	€94億	€108億	€115億
總部	德國 漢諾威	德國 慕尼黑	瑞典 南泰利耶

2015年醜聞 排廢數據造假

- **20倍 超標**：氮氧化物排放量（福斯Passat實測結果）
- **1,100萬輛 柴油車**：流通全球（德國境內約240萬輛）
- **€10 每車**：零件更換成本（流量變壓器）
- **€110億 股市損失**：2015年9月18-21日間（股價下跌超過22%）

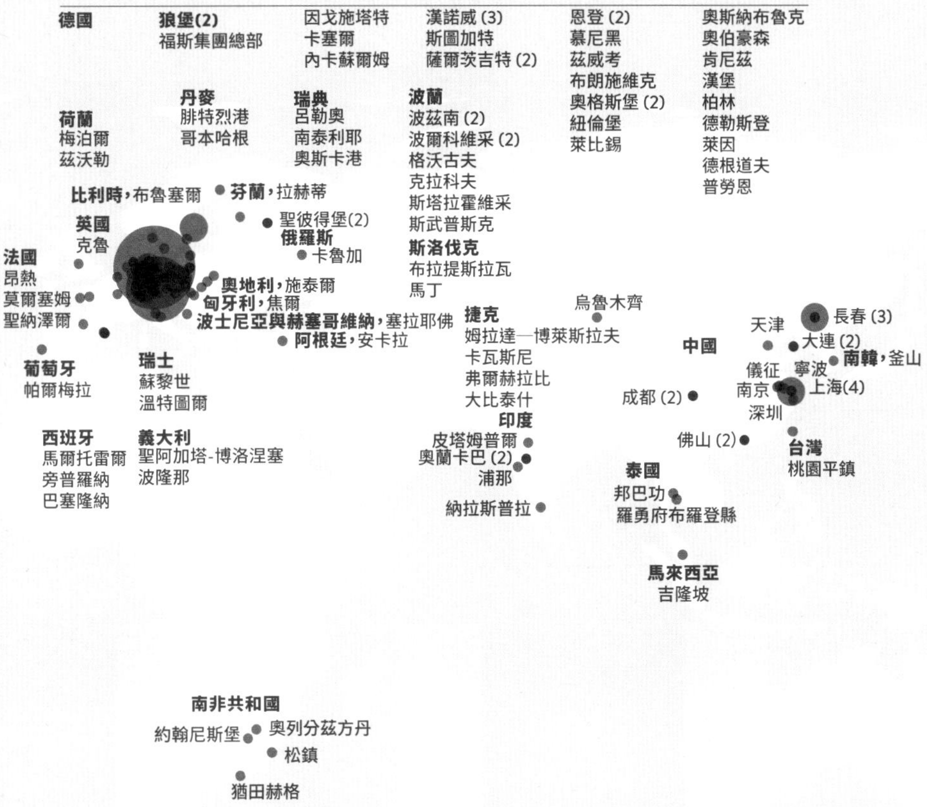

福斯集團生產網路

全球生產據點（包括零件製造廠）之員工人數

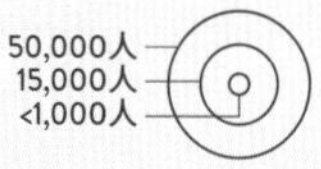

各大洲設廠總數

歐洲	亞洲	南美洲	北美洲	非洲
72間	29間	9間	4間	4間

保時捷 Porsche	杜卡迪 Ducati	賓利 Bentley	藍寶堅尼 Lamborghini	布加迪 Bugatti
265,000 輛	48,000 輛	11,000 輛	7,430 輛	77 輛
	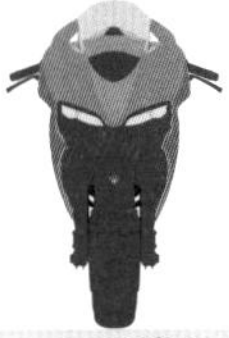			
€261億	€6.8億	€20億	€16.1億	無數據
德國 斯圖加特	義大利 波隆那	英國 克魯	義大利 聖阿加塔–博洛涅塞	法國 莫爾塞姆

福斯汽車金融服務

金融服務業

2020年合約總數 **1,541萬份**

2020年息稅前利潤 **€10.4億**

位於 **德國 布朗施維克**

員工人數與部門

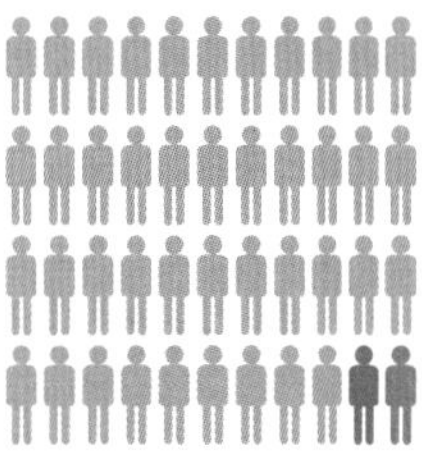

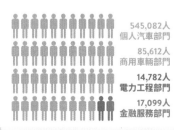

545,082人 個人汽車部門

85,612人 商用車輛部門

14,782人 電力工程部門

17,099人 金融服務部門

=15,000人（資料年分：2020年12月）

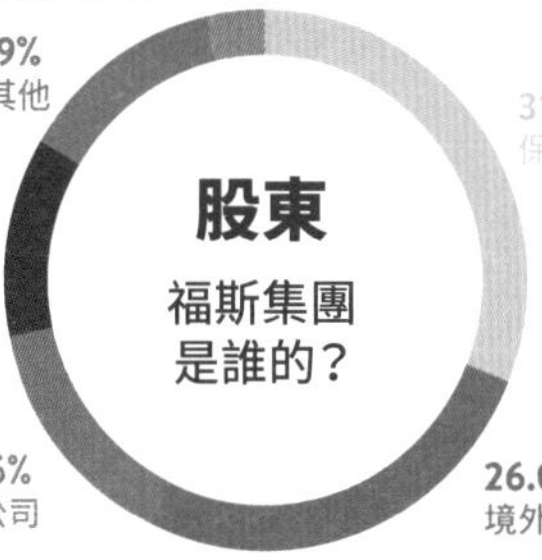

投票權分配比例（2020年12月）

€35億 虧損 15年來首次出現赤字（2015年第三季）

€200億 特別貸款 13家銀行接受申請，用於償付後續費用

6種 車款 暫停銷售美國市場（2015年11月）

$150億 美金償付 與美國政府及提告者達成和解

深入企業總部

福斯設在狼堡的工廠，是全球最大的汽車廠之一。這裡的員工超過6萬人，是廠房旁足球場可容納人數的兩倍有餘，若與前來觀看狼堡足球俱樂部主場球賽的觀眾相比，更是多出太多了。

技術研發及公司發展研究部

員工人數 7,990人

福斯設在狼堡的研發部門是全球最大的汽車研發中心之一，集團下所有廠牌共享其研究成果。

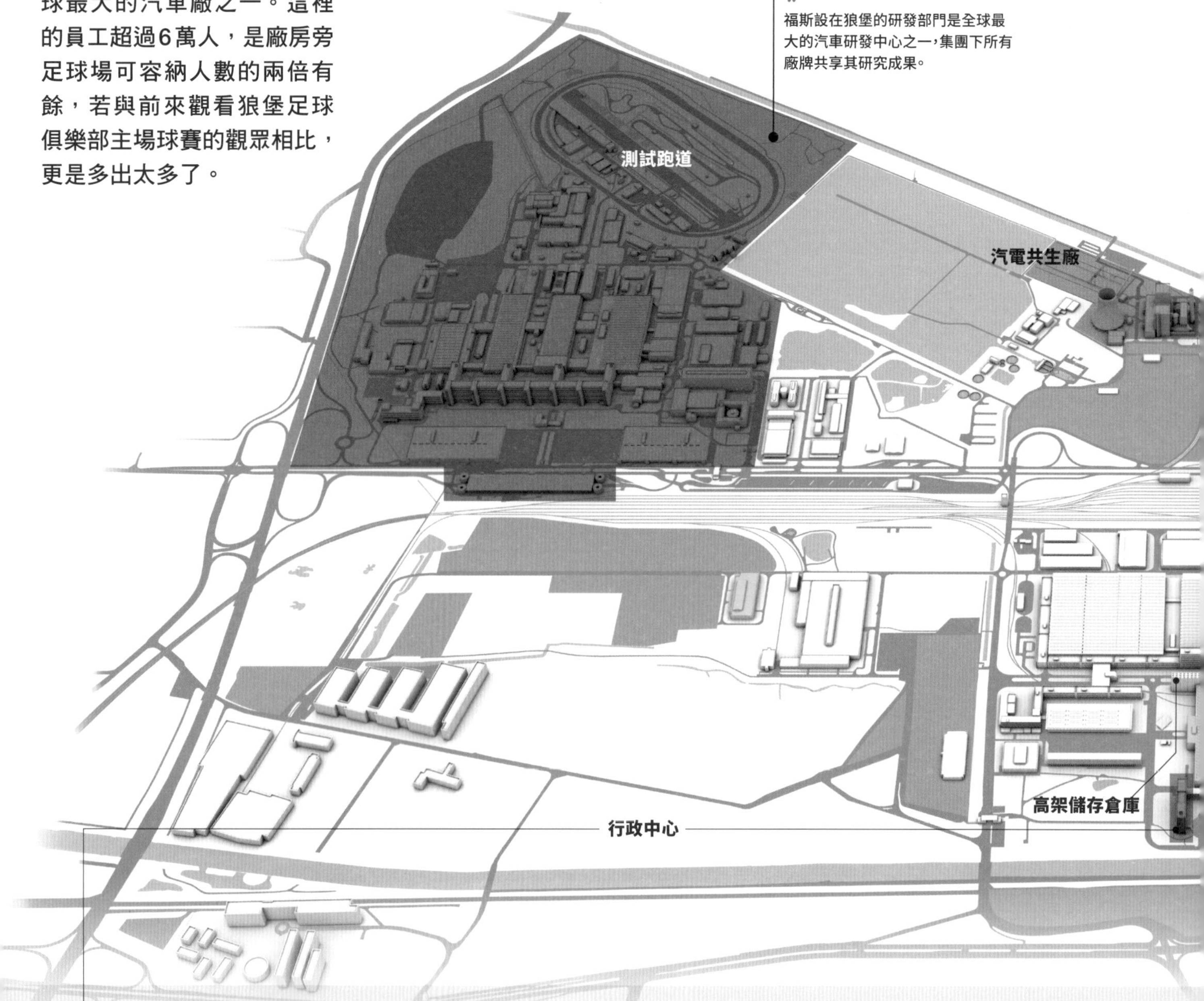

核心主管階層

狼堡廠是福斯個人汽車及福斯汽車集團旗下12種汽車廠牌的總部。

監察委員會
監督機構
20名成員

董事會
集團總決策
8名成員

品牌董事會
負責各獨立品牌的商業運作

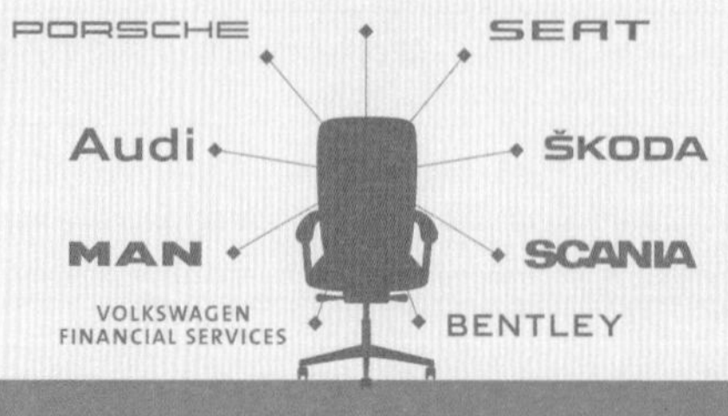

集團董事會
負責跨廠牌之業務領域

工廠廠區

總面積
6.5 km²
其中
1.3 km²
屬於
研發部門。

76名
消防部門員工
負責廠區之安全。

廠房面積
1.6 km²
其中

78,000	壓造工廠
238,400	車身工廠
54,540	烤漆工廠
202,200	組裝
56,000	檢驗台
205,000	零件製造

(單位：平方公尺)

廠房裡約有**6,000輛**
腳踏車作為重要的
代步工具。

70 km
鐵道網
7輛
鐵路機車
2部
自動調動機
1台
轉運台

廠區鐵道部門
共
88名
員工

75 km
公路網

共有3線公車
載運員工穿梭
於廠區內的
不同工廠。

員工總數

62,000名
員工

產量

車款
Golf, Golf Sportsvan, E-Golf,
Tiguan & Touran

生產車輛總數
每個工作日
3,020台
一年
790,000台
2017

680萬根
咖哩香腸

\2017年最多產的產品/
跌破眾人眼鏡，這個指標性汽車工廠
生產最多的產品居然不是汽車，
而是廠內附設香腸工廠所灌的香腸。

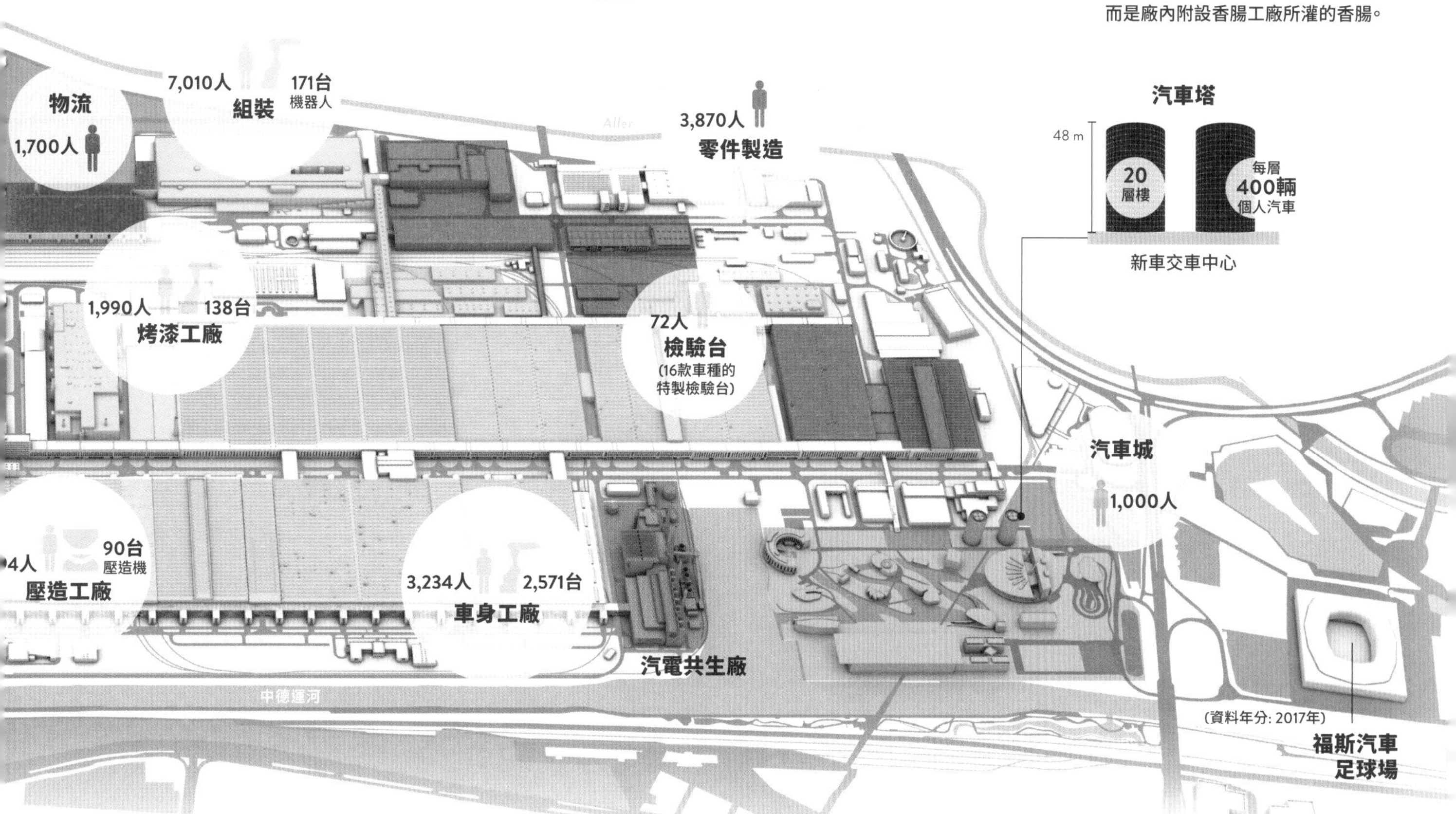

企業與當地居民的緊密連結

若沒有福斯汽車，就不會有狼堡這座城市。1938年納粹在這塊土地建立車廠與城市，直到1945年這地區正式名稱為「法勒斯雷奔旁的KdF車城」(Stadt des KdF-Wagens bei Fallersleben)。二次大戰時，這些廠房改生產軍備，其中不少勞工受迫在這裡工作。戰後在英國的管理下，開始量產金龜車。

狼堡居民人口變化
(1939-2020年)

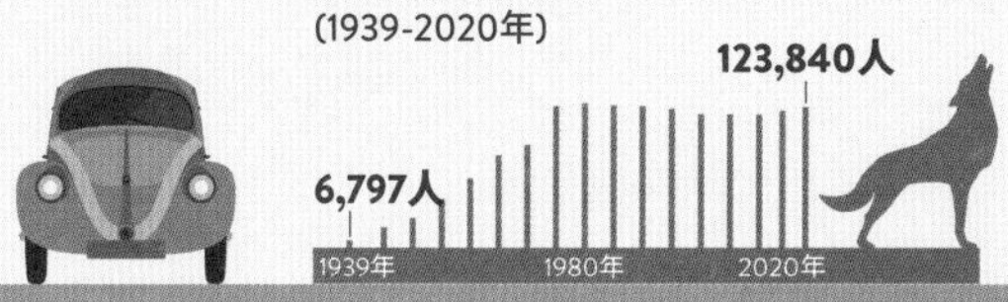

結盟
狼堡股份公司

1999年福斯汽車與狼堡市正式結盟，兩者共同目標是提高城市競爭力，在就業及基礎建設上表現特別活躍。

能源
福斯汽車發電廠
有限責任公司

兩座汽電共生廠提供狼堡市能源、電力及暖氣。

足球

狼堡足球俱樂部資合公司(Kapitalgesellschaft)是股權100%由福斯汽車持有的子公司。福斯汽車是球隊及所屬球場的主要贊助商。

產品力就是你的競爭力

產品與服務是企業營利的基礎，若產品不良，無論行銷做得再好，品牌也撐不久。
以福斯為例，一款新車從最初發想設計到交付至顧客手上，大約需要3-7年的時間。
在這複雜過程中，每個車廠都有自己的製作流程，一般來說，大致如下圖：

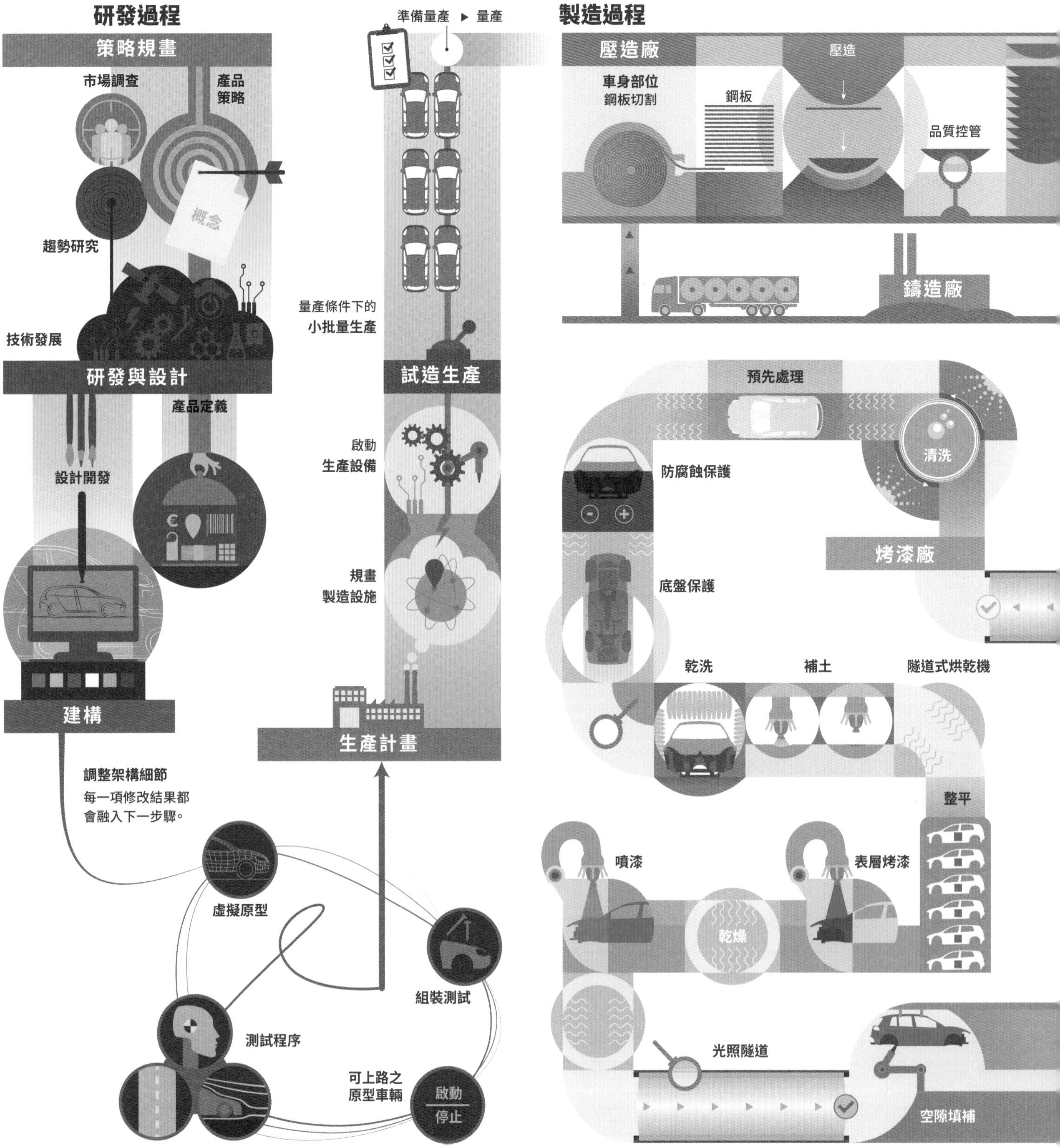

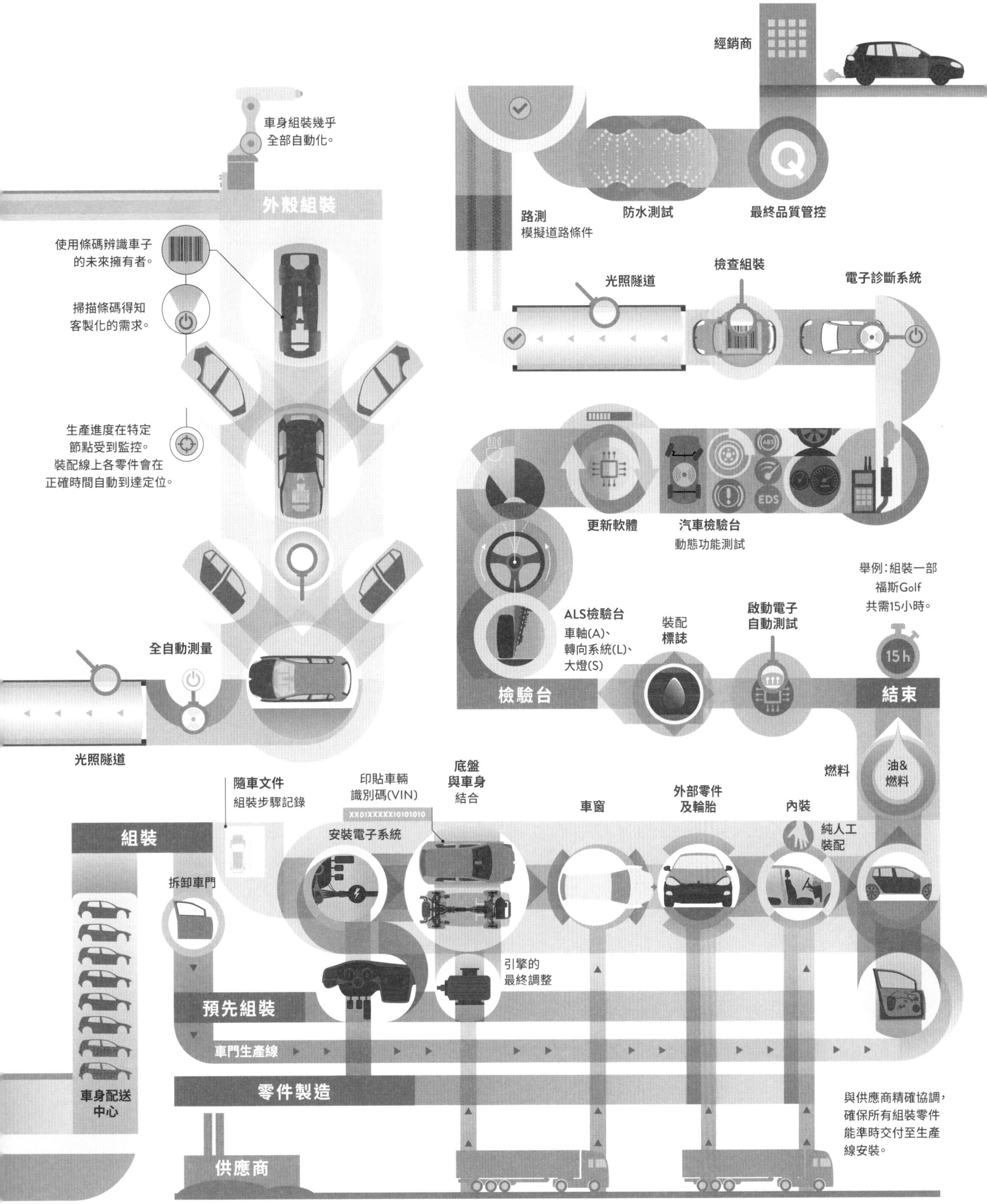
經銷商
路測
模擬道路條件
防水測試
最終品質管控
車身組裝幾乎
全部自動化。
外殼組裝
使用條碼辨識車子
的未來擁有者。
掃描條碼得知
客製化的需求。
生產進度在特定
節點受到監控。
裝配線上各零件會在
正確時間自動到達定位。
光照隧道
檢查組裝
電子診斷系統
更新軟體
汽車檢驗台
動態功能測試
ABS
EDS
舉例：組裝一部
福斯Golf
共需15小時。
15h
ALS檢驗台
車軸(A)、
轉向系統(L)、
大燈(S)
裝配
標誌
啟動電子
自動測試
全自動測量
檢驗台
結束
光照隧道
燃料
油&
燃料
隨車文件
組裝步驟記錄
印貼車輛
識別碼(VIN)
XX01XXXXX10101010
底盤
與車身
結合
車窗
外部零件
及輪胎
內裝
純人工
裝配
組裝
安裝電子系統
拆卸車門
引擎的
最終調整
預先組裝
車門生產線
零件製造
車身配送
中心
供應商
與供應商精確協調，
確保所有組裝零件
能準時交付至生產
線安裝。

股票上市「玩」全解

買下某間公司股票，便擁有這家公司的股分。公司為了換取資金而出售部分所有權，不過一旦經營者手上有了熱騰騰的金錢，通常就想擴大公司規模，或者有時也會異想天開買下南太平洋某個小島。而在公司付諸行動及新股東獲利（或虧損）之前，必須先經過一連串的決策過程……

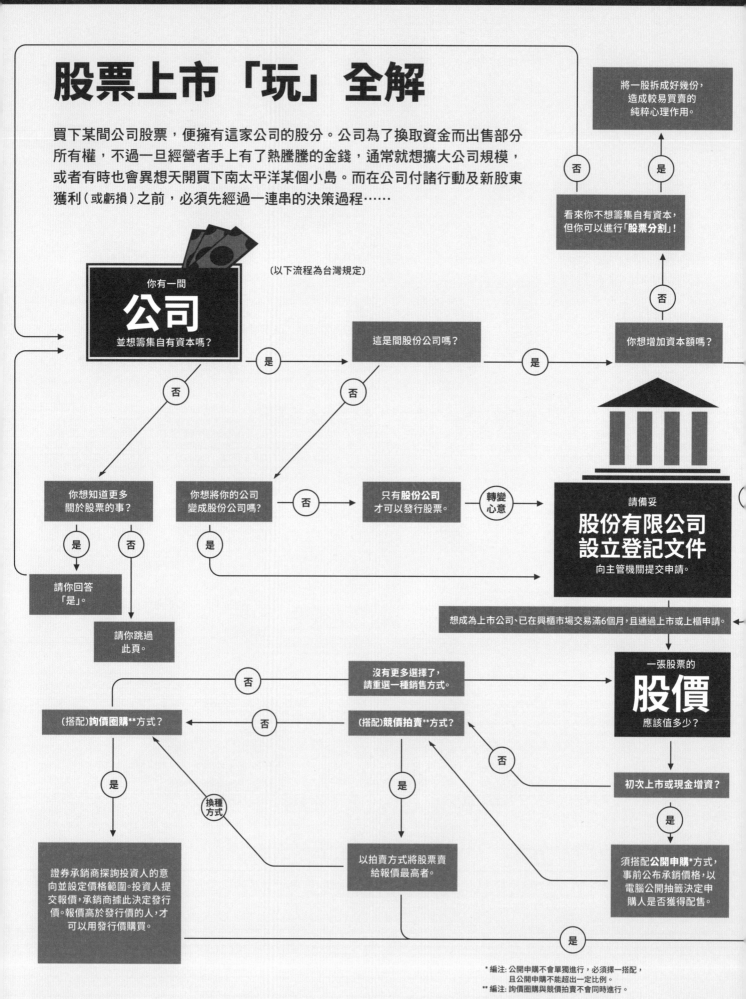

(以下流程為台灣規定)
你有一間
公司
並想籌集自有資本嗎?
是
否
這是間股份公司嗎?
是
否
你想增加資本額嗎?
否
看來你不想籌集自有資本，但你可以進行「股票分割」!
是
否
將一股拆成好幾份，造成較易買賣的純粹心理作用。
你想知道更多關於股票的事?
是
否
請你回答「是」。
請你跳過此頁。
你想將你的公司變成股份公司嗎?
否
是
只有股份公司才可以發行股票。
轉變心意
請備妥
股份有限公司設立登記文件
向主管機關提交申請。
想成為上市公司、已在興櫃市場交易滿6個月，且通過上市或上櫃申請。
一張股票的
股價
應該值多少?
初次上市或現金增資?
是
否
須搭配公開申購*方式，事前公布承銷價格，以電腦公開抽籤決定申購人是否獲得配售。
(搭配)競價拍賣**方式?
是
否
以拍賣方式將股票賣給報價最高者。
(搭配)詢價圈購**方式?
是
否
證券承銷商探詢投資人的意向並設定價格範圍。投資人提交報價，承銷商據此決定發行價。報價高於發行價的人，才可以用發行價購買。
換種方式
沒有更多選擇了，請重選一種銷售方式。
是

* 編注：公開申購不會單獨進行，必須擇一搭配，且公開申購不能超出一定比例。
** 編注：詢價圈購與競價拍賣不會同時進行。

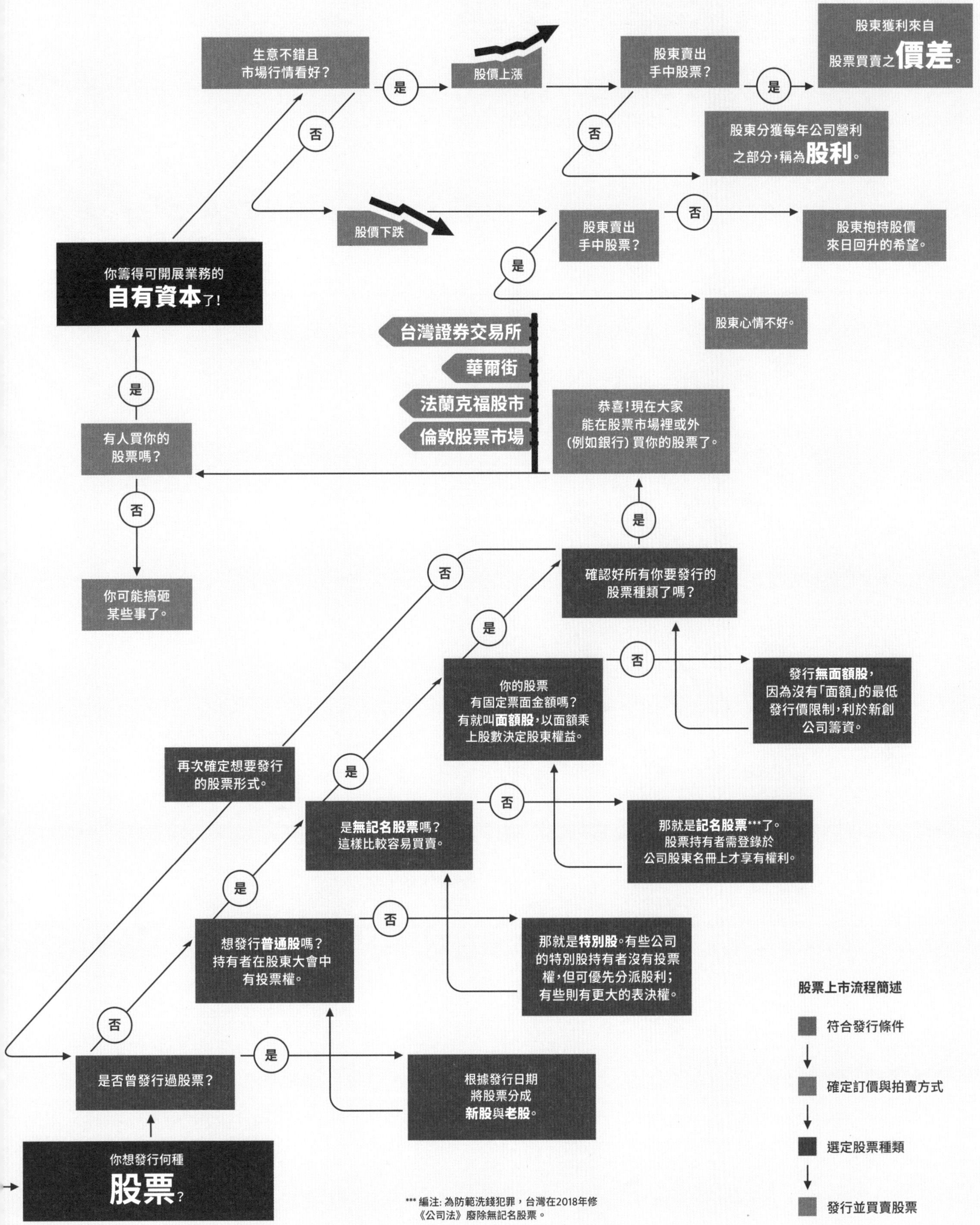
你想發行何種
股票?
是否曾發行過股票?
是
根據發行日期
將股票分成
新股與老股。
否
想發行普通股嗎?
持有者在股東大會中
有投票權。
否
那就是特別股。有些公司
的特別股持有者沒有投票
權,但可優先分派股利;
有些則有更大的表決權。
是
是無記名股票嗎?
這樣比較容易買賣。
否
那就是記名股票***了。
股票持有者需登錄於
公司股東名冊上才享有權利。
是
你的股票
有固定票面金額嗎?
有就叫面額股,以面額乘
上股數決定股東權益。
否
發行無面額股,
因為沒有「面額」的最低
發行價限制,利於新創
公司籌資。
是
確認好所有你要發行的
股票種類了嗎?
否
再次確定想要發行
的股票形式。
是
恭喜!現在大家
能在股票市場裡或外
(例如銀行)買你的股票了。
台灣證券交易所
華爾街
法蘭克福股市
倫敦股票市場
有人買你的
股票嗎?
否
你可能搞砸
某些事了。
是
你籌得可開展業務的
自有資本了!
生意不錯且
市場行情看好?
是
股價上漲
股東賣出
手中股票?
是
股東獲利來自
股票買賣之價差。
否
股東分獲每年公司營利
之部分,稱為股利。
否
股價下跌
股東賣出
手中股票?
否
股東抱持股價
來日回升的希望。
是
股東心情不好。
股票上市流程簡述
符合發行條件
確定訂價與拍賣方式
選定股票種類
發行並買賣股票

*** 編注:為防範洗錢犯罪,台灣在2018年修《公司法》廢除無記名股票。

頂尖企業的指標之爭

賈伯斯曾說，蘋果電腦的目標是「在宇宙占有一席之地」。
雖然我們並不清楚其他星系會用哪種標準來評斷我們的表現，
但在地球上，數字能呈現企業的競爭力與規模。

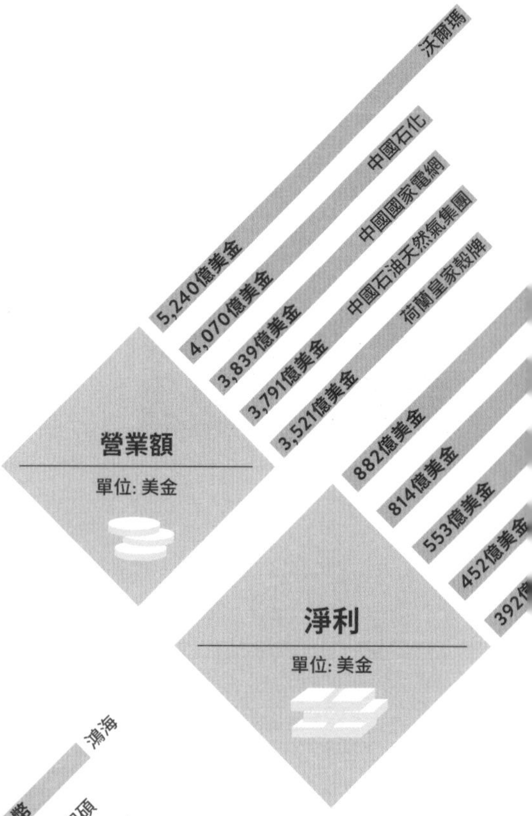

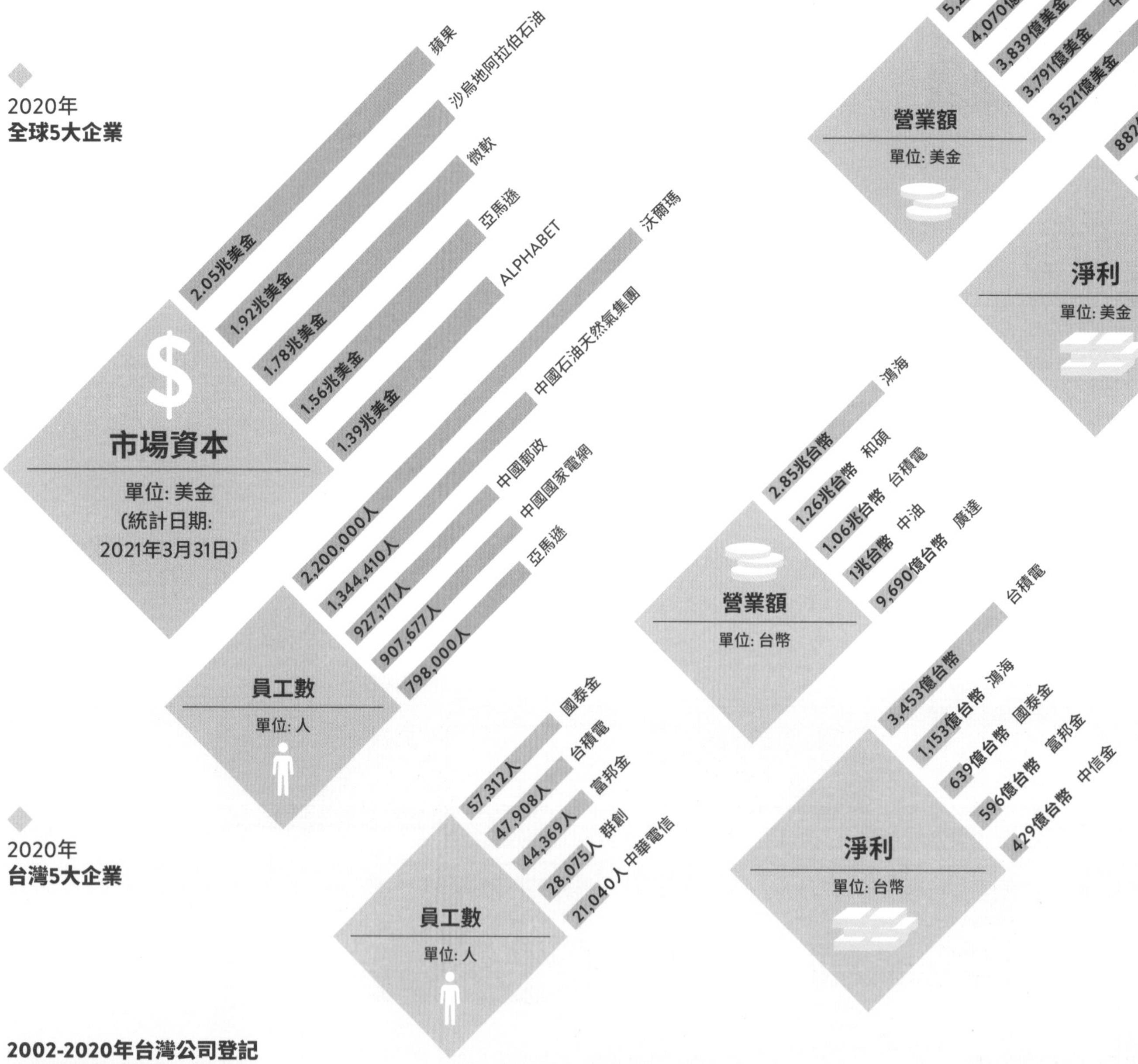

2002-2020年台灣公司登記
現有家數及現有資本額變化

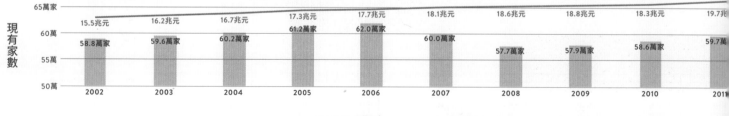

全球最大行動通信公司

中國移動

超過9.42億名用戶
(2021年4月)

單季獲利最高紀錄

波克夏海瑟威

348.3億美元
(2020年第4季)

單價最高的股票

波克夏海瑟威

每股439,460美元
(2021年5月10日)

史上最長壽的企業

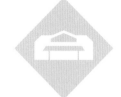

西山温泉慶雲館

成立於西元705年
(日本飛鳥時代慶雲2年)

行業別: 旅宿業
傳承52代的家族企業

全球五大企業收購案
單位: 美元

Vodafone 收購 **曼內斯曼**	2000年	1,810億
美國線上 收購 **時代華納**	2000年	1,650億
威訊 收購 **威訊無線**	2013年	1,301億
陶氏化學 收購 **杜邦**	2017年	1,300億
百威英博 收購 **SABMiller**	2016年	1,043億

全球5大破產公司 (依資產多寡排行)
單位: 美元

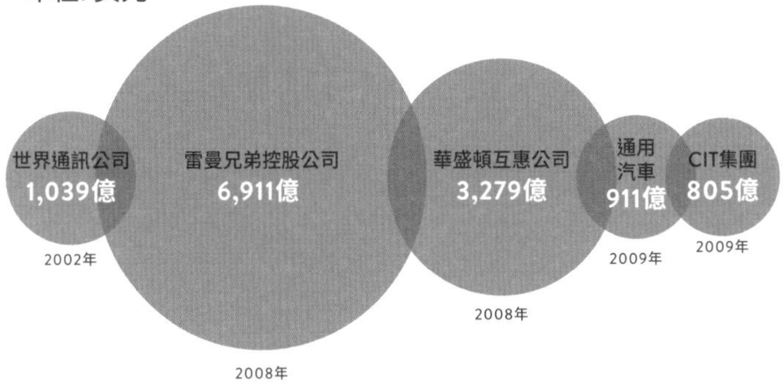

2020年台灣前3高薪企業
(員工平均年薪,單位: 台幣)

419萬
鴻準
電子業

416萬
永豐餘
造紙業

394萬
愛山林
營建業

2020年全球15大破產公司企業
(按產業分類,依資產多寡排行)

通訊業 (460.6億美金)	前線通訊、INTELSAT、DIGICEL
航空業 (425.7億美金)	智利南美航空、泰航、挪威航空、巴西哥航
石油業 (368億美金)	切薩皮克能源、邁克德莫特、VALARIS、SEADRILL
租車業 (243億美金)	赫茲
零售業 (139.5億美金)	傑西潘尼、尼曼百貨
服飾業 (125億美金)	ASCENA零售集團

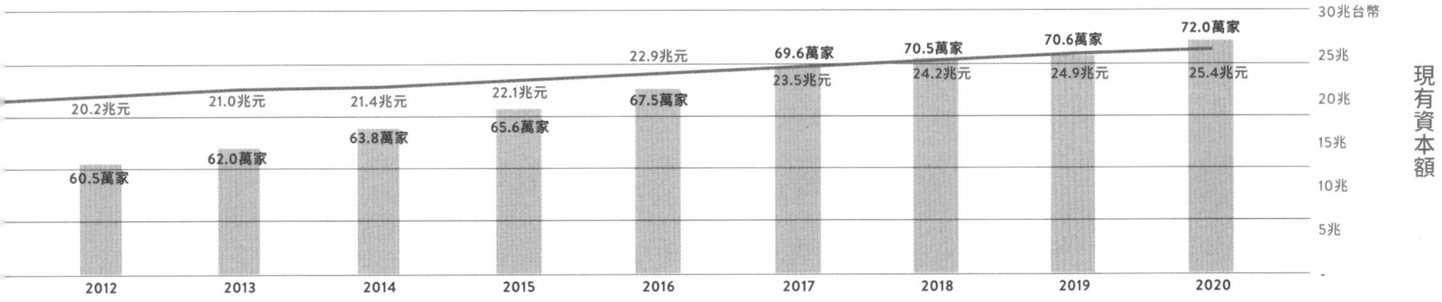

拆解價值鏈，從流程強化優勢！

企業消耗資源來創造價值，成功的話，價值可以換取收益。為了有系統地整理記錄企業的各種活動，企管專家使用價值鏈模型（或稱為價值鏈分析），這是哈佛大學教授麥可・波特（Michael E. Porter）在1985年所提出的方法。透過價值鏈分析，可幫助企業改善工作流程，並增強競爭優勢。

麥可·波特教授的價值鏈模型

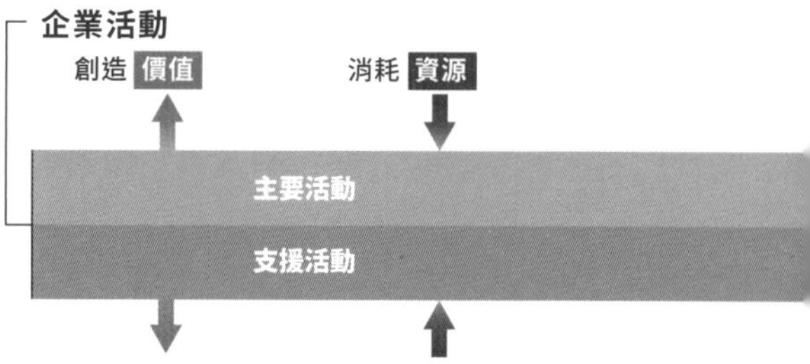

不同行業的價值鏈模型

銀行

洗衣精製造商

廣告公司

將價值鏈與供應商及經銷商連結
起來，便是**行業的價值鏈系統**。
透過策略性成本分析
提高競爭優勢
根據競爭優勢設立重點目標
差異化
低成本
利潤
進料物流
製造營運
行銷＆販售
客服
出貨物流
企業基礎建設
人力資源管理
技術發展
採購

業務管理
客戶管理

市場行銷
物流
銷售
售後服務

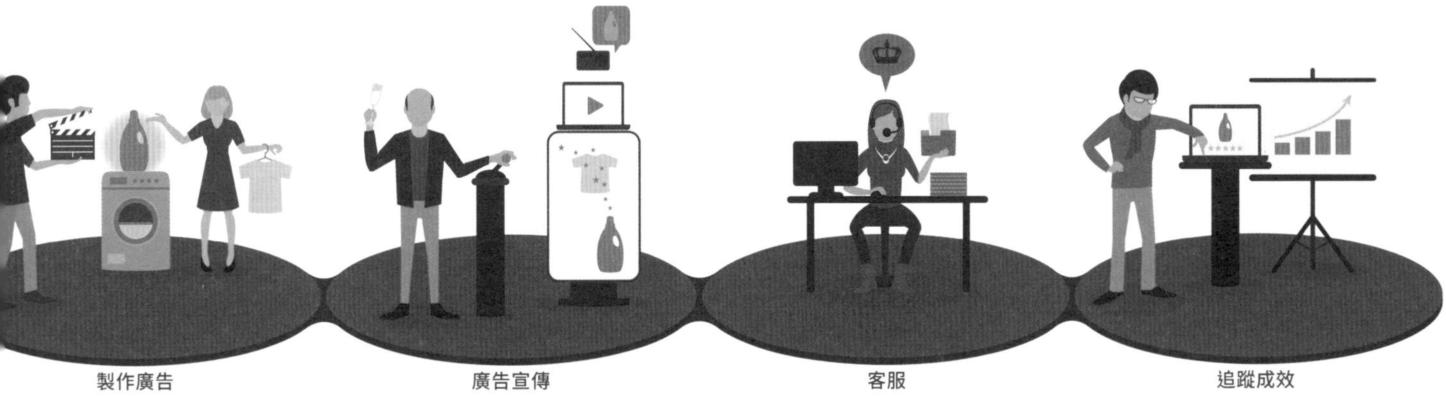
製作廣告
廣告宣傳
客服
追蹤成效

畫出你的商業模式

「如何讓公司賺錢」是每個創業者最頭痛的問題，這裡有一個好方法可以協助你釐清狀況，找出最適合的商業模式！「商業模式畫布」（Business Model Canvas）這個工具，最早是2004年由瑞士的亞歷山大·歐斯特瓦德（Alexander Osterwalder）在他的博士論文中提出，如今全球創業者及經驗豐富的經理人都會使用它，使之成為商業模式進行視覺化、評估及修正時的共通語言。

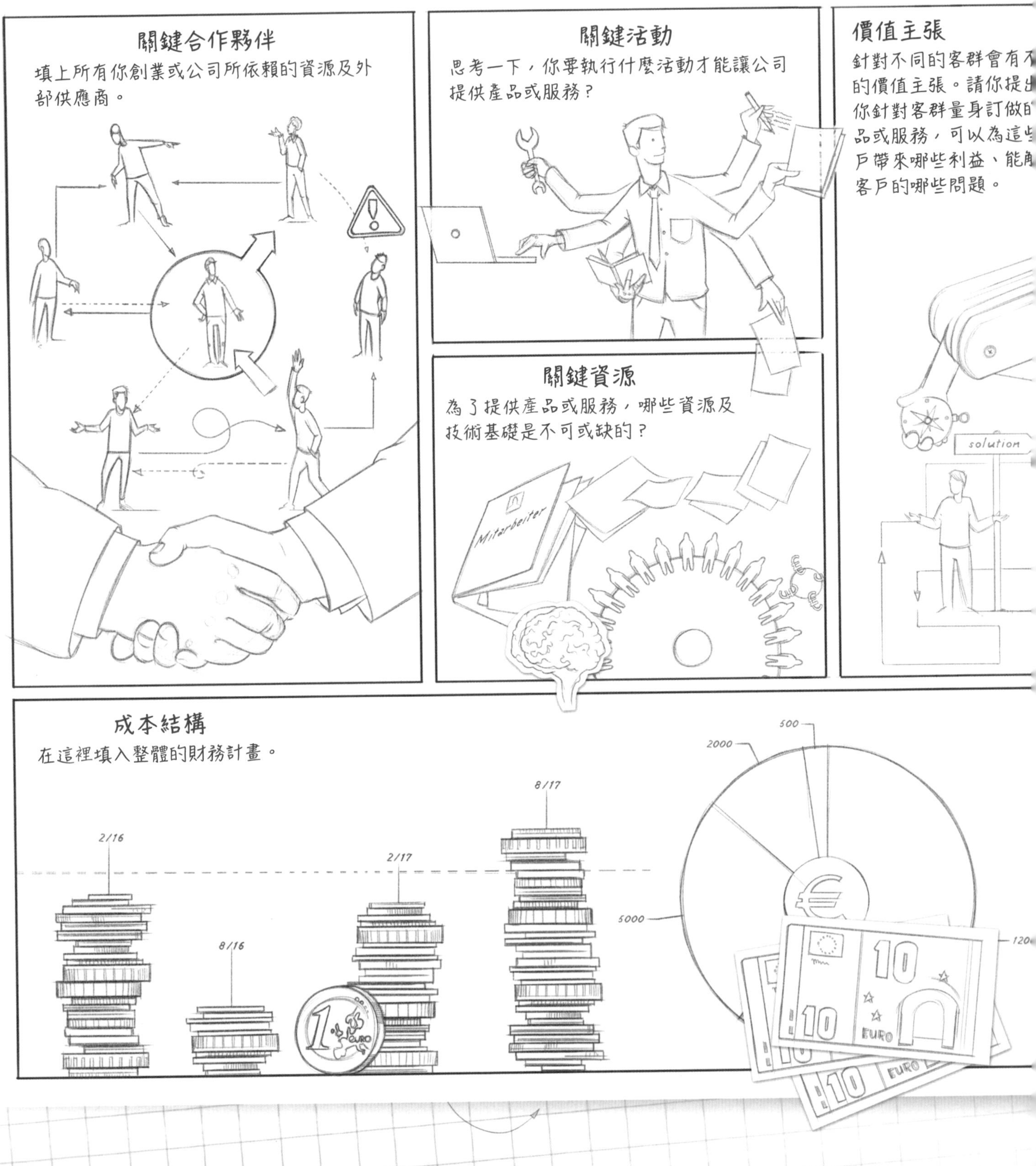
關鍵合作夥伴
填上所有你創業或公司所依賴的資源及外部供應商。
關鍵活動
思考一下，你要執行什麼活動才能讓公司提供產品或服務？
價值主張
針對不同的客群會有不
的價值主張。請你提
你針對客群量身訂做
品或服務，可以為這
戶帶來哪些利益、能
客戶的哪些問題。
solution
關鍵資源
為了提供產品或服務，哪些資源及技術基礎是不可或缺的？
Mitarbeiter
成本結構
在這裡填入整體的財務計畫。
2/16
8/16
2/17
8/17
500
2000
5000
10
EURO

顧客關係
公司該如何與客戶互動，來建立良好穩定的關係？(例如應該透過社群交流、面對面接觸，還是採用機器人自動回覆？)
客群分類
釐清公司產品或服務所針對的人或組織到底是誰。
通路
公司要如何與客戶交流？接觸點何在？
如何將公司的價值主張告訴客戶？
如何將產品或服務遞交給客戶？
收益流
分析你的收入來源還有定價機制。哪些顧客願意為哪個商品或服務付出多少錢？客戶喜歡哪種付款方式？偏好什麼收費模式呢？（例如購買或租賃，統一定價或個別報價）
252x12
252x12
504
756
30996
enefit
BUY
23,99 €
PayPal
EURO
10

經典與爆紅的一線之隔：暢銷 vs. 滯銷

暢銷商品如福斯Golf汽車、幫寶適尿布、麥當勞的大麥克漢堡，幾乎成了該類商品的絕佳代名詞，主宰我們對商品的印象。這種情況其實很正常，畢竟非常多人都買了這些商品，讓我們的生活被它們所圍繞。但是同時間，市面上有三分之二的新產品，一年內就會在市場上消失。有時就算是看起來很酷炫的產品，也會在市場上慘遭滑鐵盧。

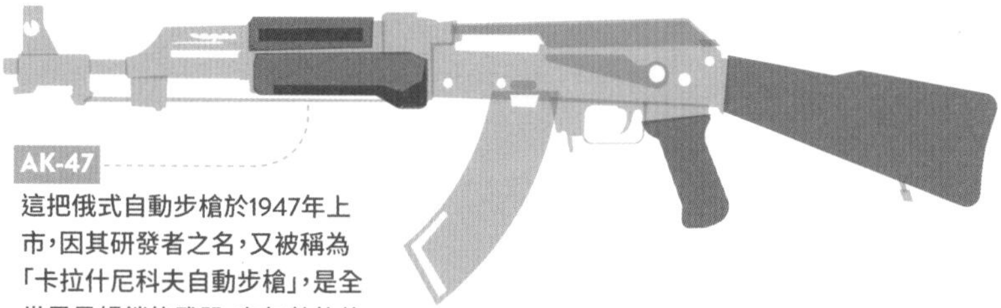

AK-47

這把俄式自動步槍於1947年上市，因其研發者之名，又被稱為「卡拉什尼科夫自動步槍」，是全世界最暢銷的武器，有無數的仿製品。粗略估計，全球市場有**1億**把AK-47流通。

iPhone

具觸控螢幕的iPhone在2007年上市後便為未來智能手機樹立典範，直至2020年底全球共賣出**17億**支iPhone。

星際大戰

此系列電影拍攝成本為**17.2億**美金，自第一部電影於1977年上映後，全球票房總收入超過**103億**美金，周邊產品收益超過**270億**美金。

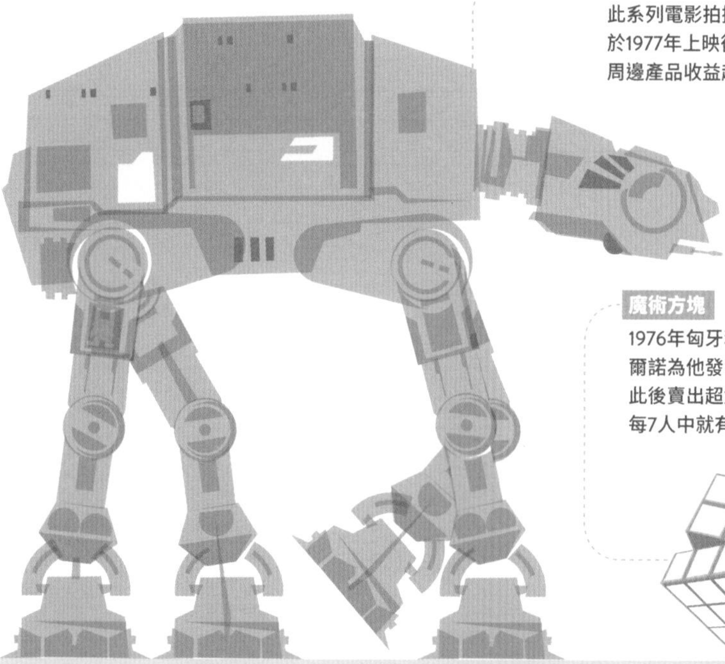

魔術方塊

1976年匈牙利營建工程師魯比克・厄爾諾為他發明的魔術方塊申請專利，此後賣出超過**3.5億**個方塊，據稱全球每7人中就有1人曾經玩過魔術方塊。

麥可・傑克森《顫慄》(THRILLER)專輯

1982年11月30日麥可・傑克森推出的第6張專輯全球銷售總數超過**6,600萬**張，是目前金氏世界紀錄中最暢銷的音樂專輯，製作預算為75萬美元。

透明可樂

1992年百事可樂推出一款看起來像礦泉水的無咖啡因可樂，一年後可口可樂也跟著推出名為Tab Clear的減肥碳酸飲料。兩者都是透明無色，銷售成績也一樣慘澹無光。

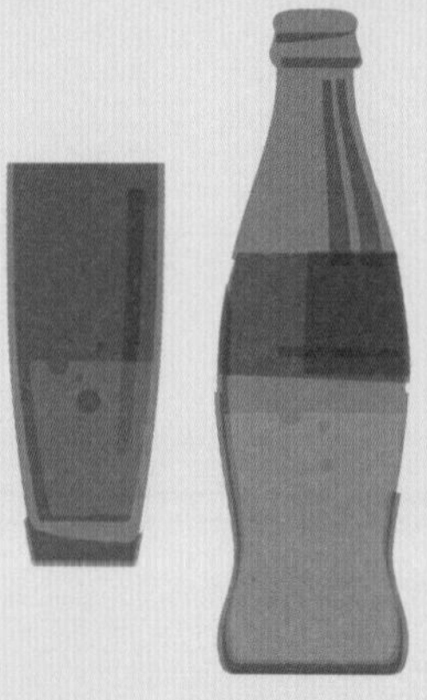

Microsoft Zune

此款播放器在2006至2011年間流通於市面上，第一代機器在2008年底開始不斷出現當機，還有無法重新啟動的狀況。

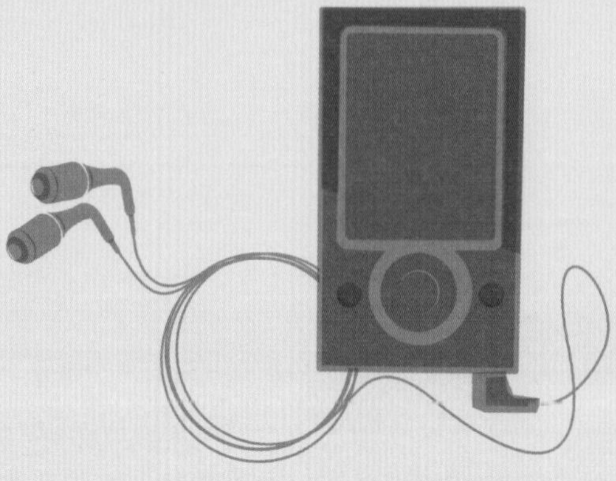

高露潔廚房快餐

1992年高露潔進軍冷凍食品市場，品牌標誌繼續沿用原來印在牙膏上的商標。新商品在同一年便從市場下架了。

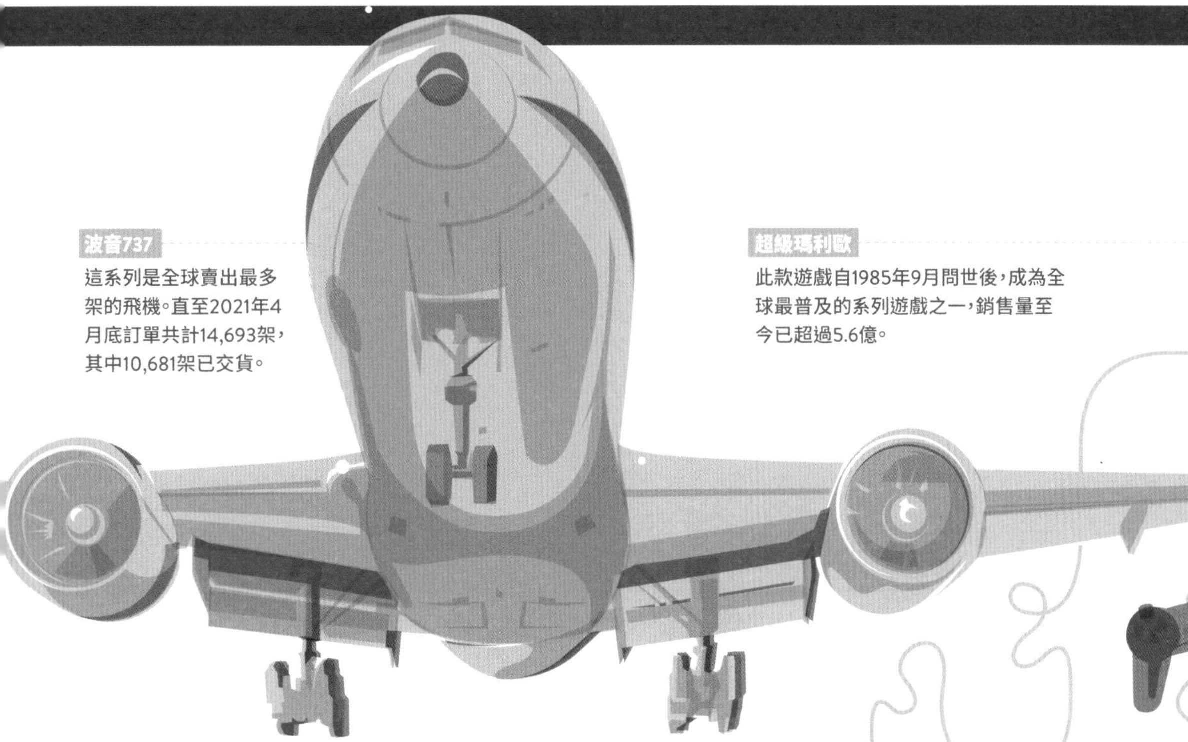

波音737

這系列是全球賣出最多架的飛機。直至2021年4月底訂單共計14,693架，其中10,681架已交貨。

超級瑪利歐

此款遊戲自1985年9月問世後，成為全球最普及的系列遊戲之一，銷售量至今已超過5.6億。

咖啡包及膠囊咖啡

2001年研發，2002年由道維斯艾格伯斯（Douwe Egberts）及飛利浦（Philips）這兩家公司註冊「Senseo」的商標，推出產品。銷售金額每年持續提高，2013年光是膠囊咖啡銷售額便高達81億美金。

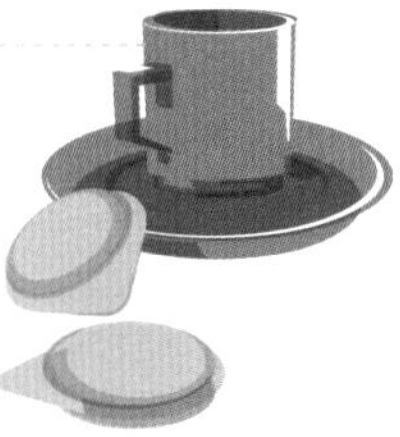

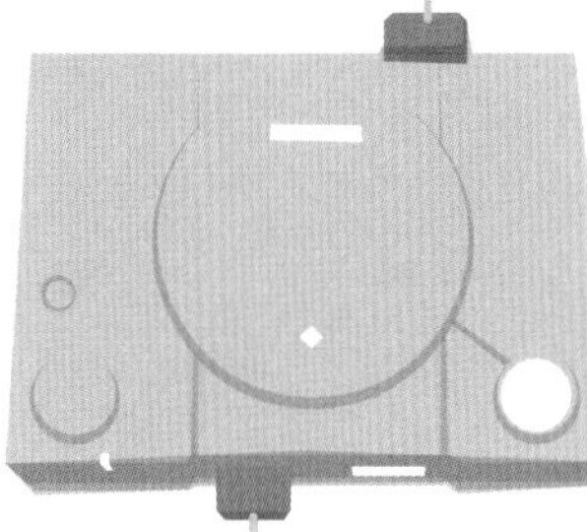

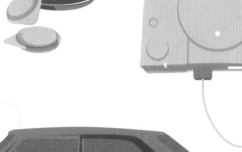

Sony PlayStation

PS1最早於1994年在日本問世，至今賣出4.7億台機器。

豐田可樂娜

自1966年起共發展了12代，是全球銷售數量最高的汽車，到2020年已賣出超過4,600萬輛。

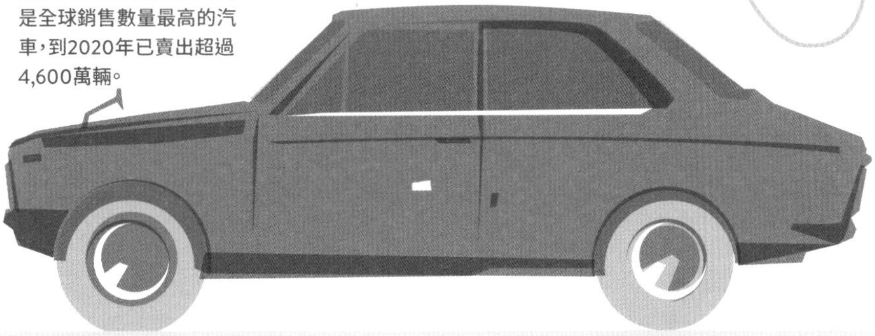

iPAD

此平板於2010年上市，至2020年底銷售數字超過5億台。

SONY 愛寶（AIBO）

此款機器狗在1999年推出，至2006年為止全球賣出15萬隻。因保固維修成本太高而成為棘手問題，7年後停止生產。

豪華招牌漢堡（ARCH DELUXE）

這個在1996年推出的美味漢堡是麥當勞美味新系列的首推商品，研發行銷花費逾3億美元，最後卻血本無歸。

ISDN視訊電話

1997年德國電信推出「$1798馬克，買一送一方案」，但產品價格過高，影像畫質太差，人們寧可再等幾年直到Skype出現。

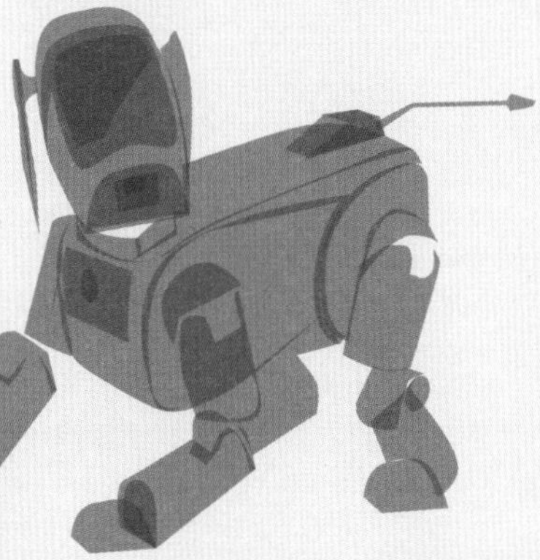

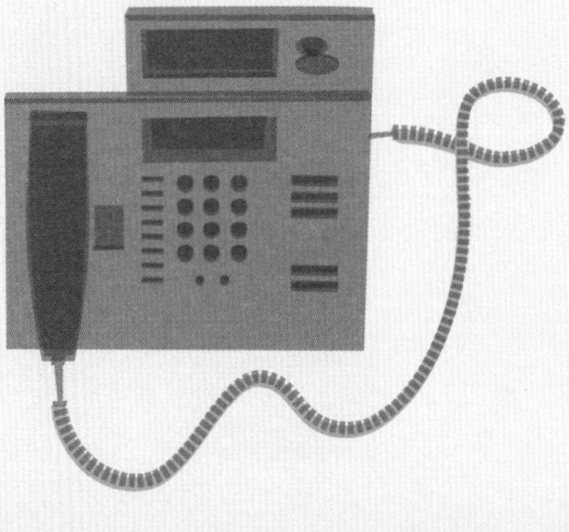

產品的生老病死

與人一樣，產品也有出生成長的過程，會歷經活力旺盛的時期，也有該離去的那一天。這就是企管學家所說的生命週期管理（Life Cycle Management）。

如何創造新產品?

不同的創新方法可以幫助研發人員鎖定客群、更理解用戶需求，找到新（產品）解決方案。大部分方法都是疊代式，在不斷反覆琢磨的過程中令想法、解決方案及產品原型漸趨成熟完美，這也就是所謂的設計思考（Design Thinking）。

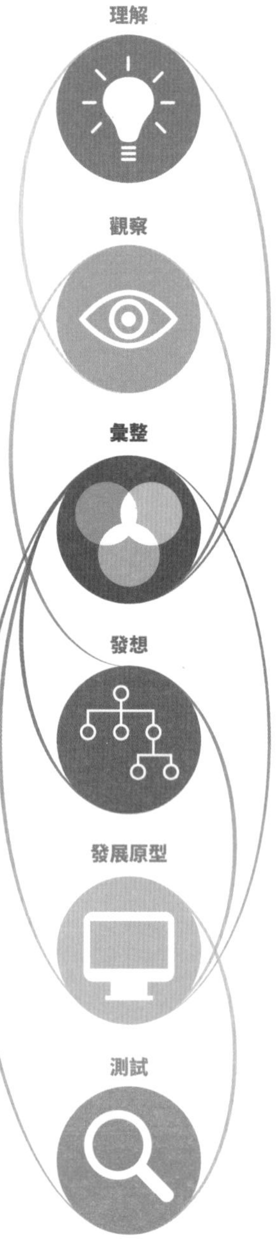

專利

創新是昂貴的，專利（及其他各種保護權法）的目的是防止新產品馬上被人仿製。若缺少這類保護任人抄襲模仿，將不再有人願意投資創新。

申請專利的前提要件

1. 新穎性
與既有技術不同。

2. 進步性
想法不能出自相近的現存技術。

3. 產業運用性
無法實現的空想或無法對產業發展有利的想法，不能申請專利。醫療技術則因考量社會倫理而不被視為產業運用。

排除清單: 哪些東西不能申請專利?

德國:
- 純粹發現 ｜ • 學術理論及數學方法
- 美學創作作品
- 純粹電腦程式 ｜ • 純粹資訊複述
- 產業運用上傷風敗俗者
- 植物或動物之新品種
- 人體各階段之形成及發展 ｜ • 複製人之技術
- 人類胚胎技術的工商用途
- 對人類醫療研究無重大益處，並會對動物帶來痛苦的基因改造技術

台灣:
- 台灣的專利分為發明、新型、設計三種，其規範各異
- 皆不可: 妨害公共秩序或善良風俗之新發明
- 發明不可: 動、植物及生產動、植物之主要生物學方法
- 發明不可: 人類或動物之診斷、治療或外科手術方法
- 新型不可: 非屬物品形狀、構造或組合者
- 設計不可: 純功能性之物品造形
- 設計不可: 純藝術創作
- 設計不可: 積體電路電路布局及電子電路布局

產品的生命週期（針對消費品）

產品組合的發展性: BCG矩陣

管理者必須留意公司所有產品組合的生命週期，利用波士頓諮詢公司（Boston Consulting Group）提出的BCG 矩陣，我們可以評估產品（單一或整體）的表現，這也和公司未來的發展息息相關。

品質檢驗法: DMAIC循環

商品競爭的決勝關鍵經常就在於品質，品質管理系統必須確保自家的商品品質保持競爭優勢。

1. **Define 定義:** 弄清楚問題及其範圍、了解顧客需求、分析利害關係人、確定可量化的計畫成果、制定工作計畫。
2. **Measure 評估:** 制定資料蒐集計畫、分析統計資料、確認現狀、理解顧客需求、計算製程能力（process capability）。
3. **Analyse 分析:** 製程圖像化、分析原因、找出影響因素及確定關係。
4. **Improve 改良:** 針對重要問題研發各種解決方法、評估各式方法找出最佳方案、確定改良計畫、執行前導專案。
5. **Control 管控:** 研發程序控制計畫、制訂檢測方案、記錄並監控改善之處。

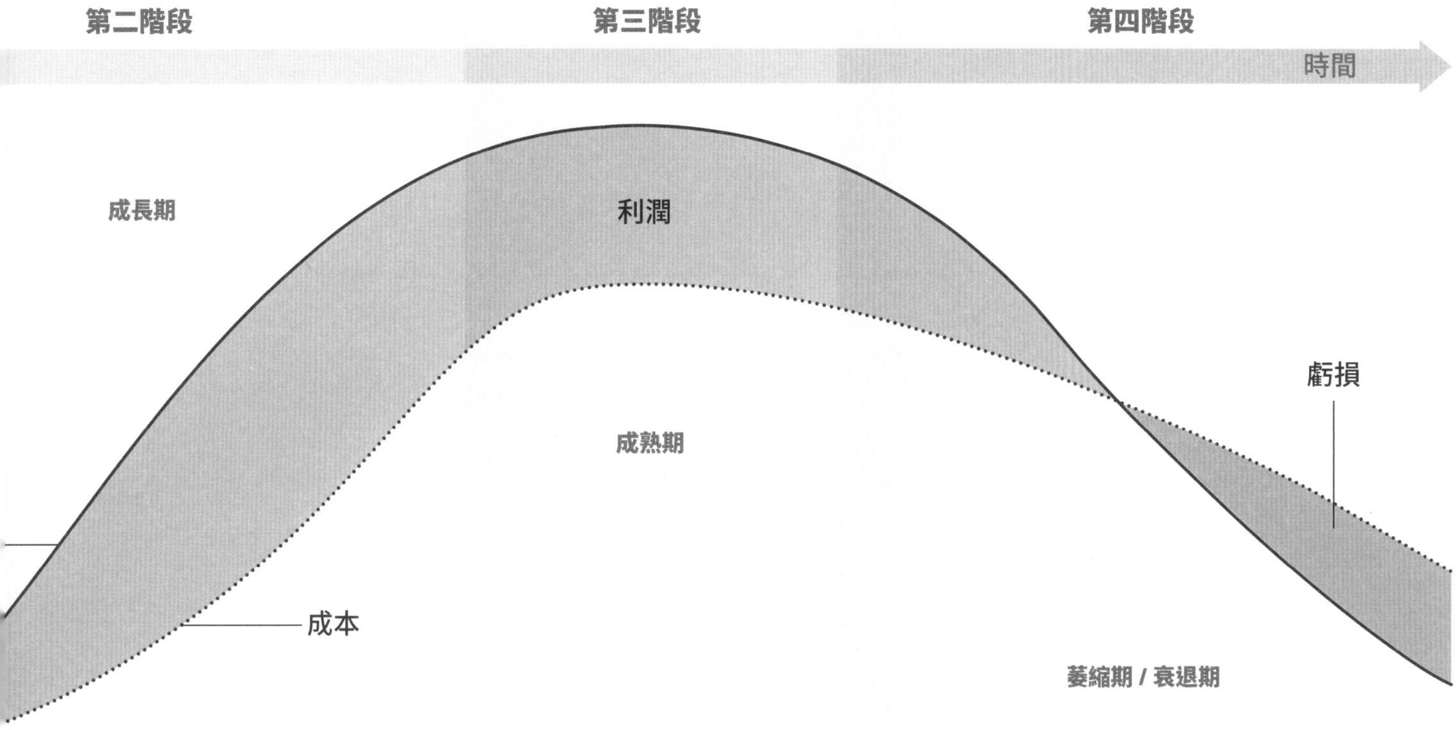
第二階段
第三階段
第四階段
時間
成長期
利潤
成熟期
虧損
成本
萎縮期 / 衰退期

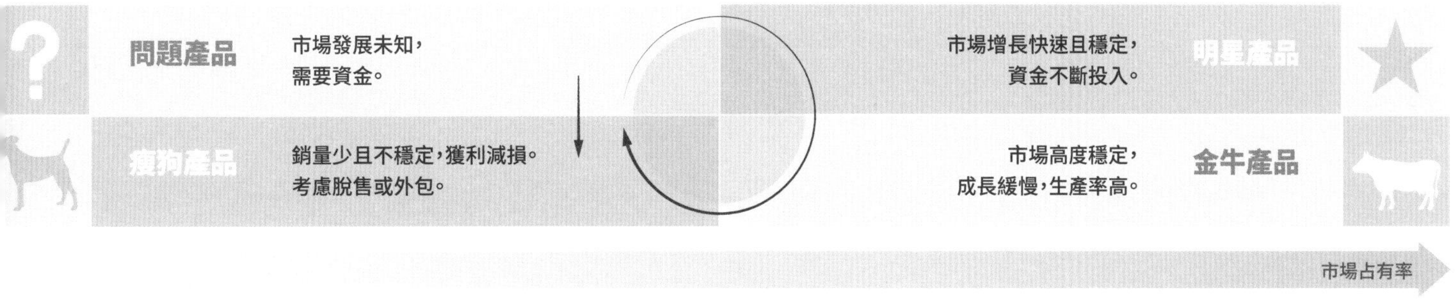
問題產品
市場發展未知，
需要資金。
市場增長快速且穩定，
資金不斷投入。
明星產品
瘦狗產品
銷量少且不穩定，獲利減損。
考慮脫售或外包。
市場高度穩定，
成長緩慢，生產率高。
金牛產品
市場占有率

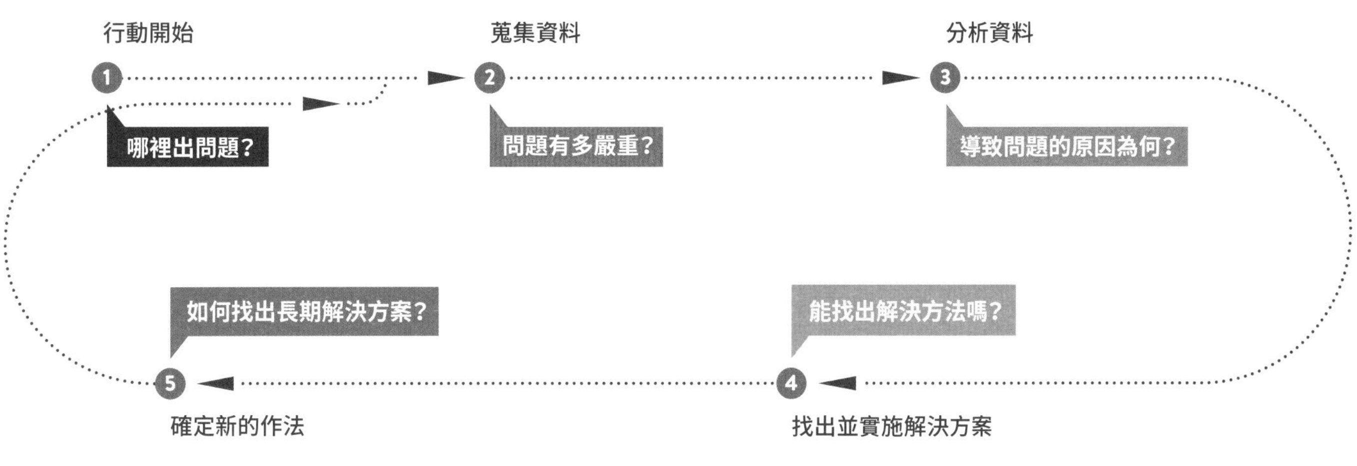
行動開始
蒐集資料
分析資料
1
2
3
哪裡出問題？
問題有多嚴重？
導致問題的原因為何？
如何找出長期解決方案？
能找出解決方法嗎？
5
4
確定新的作法
找出並實施解決方案

如何組織好公司？

「在企業裡誰可以做出什麼決定？誰使用什麼資源控制哪些流程？」這些全受組織規範。

現代組織理論就像粒子物理學一樣複雜，這些理論主要從「結構」和「流程」這兩個面向出發，協助我們檢視企業或政府機關之類的組織。

所謂的「組織編制」是描述企業的等級架構，確認各項任務所需的人才與資源，而「組織流程」則是在這樣特定的組織架構下，規範工作流程及資料傳收該如何「理想」進行。

現實中，企業並非事事都能依循層級架構下的規範進行，即使透過結構與流程，組織內仍有一些問題層面難以規整。這種狀況不僅發生在指令來源單一的直線系統組織，也發生在一位員工有多位上司的多線系統組織，這讓組織的問題變得更複雜。

直線系統組織

功能直線組織

組織責任依據研發、生產及銷售等不同功能之管理層級劃分，這種組織形式常見於產品種類不繁雜的中小企業。

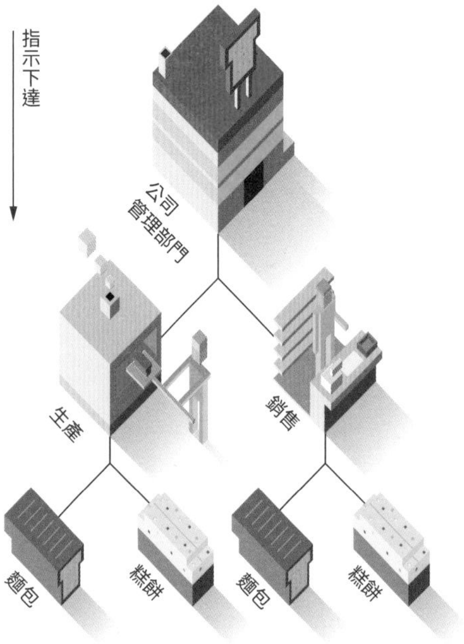

部門直線組織

根據部門或業務領域劃分，通常發生在管理階層中的第二級。再往下劃分時會儘量將類似的技術、產品或服務項目歸在同組，或者依地區、顧客分類。

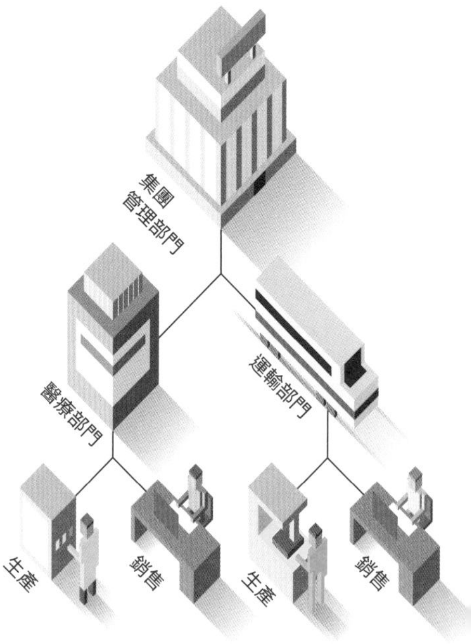

多線系統組織

單純多線組織

又稱為功能別組織系統，能力強的專家可以多方下達指令，如此一來能縮短決策過程與時間，這種形式常見於小型技術工廠。

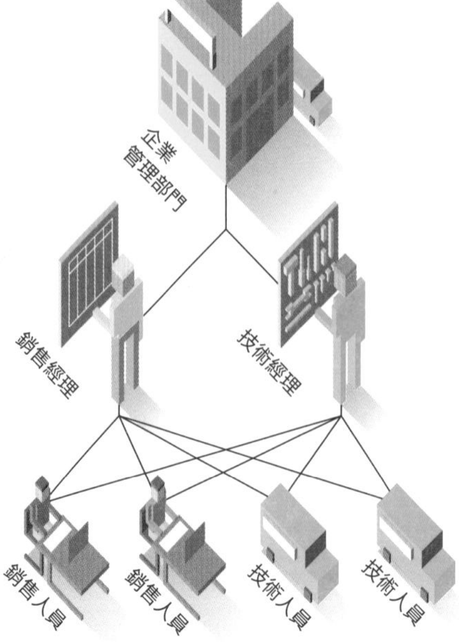

矩陣式組織

矩陣組織的目的是站在不同的立場解決問題。為了特定的專案或產品而組織短期團隊，成員來自兩個不同的部門，管理權也就由這兩個完全獨立且平等的部門對分。

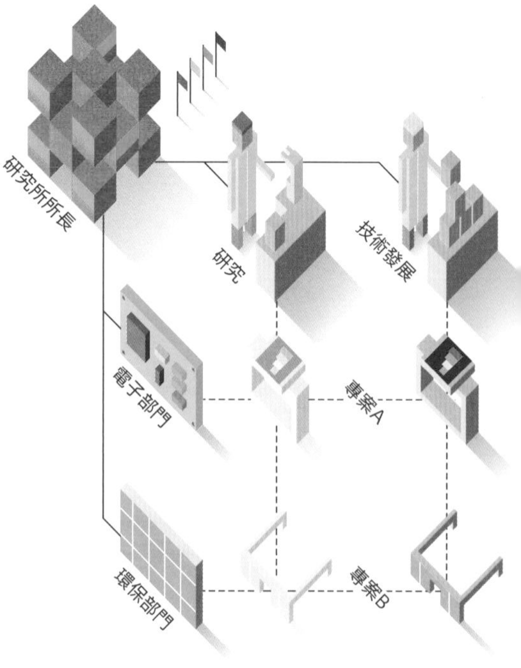

幕僚直線組織

這是功能直線組織外加幕僚部門的綜合體。幕僚具諮詢功能，可減輕高層主管的負擔。這種企業組織類型是參考教會及軍隊組織，隸屬不同直線的幕僚及高層主管常會產生衝突。

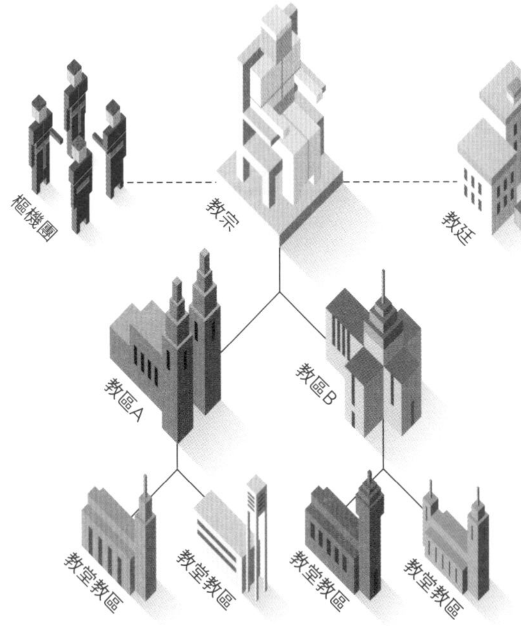

控股公司組織結構

這是業務或部門組織的一種特殊形式。在同一個控股公司下，負責不同業務的子公司各自形成獨立的組織單位。

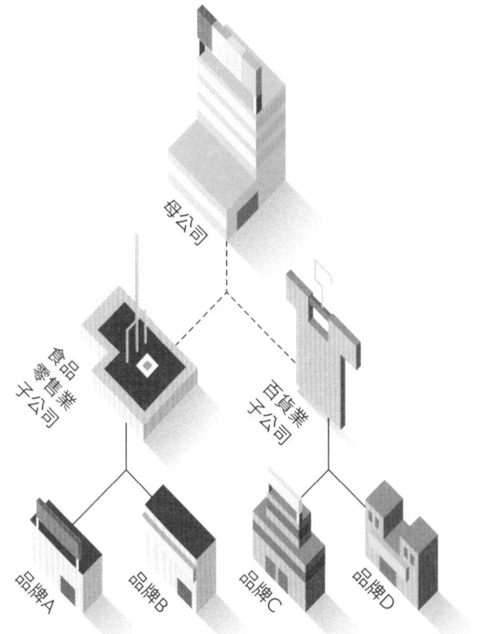

張量式組織結構

這是加強版的矩陣式組織，其團隊依據功能、產品及地區等目標，由三個以上的單位彼此互相結合。這對跨國企業來說特別有利，因為這種組織型態能針對不同市場推出不同的產品線。

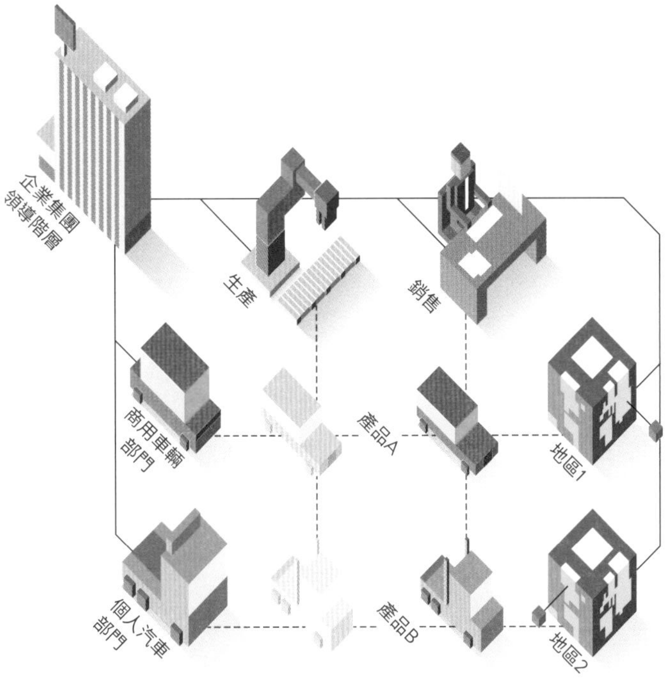

網路式組織結構

不同的領域、產品及業務部門各自享有高度的自治權。總部通常只負責協調，以及提醒大家共同的長期目標。

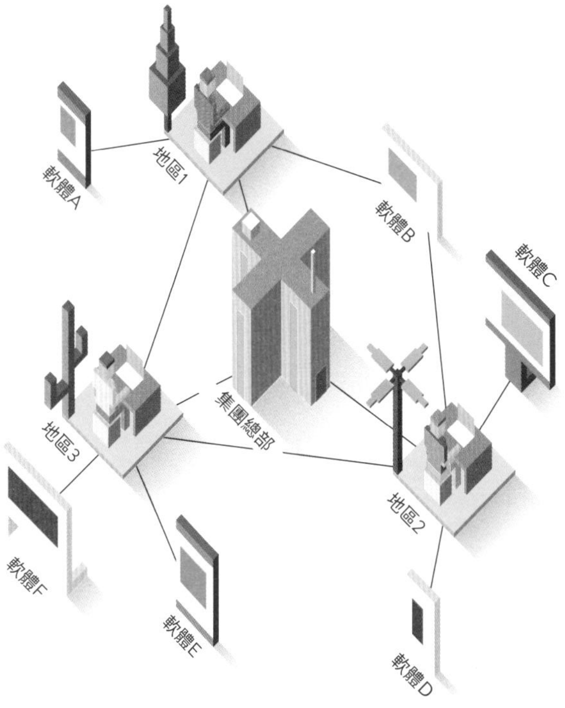

夢幻團隊誕生

價值創造是一種團隊運動，企業就像足球隊一樣，一個優秀的團隊需要不同性格及長處的球員，而且幾乎所有關於團隊效率的研究結果都這麼說。一個成員間異質性高的團隊，通常能比同質性高的團隊獲得更好的成果，但前提是：前者要能找到對不同角色都具約束力的合作形式，且成員有同樣的共識與目標。這對成員異質性高的團隊來說，自然更難達到，可是反過來說，這也代表成員異質性愈高的團隊，愈需要能力高的領導者，才能帶領團隊發展，解決各種衝突。

團隊發展過程

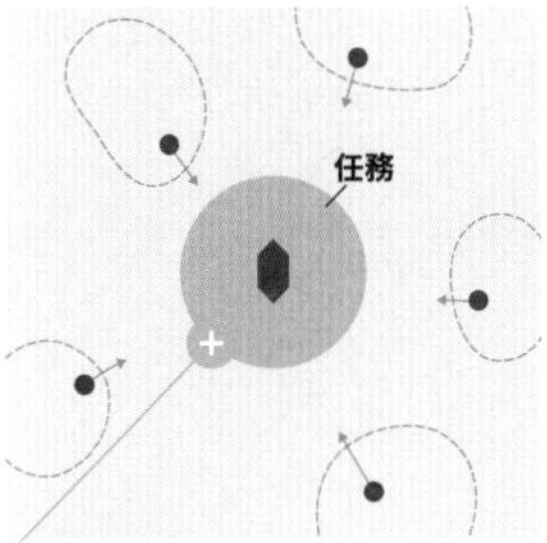

創建 FORMING
（試驗期）

團隊剛建立時會有一段試探及熟悉的時間，成員之間謹慎且禮貌，甚少交流，專心尋找自身在團隊中的定位與責任。

上司必須確保成員了解團隊成立的目的，給予明確的期待。

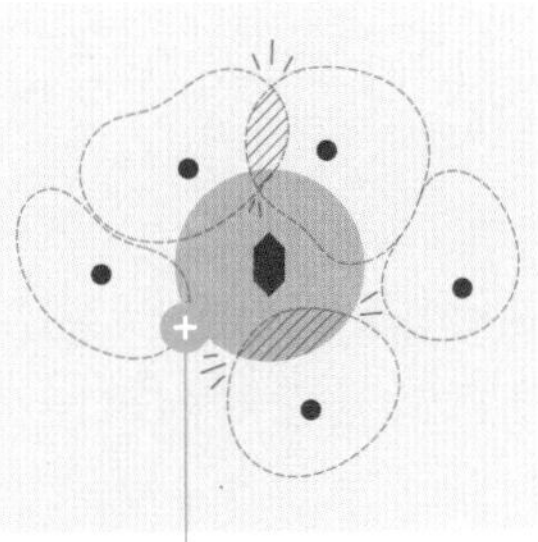

激盪 STORMING
（短兵相接期）

這一階段成員之間開始出現衝突及競爭，形成小團體，對任務產生質疑。這是團隊從青澀到成熟必經的階段。

在專案剛成立及進展的階段，成員間態度平等的溝通是不可或缺的。此時的挑戰往往不是個性差異的問題，而是過程裡種種未能掌握、模糊不清的狀況。

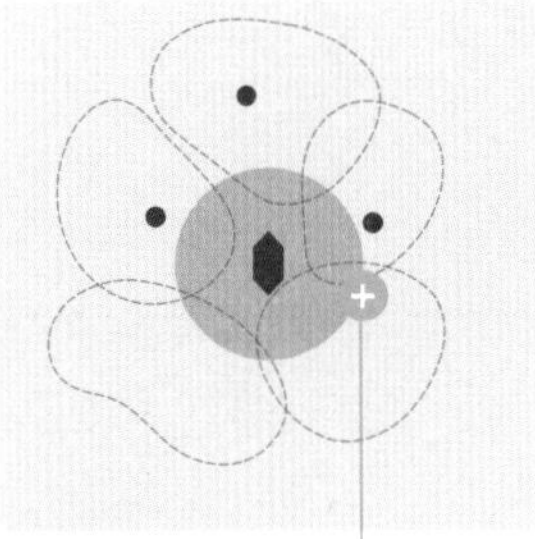

規範 NORMING
（組織期）

進入第三階段後，團隊成員開始有了新的相處方式。成員透過談話確認共同目標及責任範圍，擬定工作計畫，產生認定彼此為「自己人」的團體感，因此內部的權力競爭也能轉化成助力。

這一階段的挑戰及樂趣又增加了，透過公司外的活動可以增強團隊的凝聚力。

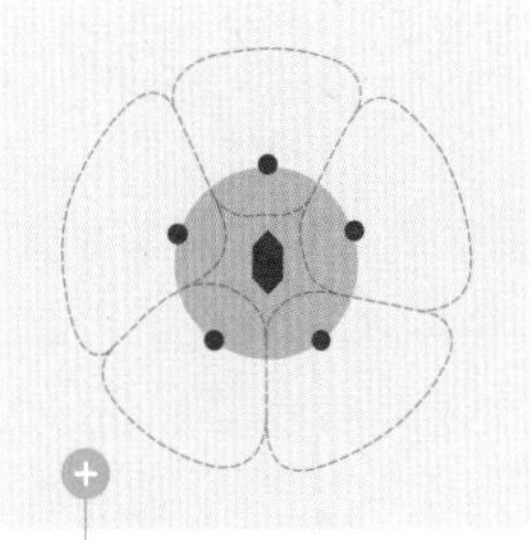

執行 PERFORMING
（出任務期）

處在第四階段的團隊充滿創意，靈活且合作無間，工作效率高。大家把精力放在解決問題上，顯現團隊有自主能力，能繼續存活下去。

讓團隊自主，無須干涉。在工作日常中加入一些有趣的元素，例如讓開會氣氛輕鬆些。

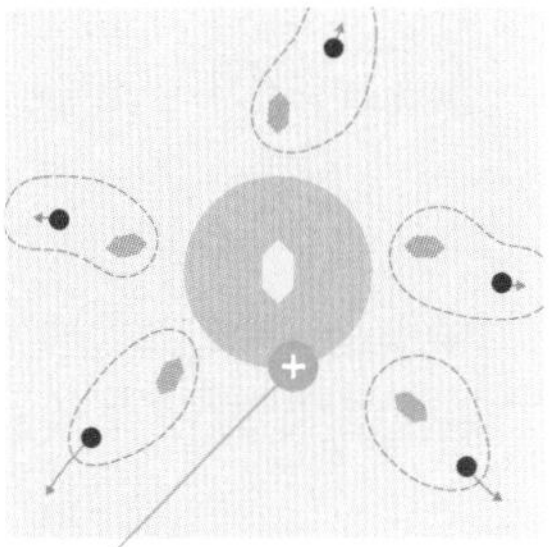

轉變 TRANSFORMING
（分離變動期）

在最後階段一起回顧合作過程，思考未來可以如何改善、找出對未來有參考價值的經驗，並制定下一步計畫。

創造反思空間，一起慶祝計畫完成！

衝突種類

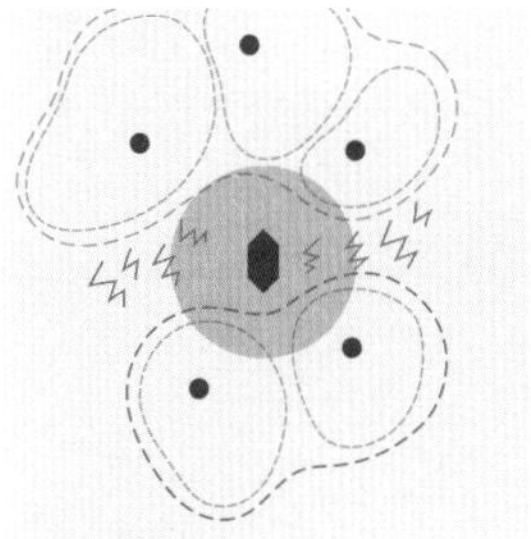

小圈圈間的衝突

小圈圈之間會彼此隱瞞消息且互相扯後腿，需儘快插手干預，否則有導致團隊解散的風險。

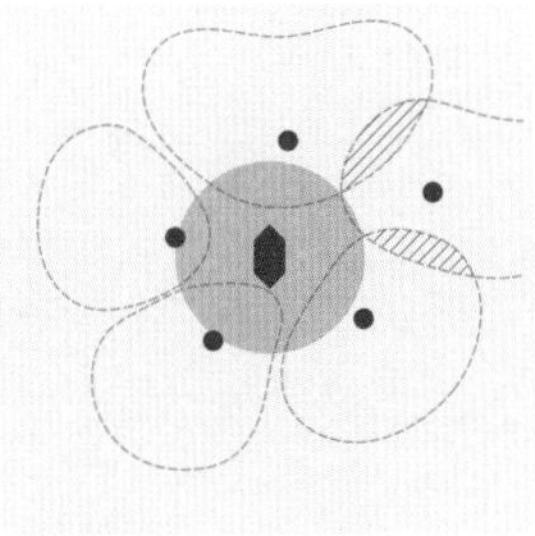

定位衝突

常出現在團隊剛成立或有新手加入時，基本上是團隊形成的正常現象。通常在非正式的位階關係確立後，便會自然化解。

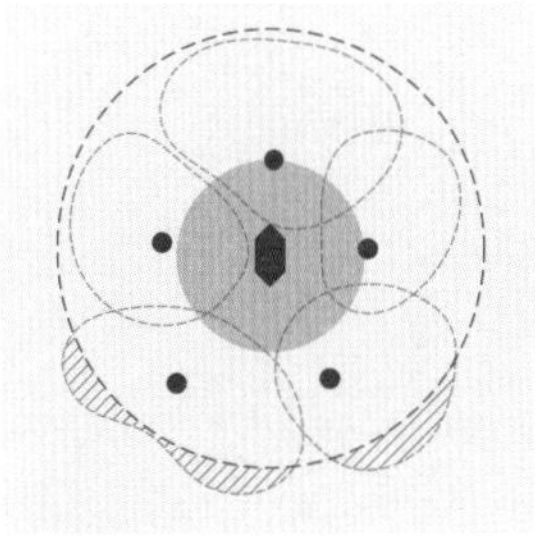

規範衝突

發生在有人違反團隊正式或非正式的遊戲規則（規範）之後。通常只要點名違規者就好，祭出懲罰是最終手段，同時團隊也要抱持再度接納犯規者的意願。

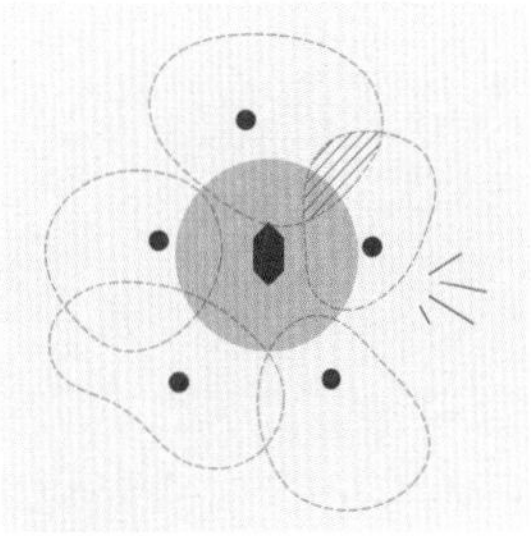

替代型衝突

這類衝突通常不會說出真正的核心問題，而是在旁支末節的小事上繞圈、製造事端。要解決這樣的衝突，只能點明真正的核心問題。

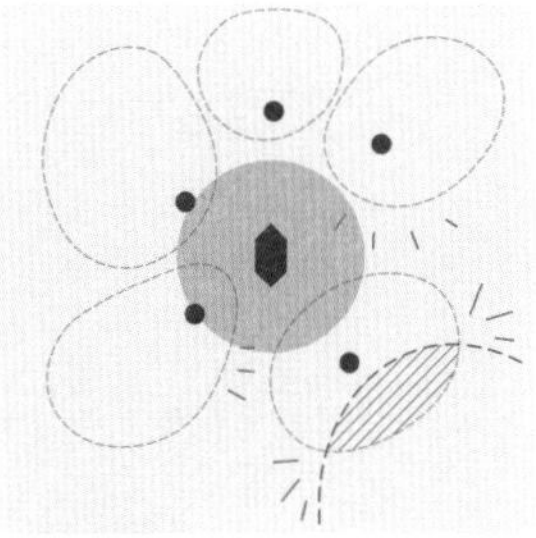

忠誠衝突

若團隊成員受到外在的抨擊卻未得到團隊其他人的支持，通常是團隊解散的前兆。很快地，團隊成員忠誠度便會紛紛降低。

理想的團隊人數

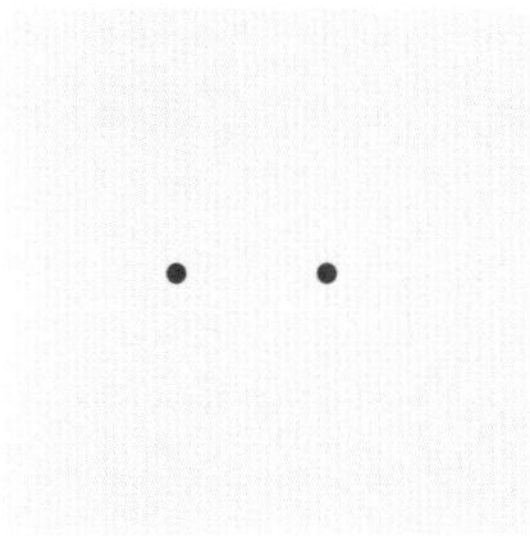

2

最小的團隊就是雙人團隊，不少成功的新創公司草創時期都是雙人團隊。Google創辦人謝爾蓋·布林（Sergey Brin）及賴利·佩吉（Larry Page）便是成功的典範。

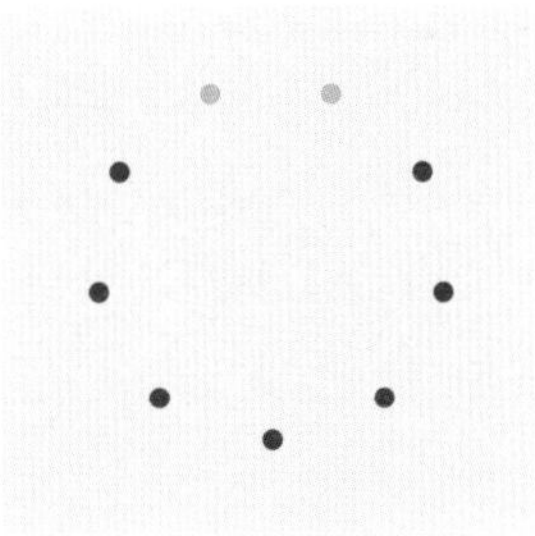

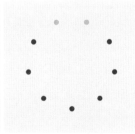

7 ± 2

最有效率的專案小組只要5到10個彼此能力互補的成員。團隊決策形式若採民主方式，為表決方便，團隊人數應為奇數。

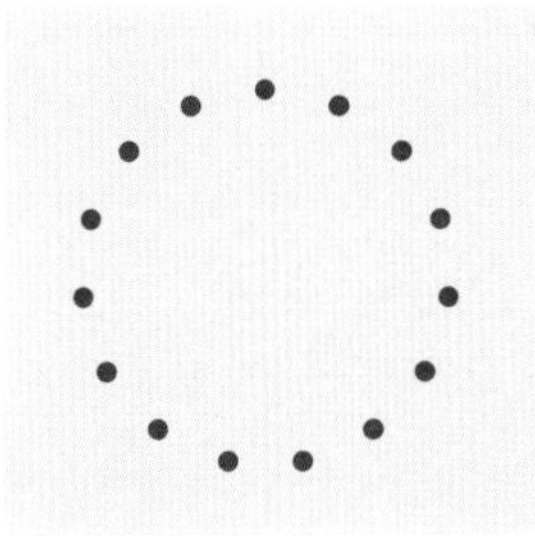

15

15名員工以下的小公司較容易掌控，大家彼此熟悉也都能直接溝通，尚無二層管理的需要。

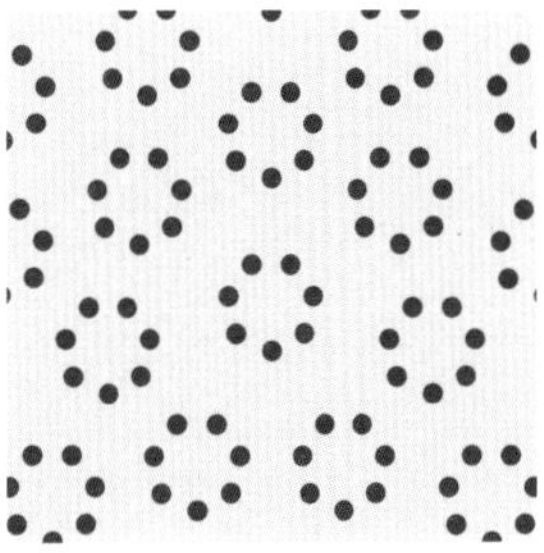

150

人類學家羅賓·鄧巴（Robin Dunbar）發現，人最多只能記住150個人名，並了解彼此之間的關係。對一個公司員工來說，當同事超過150位時，事情就會變得很複雜。

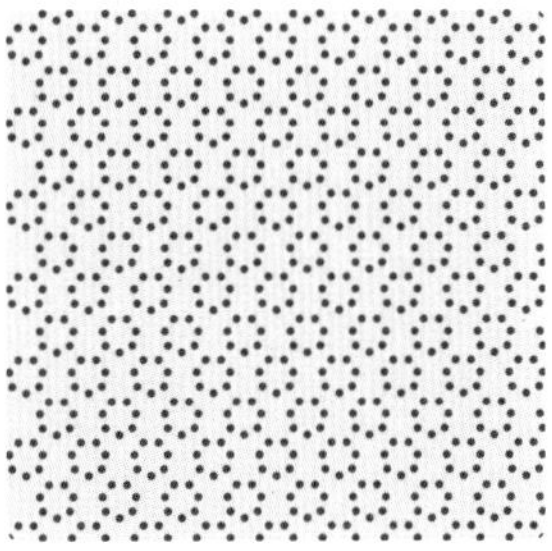

1500 + X

如何將許多效率高的小團隊整合成一個大單位？這也是企管學為何研究組織結構的原因。

企業身價值多少？

「資產負債表」和「損益表」是公司年度財務報表的兩大重點！
想知道一家公司有多少資產與收益？不論是股東、債權人、信評機構及稅務單位，都可以從資產負債表中找到答案。這張表上列出公司至結算日為止所持有的資本及負債，透過比較不同時間點的資產負債表，我們能看出公司的成長發展及財務穩定狀況。

資產頁

資產頁列出資金之運用，由此可看出公司能用掌握的經濟資源獲得什麼樣的權利。

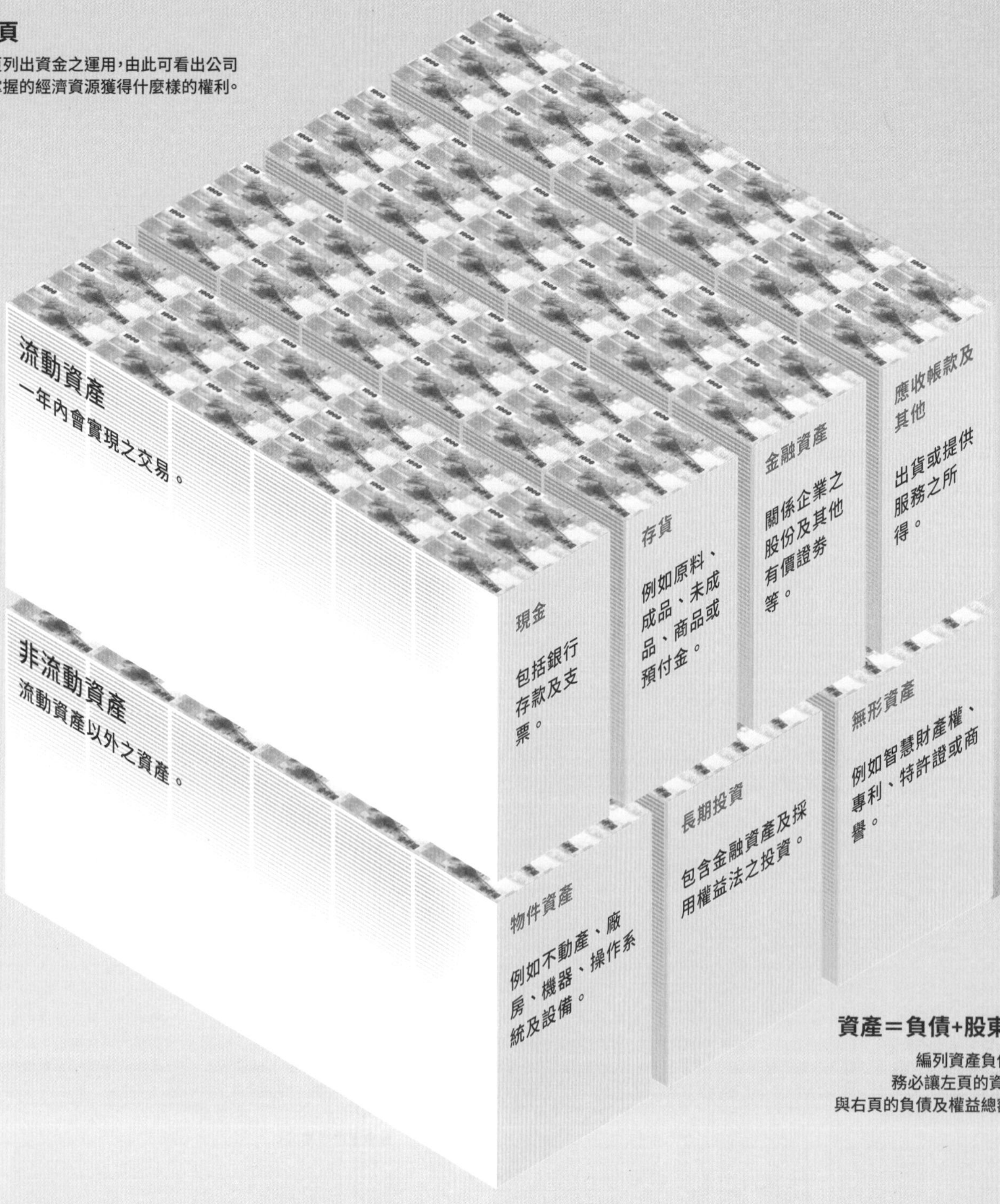
流動資產
一年內會實現之交易。
現金
包括銀行存款及支票。
存貨
例如原料、成品、未成品、商品或預付金。
金融資產
關係企業之股份及其他有價證券等。
應收帳款及其他
出貨或提供服務之所得。
非流動資產
流動資產以外之資產。
物件資產
例如不動產、廠房、機器、操作系統及設備。
長期投資
包含金融資產及採用權益法之投資。
無形資產
例如智慧財產權、專利、特許證或商譽。

資產＝負債+股東權益

編列資產負債表時，
務必讓左頁的資產總額
與右頁的負債及權益總額相等。

資產負債表的三大功能

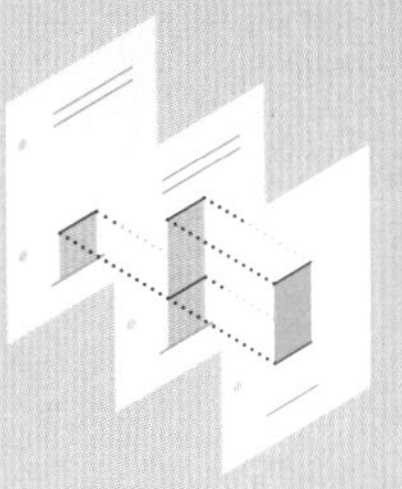

確認獲利

股東權益就是企業的資產減掉負債，因此在考慮到增資及減資情況下(也就是股本增加或減少)，比較「股東權益」在會計年度始末的改變，可確認公司營運是盈餘或虧損。至於導致盈虧的原因，則可從公司的損益表得知。

檔案記錄

資產負債表是公司正式的會計總帳，對商管及稅務機關而言，表中所列出的公司財產及資本等資料具法律約束力。

資訊流通

資產負債表不只是在公司內部揭露，對外也開誠布公。對公司負責人而言，資產負債表是管理決策的重要基礎。對供應商、貸方、競爭對手及其他人而言，在決定今後如何與這家公司應對時，也是重要的參考資料。

負債頁

負債頁列出資金之來源，項目包含公司負債與股東權益，由此可看出公司營運所需之資金是如何籌集。

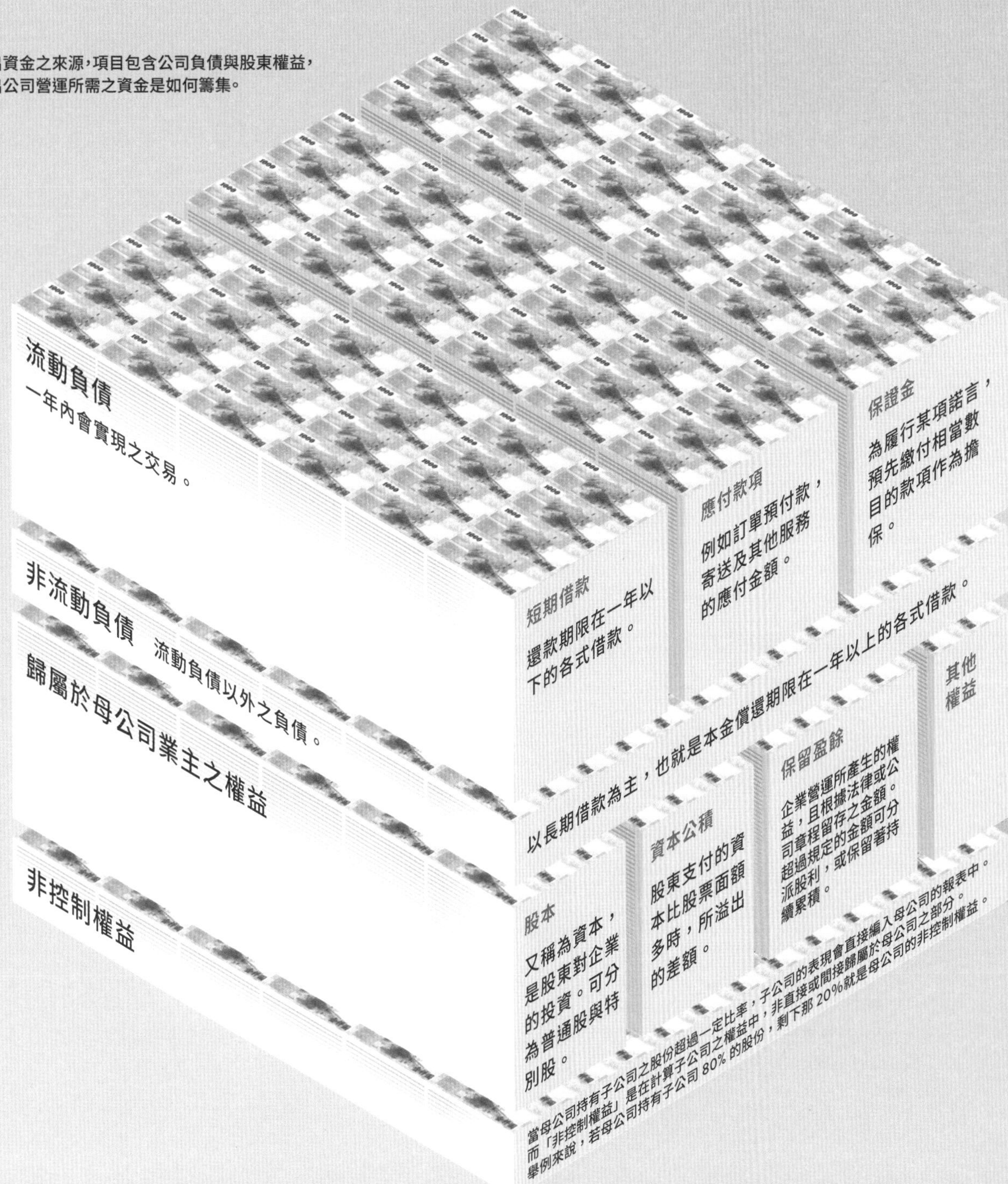
流動負債
一年內會實現之交易。
短期借款
還款期限在一年以下的各式借款。
應付款項
例如訂單預付款，寄送及其他服務的應付金額。
保證金
為履行某項諾言，預先繳付相當數目的款項作為擔保。
非流動負債　流動負債以外之負債。
以長期借款為主，也就是本金償還期限在一年以上的各式借款。
歸屬於母公司業主之權益
股本
又稱為資本，是股東對企業的投資。可分為普通股與特別股。
資本公積
股東支付的資本比股票面額多時，所溢出的差額。
保留盈餘
企業營運所產生的權益，且根據法律或公司章程留存之金額。超過規定的金額可分派股利，或保留著持續累積。
其他權益
非控制權益
當母公司持有子公司之股份超過一定比率，子公司的表現會直接編入母公司的報表中。
而「非控制權益」是在計算子公司之權益中，非直接或間接歸屬於母公司之部分。
舉例來說，若母公司持有子公司 80% 的股份，剩下那 20%就是母公司的非控制權益。

逐步套牢顧客的 AIDA 勸敗術

行銷是販售商品的準備，許多行銷策略的基礎是奠基在行銷漏斗的想像模式上。當廣告吸引顧客注意後，各種計畫性的行銷方式從一個接觸點到另一個接觸點，一步步誘導有興趣的顧客掏錢購買。最後掏錢的顧客愈多，代表廣告效益愈大。一個提出已超過百年，名為「AIDA」的廣告分層模式至今仍是所有「推式行銷」(push marketing)的原型基礎，最初是使用在單一廣告的設計上。

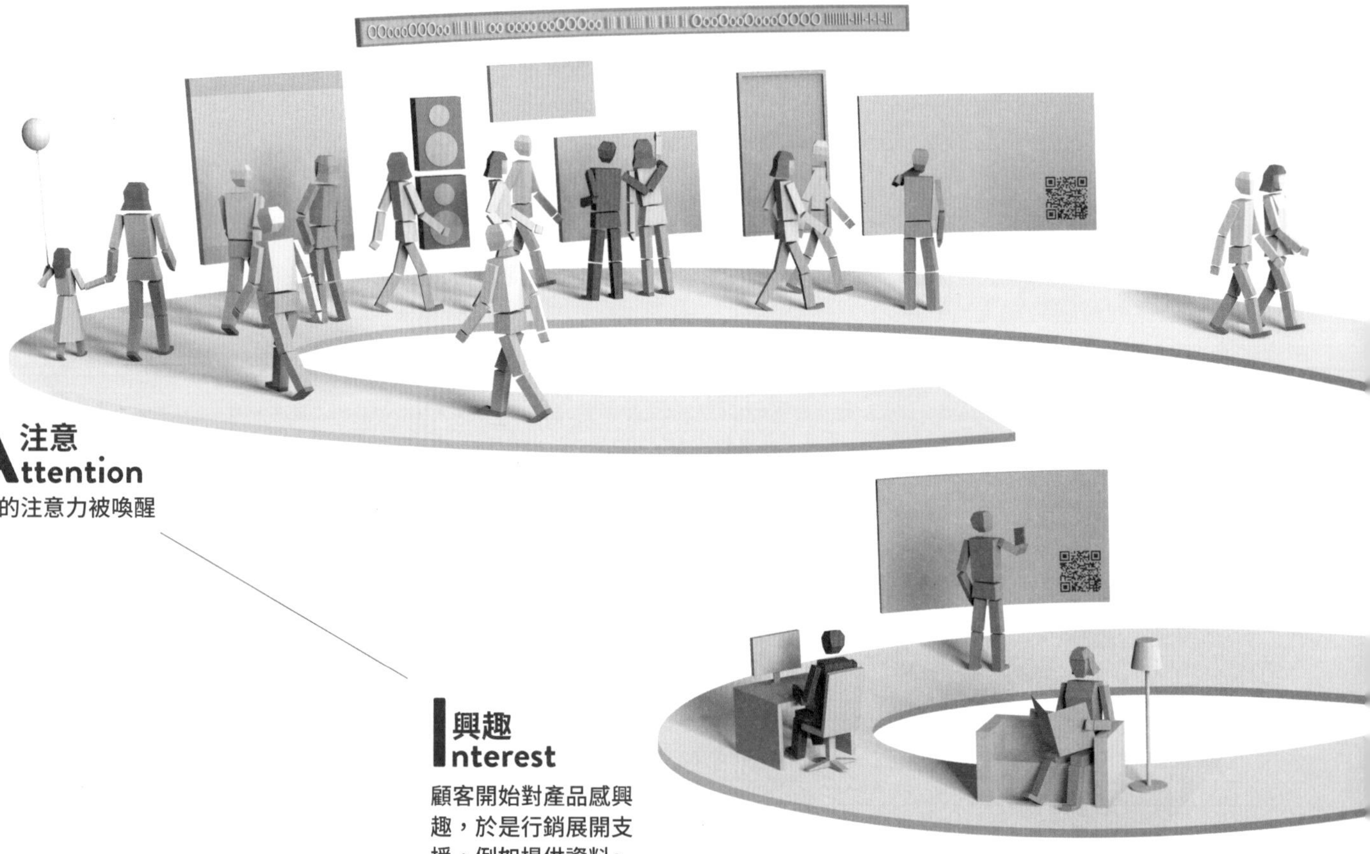

A 注意 **Attention**

顧客的注意力被喚醒

I 興趣 **Interest**

顧客開始對產品感興趣，於是行銷展開支援，例如提供資料。

D 欲望 **Desire**

顧客的興趣已轉變成佔有慾望，行銷繼續供應資料及煽動感情。

「4P」是行銷環節裡的4大關鍵，能成功使產品或服務在市場占有一席之地。不懂掌握4P的人則很難把市場做大。

PRODUCT (產品)

產品政策是公司所有成就的基礎。商品品質若是不夠好，那就最好賣便宜些。

PRICE (價格)

太貴可能對公司不好，便宜點說不定對公司有好處。重點在於: 企業是否夠了解他們的顧客願意為產品付出多少代價？

PLACE (通路)

顧客如何接觸到商品？舉例來說，今日網路也是通路之一。

PROMOTION (促銷)

哪些管道哪些訴求適合什麼樣的顧客群？

AIDA進階版

AIDA**S** Satisfaction (滿足): 滿足顧客的慾望。
AID**C**A Conviction (信服): 與其他同類商品相比,更令人信服。

AIDA的替代策略

DAGMAR模式認為,廣告能達到的效果遠大於提高銷售量,強調廣告必須滲透進不同層次的意識裡,才可能對消費者產生影響。

DEFINING 定義	**接觸**: 廣告是否引起注意?
ADVERTISING 廣告	**吸收**: 廣告訊息是否能被迅速認出?
GOALS FOR 目標	**理解**: 目標客群是否馬上理解廣告訊息?
MEASURED 檢測	**內化**: 關鍵訊息是否易於接收與消化?
ADVERTISING 廣告	**觀感**: 廣告訊息是否能取信於人,親切且引人入勝?
RESULTS 結果	**行動**: 最後掏錢購買。

A行動 **A**ction

最後臨門一腳推動
顧客行動,也就是掏錢購買商品。

行銷理論發展

出自曼弗雷德·布魯恩(Manfred Bruhn),瑞士巴塞爾大學行銷與企業領導學教授。

1950年代 生產導向
由於戰後需求大增,所以只重生產。

1960年代 銷售導向
從只重生產到開始會關注銷售的時期。

1970年代 市場導向
做出市場區隔,針對個人需求細分。

1980年代 競爭導向
強調市場獨大。

1990年代 環境導向
反應經濟、政治、科技或社會改變。

2000年代 對話導向
透過網路、電子郵件的互動式溝通。

2010年代 網路導向
Web 2.0、社交媒體、口耳相傳 (Word-of-Mouth) 盛行。

2020年全球廣告花費媒介分配排行

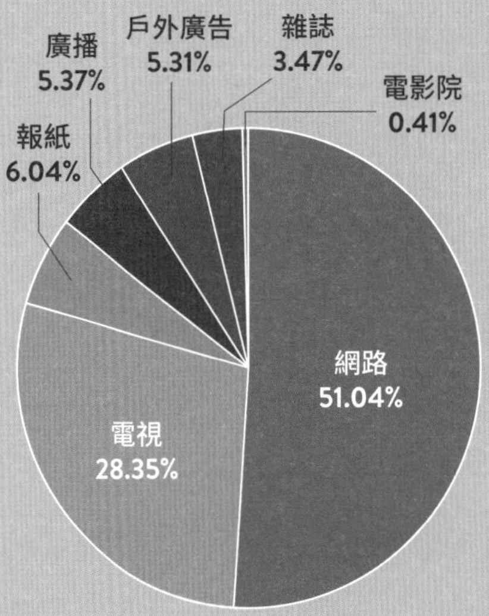

打開顧客腦中的購物開關

我們為什麼會掏錢買東西？神經行銷學（neuro-marketing）認為，大腦裡所謂的「情感觸發點」能左右我們大半的購買決定。所謂「觸發點」就像開關按鈕或臨門一腳的推力，心理學家稱之為「信號刺激」。廣告及行銷術試圖挑起顧客內心深處的情感需求，以便讓顧客在購買決定過程中，忽視理性之考量。

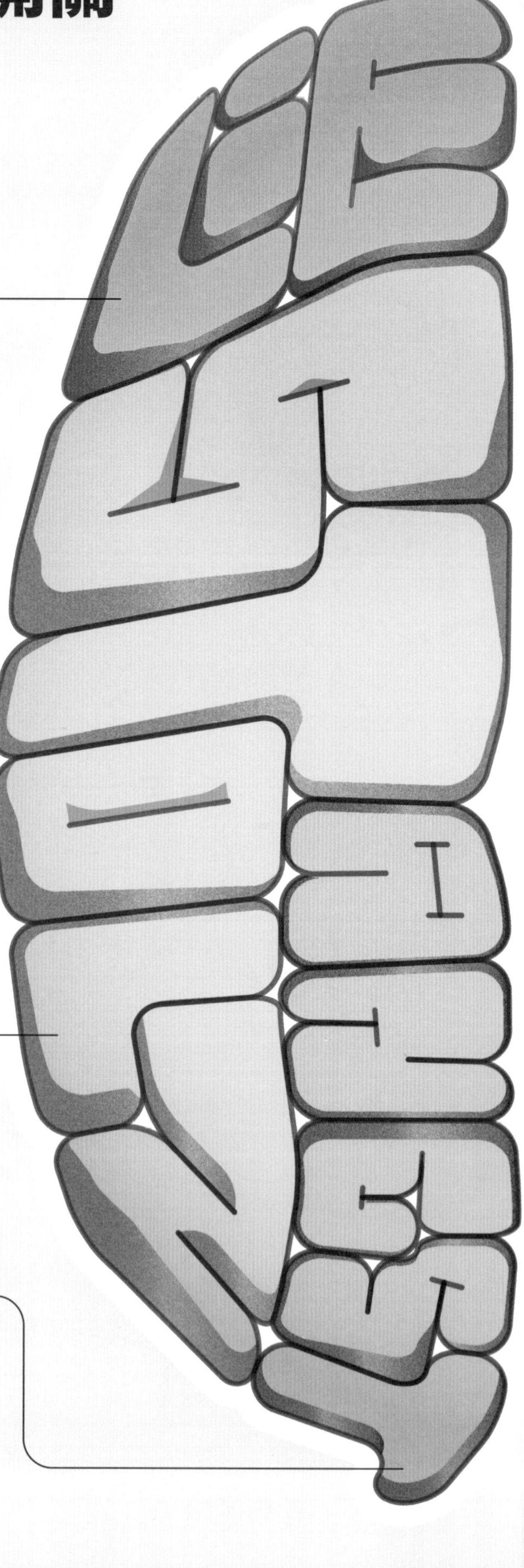

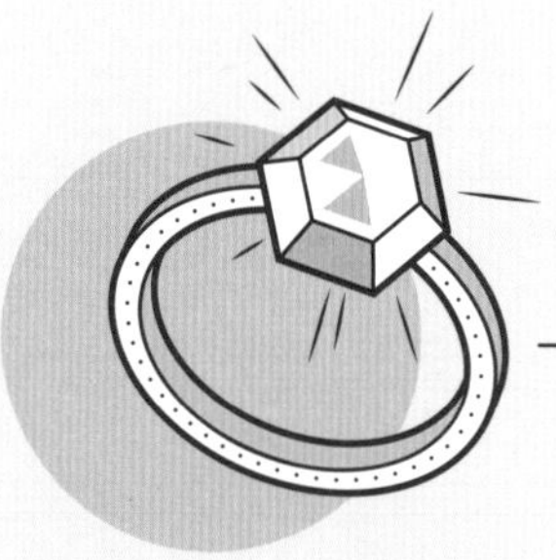

愛情比節省更重要，所以請別跟一朵玫瑰賣150元的小販講價。

雖說為了擺闊而買東西似乎太虛榮，但不管是哪類商品，頂級品牌總是賣得最好。

老年貧窮？傷殘而無法工作？家裡被闖空門？別擔心！這些商品能幫你防患於未然。但有些保險跟門鎖讓人很難評估是否真的值得購買。

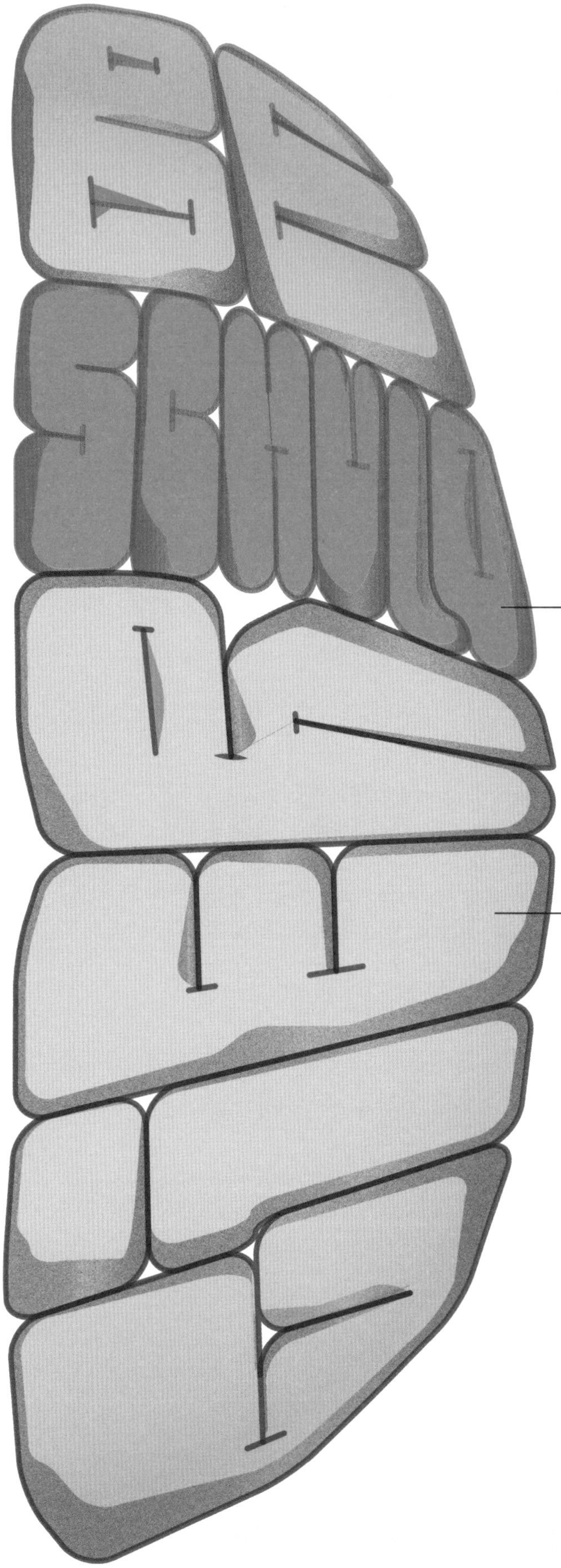

出差太久不在家？
沒時間關心家人？
機場的樂高專賣店很懂得這樣的心情！

喝吧！

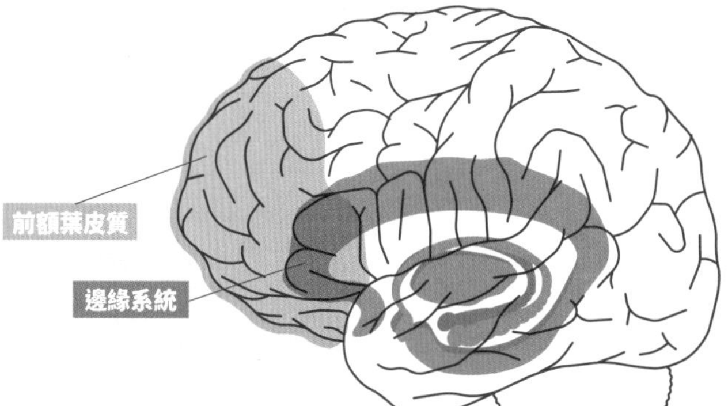

大腦在叫我們掏錢

大腦的**邊緣系統**在情感的產生及處理中扮演關鍵性的角色，它與**前額葉皮質**相連，人類利用這一部分的大腦皮質來解決問題及制定計畫。雖然情感的產生及其評估並不只發生於此區大腦，但這兩處會參與決定購買的思考過程。

打動人心的神奇咒語

一句響亮的標語能在顧客心中留下強烈印象，
一句成功的口號能傳達企業或產品的價值與方向，
這就是廣告文案的影響力。

想像力是你的超能力[1]

Always OPEN[2] 世界越快，心則慢[3]

為我們乾一杯[4]

Don't be evil.[5] 只款待心中最重要的人[6]

……足感心[7] The Happiest Place on Earth[8]

專注完美，近乎苛求[9]

買進美好生活[10] 找飯店？[11] 明天的氣力[12]

只有遠傳，沒有距離[13] JUST DO IT.[14]

全家就是你家[15] i'm lovin' it[16]

……關心千萬人[17] ……給你一對翅膀[18]

Think different.[19]

Innovation[20] 因為妳值得[21]

只溶你口，不溶你手[22]

❶雄獅文具 ❷統一超商（7-ELEVEn） ❸中華電信 ❹台灣啤酒 ❺Google ❻王品牛排 ❼全國電子 ❽迪士尼樂園 ❾Lexus汽車 ❿全聯福利中心 ⓫trivago ⓬保力達B ⓭遠傳電信 ⓮Nike ⓯全家便利商店 ⓰麥當勞 ⓱新萬仁製藥 ⓲Red Bull能量飲 ⓳Apple ⓴3M ㉑巴黎萊雅美妝 ㉒M&M's巧克力

III

國民經濟篇

德國經濟
·
國家與政策
·
經濟成長
·
市場競爭
·
貨幣
·
就業市場
·
生活水準

全民拚經濟

國內生產毛額（GDP）代表一國經濟強弱的能力值，是一年經濟活動所生產的貨物或服務之總價值。將GDP除以人口總數所獲得的「人均GDP」，是評估一國經濟富裕與否的重要指標。

$GDP = C + I -$

以市場價格計算的「國內生產毛額」是根據……

……個人消費總額……

……加上個人投資總額……

G + (Ex − Im)

……與政府支出*……
(*包含政府消費支出、政府投資支出、
移轉性支付　、交予跨政府組織之轉交金額等)

……最後再計入貿易餘額，即進出口貨物之差額。

國家財富與債務

綜觀歷史，德國的經濟不斷向上成長，
但提升的不只有財富，國債也隨之增加。

國家債務比率（國債占GDP之百分比）
國家債務比率是顯示政府債務餘額及GDP間的關係指標，德國按《馬斯垂克條約》規定，自1993年起應保持在 60% 以下。

德國經濟發展概況

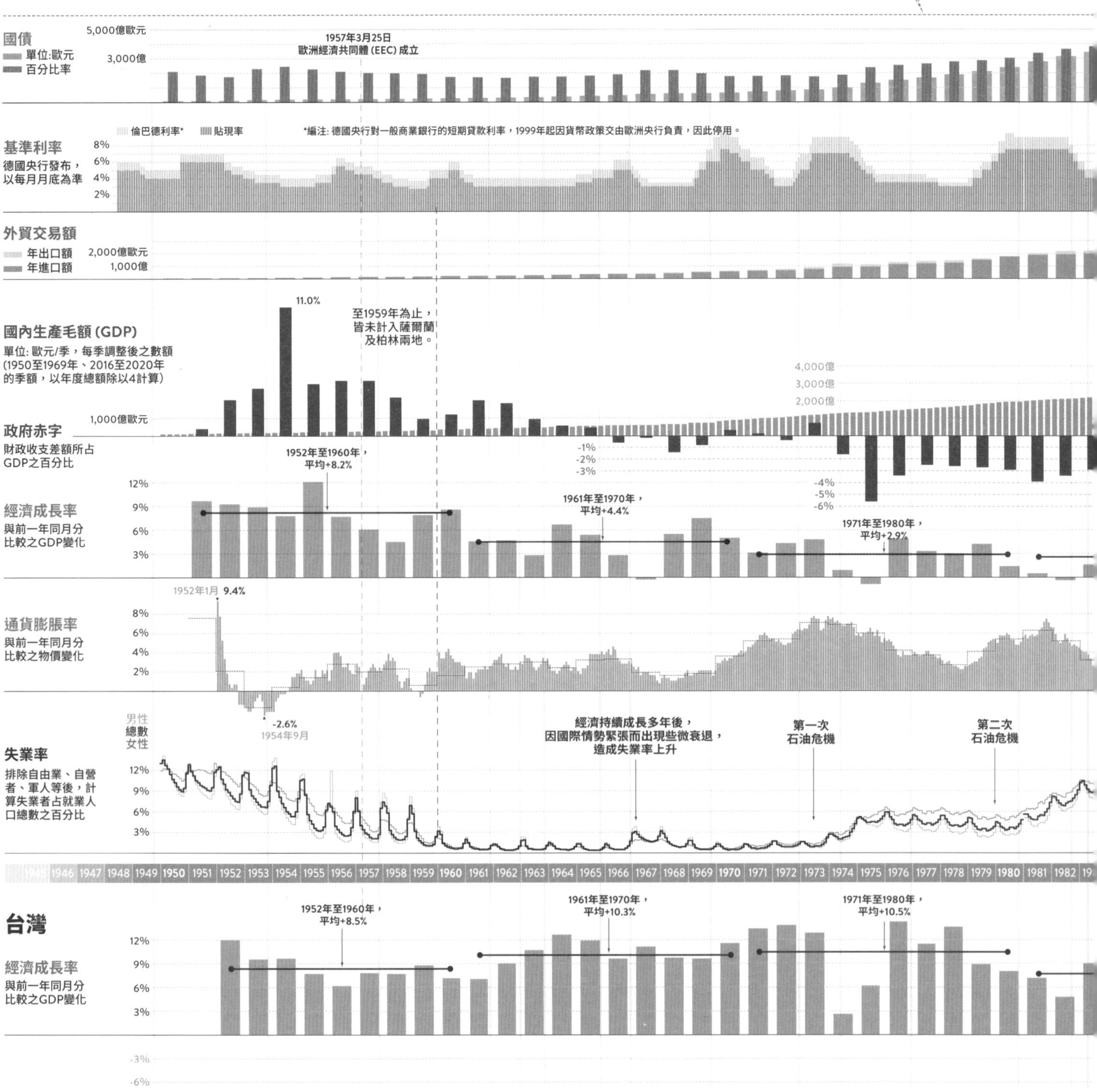

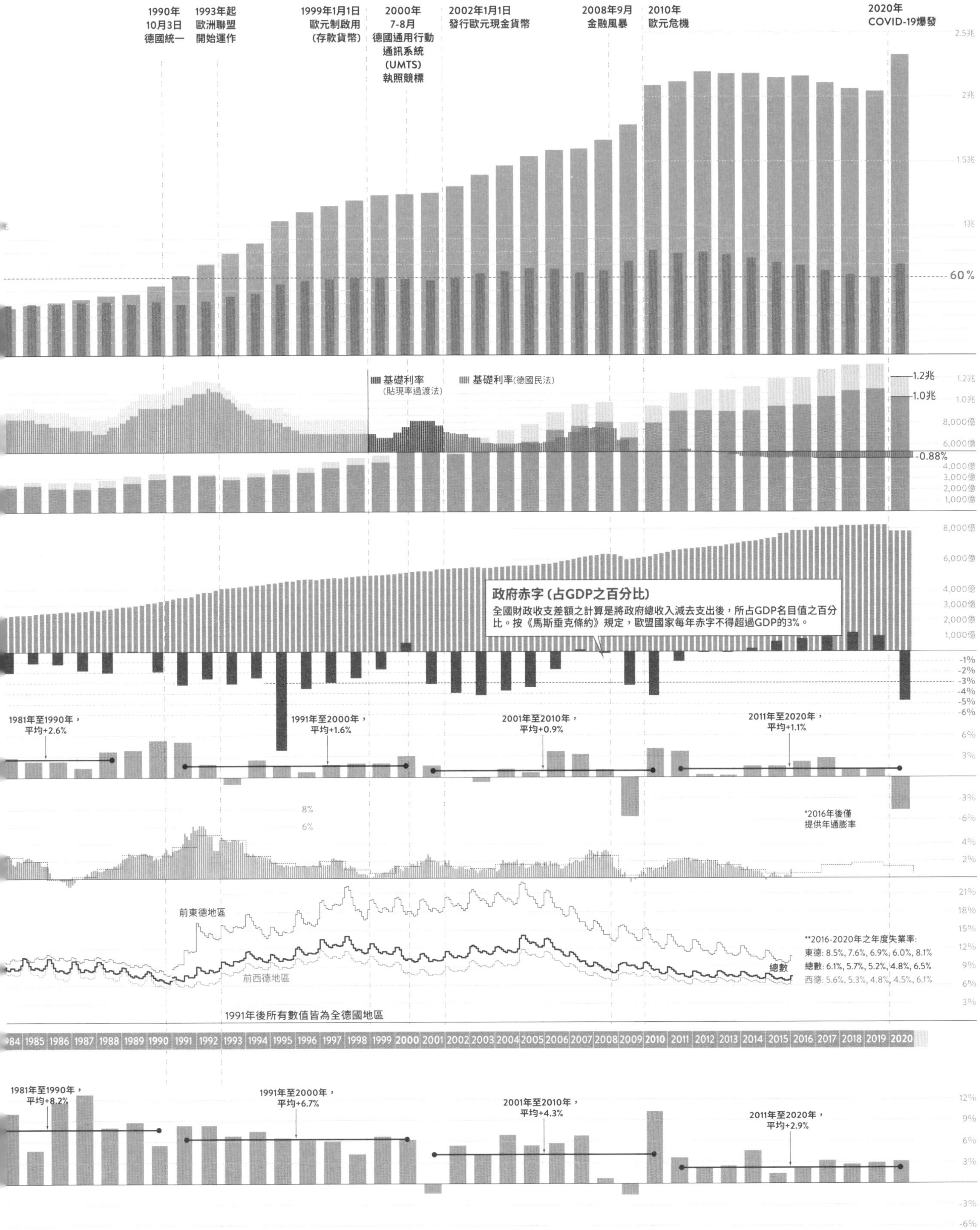

1990年
10月3日
德國統一
1993年起
歐洲聯盟
開始運作
1999年1月1日
歐元制啟用
(存款貨幣)
2000年
7-8月
德國通用行動
通訊系統
(UMTS)
執照競標
2002年1月1日
發行歐元現金貨幣
2008年9月
金融風暴
2010年
歐元危機
2020年
COVID-19爆發
2.5兆
2兆
1.5兆
1兆
60 %
基礎利率
(貼現率過渡法)
基礎利率(德國民法)
1.2兆
1.0兆
8,000億
6,000億
-0.88%
4,000億
3,000億
2,000億
1,000億
政府赤字（占GDP之百分比）
全國財政收支差額之計算是將政府總收入減去支出後，所占GDP名目值之百分比。按《馬斯垂克條約》規定，歐盟國家每年赤字不得超過GDP的3%。
-1%
-2%
-3%
-4%
-5%
-6%
1981年至1990年，
平均+2.6%
1991年至2000年，
平均+1.6%
2001年至2010年，
平均+0.9%
2011年至2020年，
平均+1.1%
6%
3%
-3%
-6%
8%
6%
*2016年後僅
提供年通膨率
4%
2%
21%
18%
15%
12%
9%
6%
3%
前東德地區
前西德地區
總數
**2016-2020年之年度失業率:
東德: 8.5%, 7.6%, 6.9%, 6.0%, 8.1%
總數: 6.1%, 5.7%, 5.2%, 4.8%, 6.5%
西德: 5.6%, 5.3%, 4.8%, 4.5%, 6.1%
1991年後所有數值皆為全德國地區
1984 1985 1986 1987 1988 1989 1990 1991 1992 1993 1994 1995 1996 1997 1998 1999 2000 2001 2002 2003 2004 2005 2006 2007 2008 2009 2010 2011 2012 2013 2014 2015 2016 2017 2018 2019 2020
1981年至1990年，
平均+8.2%
1991年至2000年，
平均+6.7%
2001年至2010年，
平均+4.3%
2011年至2020年，
平均+2.9%
12%
9%
6%
3%
-3%
-6%

景氣 HIGH 起來！

經濟政策既是一套被動的規範限制，同時也會主動介入經濟現況。首先，這套政策會訂定經濟發展目標，產生一套讓一般人遵循的法律框架，並採取一系列刺激景氣的策略，來引導經濟發展。那如果政策無效怎麼辦？就只好清空舞台，重新換一批政治人物上台當DJ控場嘍……

量化目標

1967年德國立法規定，施政目的在於實現總體經濟的平衡，及四個同等重要的子目標。

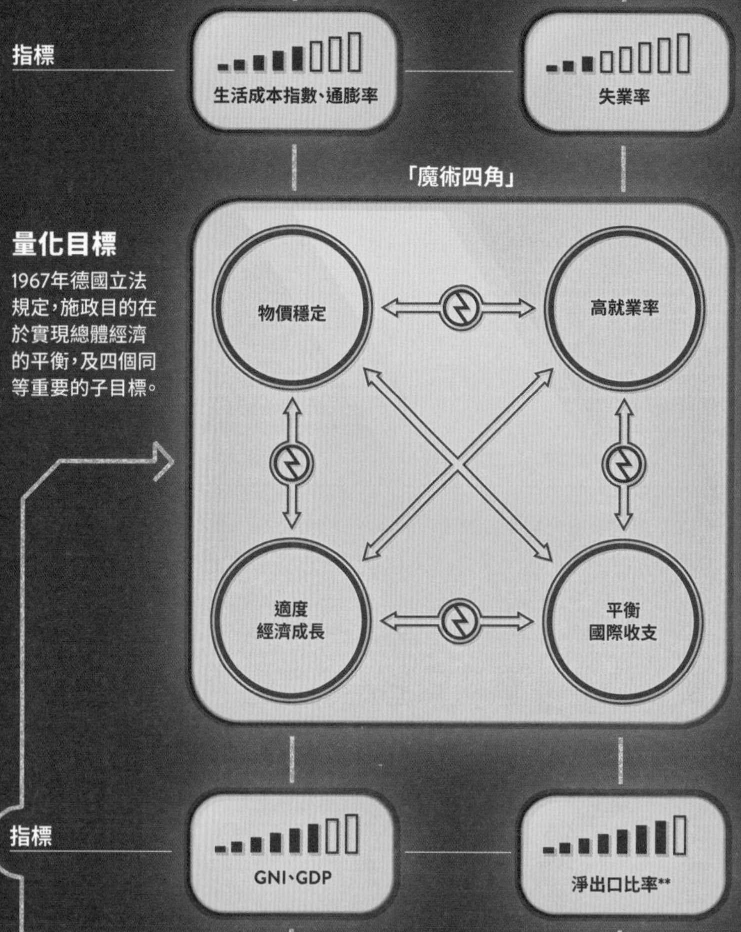

經濟政策主要方向

開 關

供給學派政策(強調供給面的經濟政策)視投資者的期望回報為重點，政策工具多著重於穩定貨幣價格、調整工資、工時或稅制……等，以降低供給面障礙，進而提高生產。

開 關

需求學派政策(強調需求面之經濟政策)著重整體經濟發展之穩定，採取反循環政策(counter-cyclical policy，例如在私人需求疲軟時增加政府支出、需求過剩時減少政府支出)及貨幣擴張或緊縮政策。

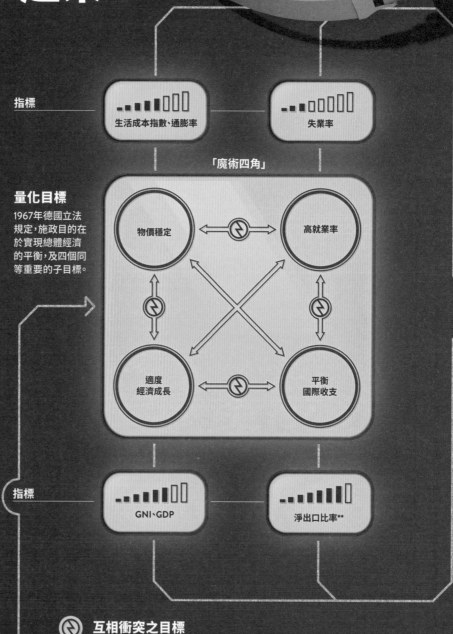

互相衝突之目標

「魔術」一詞是指國家、央行及各社會相關組織要有變魔術的能耐，才能達到總體經濟的平衡。四大子目標之間經常彼此衝突、互不相容，例如經濟成長與高就業率通常導向高物價一樣。魔術四角在量化目標之外，還有非量化目標，例如所得分配公平或保護自然環境。

**淨出口比率＝淨出口額(即「貨物或服務出口總值-進口總值」)÷國家生產毛額(GDP)名目值×100。

經濟政策調節鈕

類型	典型案例——也可能出現在其他類型中
競爭政策	產業、市場自由化 允許或禁止合併 政府補助金
結構性政策	投資基礎設施（例如交通與通訊設備） 贊助地區或產業 贊助研究與發展
勞動市場政策	輔導就業、薪資補貼 拒絕接受合理工作者之罰則 在職進修
金融財政政策	提高與降低收益/消費/所得稅 增減社會福利項目 公家採購
貨幣市場政策	以基準利率調整貨幣供給量 匯率 銀行存款準備金
貿易政策	關稅 特定貨品進出口之配額 市場准入/標準/核可的相關法規、規定

景氣

景氣波動或多或少呈現出週期性循環，所有經濟指數中，最能代表景氣波動的指標是產能利用率（production-capacity utilization rate）。經濟政策的目的在減緩總體經濟的劇烈波動，盡可能維持經濟穩定成長。

＋

繁榮期（激增）

上升期（擴張，蓬勃）

下降期（衰退）

低迷期（蕭條）

－

全球景氣

全球景氣

其他影響（例如天災）

輸出 OUT

輸入 IN

稅金花到哪裡了？

國家有各種權力，其中包括採購的權力。德國政府每年買進的貨物及服務超過600億歐元，經濟學家稱其為投資毛額（gross investment），特定的投資還可能得到回報。

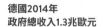

國家收入與支出

德國2014年
政府總收入1.3兆歐元

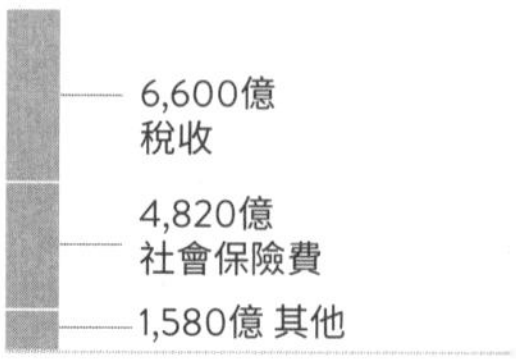

2014年德國政府投資毛額

按部門及責任領域分列價格，單位:歐元

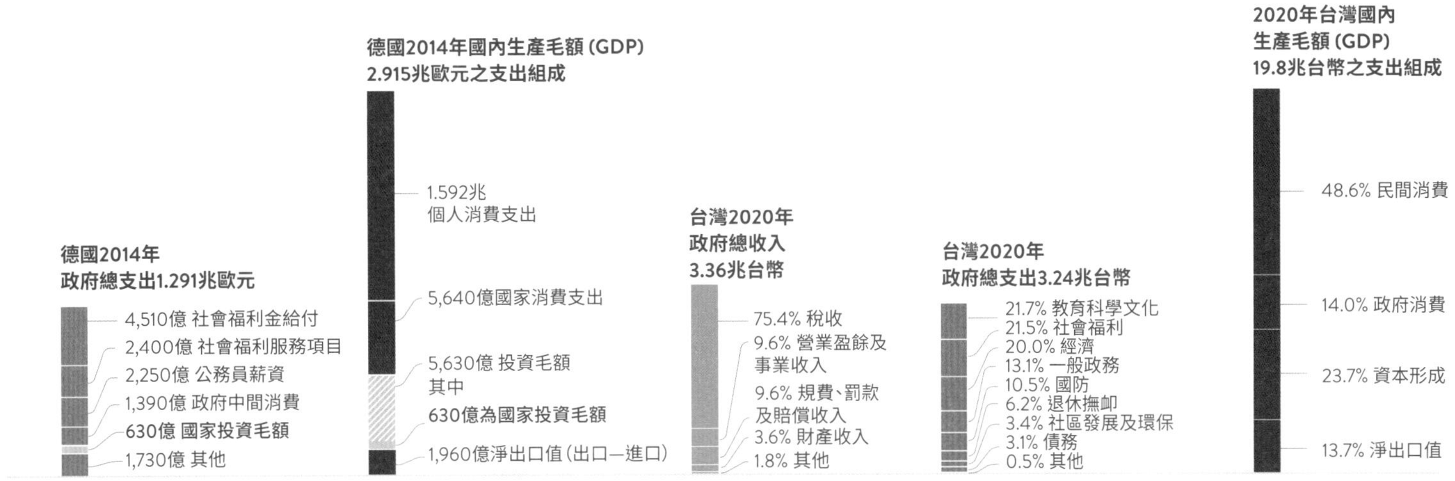
德國2014年
政府總支出1.291兆歐元
4,510億 社會福利金給付
2,400億 社會福利服務項目
2,250億 公務員薪資
1,390億 政府中間消費
630億 國家投資毛額
1,730億 其他
德國2014年國內生產毛額(GDP)
2.915兆歐元之支出組成
1.592兆
個人消費支出
5,640億國家消費支出
5,630億 投資毛額
其中
630億為國家投資毛額
1,960億淨出口值(出口—進口)
台灣2020年
政府總收入
3.36兆台幣
75.4% 稅收
9.6% 營業盈餘及
事業收入
9.6% 規費、罰款
及賠償收入
3.6% 財產收入
1.8% 其他
台灣2020年
政府總支出3.24兆台幣
21.7% 教育科學文化
21.5% 社會福利
20.0% 經濟
13.1% 一般政務
10.5% 國防
6.2% 退休撫卹
3.4% 社區發展及環保
3.1% 債務
0.5% 其他
2020年台灣國內
生產毛額(GDP)
19.8兆台幣之支出組成
48.6% 民間消費
14.0% 政府消費
23.7% 資本形成
13.7% 淨出口值

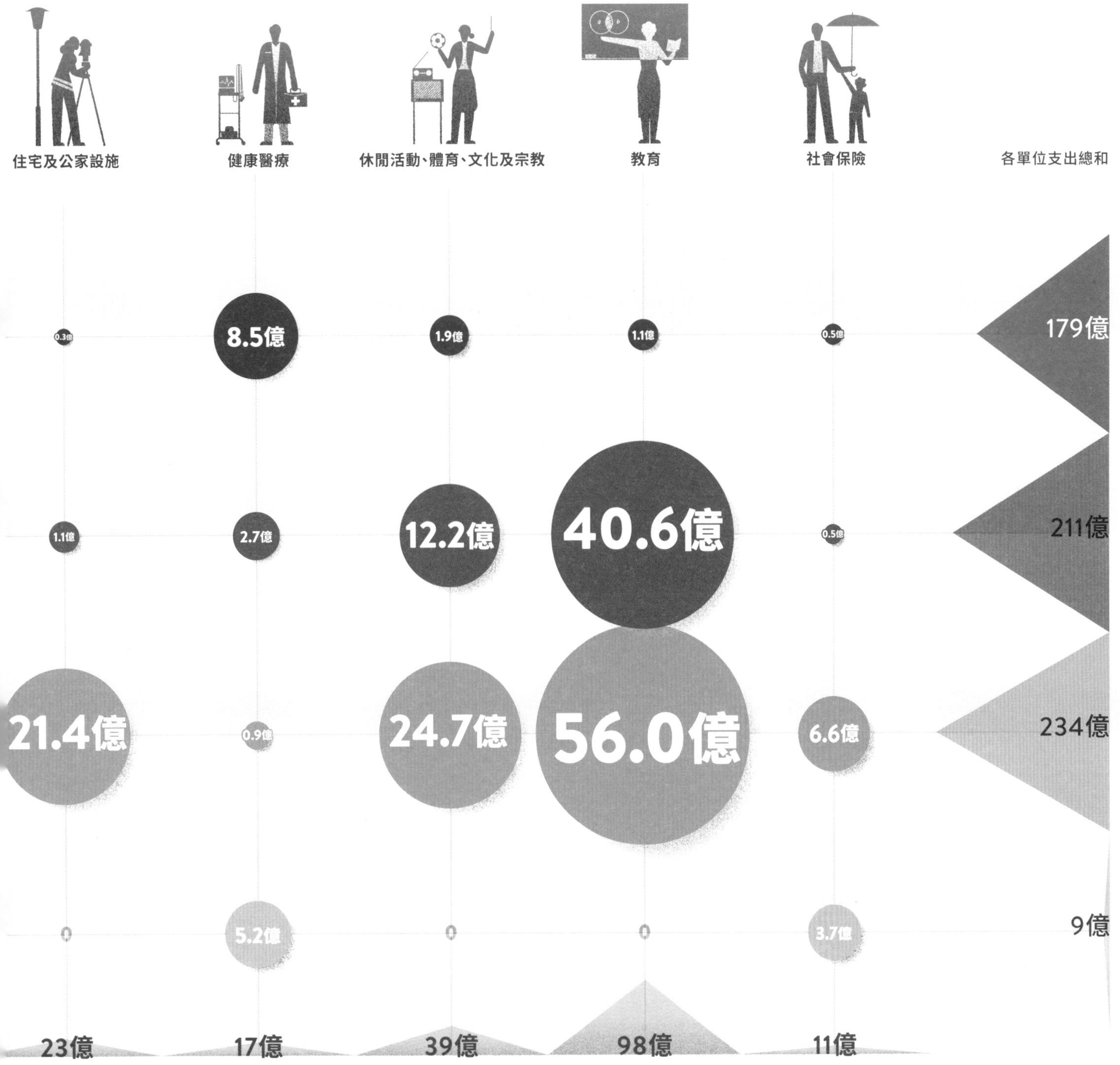
住宅及公家設施
健康醫療
休閒活動、體育、文化及宗教
教育
社會保險
各單位支出總和
0.3億
8.5億
1.9億
1.1億
0.5億
179億
1.1億
2.7億
12.2億
40.6億
0.5億
211億
21.4億
0.9億
24.7億
56.0億
6.6億
234億
0
5.2億
0
0
3.7億
9億
23億
17億
39億
98億
11億

商品市場 & 要素市場

企業為了生產，需要勞力、土地及資本；家計單位為了有能力消費，要出賣勞力、出租土地或借錢給人以賺利息。雙方透過這些方式，在市場經濟形成兩股等值的金錢循環，經濟學家赫伯特．史培柏（Herbert Sperber）將其描述為兩個反向旋轉的迴圈，兩者在商品及要素市場上產生交集。

企業
企業生產並販售商品，因此需要同時也是消費者的員工。

商品市場
企業販賣，家計單位購買。
支出
購買商品
家計單位
家計單位販賣所謂的要素服務(主要是勞動力)，再拿錢購買企業生產的商品，而自身也參與生產過程。
出租
勞力
土地
資本
出租
借貸
販售
收入

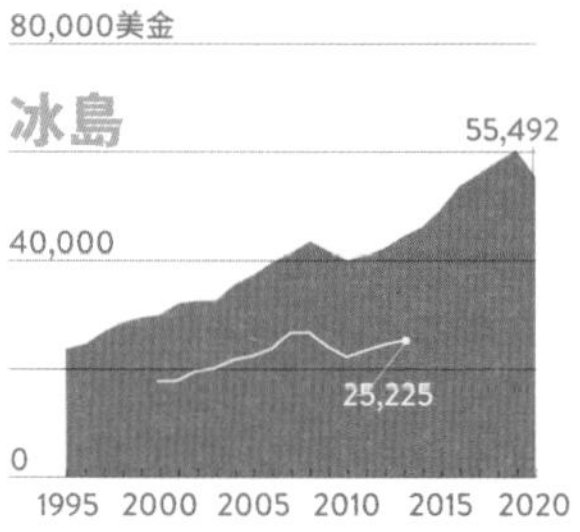

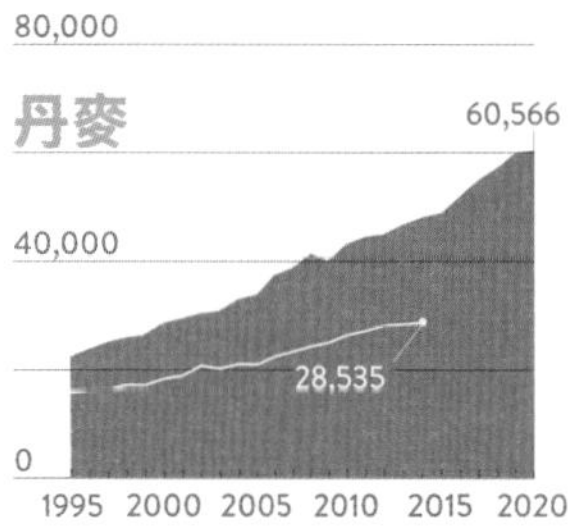

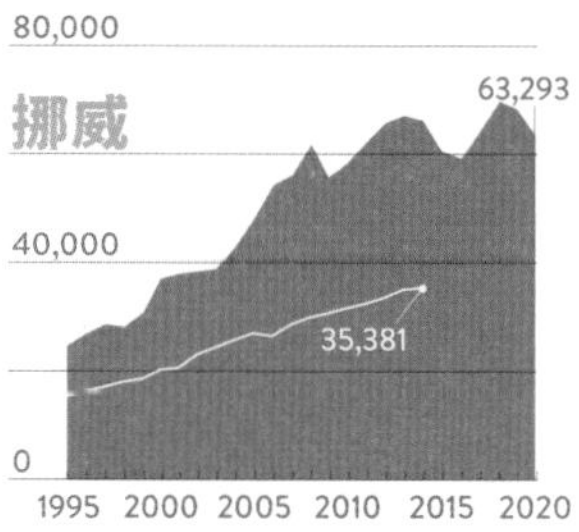

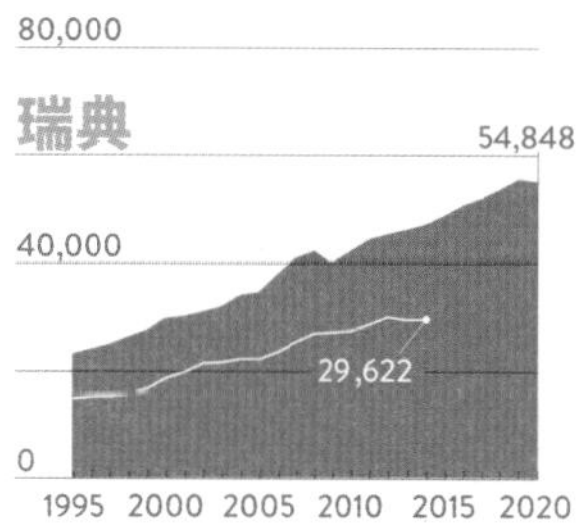

全球經濟持續成長！

未來世界會變得更好還是更糟？這問題很難回答，但從統計數據可以確定的是：至少從平均值來看，大部分國家的人民都愈來愈有錢——這可從經濟合作暨發展組織（OECD）發表的人均國內生產毛額（人均GDP）及人均可支配所得之數據獲得證實。

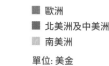

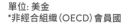

■ 歐洲　■ 非洲
■ 北美洲及中美洲　■ 亞洲
■ 南美洲　■ 大洋洲

單位：美金
*非經合組織(OECD)會員國

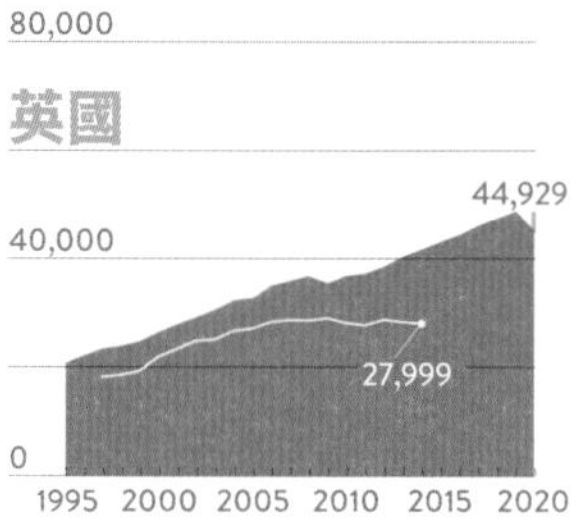

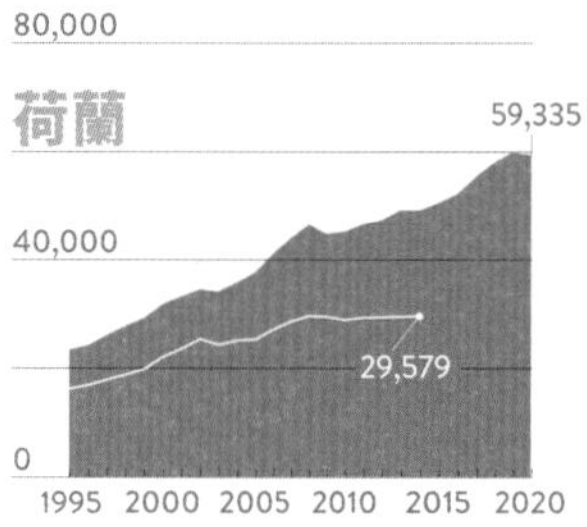

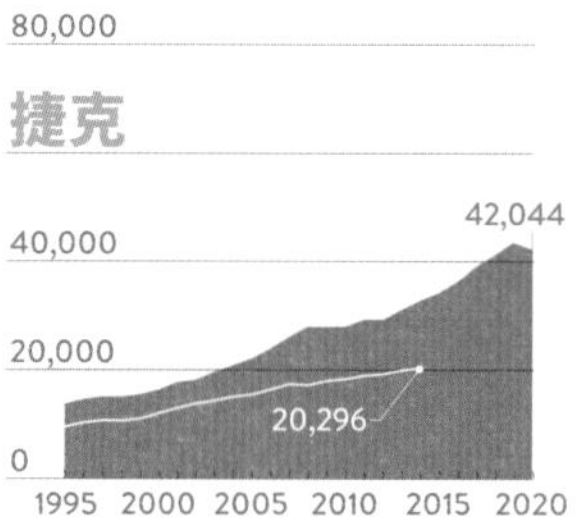

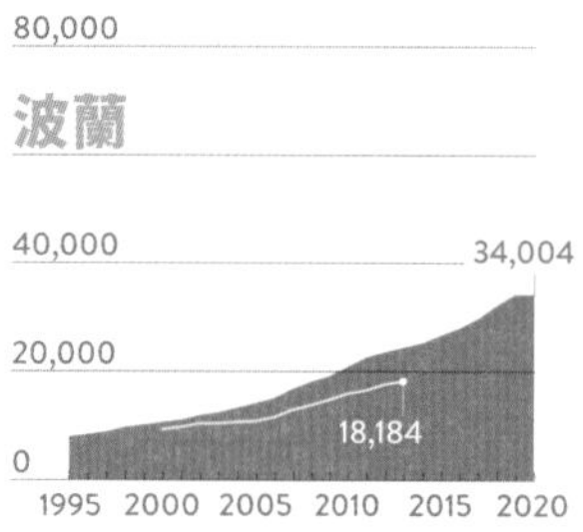

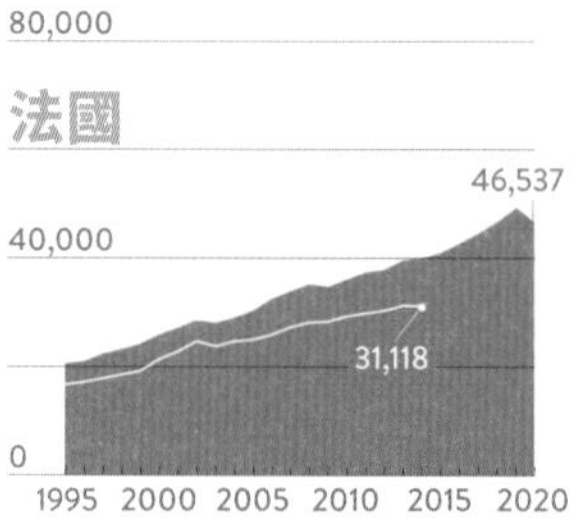

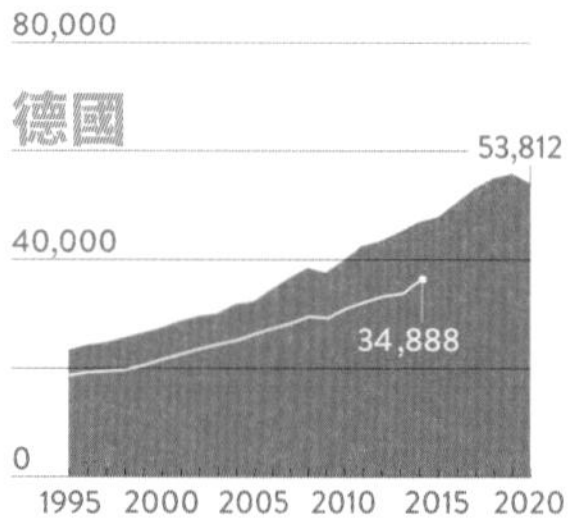

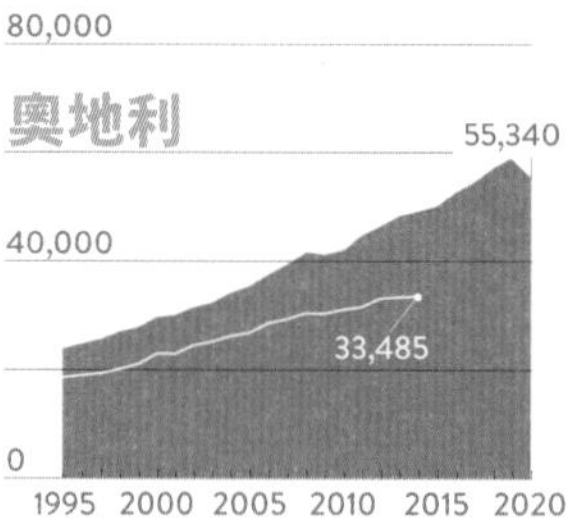

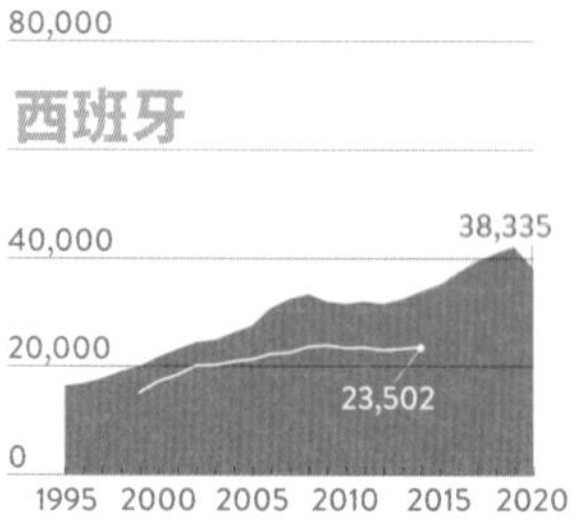

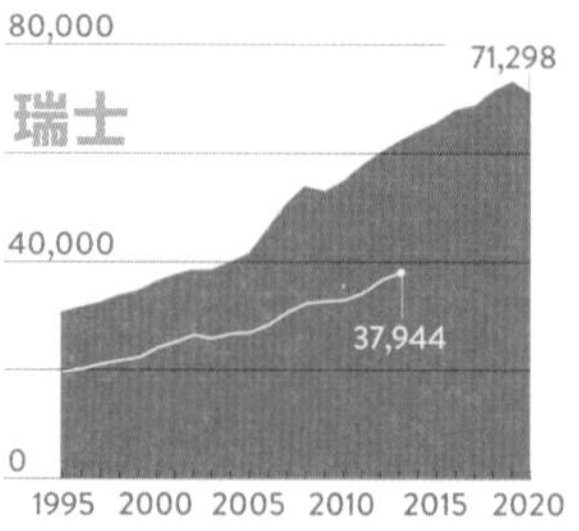

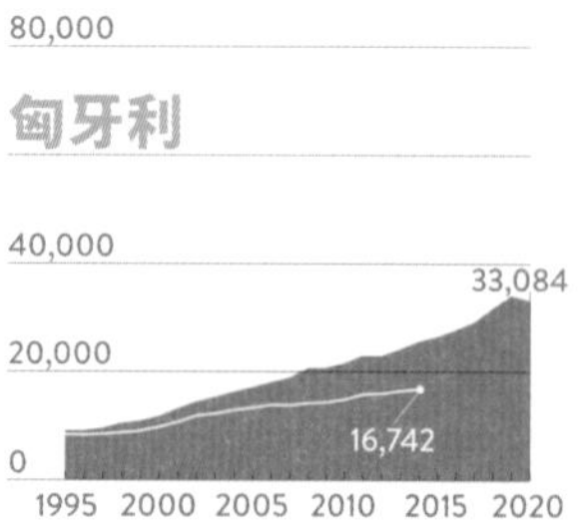

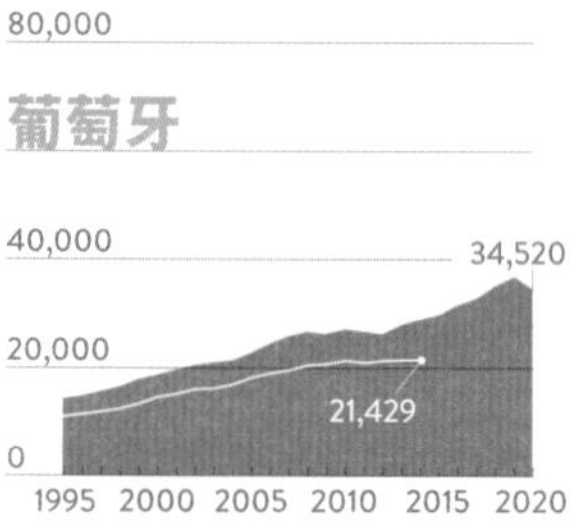

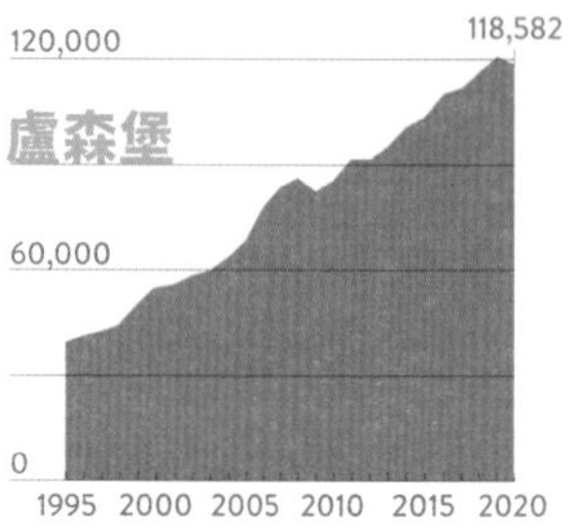

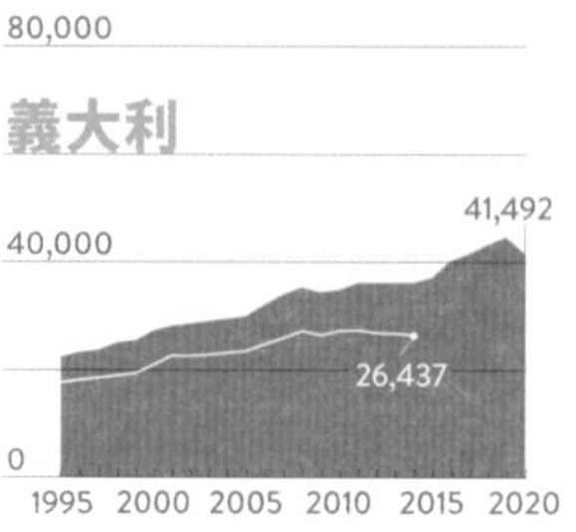

80,000美金
芬蘭
51,096
29,701
俄羅斯*
29,189
17,103
中國*
14,306
加拿大
48,091
31,960
愛沙尼亞
38,454
17,609
立陶宛*
38,734
美國
63,415
44,827
墨西哥
19,127
13,371
拉脫維亞*
32,028
南韓
43,058
20,655
日本
42,939
28,460
台灣*
28,371
希臘
28,486
19,261
以色列
41,859
印度*
5,901
巴西*
15,091
土耳其
28,441
沙烏地阿拉伯*
46,363
印尼*
11,051
阿根廷*
22,997
南非共和國*
12,355
9,052
澳洲
51,743
35,586
紐西蘭
44,050
24,101
智利
24,648
15,550
80,000
40,000
20,000
0
1995 2000 2005 2010 2015 2020

良性的市場競爭

市場經濟奠基於競爭之上，也就是說，至少要有兩個市場參與者競逐同樣的目標，而當一個愈成功時，另一個就愈難生存下去。這聽起來很殘酷，但對國民經濟來說卻是好事。競爭在經濟學裡有兩種功能：一是**經濟功能**（靜態與動態），二是**社會政治功能**。

1€
調節控制
能盡可能低價提供
符合需求（消費者偏好）
之商品(貨物或服務)。

資源分配
提出一個有效的要素組合，盡可能將生產要素（勞動力、土地、資本）分配在可行的使用選項上。

2€
研發
產品與技術須不斷創新，
科技進步必須普及。
監察功能
在參與者眾多的有效競爭中，
能同時防止社會及政治上
出現單一強大勢力。

分配

主要所得分配（市場所得）是以績效表現為分配依據。

選擇的自由

消費者有不同的商品可以選擇，就業者也有機會換工作。

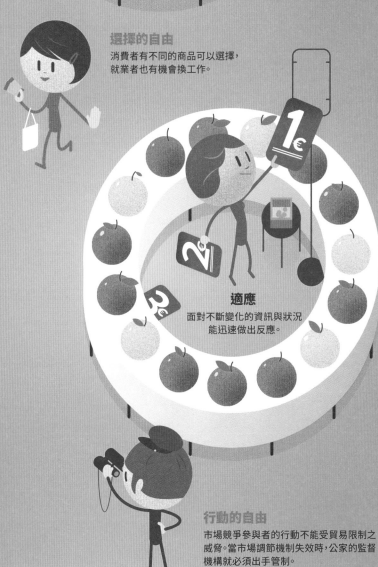

適應

面對不斷變化的資訊與狀況能迅速做出反應。

行動的自由

市場競爭參與者的行動不能受貿易限制之威脅。當市場調節機制失效時，公家的監督機構就必須出手管制。

計畫經濟的失敗

社會主義下的計畫經濟相信，國家操縱經濟會比自由市場更能調節生產狀況；歷史卻證明，由中央統籌規畫的經濟發展最終是一敗塗地。為什麼會這樣呢？

計畫者缺乏資訊

經濟發展過程非常複雜，通常計畫者所處的位置太遠，無法取得足夠資訊來調整發展過程。

制度缺乏彈性

市場參與者須遵守計畫者的命令，但若發展並非如計畫者所預期，一切運行就會停擺，或者，彼此互相矛盾地繼續運作。

參與者缺乏自由空間

「獨立做主」及「自我負責」能有效提升對經濟的企圖心及生產力，而共產獨裁政權扼殺了這兩者存在的可能性。

什麼是聯合行為？

「聯合行為」又稱「卡特爾」(cartel)，是同業之間的聯盟，透過互相配合的方式避免競爭，這類明顯妨害競爭的行為是違法的。負責監視避免聯合行為發生的是公平交易局*，這個機關也可以決定哪些個案可以不受禁令約束。聯合行為通常在檯面下進行各種祕密協商……

不平等的大

聯合行為

競爭能活絡商機，更精確地說，
競爭壓力令賣方更加重視顧客需求，
因此降低價格，提高品質，
並在產品及服務上力求創新。
聯合行為及獨占會減少競爭壓力，
甚至使其完全消失，

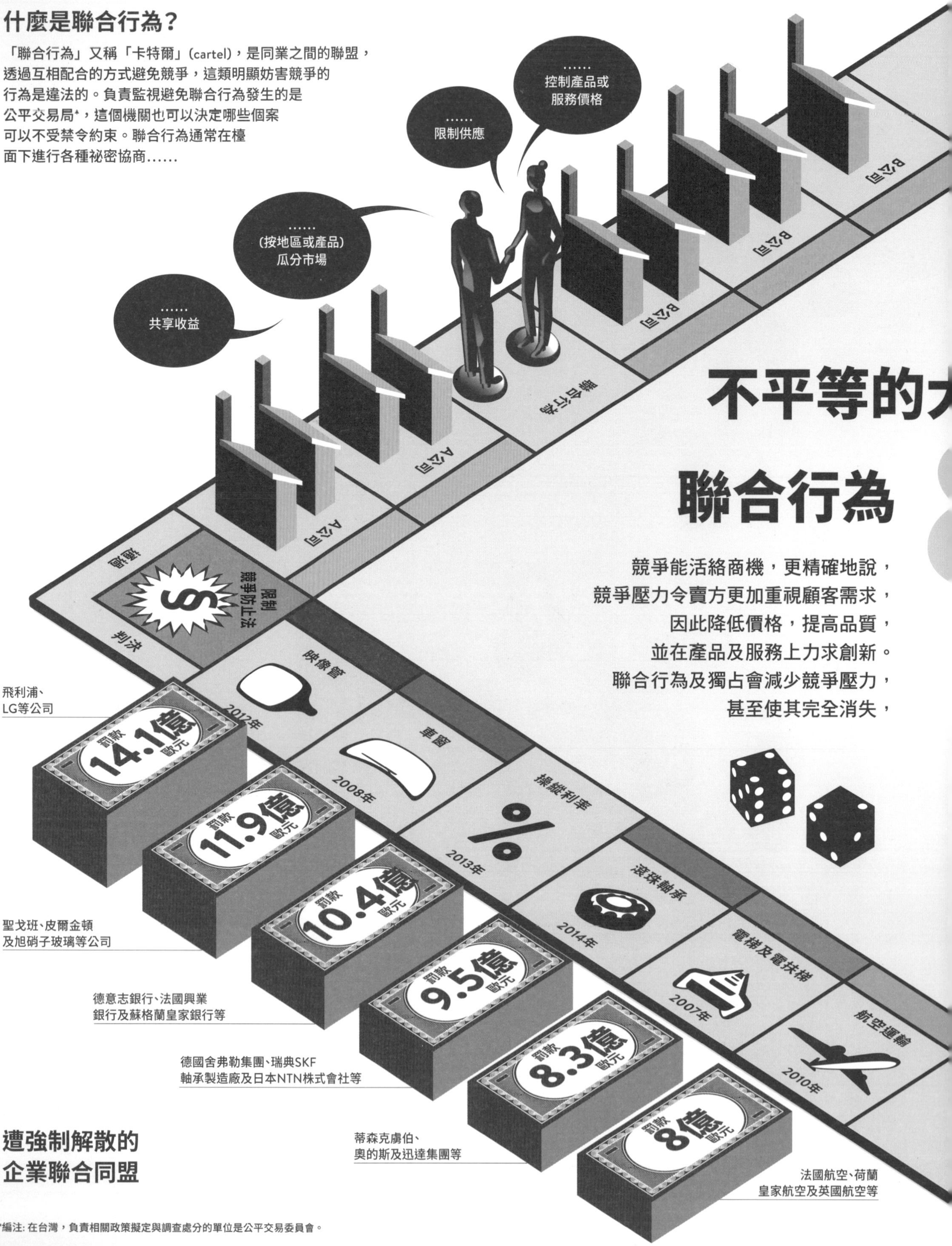

遭強制解散的企業聯合同盟

*編注：在台灣，負責相關政策擬定與調查處分的單位是公平交易委員會。

什麼是獨占？

獨占就是單一賣家面對許多買家，沒有任何競爭者，讓獨占者少了許多顧忌。通常獨占是由國家主導並透過法律保障，例如博弈產業。但在經濟史上也曾因市場條件的關係，出現許多「偽獨占」的情況（當某企業獨占市場鰲頭時，經濟學家便會如此稱呼），例如1990年代的微軟個人電腦操作系統。

富翁遊戲：

壟斷

此時價格不再反映實際生產成本，
剩下唯一的問題是：
有多少顧客願意付這麼多錢？
沒有競爭壓力，產品供應者就無須提高工作效率，
也不必加強售後服務吸引客戶留下。
簡單地說，少了競爭，對國民經濟只有
壞處而已。

租金3,000歐元
租金3,000歐元
獨占者
獨占市場就能隨意定價！盡情把每滴利潤都榨乾吧！
租金3,000歐元
租金3,000歐元
租金3,000歐元
獨占！
從此廢除
在德國
德國電信
直至1996年
烈酒
直至2017年
德國鐵路
直至1994年
火柴
直至1983年
煙囪清潔工
直至2013年
信件寄送
直至2008年
開放競爭後
德國電信固網仍維持市占率
41%
(2015年)
開放競爭後
原本約20,000小酒廠，至今約存
15,000
家
開放競爭後
德國鐵路仍維持市占率
98%
(長程載客鐵道運輸，2012年)
開放競爭後
火柴價格下跌約
1/3
開放競爭後
舊有之地區煙囪清潔工組織現存約
95%
開放競爭後
德國郵政集團仍維持市占率
87%
(按2014年總信件量估計)

已廢除之獨占事業

貨幣的歷史

長期來說，一直用羊來交換穀類是很不方便的，人類很早就了解這一點並發明了原始貨幣，將價值與貨物本身分開，成為通用的支付工具。德文貨幣「Geld」一詞出自古高地德語「gelt」，意思是不帶惡意或善意，完全中性的「報應」。

詞彙表

法定貨幣
是指本身沒有內在價值，
且不與貴重金屬掛鉤的貨幣。
今日央行發行貨幣，如歐元、美金及新台幣，
就是法定貨幣。

通用硬幣（又稱庫蘭硬幣）
是面額與金屬價值相符之硬幣。德國在一戰前所使
用的法定硬幣便是此類。

分離硬幣（又稱塞德硬幣）
面額明顯高過金屬價值之硬幣。
一戰後至今日歐元硬幣皆屬於這類。

金/銀本位
貨幣統一標準，其中每張鈔票
皆代表固定的等價貴重金屬。

存款貨幣
僅存在於銀行帳簿裡的無形貨幣。

電子貨幣
以數位型態將貨幣價值儲存於電子裝置上。

加密貨幣
以密碼原理確保安全之數位貨幣。

金錢的功能

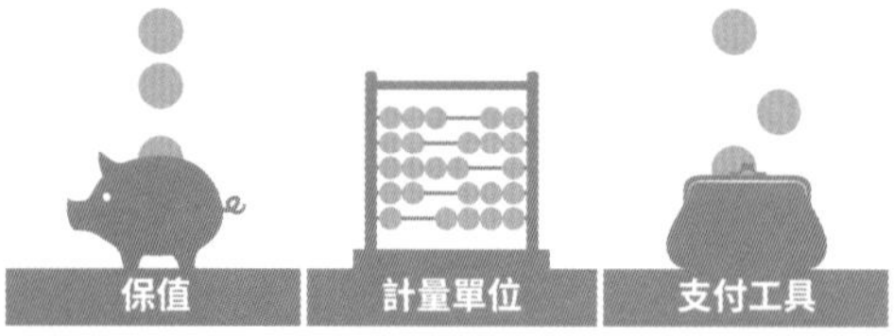
保值
計量單位
支付工具

金錢的歷史

紙幣

約西元前1000年，中國的地方政府開始發行紙幣，這種新發明的支付工具易於攜帶也較難偽造。

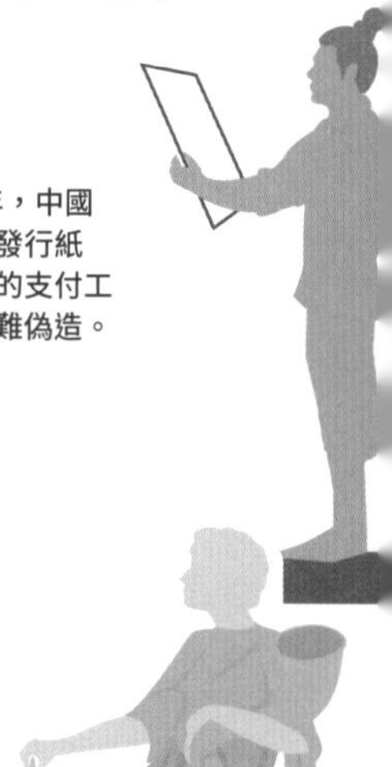

硬幣

最早的硬幣出現在印度、中國及小亞細亞。西元前650年左右利底亞人（位於現今土耳其境內）鑄造出史上第一批**通用硬幣**，材質為天然金銀合金，具有固定的大小及價值，從此使用貨幣不必先秤重量。

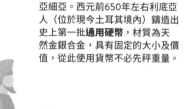

商品貨幣

直至西元前5000年人類皆是以物易物，**商品貨幣**（又稱原始貨幣）的出現，象徵著貨幣歷史的一大進展。米、貝殼或金屬這些不易腐爛的貨品常被拿來使用，就連牲畜也是早期貨幣的一種。

約西元前650年
利底亞人
鑄造統一形式
之金幣。
西元前400年
中國
開始鑄造銅錢。
西元前100年
羅馬帝國
鑄幣體系
及鑄幣權
（凱撒：金或銀；
元老院：
黃銅或銅）
商品貨幣可分為：
天然物貨幣
實用物貨幣
裝飾品貨幣
羅馬女神墨涅塔
（Moneta），
人們在她的神殿
裡鑄造硬幣。
約西元前1000年
中國
青銅鑄造的
鏟形布幣及
刀幣。
金 銀 鐵 銅 鉛 錫
愈稀有愈有價值。
金屬因其本身價值成為
適合的交易工具。
約西元前3000年
美索不達米亞
以穀類為貨幣。
約西元前2000年
中國
最初先以貝貝為
支付工具，價值
來自於貝殼本身
之美。

存款貨幣

俗話說「戰爭刺激創造力」，西元12世紀聖堂騎士發行首張**信用狀**，並在十字軍東征沿途，建立起國際非現金支付系統。

14世紀起，在阿拉伯世界出現哈瓦拉金融系統，藉由親信轉交實現遠距金錢匯兌。

15世紀 歐洲
存款貨幣首先在義大利及各歐陸商業中心傳開。愈來愈多商人選擇不先領出錢幣，而是直接以信用狀交易。

像梅迪奇家族這類的銀行家令銀行專業化，並透過全球海上貿易國際化。

虛擬貨幣

一位署名Satoshi Nakamoto（中本聰）的人於2009年在網路論壇上發表一篇關於**加密貨幣**的文章，提出比特幣的概念：電子貨幣，無中央銀行，由使用者自行管理。至今這位發明者真實身分仍然成謎。

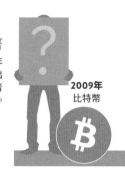

2009年
比特幣

20世紀
無現金支付漸成標準，並出現於銀行間的市場交易。

1950年 美國
首張信用卡問世。

1990年代
電子貨幣
逐漸發展出通用標準。

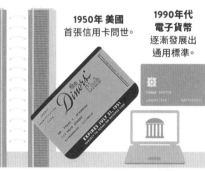

1980年代
第一間網路銀行問世。

10世紀 中國
首張紙幣（與硬幣存款等值）。

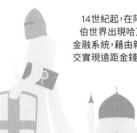

14世紀 中國
朝廷發行紙幣（價值由皇帝下旨頒訂）。

1661年 瑞典
歐洲首張正式紙鈔：斯德哥爾摩私人銀行發行名為Credityf-Zedel的信用狀，以銀行裡的銅板為擔保。這種發行紙鈔之央行原則在19世紀變成主流。

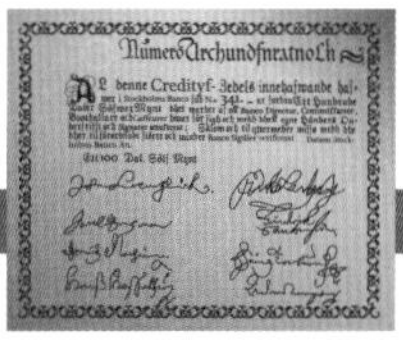

1718-1720年 法國
約翰·羅說服路易十五發行**法定貨幣**。起初很成功，但後來發行的紙鈔量超過儲備金太多，導致災難性的通貨膨脹，計畫以失敗收場。

19世紀
紙鈔成為大眾接受的支付工具。

1923年 德國
惡性通貨膨脹到最高點，貨幣大幅貶值導致民眾財務困窘。

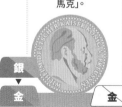

自西元780年起 西歐
查理曼建立第一個歐洲貨幣聯盟。卡洛林王朝所使用的貨幣第納爾（Denar）就是按從前古羅馬貨幣第納里烏斯（Denarius）所命名。

13世紀末
歐洲從《馬可波羅遊記》中認識紙幣。

1620-1623年 歐洲
劣幣危機：鑄造時偷混入銅、錫或鉛，造成硬幣大貶值。

自1871年起
德意志帝國
各邦國發行幾百種不同貨幣後，終於出現首個統一貨幣「黃金馬克」。

1944-1973年
布雷頓森林體系：建立金本位的國際貨幣新秩序，固定匯率，以美元為主導貨幣。

系統崩潰後，大部分國家又恢復浮動匯率。

銀 ▼ 金　金　$ 金

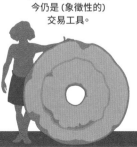

中古世紀 歐洲
鑄幣權相當分散，有各式各樣的地方貨幣，所有統一貨幣的計畫都無法貫徹。硬幣價值按重量而定，不再依照面額所示。

18世紀末
後革命時期之法國
硬幣存量即將耗盡，禁止以金幣銀幣交易，拒收紙鈔為死刑罪。

19世紀
1816年英國率先摒棄**銀本位**制而採**金本位**制，自1867年白銀短缺後漸成國際標準。

約1900-1934年
許多國家暫停**金本位**制。因一次大戰引起的大量財務需求，**法定貨幣**發行量愈來愈大。

在密克羅尼西亞聯邦的雅浦島上，石幣至今仍是（象徵性的）交易工具。

馬可波羅驚訝地發現，在中國除了摩登的紙鈔之外，貝殼依然拿來作為支付工具。

貝幣的使用在南亞持續至19世紀，在非洲及南太平洋則持續至20世紀。

為何央行不能狂印鈔票？

中央銀行在調整貨幣供給量時，面對的是兩難困境：一方面希望藉由低利息促進經濟成長，因此要提高發行量；但另一方面又要注意供給量不得超過需求，否則會出現通貨膨脹。最慘的是，就算是央行，也往往要到事後才會知道當時的決定是對或錯。

基準利率

重要的貨幣政策

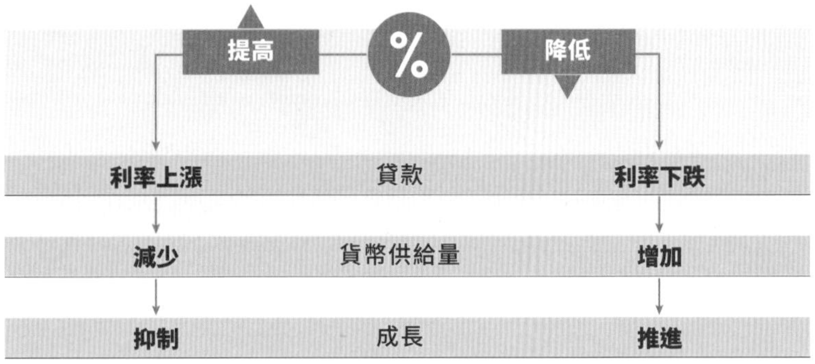

影響管道

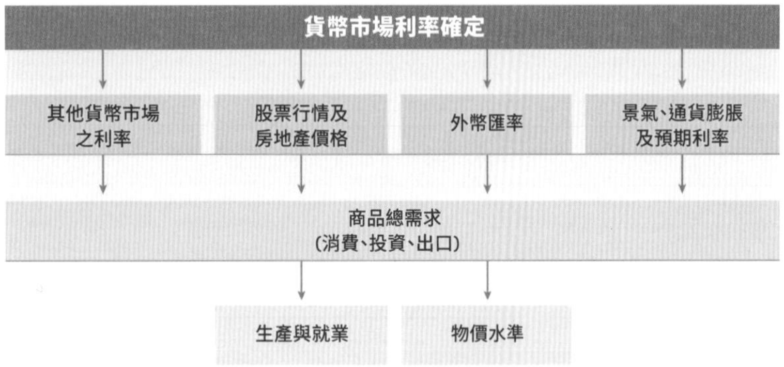

基準利率變化圖

美國聯邦儲備系統（聯準會） 歐洲中央銀行 英格蘭銀行

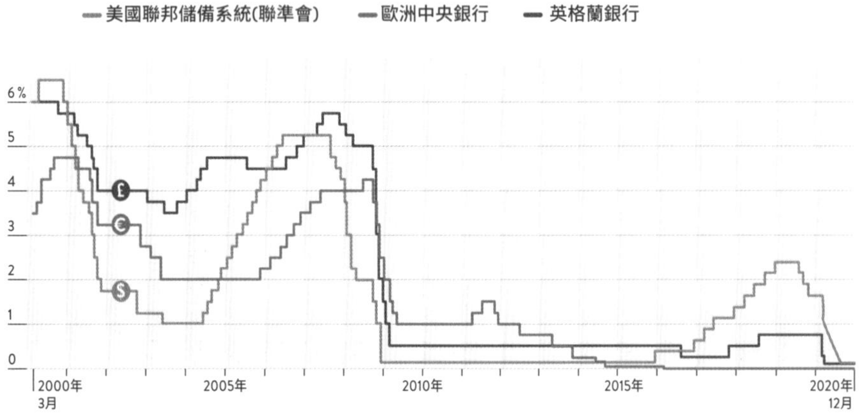

歐元紙幣流通現金量

（單位：歐元，資料年分：2019年）

ECB
歐洲中央銀行

1992年《馬斯垂克條約》明載歐洲中央銀行的職責，自1998年起為歐洲貨幣聯盟之貨幣主管機關。

ECB總部設於德國法蘭克福

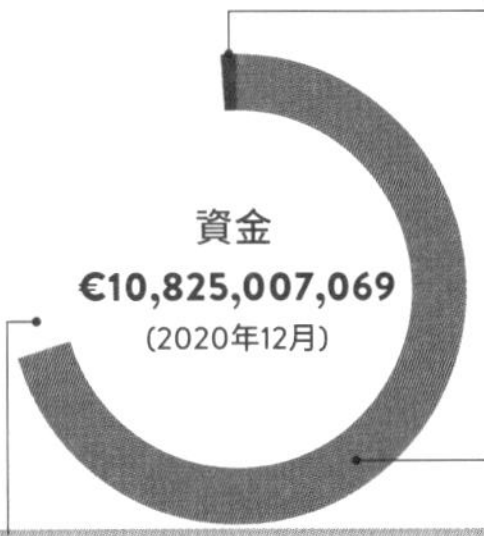

€75,794,263
8個非歐元區之歐盟會員國繳交之會費

€7,583,649,493
歐盟歐元區各國央行所繳交之金額

非歐盟國會員(尚)未繳交之資金

說明與準則

歐盟會員國之國家中央銀行(NCB) + **歐洲中央銀行** + **歐元會員國之國家中央銀行**

歐洲中央銀行體系 → 縮寫：**ESCB**

歐元體系

歐洲中央銀行(ECB)架構組織

一般委員會	執行委員會	管理委員會
諮詢委員會	主管	最高決策機構
ECB總裁、副總裁 + 27歐盟會員國NCB總裁	ECB總裁、副總裁 + 4委員	執行委員會 + 19歐元會員國NCB總裁

主要目標

維持歐元價值 + 穩定物價

職責

調控歐元區貨幣政策

基準利率是歐洲央行(ECB)最重要的手段，能調整利率及歐元區的貨幣供給量，進而控制通貨膨脹率。

進行外匯交易

管理會員國之儲備貨幣*

國際合作及歐洲各國合作

監督銀行及維持經濟平穩

簡化金錢支付程序

蒐集統計數據

授權發行歐元紙幣**

工具

主要再融資操作
商業銀行可暫時將證券換成準備貨幣。

貼現窗口
商業銀行可迅速從ECB得到現金(隔夜流動資金)。

存款機制
商業銀行可將不用的資金暫存進ECB。

儲備貨幣 = **黃金儲備** + **外匯存底** + 成員國在基金組織的準備部位(例如國際貨幣基金組織IMF)

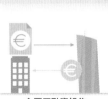

歐洲央行及歐元體系之儲備貨幣(單位:歐元)

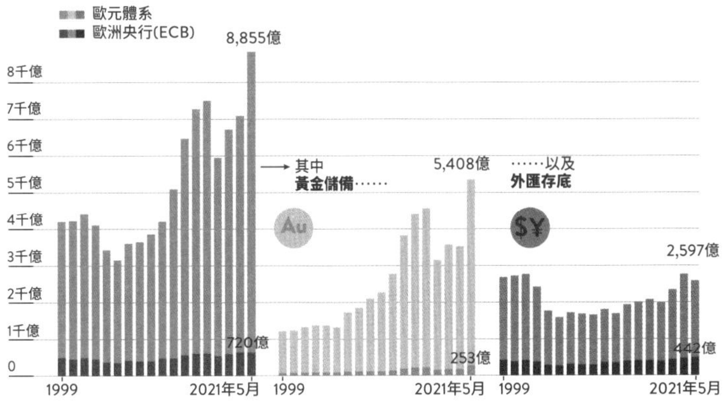

歐元紙幣的流通總價(單位:歐元)

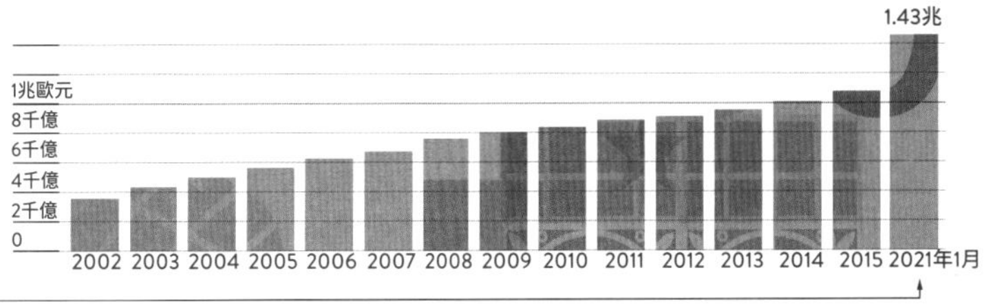

*由歐洲央行體系(ESCB)管理
**由各國央行(NCB)自行印製發行

一覽貨幣冰山的全貌：銀行準備金、存款貨幣

這世上的錢，並不只有各國央行所發行的那些鈔票與硬幣，其實我們平日在經濟活動中所使用的錢，絕大多數是由商業銀行「創造」出來的，或者換句話說，是銀行用自己的貸款再放大轉借出來。

A銀行需要現金，因此在央行留下擔保品。

（編注：此流程之規則為德國2016年之情況。）

中央銀行

A銀行從央行拿到一筆貸款，存入銀行在央行所開的活存帳戶裡。

為此，A銀行需付央行基準利率，這筆借貸的利息就創造了央行的**準備貨幣**。

A銀行的帳戶

活期存款

存款準備金

x100

在存款準備金比率1%的規定下（德國2016年之標準），商業銀行可將部分活期存款借貸給企業。

A銀行貸給企業之**借款最高可達準備金之100倍**，藉此創造**存款貨幣**。

這筆存款貨幣若只在銀行帳戶間流動，不作為現金支付，就會繼續保留。

若需要現金，A銀行也可以將活期存款換成現金借出。同樣的，也可以用現金繳還貸款。

（編注：台灣為不同的存款訂定了不同的存款準備率，請以《中央銀行法》為準。）

企業透過銀行帳戶償還部分貸款，**存款貨幣因此又被塗銷。**

反過來，商業銀行可將入帳款項拿來償還它在中央銀行的貸款。

對商業銀行來說，**借貸手續費及利息**也是一項業務。

準備貨幣

所有現金與活期存款之總和（2021年5月，歐元-台幣匯率為33.7:1）

歐元區央行

10.648兆歐元

（台灣同期為5兆零437億台幣）

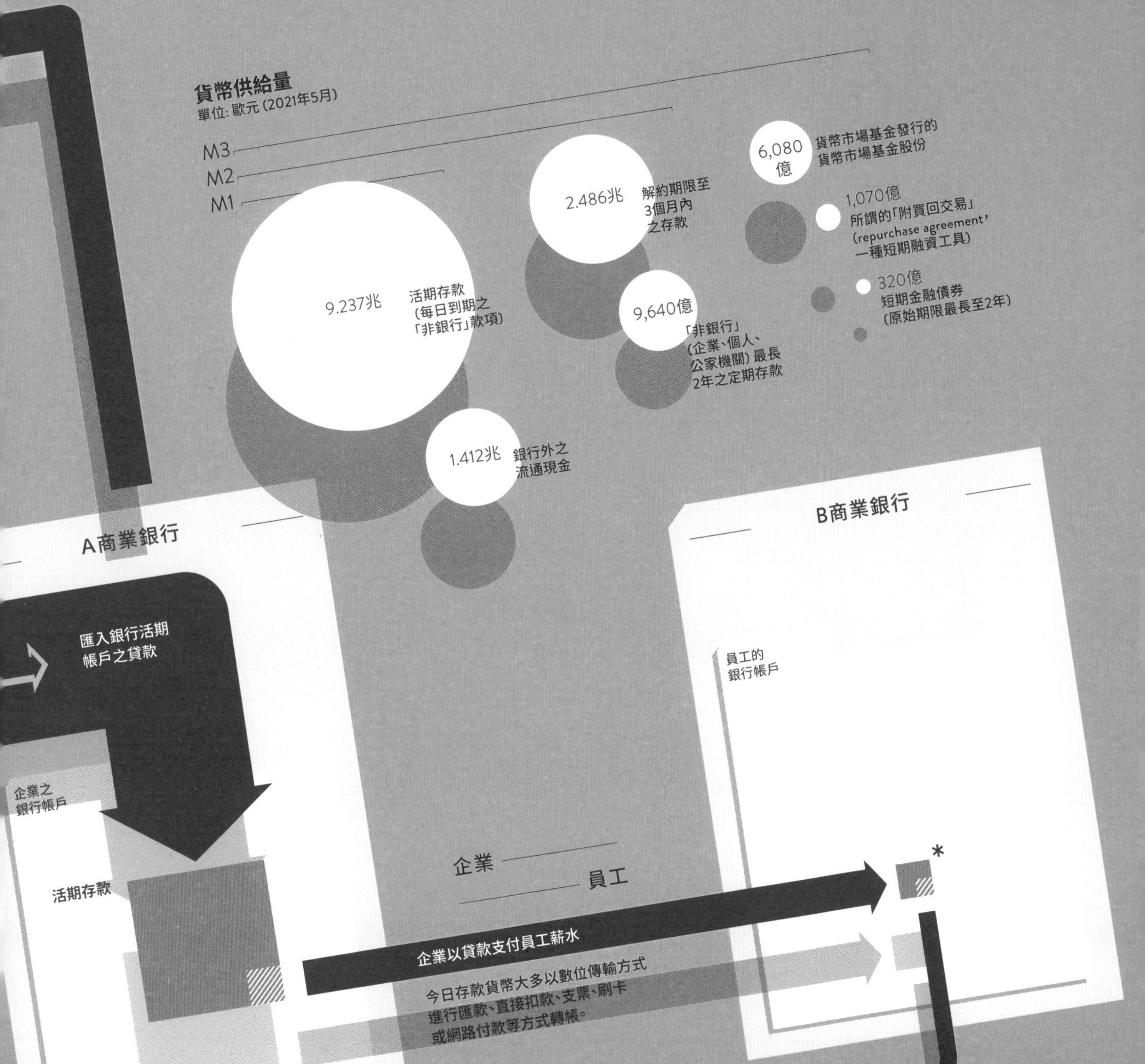

* 此例中若要將活期存款拿去支付員工薪水,A銀行就要為了貸款再融資。最簡單的方式是B銀行提供計息放款給A銀行,許多銀行之間都有類似協議。因此,A銀行對B銀行便負有日常債務,須從客戶貸款所獲得的利息提出部分交給B銀行,其中也包含部分存款貨幣創造之收益。由此看來,銀行業務獲利之豐,遠大於實際收益。

產業就業 & 產值大剖析！

1900年左右，約有40%的德國就業人口都從事農業，不過今日農業人口只剩不到2%。1960年代出現大型電腦後，服務業漸次興起取代了工廠工人，不過在德國聯邦統計局裡，機器人尚未被當成獨立的職業團體統計。今日德國就業人口多在下列行業就業，創造出這些經濟附加價值：

各行各業的附加價值毛額 (gross value added)
(單位: 歐元 [2013年之價格])
(附上台灣2020年數據作為參照: 營業家數/從業人數/附加價值毛額[台幣])

公共服務、
教育及醫療保健
4,606億
台灣公共行政及國防+教育+醫療保健:
6,190家/589,889人/2兆5,066億元

企業技術
服務業
2,764億
台灣專業、科學及技術服務業:
53,885家/310,914人/4,494億元

資訊及
通訊傳播業
1,229億
台灣出版、影音製作、傳播及資通訊服務業:
24,054家/238,129人/6,043億元

金融保險業
1,047億
台灣金融保險業
39,275家/394,553人/1兆3,294億元

其他服務業
1,035億
台灣其他服務業:
87,259家/110,645人/4,744億元

貿易、交通及餐旅業
3,963億
台灣
批發及零售: 689,172家/1,706,489人/3兆零329億元
運輸及倉儲: 34,098家/299,072人/5,517億元
住宿及餐飲: 165,490家/472,423人/4,747億元

房地產業
2,836億
台灣不動產業:
42,288家/122,424人/1兆6,177億元

農林漁牧業
200億
台灣農林漁牧業:
10,927家/548,000人/3,136億元

礦業及能源開發等
其他工業
829億
台灣礦業及土石採取+
電力及燃氣供應:
3,051家/36,869人/3,087億元

營建業
1,133億
台灣營建業:
133,041家/479,823人/
5,703億元

製造業
5,726億
台灣製造業:
144,510家/2,834,440人/6兆3,221億元

各經濟領域比較

2013年德國統計

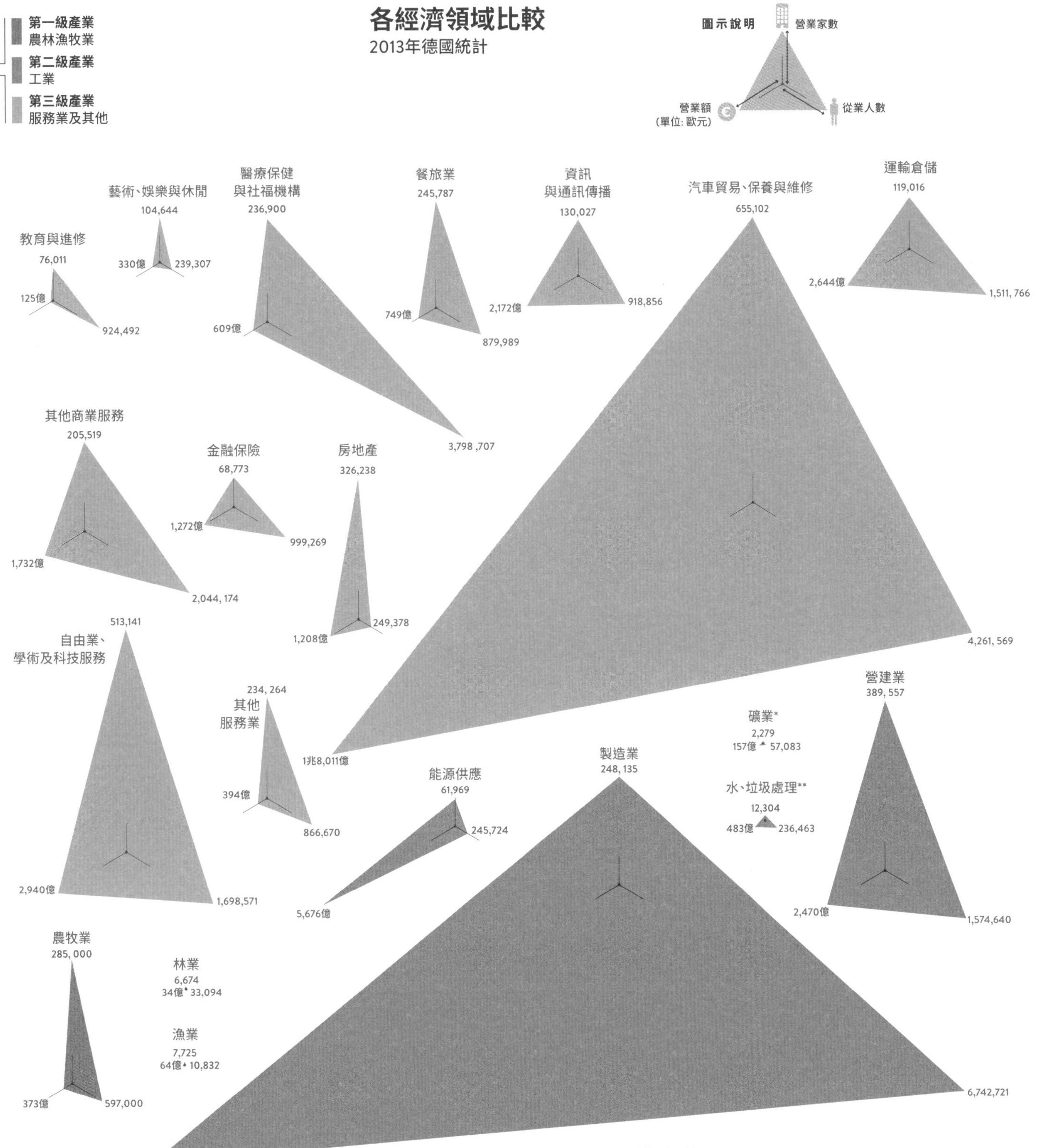

第一級產業
農林漁牧業
第二級產業
工業
第三級產業
服務業及其他
圖示說明
營業家數
營業額
(單位: 歐元)
從業人數
藝術、娛樂與休閒
104,644
330億
239,307
醫療保健
與社福機構
236,900
609億
3,798 ,707
餐旅業
245,787
749億
879,989
資訊
與通訊傳播
130,027
2,172億
918,856
汽車貿易、保養與維修
655,102
1兆8,011億
4,261, 569
運輸倉儲
119,016
2,644億
1,511, 766
教育與進修
76,011
125億
924,492
其他商業服務
205,519
1,732億
2,044, 174
金融保險
68,773
1,272億
999,269
房地產
326,238
1,208億
249,378
自由業、
學術及科技服務
513,141
2,940億
1,698,571
其他
服務業
234, 264
394億
866,670
能源供應
61,969
5,676億
245,724
製造業
248, 135
1兆9,878億
6,742,721
礦業*
2,279
157億
57,083
水、垃圾處理**
12,304
483億
236,463
營建業
389, 557
2,470億
1,574,640
農牧業
285, 000
373億
597,000
林業
6,674
34億
33,094
漁業
7,725
64億
10,832

* 礦業及土石採取

** 供水、廢水及垃圾處理以及汙染防治

德國各產業從業人數發展變化

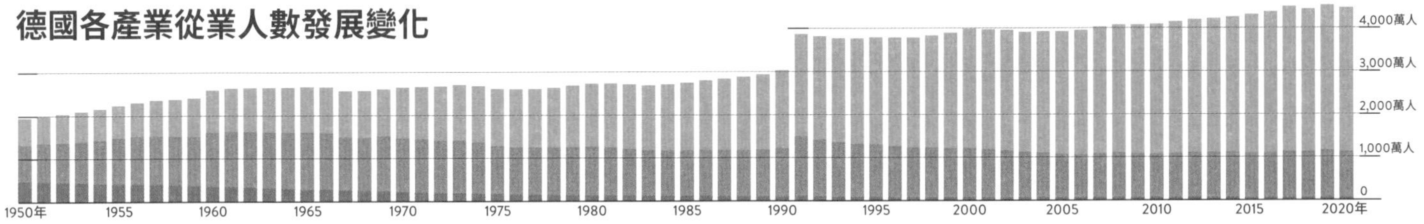

4,000萬人
3,000萬人
2,000萬人
1,000萬人
0
1950年
1955
1960
1965
1970
1975
1980
1985
1990
1995
2000
2005
2010
2015
2020年

社畜人生延長賽

儘管失業率不高，但德國就業人口仍不到總人口數之一半，原因是老人愈來愈多，年輕人卻愈來愈少。勞動力不足加上轉型高齡社會，讓相同遭遇的各國政府考慮延後法定退休年齡，未來還沒財富自由的65歲社畜們，請繼續熱愛工作吧！

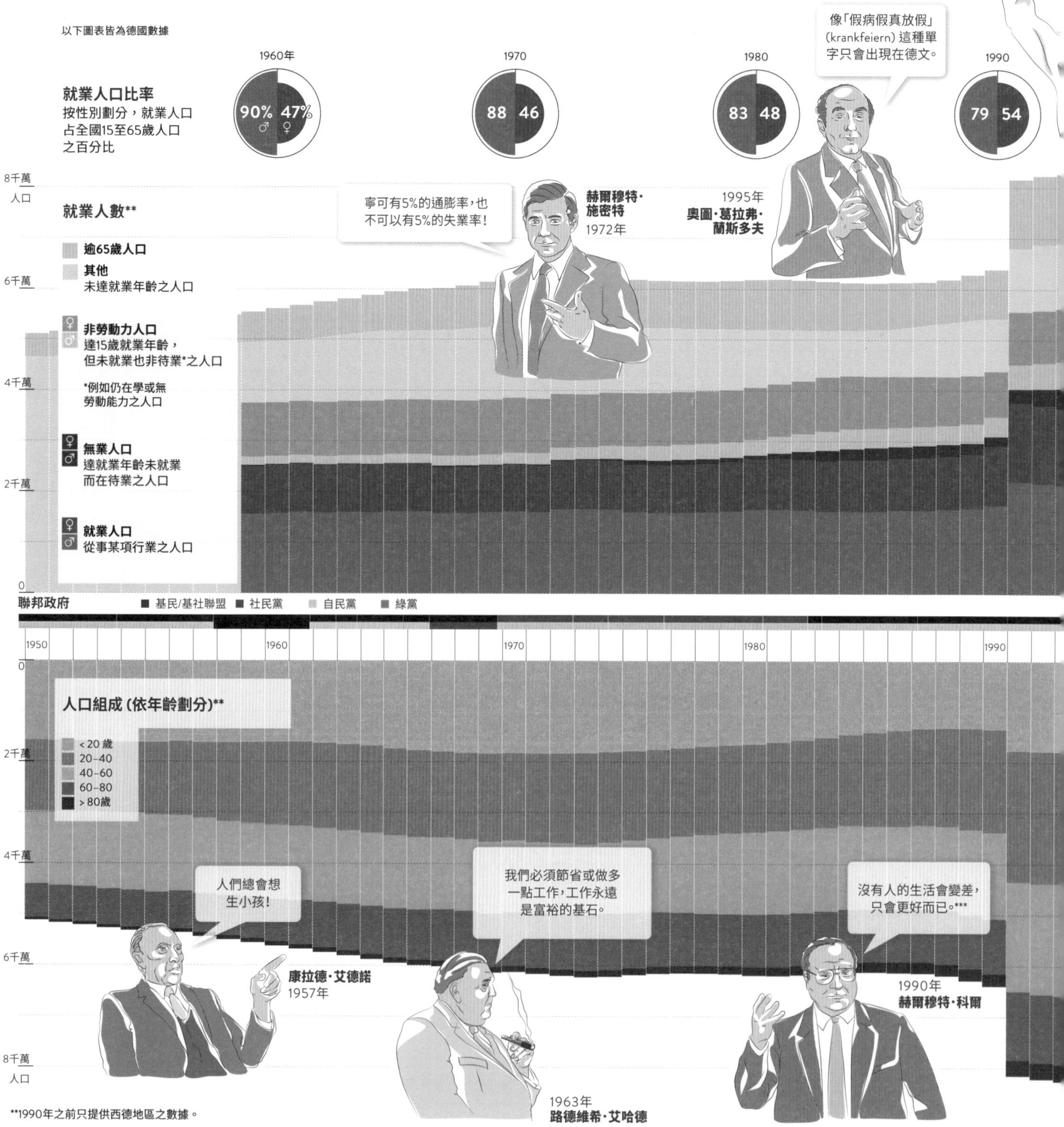

**1990年之前只提供西德地區之數據。

***譯注：科爾此話的背景為1990年東西德貨幣統一。

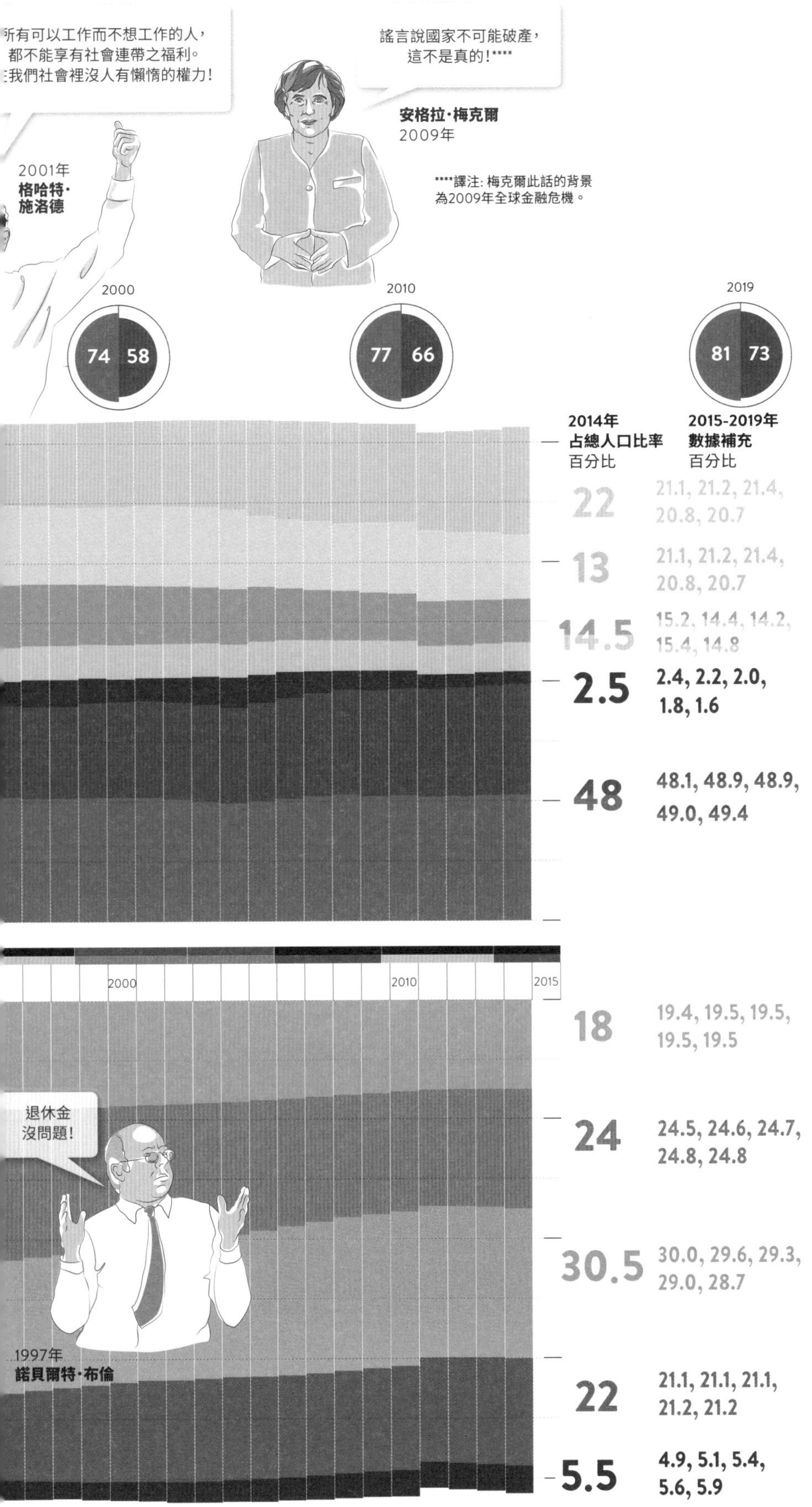

德國人口年齡結構變化預測

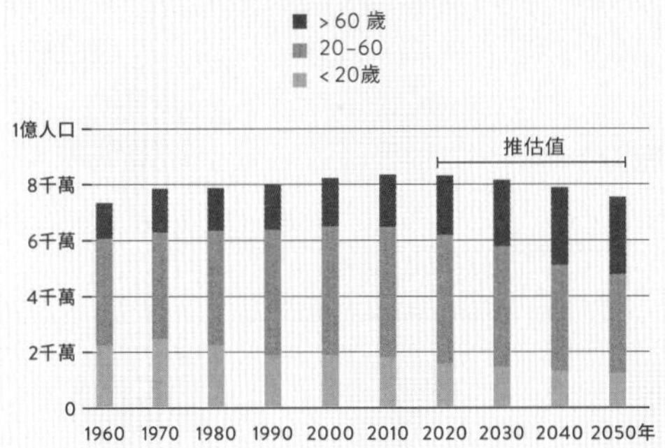

德國至2050年勞動人口潛力【三種模擬】
（根據2013年資料）

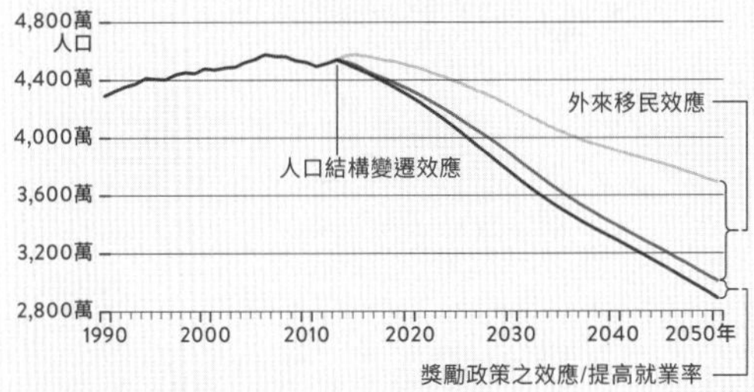

模擬一：無外來移民且就業率不變之人口演變（不切實際的模擬）

模擬二：就業率上揚且既定之退休權利不變

模擬三：就業率上揚且每年淨移入20萬人

勞動潛力在2012年至2050年間，從4,510萬人口降至2,900萬人口（下跌36%）

德國出生人口預期壽命之變化
（依性別分）

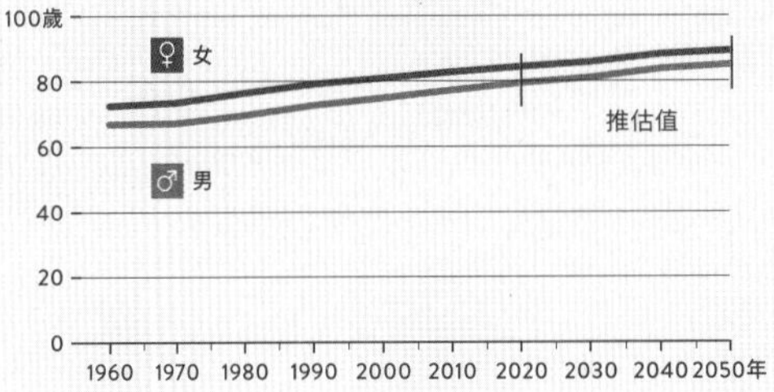

台灣：邁向超高齡社會

台灣在近年來全球生育率的排行榜上總是敬陪末座。少子化讓人口老化問題更為嚴峻，預估在2025年台灣將有20%人口超過65歲，成為超高齡社會。在勞動力不斷萎縮的情況下，我們需要開放更多外國移工來填補缺口，而勞工保險也面臨入不敷出的破產危機⋯⋯

我還領得到退休金嗎？

一般勞工年滿65歲後，可從政府運作的勞工保險與勞工退休金專戶領取退休金。可以選擇一次提領或月領。

勞工保險
勞保的收入是由勞工、雇主、政府一起負擔，政府會利用這些錢作為本金投資，獲利後再挹注回到勞保身上。
近年來政府補助勞保超過400億台幣，但根據勞保局精算評估，勞保若不改革，將在2028年破產。

勞工退休金專戶
除了勞保，每個月雇主須提撥勞工6%以上的薪水，到勞工的退休金專戶，沒有全體破產危機。
若勞工申請自行提撥，這部分薪水還可從當年度所得稅額扣除。如果勞退基金獲利，還能根據帳戶金額分紅！

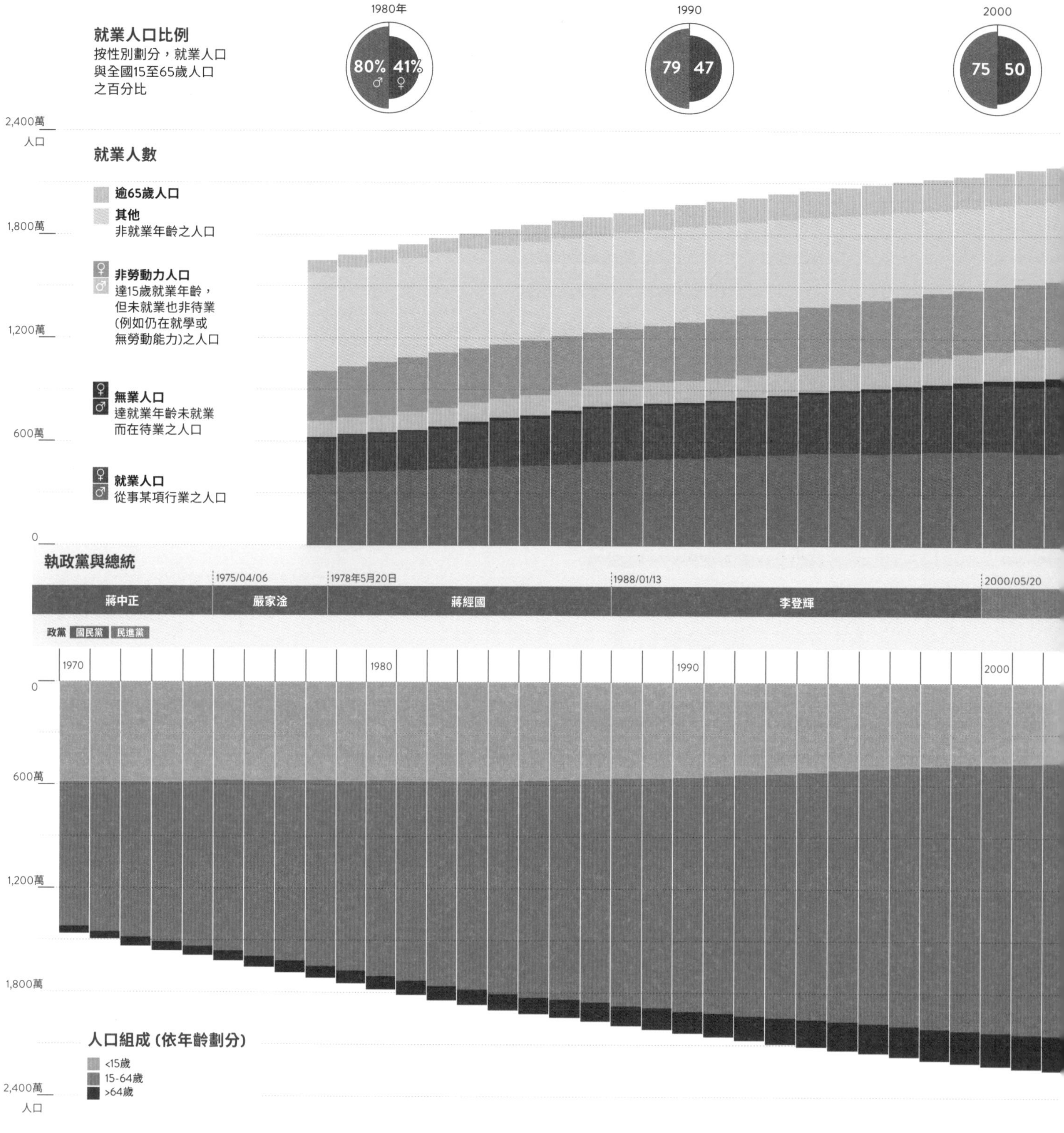

新制勞退基金歷年收支情況（單位：台幣）

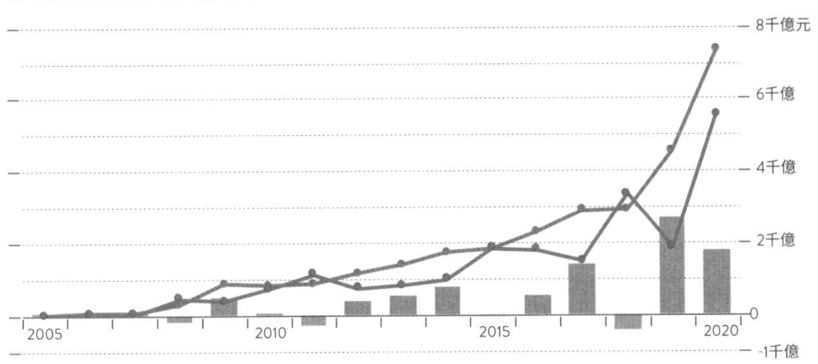

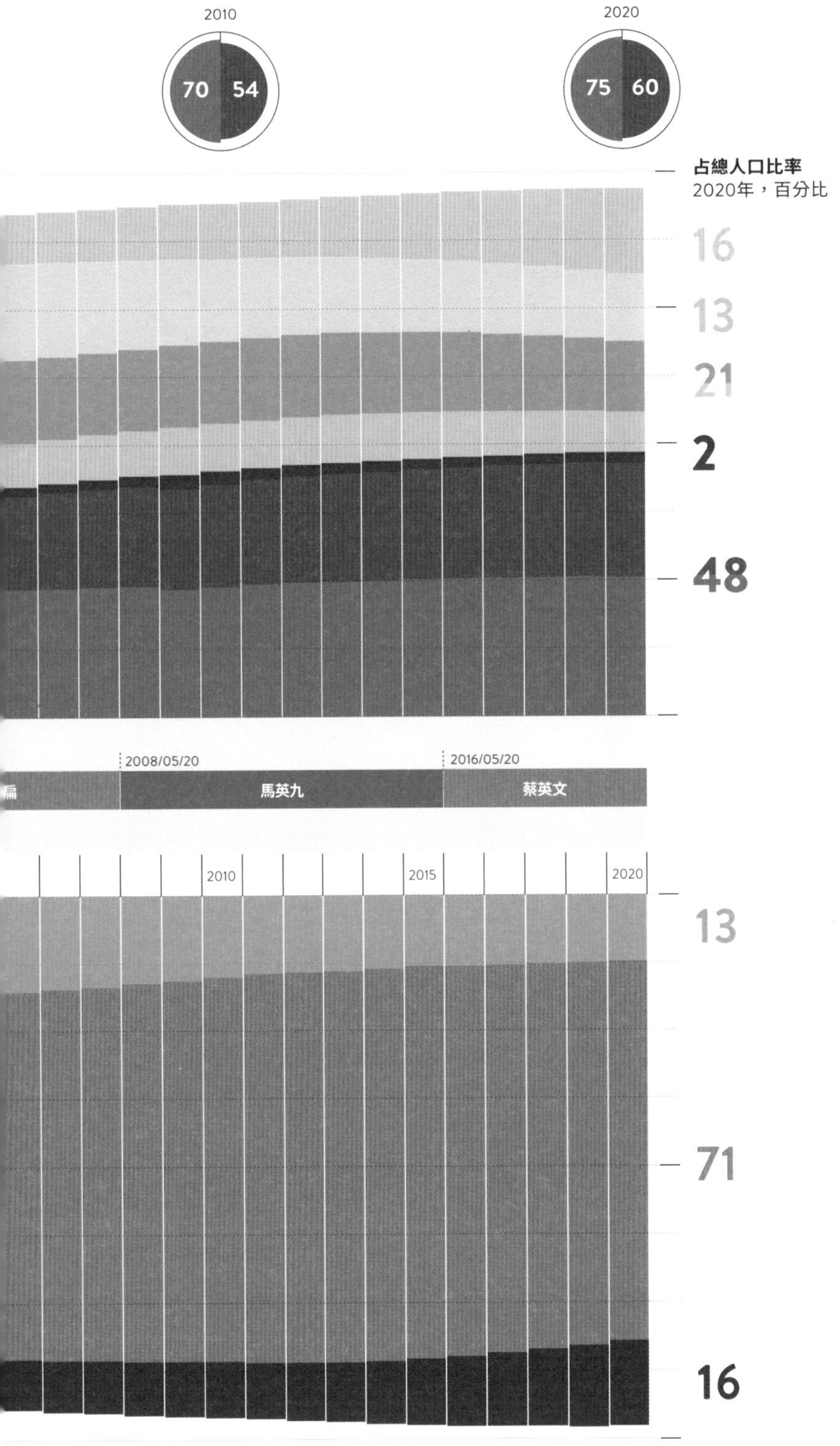

台灣人口年齡結構變化預測
（根據2021年資料）

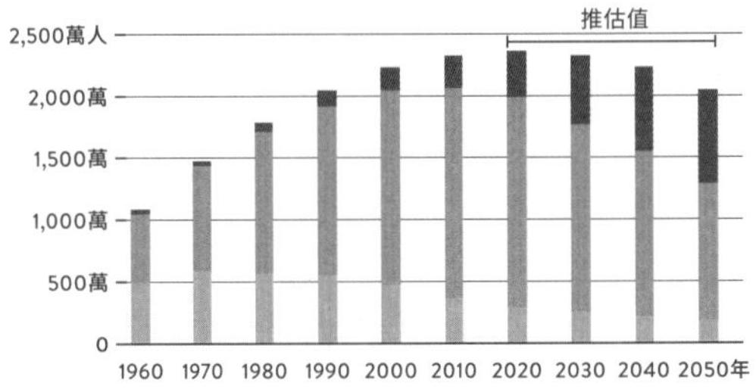

台灣移工人數（按申請類別分）
（根據2021年資料）

移工組成變化（2000年 vs. 2020年）
（根據2021年資料）

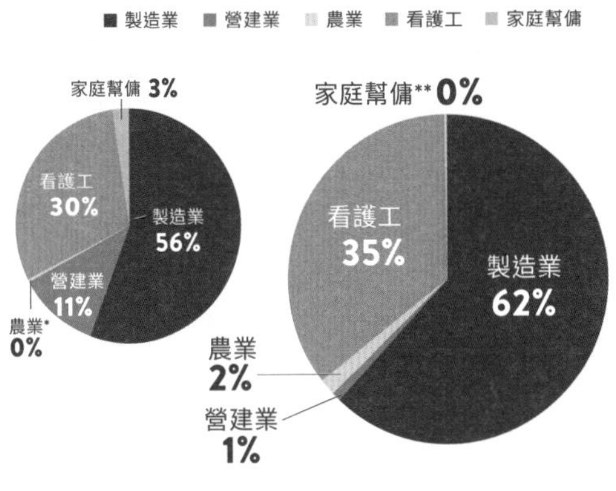

*2000年共1,185名農業移工，占比為0.36%
**2020年共1,668名家庭幫傭移工，占比為0.24%

台灣出生人口預期壽命之變化
（根據2021年資料）

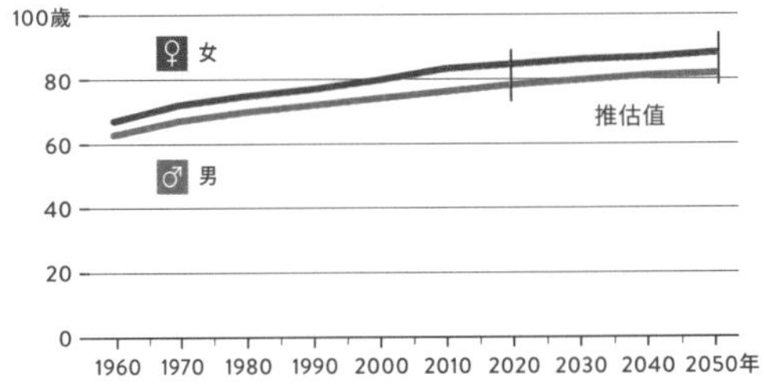

「全民幸福」才是拚經濟的終極目標

一個人過得好不好、有多好或多糟，到底該以什麼標準來衡量？要找出一套放諸四海皆適用的標準來衡量社會是否富裕或幸福，這相當不容易。比如說，到底該用金錢、階級向上提升的機會，或者完善的醫療保健系統作為指標？還是說，應該比較哪個貨幣體系能為最多人帶來最多幸福呢？

2019年聯合國人類發展指數

(自1990年開始發布)

評量項目　人均GNI*　預期壽命　教育

*GNI=國民所得毛額

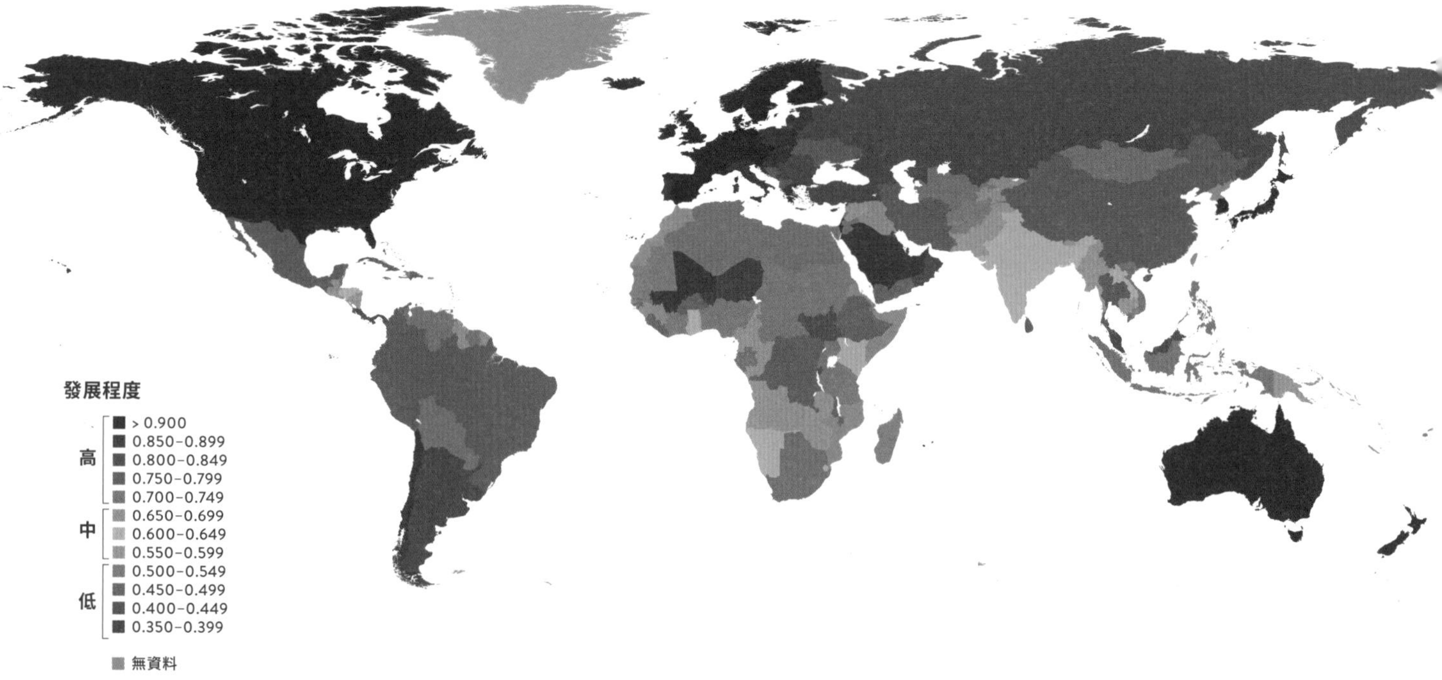

2015年幸福指數

引自聯合國全球幸福報告
(自2012年開始發布)

人均GDP　社會保障　健康、預期壽命　人生抉擇之自由　慷慨程度　遏止貪汙　與反烏托邦**基準相較　95%信賴區間***

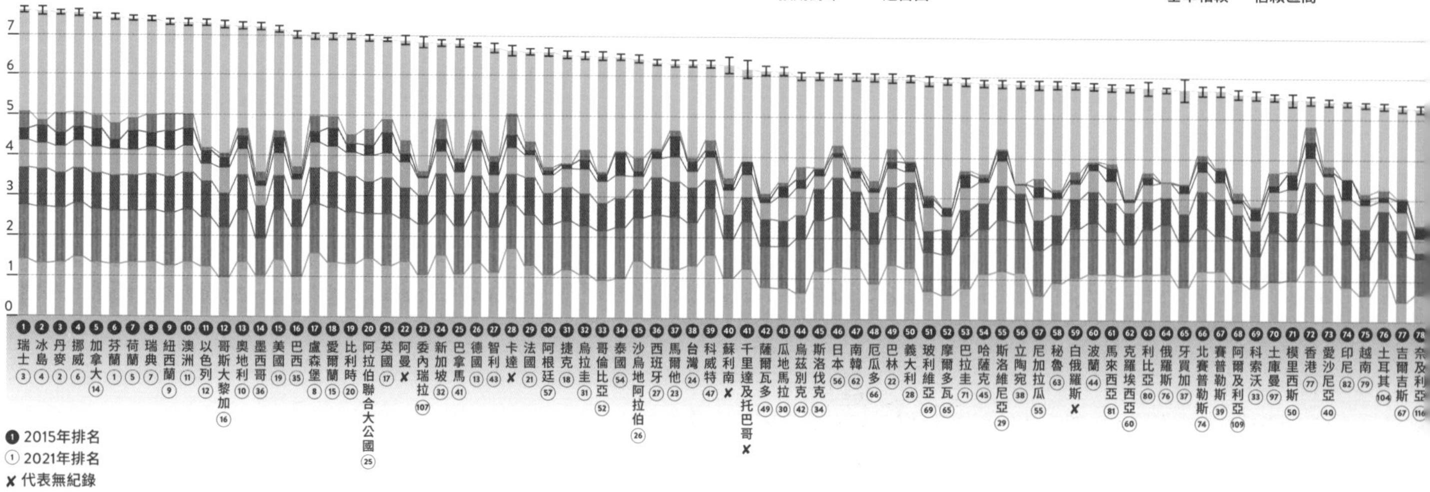

醫療保健支出

2018年人均支出，
單位: 美金

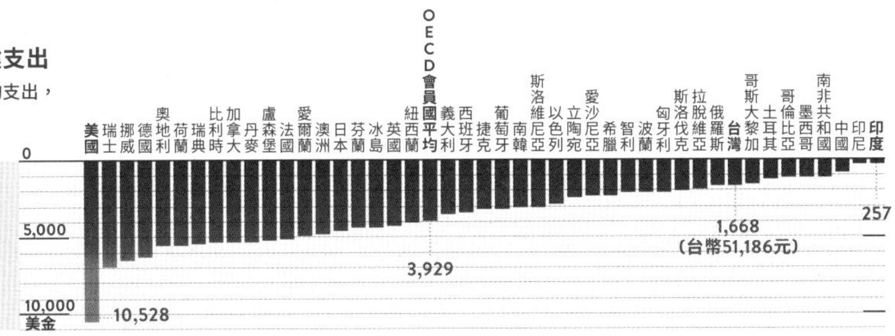

台灣平均每人淨資產

2010-2019年，單位: 台幣

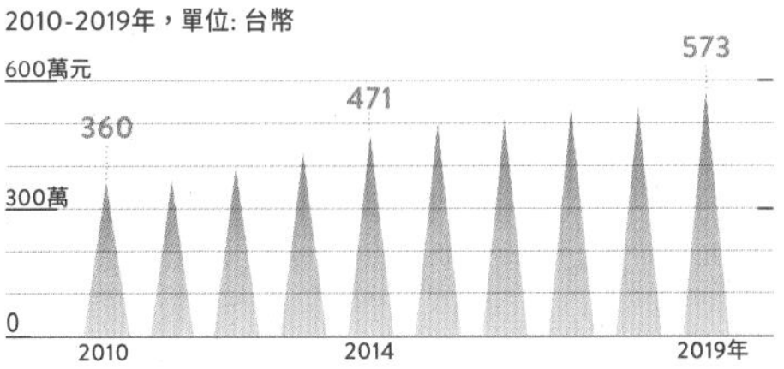

各國教育流動比較

大學生(20至34歲)中，家長學歷低於高中之占比

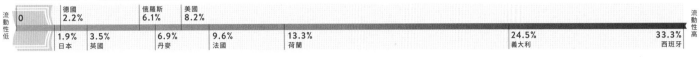

吉尼係數

所得分配之(不)平等程度。

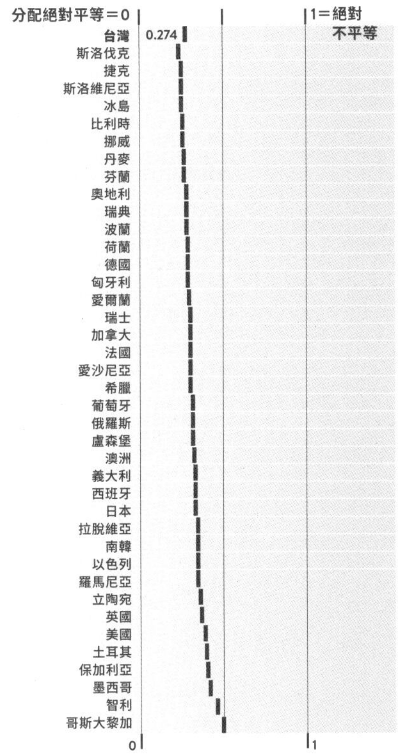

相對所得貧窮

據OECD統計，與各國國內每人可支配所得的中位數相比，所得低於中位數的人口比例。

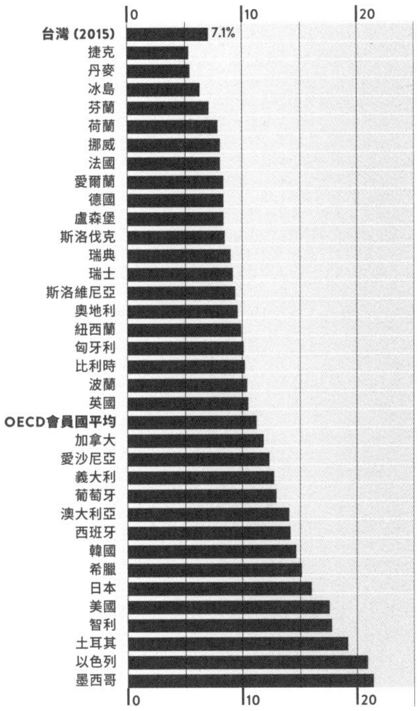

最富 VS. 最窮****

各國國內所得排名最前10%者相較排名於最後10%者，所得差距多少倍。

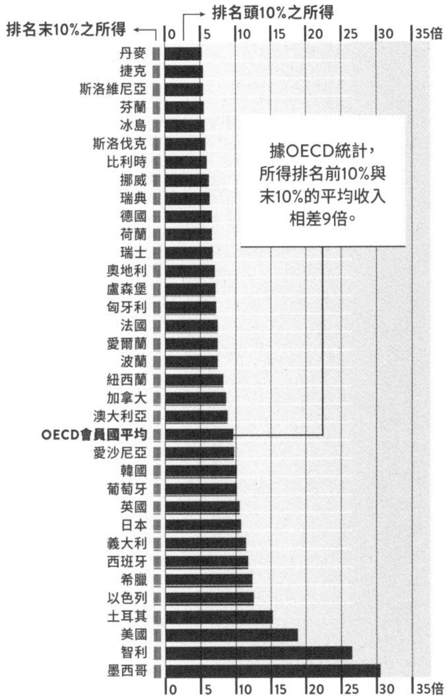

****台灣無相同組距的數據統計。

**反烏托邦是假想一個人民極端不快樂的虛擬國家，作為負面比較值。
***此數值有助於比較同一個國家中，對幸福看法之差異。

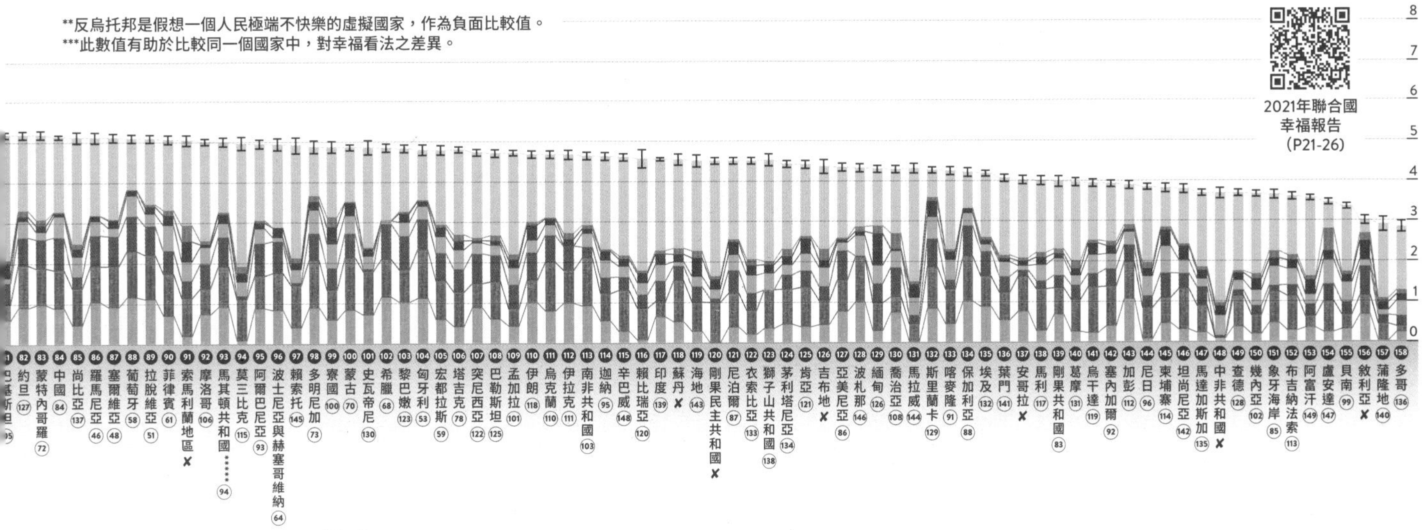

*****編注:2019年馬其頓共和國更名為「北馬其頓共和國」。

IV

世界經濟篇

全球生產鏈

·

國際貿易

·

全球非法交易

·

重要金融組織

·

國際金融市場

·

跨國企業及品牌

·

人才分配及移民移工

一條牛仔褲的誕生

1873年，李維．史特勞斯與戴維斯為「藍色牛仔褲」(Blue Jeans)申請專利，當時美國牛仔褲的布料就已是從歐洲進口，是全球化的先行者。這種耐穿的工人褲如今已成為經典品牌，成為休閒生活態度的象徵，同時卻也是全球附加價值分配極度不均的最佳例證之一。

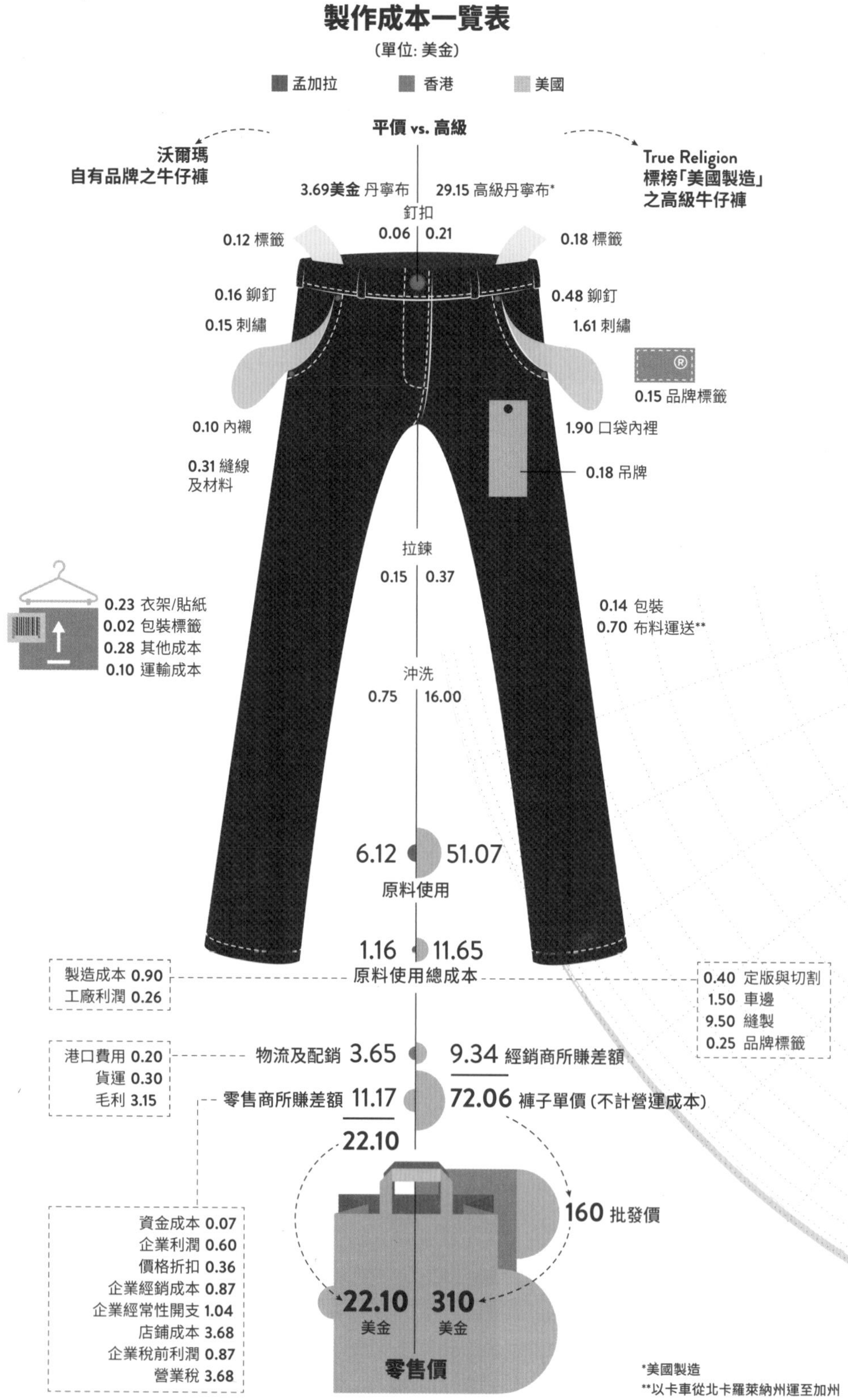

*美國製造
**以卡車從北卡羅萊納州運至加州

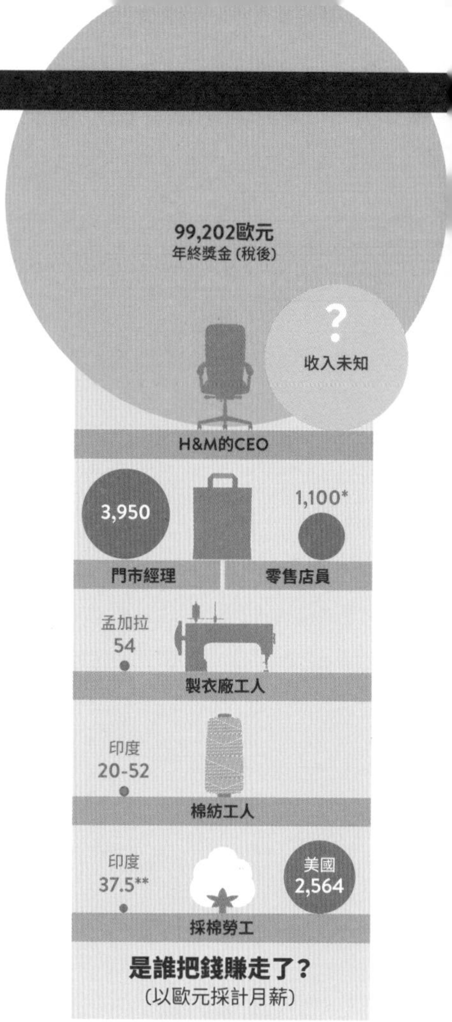

*低階店員，每週工時38小時
**1.5歐元/天(每月工作25天)

牛仔褲的生產地在哪裡?

牛仔褲在抵達歐陸之前,必須先經過半個地球,
這趟旅程通常會經過這些地方:

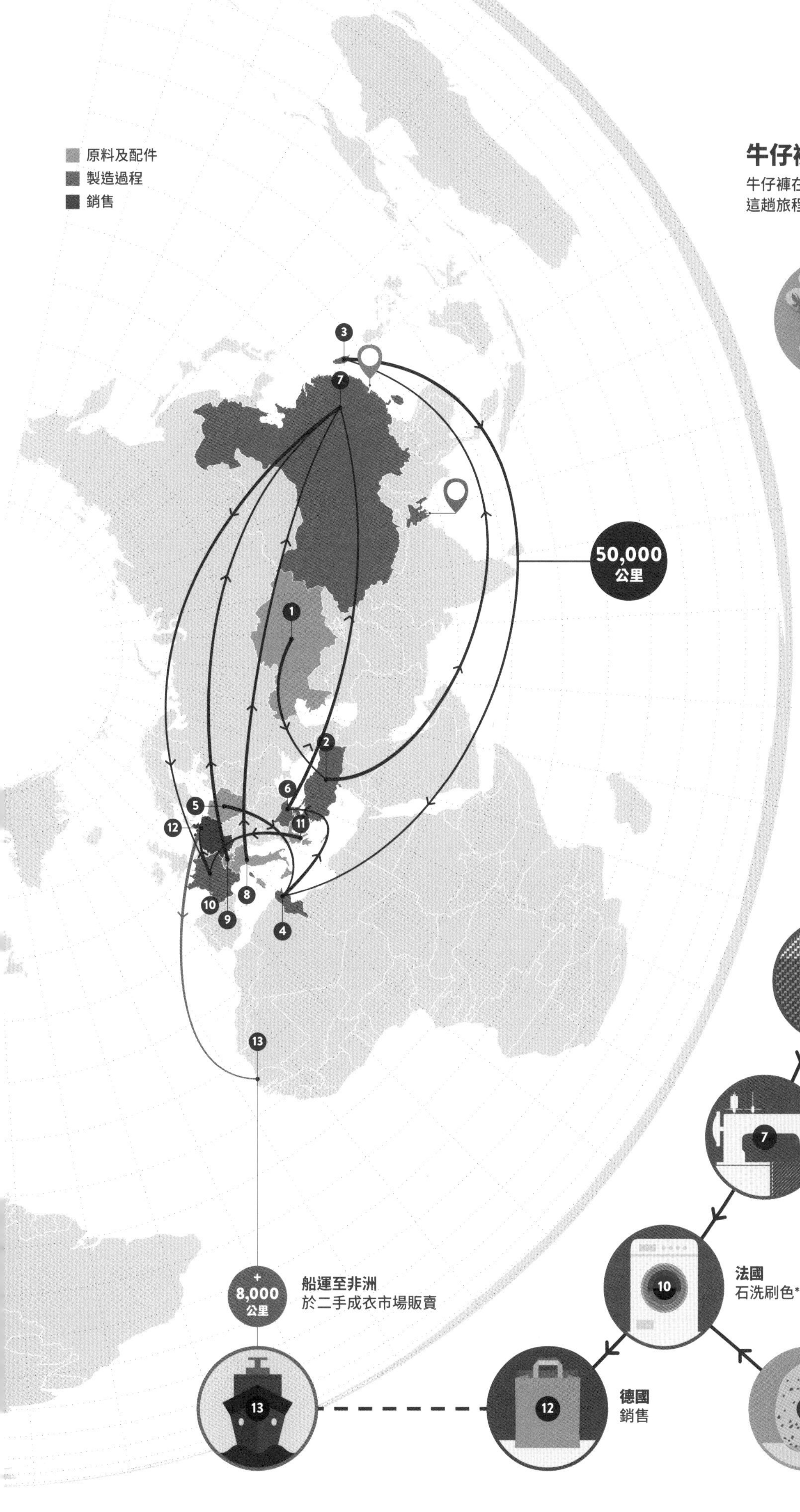

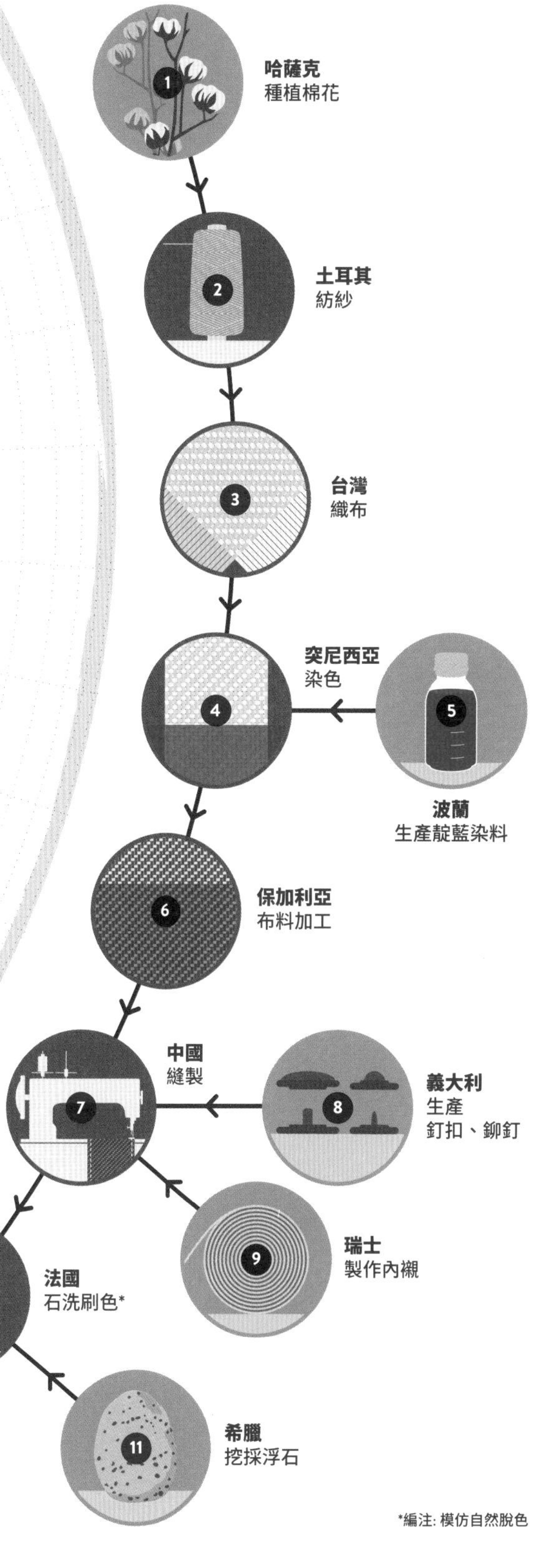

*編注: 模仿自然脫色

誰從供應鏈中獲利？

今日產品生產與價值創造都串接在全球供應鏈上，不過現在各類產品供應組成已比香蕉複雜太多，「供應鏈」一詞有誤導的嫌疑。對於飛機、手機這類高科技產品來說，各個零件背後可能就是一條供應鏈，而一個完整的產品背後更是需要經過複雜的生產網路合作，我們才能搭乘飛機安全地飛到世界各地，或是在自己的智慧型手機上看到全世界。

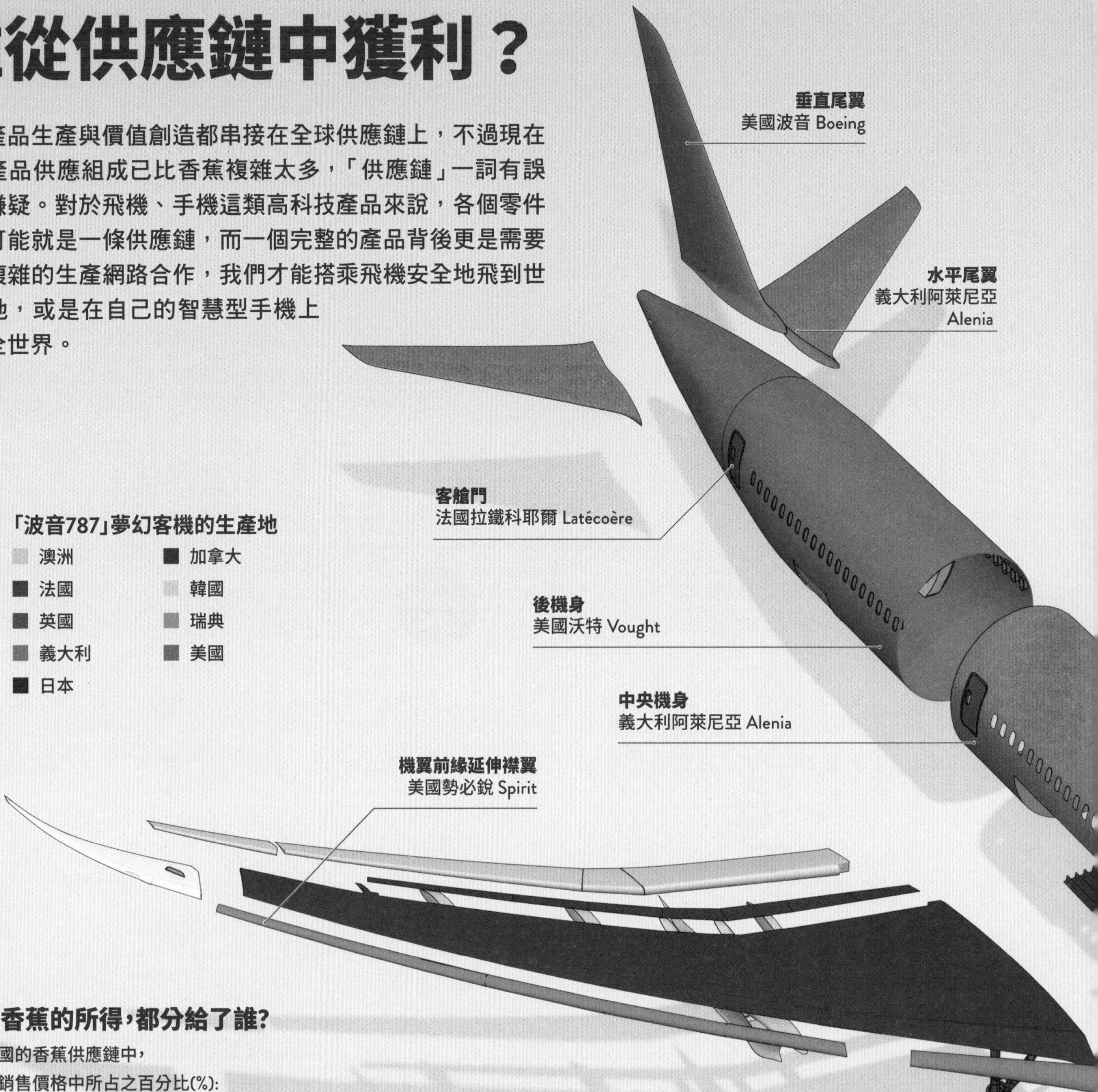

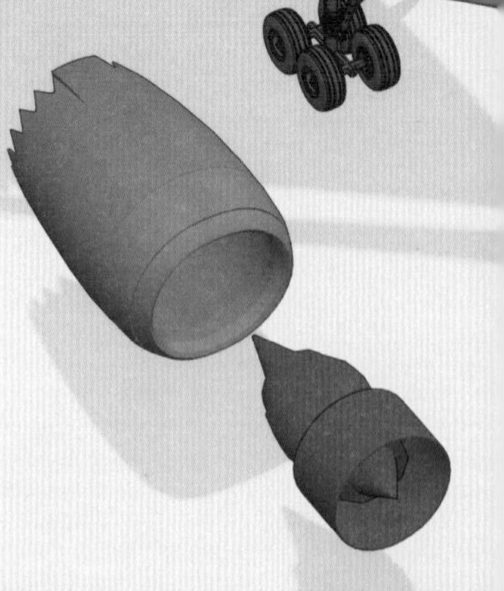

賣一根香蕉的所得，都分給了誰？

在銷往德國的香蕉供應鏈中，
各環節在銷售價格中所占之百分比(%):

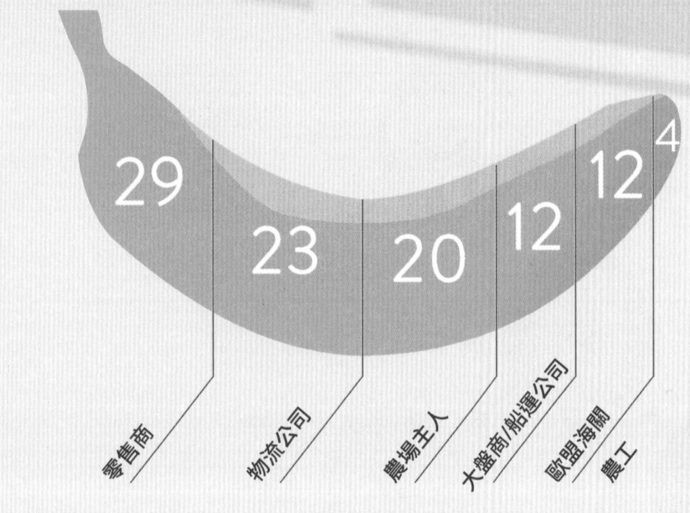

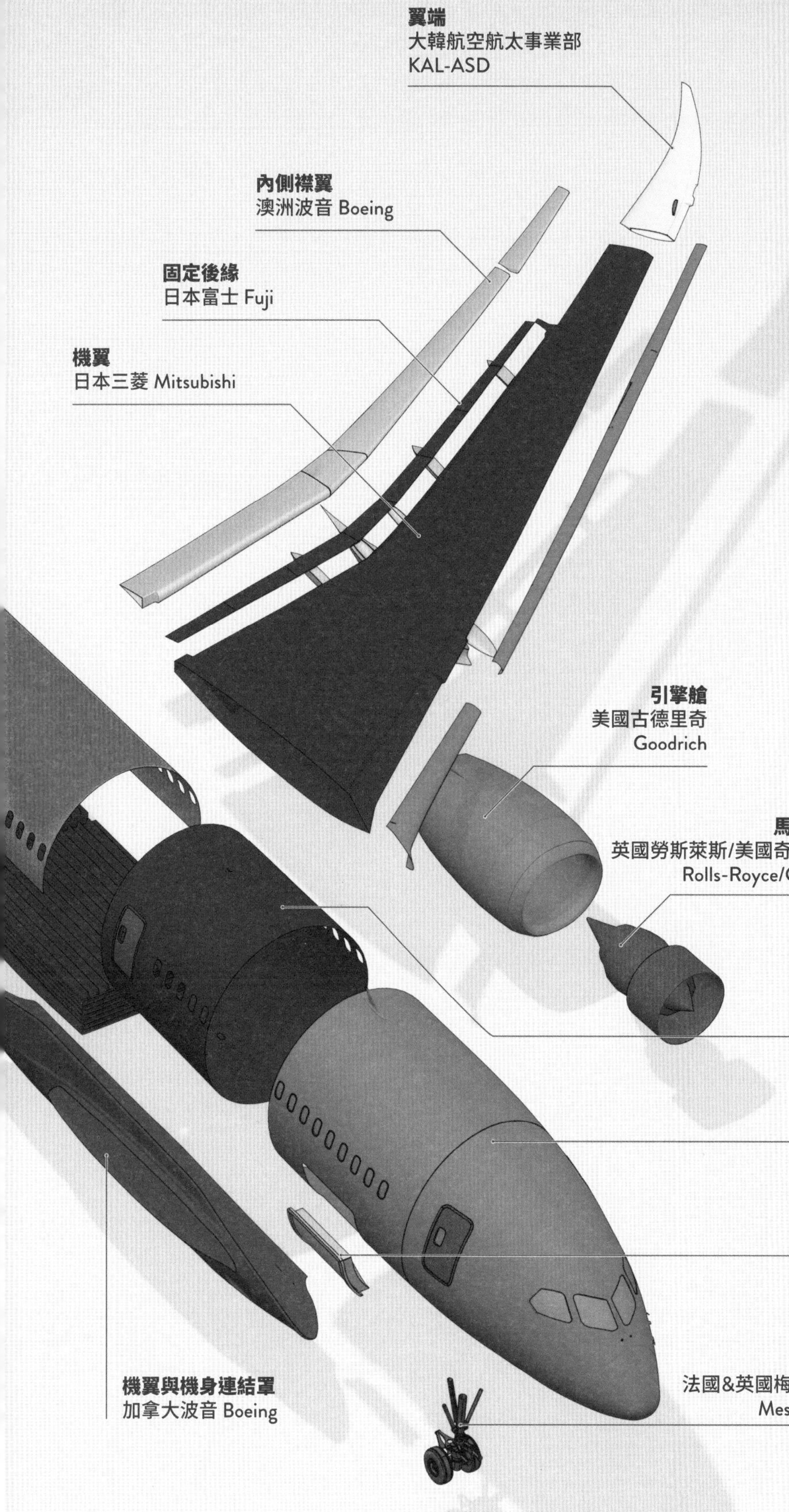
翼端
大韓航空航太事業部
KAL-ASD
內側襟翼
澳洲波音 Boeing
固定後緣
日本富士 Fuji
機翼
日本三菱 Mitsubishi
引擎艙
美國古德里奇
Goodrich
馬達
英國勞斯萊斯/美國奇異
Rolls-Royce/GE
前機身
日本川崎
Kawasaki
前機身
美國勢必銳 Spirit
貨艙門
瑞典紳寶 Saab
降落裝置
法國&英國梅西爾道堤*
Messier Dowty
機翼與機身連結罩
加拿大波音 Boeing

一台iPhone的全球獲利分配

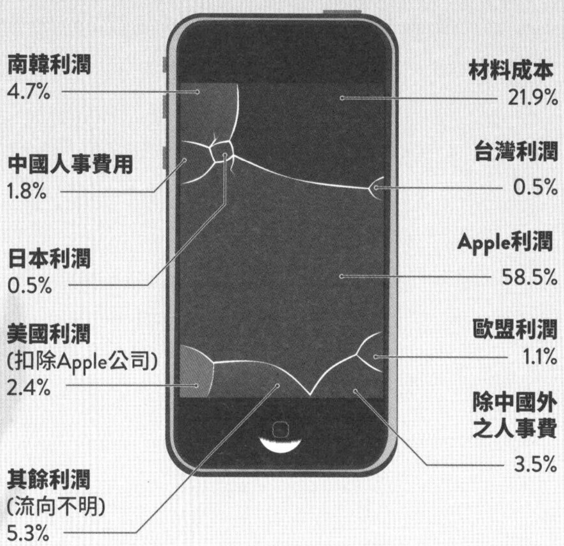
南韓利潤
4.7%
中國人事費用
1.8%
日本利潤
0.5%
美國利潤
(扣除Apple公司)
2.4%
其餘利潤
(流向不明)
5.3%
材料成本
21.9%
台灣利潤
0.5%
Apple利潤
58.5%
歐盟利潤
1.1%
除中國外
之人事費
3.5%

*譯注: 已改名為Safran賽峰

全球競爭力指數

國家競爭力愈高，生產力就愈高；生產力愈高，經濟也就愈發達。若要提高國家競爭力，國家得在低限度的規則束縛下，遵守法律規範來換取商業自由的保障。世界經濟論壇（World Economic Forum）發表的「全球競爭力報告」，或由經濟自由主義保守派的智囊——美國傳統基金會（Heritage Foundation）所發表的「經濟自由度指數」排名，都是抱持這樣的理念。這些評比的冠軍幾乎都被瑞士包辦，但有時香港會拔得頭籌，而台灣近年的表現大多位於前段班。

競爭力剖析

全球競爭力指數的12大面向

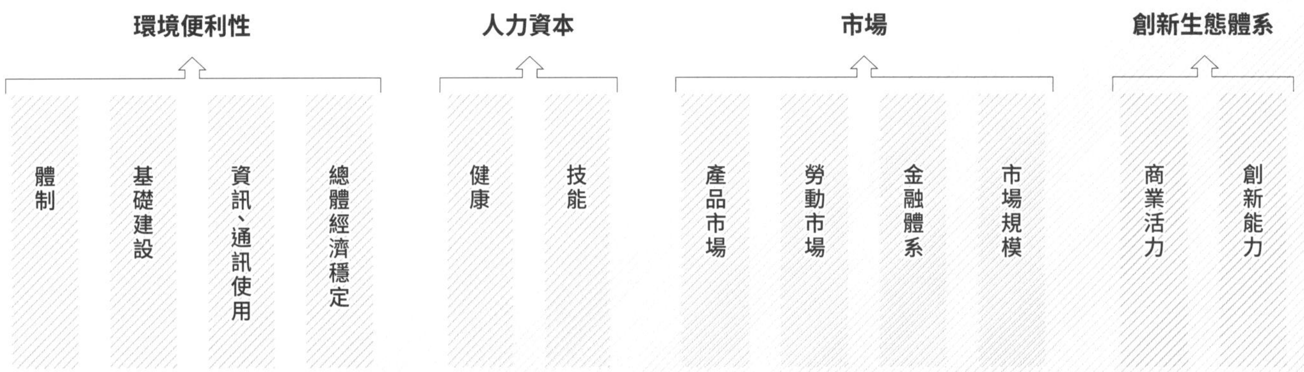

全球高競爭力之國家

按2019年全球競爭力指數（GCI）排名*

*編注：2020年因全球COVID-19疫情爆發，該年度GCI暫停評比

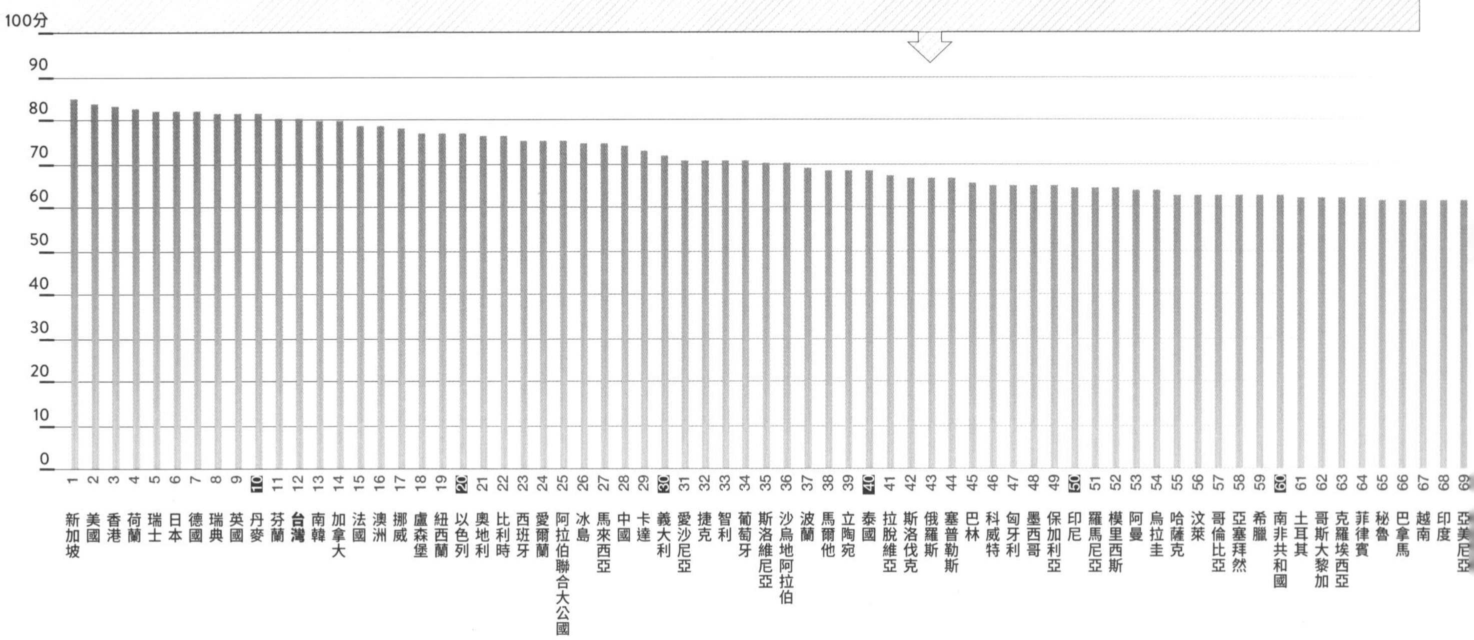

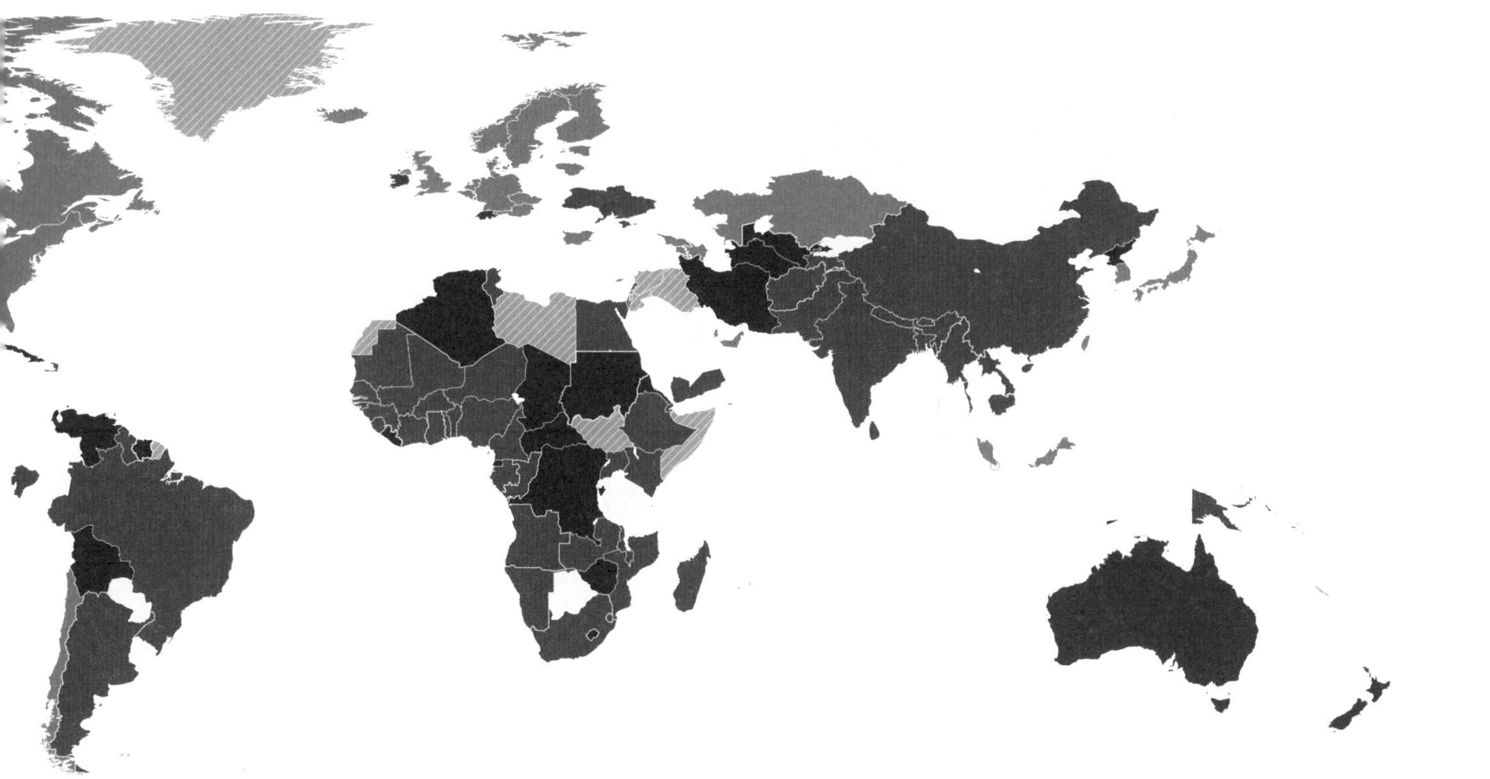

經濟自由度（依照總分分組）

100-80	79.9-70	69.9-60	59.9-50	49.9-0	無數據

經濟自由度評比 (資料年分: 2021年)

經濟最自由的國家

排名		總分
1	新加坡	89.7
2	紐西蘭	83.9
3	澳洲	82.4
4	瑞士	81.9
5	愛爾蘭	81.4
6	**台灣**	78.6
7	英國	78.4
8	愛沙尼亞	78.2
9	加拿大	77.9
10	丹麥	77.8

最受壓制的國家

排名		總分
169	蘇利南	46.4
170	東帝汶	44.7
171	吉里巴斯	44.4
172	玻利維亞	42.7
173	厄利垂亞	42.3
174	辛巴威	39.5
175	蘇丹	39.1
176	古巴	28.1
177	委內瑞拉	24.7
178	北韓	5.2

總分計算之組成

法律保障	政府規模	監管效率	市場開放
私有財產權	租稅負擔	經商自由	貿易自由
司法效能	財政健全	勞動自由	投資自由
		貨幣自由	金融自由

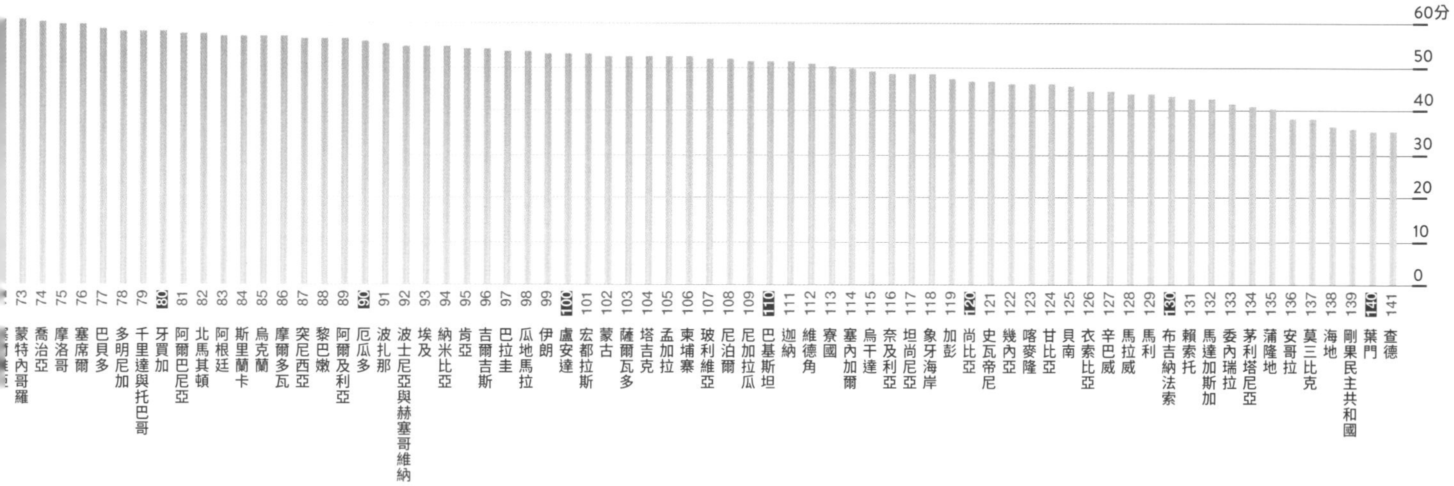

今日全球人口總數已超過
西元1世紀人口數的40倍，
全球的人均GDP則是當時的16倍。

GDP 時光機

工業革命所帶來的巨大負面影響經常為人詬病，但其實它也為人類帶來大量財富，這點「安格斯・麥迪遜計畫」（Angus Maddison Project）蒐集的統計數據可以佐證。這個計畫以嚴謹的方式，重建自西元1世紀以來各地人均國內生產毛額（GDP）的發展。其中，西方工業國家近50年來的平均經濟發展迅速，表現亮眼；石油生產國家的特色則是人口增長比GDP增長的速度還快。

人均國內生產毛額（單位: 國際元*****）

40,000
30,000
20,000
10,000
7,500
5,000
2,500
1,000

* 1910年前為開普殖民地
** 1923年前為東羅馬帝國、鄂圖曼帝國
*** 1880年前稱為爪哇島
**** 及其後繼國家（如1990年後捷克斯拉夫之數據，為捷克、斯洛伐克兩國之綜合表現）
***** 安格斯・麥迪遜的計算是以所謂的**國際元**(international dollar) 為單位，這是世界銀行在比較各國購買力之高低時所使用的參考貨幣。麥迪遜將1990年購買力之國際元數額做為基準。

時間 1950年代 1960年代 1970年代 1980年代 1990年代 2000年代 1940 1913 1870 1820

全球平均、烏干達、查德、多哥、坦尚尼亞、蘇丹、史瓦帝尼、索馬利亞、南非共和國*、辛巴威、獅子山共和國、塞席爾、塞內加爾、聖多美普林西比、尚比亞、奈及利亞、盧安達、尼日、納米比亞、馬利、莫三比克、模里西斯、摩洛哥、茅利塔尼亞、馬達加斯加、馬拉威、利比亞、賴比瑞亞、賴索托、剛果共和國、剛果民主共和國、喀麥隆、肯亞、維德角、幾內亞、幾內亞比索、甘比亞、迦納、加彭、厄利垂亞及衣索比亞、象牙海岸、吉布地、蒲隆地、布吉納法索、波札那、貝南、赤道幾內亞、安哥拉、阿爾及利亞、埃及、約旦河西岸及加薩地區、阿拉伯聯合大公國、土耳其**、敘利亞、沙烏地阿拉伯、阿曼、黎巴嫩、科威特、卡達、約旦、葉門、以色列、伊拉克、伊朗、巴林、北韓、越南、寮國、蒙古、柬埔寨、阿富汗、斯里蘭卡、新加坡、巴基斯坦、尼泊爾、緬甸、馬來西亞、香港、孟加拉、台灣、泰國、南韓、菲律賓、日本、印尼***、印度、中國、加勒比海21國、千里達及托巴哥、波多黎各

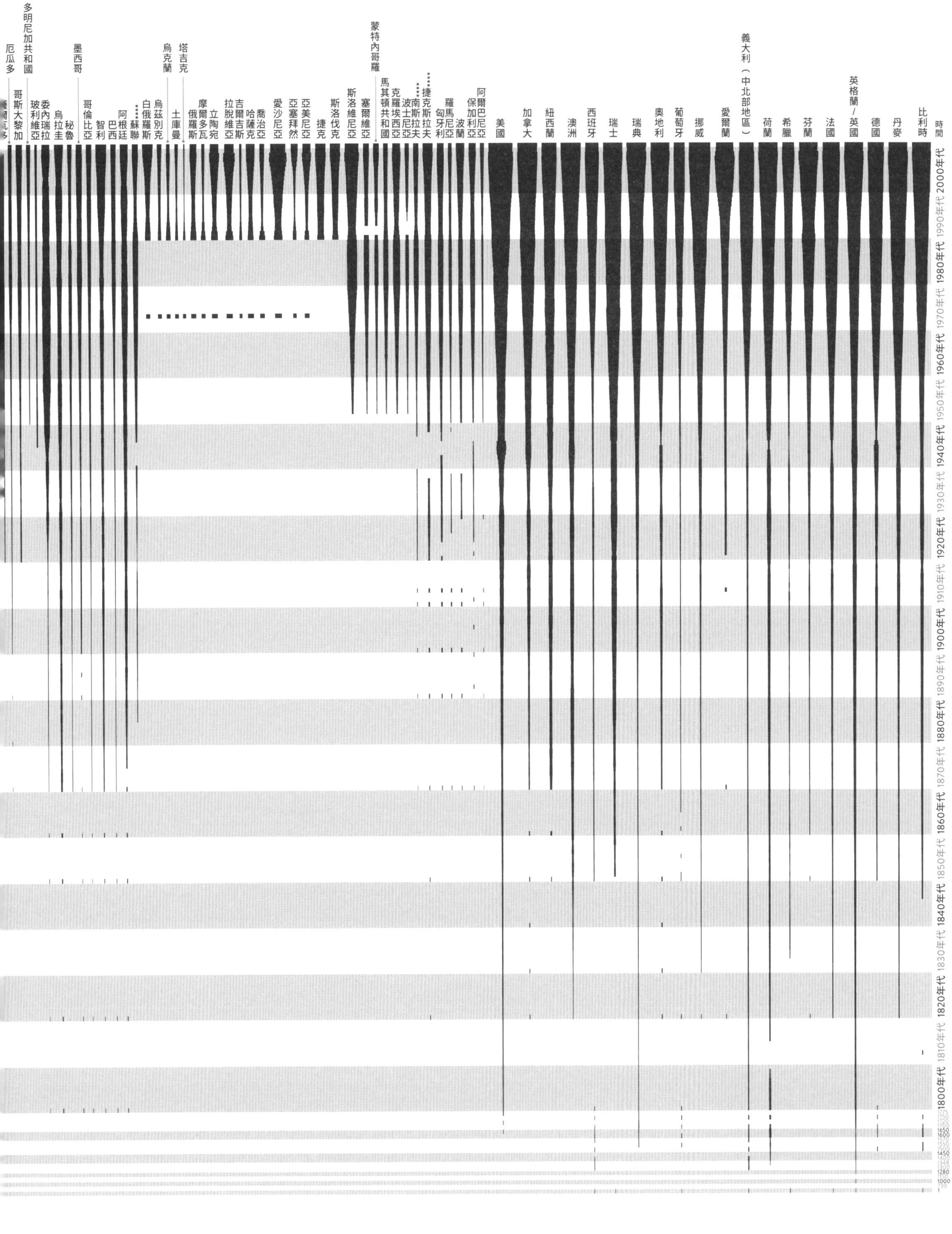
厄瓜多
多明尼加共和國
哥斯大黎加
委內瑞拉
玻利維亞
烏拉圭
秘魯
墨西哥
哥倫比亞
智利
巴西
阿根廷
蘇聯
白俄羅斯
烏茲別克
烏克蘭
塔吉克
土庫曼
俄羅斯
摩爾多瓦
立陶宛
拉脫維亞
吉爾吉斯
哈薩克
喬治亞
愛沙尼亞
亞塞拜然
亞美尼亞
捷克
斯洛伐克
斯洛維尼亞
塞爾維亞
蒙特內哥羅
馬其頓共和國
克羅埃西亞
波士尼亞
南斯拉夫
捷克斯拉夫
羅馬尼亞
匈牙利
波蘭
保加利亞
阿爾巴尼亞
美國
加拿大
紐西蘭
澳洲
西班牙
瑞士
瑞典
奧地利
葡萄牙
挪威
愛爾蘭
義大利（中北部地區）
荷蘭
希臘
芬蘭
法國
英格蘭/英國
德國
丹麥
比利時
時間
2000年代
1990年代
1980年代
1970年代
1960年代
1950年代
1940年代
1930年代
1920年代
1910年代
1900年代
1890年代
1880年代
1870年代
1860年代
1850年代
1840年代
1830年代
1820年代
1810年代
1800年代

地球村的交易熱線

早在西元前2世紀，絲路便將歐洲商人及他們在中東及東亞的同行串聯起來。1980年代以來，全球化風潮令世界商品交流愈加頻繁，今日人與貨物的交流如下圖所示。

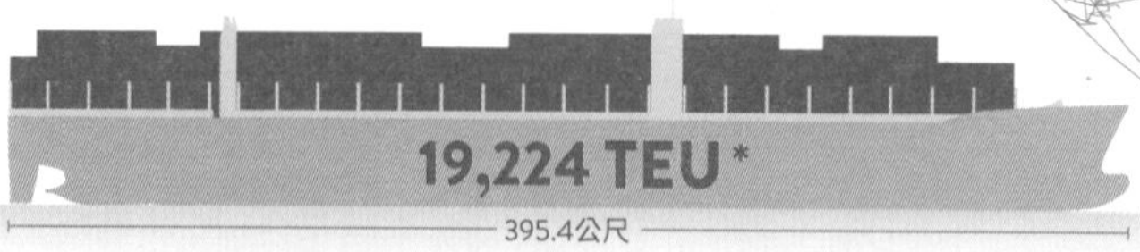

2013年歐盟內部貨運管道利用排行

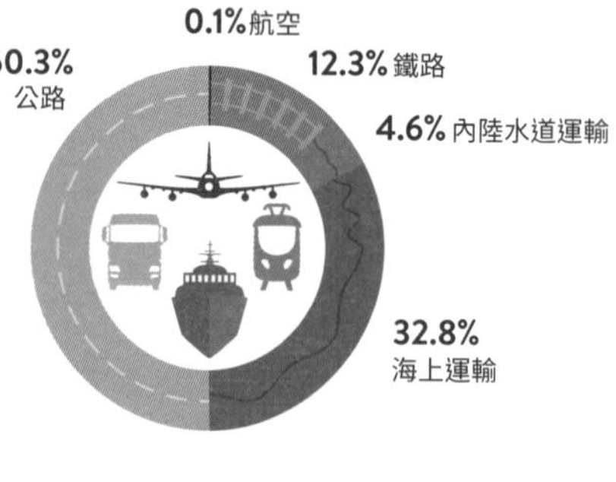

2020年世界10大貨櫃港之貨物流通量
單位: 20呎標準貨櫃個數

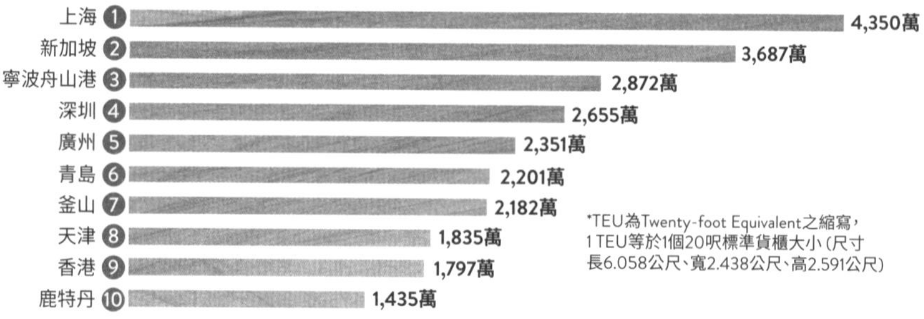

*TEU為Twenty-foot Equivalent之縮寫，1 TEU等於1個20呎標準貨櫃大小(尺寸長6.058公尺、寬2.438公尺、高2.591公尺)

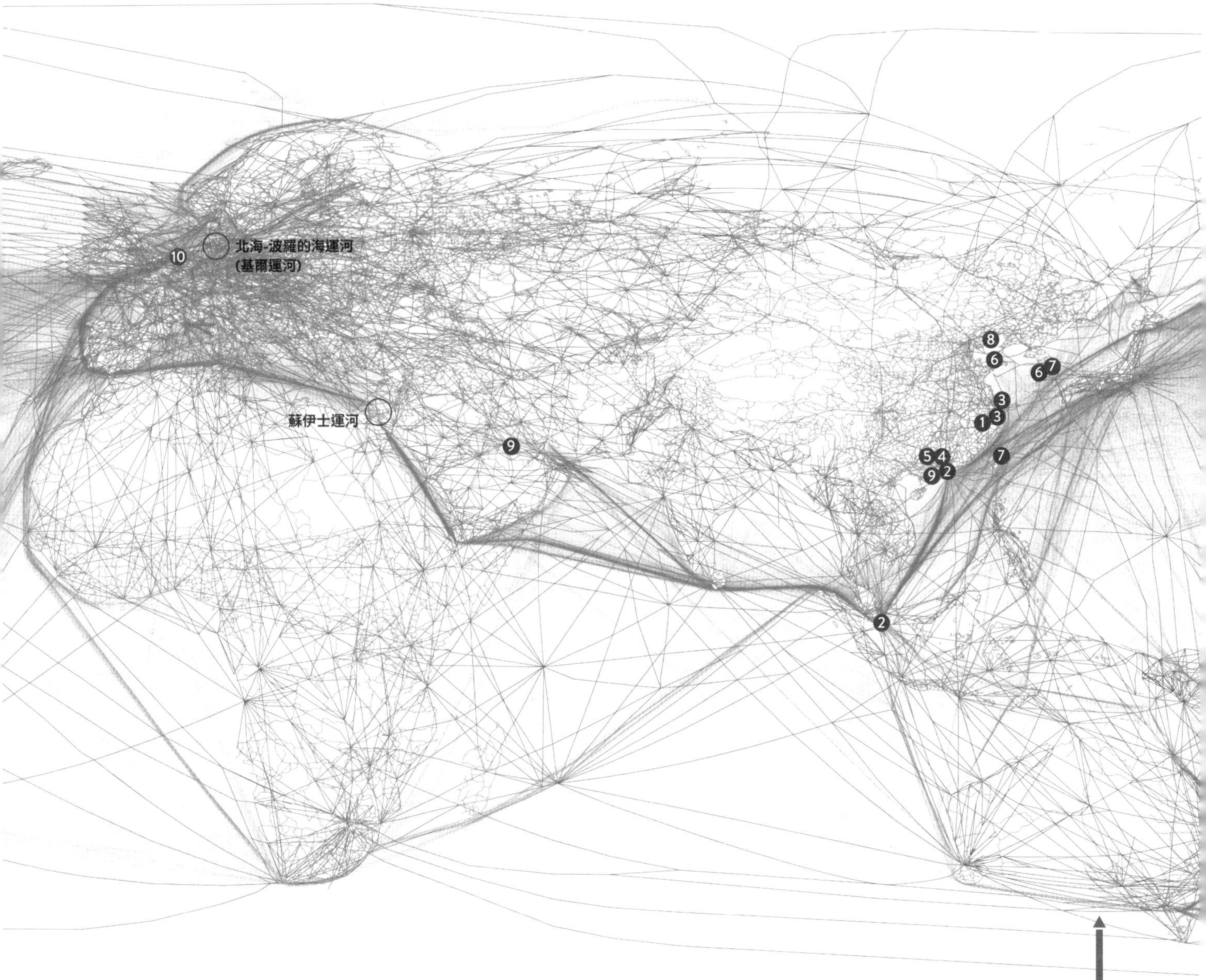

波音747-8F
世界最大的商用貨運飛機

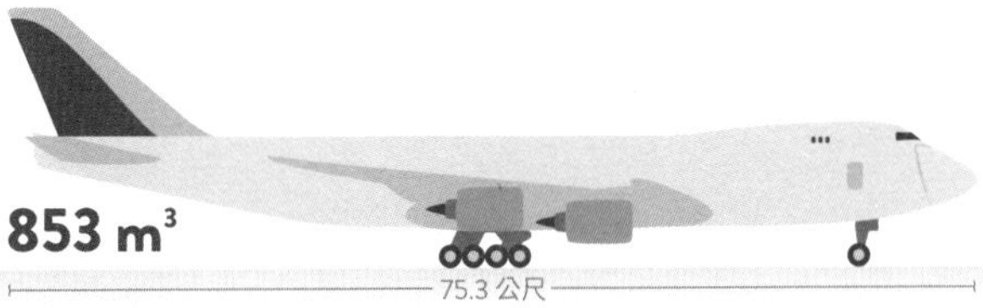

2020年世界10大空港之貨物吞吐量
單位: 公噸

孟菲斯 MEM ❶	461萬
香港 HKG ❷	447萬
上海 PVG ❸	369萬
安克拉治 ANC ❹	316萬
路易維爾 SDF ❺	292萬
仁川 ICN ❻	282萬
台北 TPE ❼	234萬
洛杉磯 LAX ❽	223萬
杜哈 DOH ❾	218萬
邁阿密 MIA ❿	214萬

預測全球貿易貨物運輸量及廢氣排放量
比較: 2010及2050年

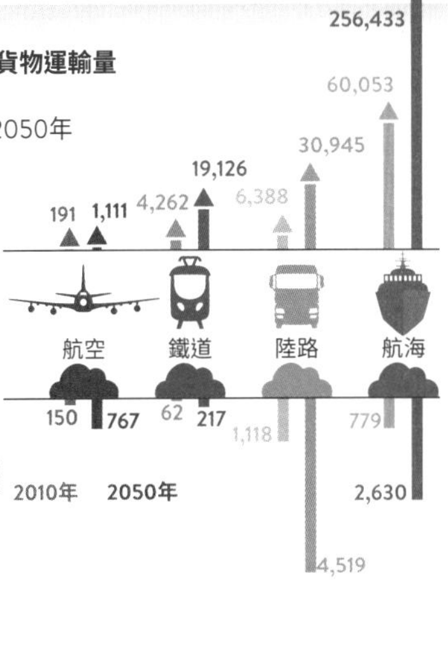

*延噸公里為「運貨物噸數」和「運貨物行駛公里」相乘的數值單位。

跨太平洋夥伴全面進步協定 (CPTPP)
汶萊、智利、紐西蘭與新加坡之間自由貿易協議之擴大版。

跨大西洋貿易及投資夥伴協定 (TTIP)
美國與歐盟間極具爭議之跨大西洋貿易及投資夥伴協定，協商至今仍在進行。

渥太華、華盛頓特區、墨西哥城
北美自由貿易協定 (NAFTA)

瓜地馬拉城
中美洲共同市場 (CACM)

利馬
安第斯共同體 (CAN)

蒙特維多
南方共同市場 (MERCOSUR)

- 經濟及貨幣聯盟
- 經濟聯盟
- 海關及貨幣聯盟
- 共同市場
- 海關聯盟
- 自由貿易協定區
- WTO觀察員身分（入會協商中）
- WTO非會員國
- 組織總部
- TTIP成員國
- CPTPP成員國

貿易也分小團體？

經濟自由主義者主張：貿易愈自由，對大家愈好，因此貿易障礙會阻礙經濟發展；反全球化人士則有不同的看法，他們認為貿易自由會削弱在地生產，並鞏固全球剝削。但我們若從數據來看，近年來幾乎所有地區的貿易都變得更加自由，而全世界各地的經濟發展也幾乎都有所增長。

世界貿易組織 (WTO)
前身為「關稅及貿易總協定」(GATT)，是全球自由貿易政策最重要的平台，也是許多重大貿易糾紛的仲裁單位。

北美自由貿易協定 (NAFTA)
歐洲經濟共同體之北美版，出現時間相當晚，並不追求政治統合。

南方共同市場 (MERCOSUR)
南美自由貿易區，目的在建立一個約有3億消費者、經濟統合的共同市場。

重要的自由貿易協定(成立日期)

- 關稅及貿易總協定 (GATT) General Agreement on Tariffs and Trade
- 歐洲煤鋼共同體 (ECSC) European Coal and Steel Community (直到2002年)
- 西歐聯盟 (WEU) Western European Union (直到2011年)
- 歐洲經濟共同體 (EEC) European Economic Community
- 歐洲原子能共同體 (EURATOM) European Atomic Energy Community
- 歐洲自由貿易聯盟 (EFTA)* European Free Trade Association
- 中美洲共同市場 (CACM) Central American Common Market
- 中非國家經濟共同體 (ECCAS) Economic Community of Central African States
- 東南亞國家協會 (ASEAN) Association of Southeast Asian Nations
- 安第斯共同體 (CAN) Andean Community
- 西非國家經濟共同體 (ECOWAS) Economic Community of West African States
- 南部非洲發展共同體 (SADC) Southern African Development Community
- 東部和南部非洲共同市場 (COMESA) Common Market for Eastern and Southern Africa
- 海灣阿拉伯國家合作委員會 (GCC) Gulf Cooperation Council (for Arab states of the Persian Gulf)

1948　1950　1955　1960　1965　1970　1975　1980

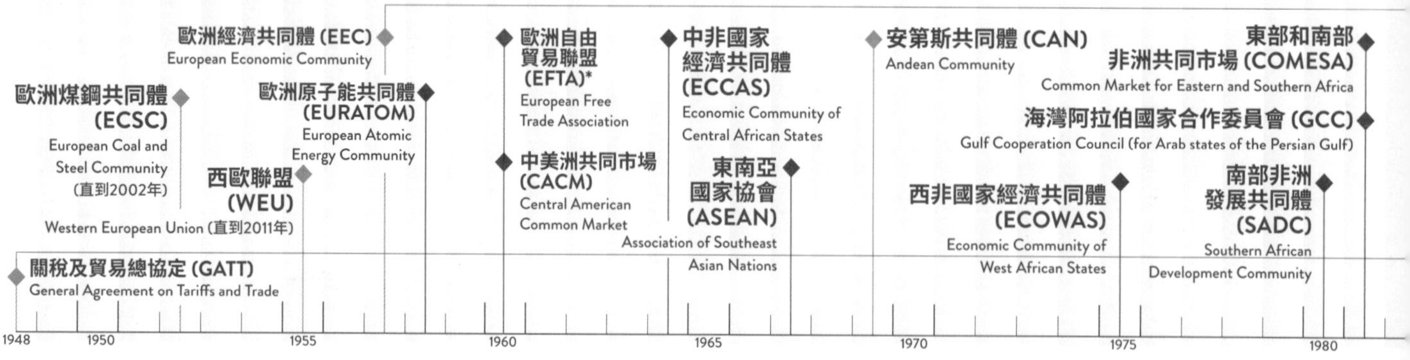

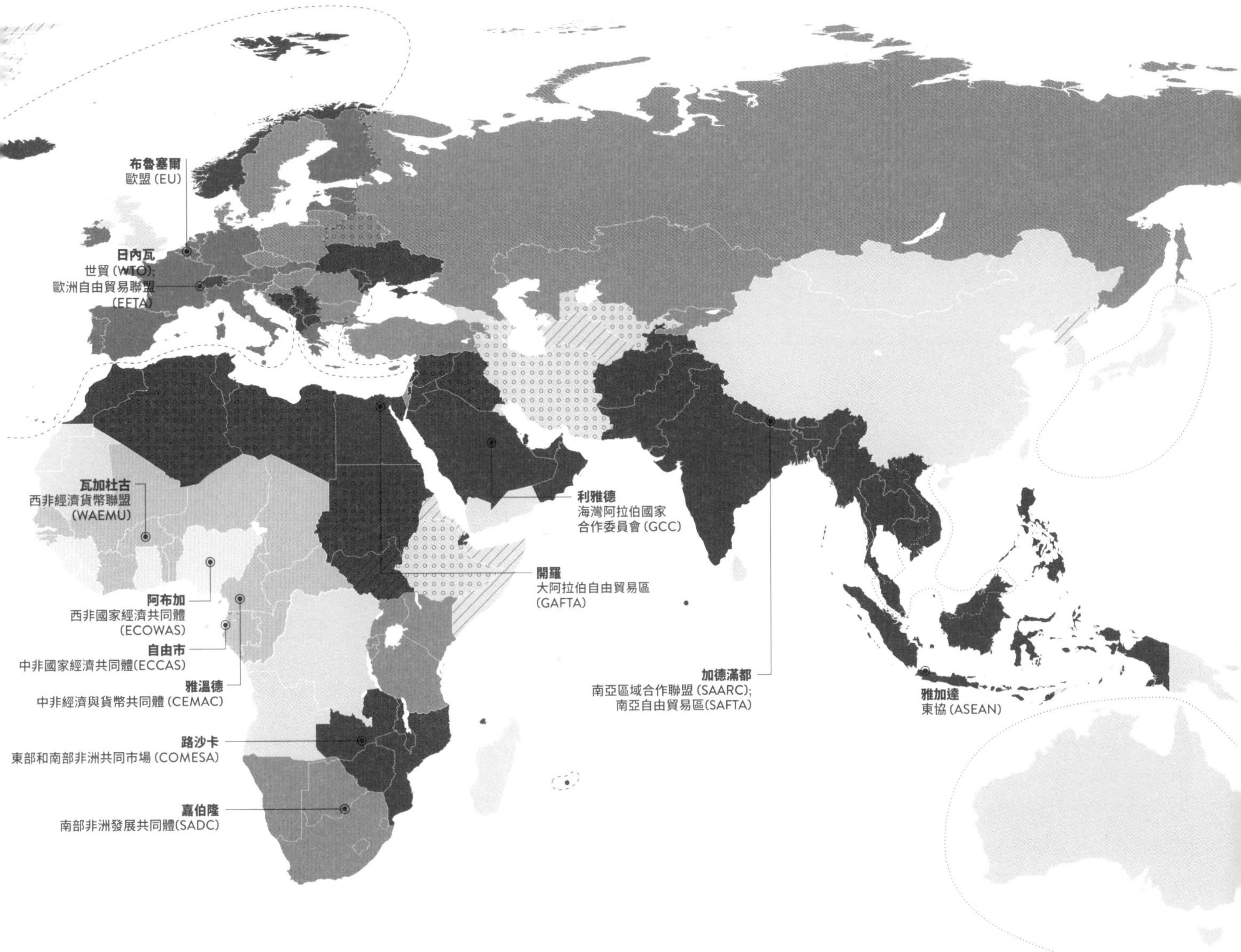

歐洲經濟區 (EEA)

歐洲共同市場之擴大版，包含冰島、列支敦斯登及挪威，克羅埃西亞為暫時會員國，瑞士不願加入，英國則在脫歐後退出。

大阿拉伯自由貿易區 (GAFTA)

包含大部分阿拉伯國家聯盟會員國，與南方共同市場一樣，想建立一個經濟統合的單一市場，預計在2025年達成目的。

東南亞國家協會 (ASEAN)

成立較早，對所謂的亞洲四小虎之興起有極大的助益，但此大區最重要的經濟大國如中國、日本及韓國卻從未加入。

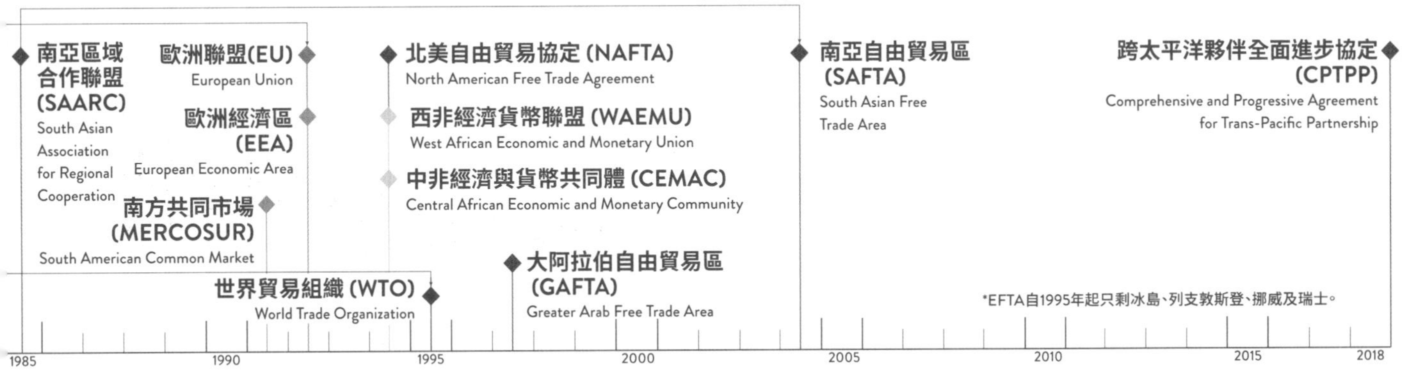

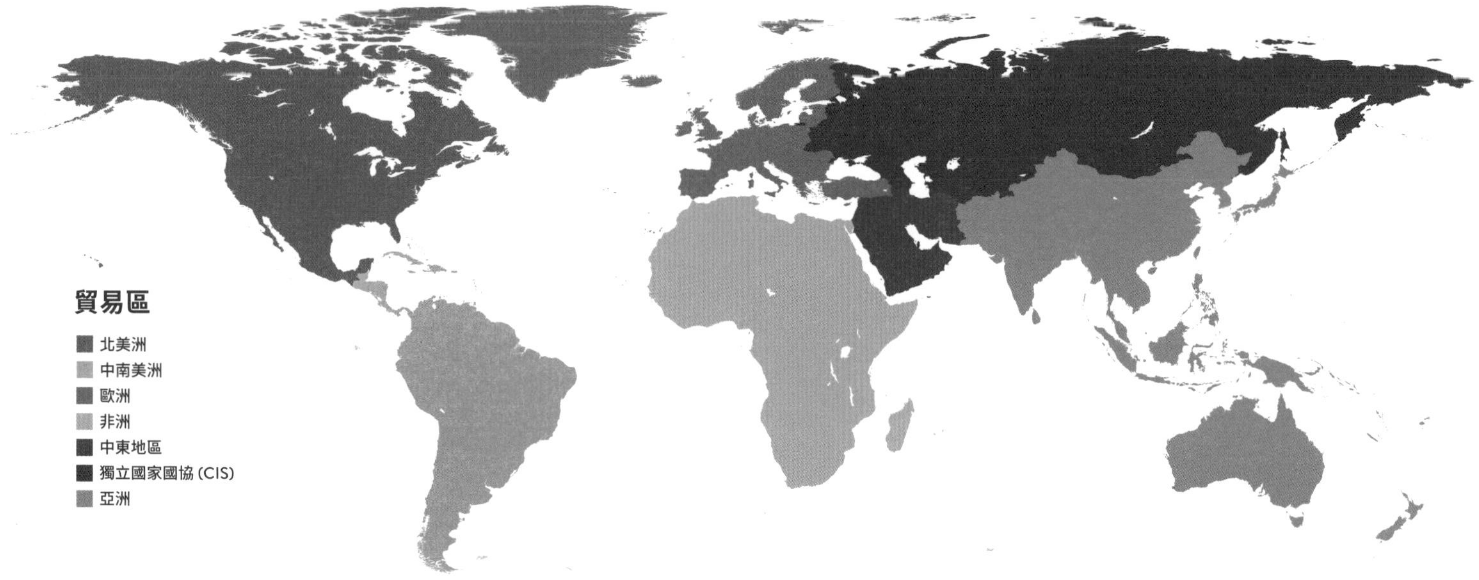

誰是貿易賽冠軍？

很長一段時間，德國曾因全球出口冠軍的稱號相當自豪，後來這個頭銜讓給崛起的中國，現在德國再也不可能打敗中國了。不過別氣餒，若將眼光放在各洲大陸上，便會發現幸好還有歐洲共同市場！只要做好經濟及政治的區域統合，就能帶來經濟成長。

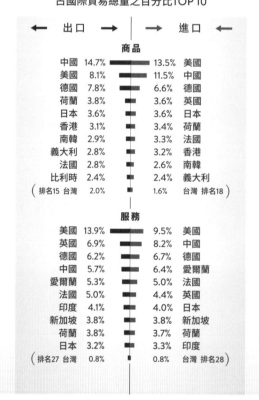

2020年主要貿易國排行榜
占國際貿易總量之百分比TOP 10

商品

← 出口 →		→ 進口 ←	
中國	14.7%	13.5%	美國
美國	8.1%	11.5%	中國
德國	7.8%	6.6%	德國
荷蘭	3.8%	3.6%	英國
日本	3.6%	3.6%	日本
香港	3.1%	3.4%	荷蘭
南韓	2.9%	3.3%	法國
義大利	2.8%	3.2%	香港
法國	2.8%	2.6%	南韓
比利時	2.4%	2.4%	義大利
(排名15 台灣	2.0%	1.6%	台灣 排名18)

服務

← 出口 →		→ 進口 ←	
美國	13.9%	9.5%	美國
英國	6.9%	8.2%	中國
德國	6.2%	6.7%	德國
中國	5.7%	6.4%	愛爾蘭
愛爾蘭	5.3%	5.0%	法國
法國	5.0%	4.4%	英國
印度	4.1%	4.0%	日本
新加坡	3.8%	3.8%	新加坡
荷蘭	3.8%	3.7%	荷蘭
日本	3.2%	3.3%	印度
(排名27 台灣	0.8%	0.8%	台灣 排名28)

歷年出口前3名國家排行與總額
貨物出口總額，單位：美金

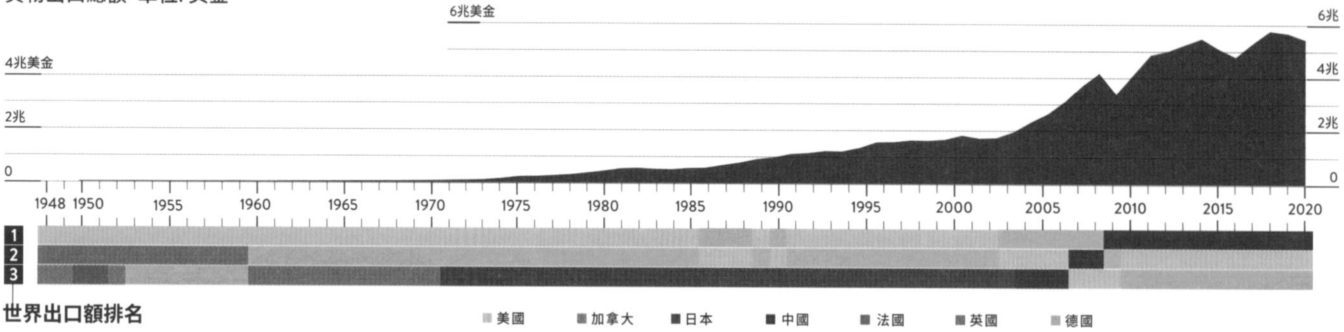

2013年全球區域內及跨區貿易貨物流向*
單位: 億美金

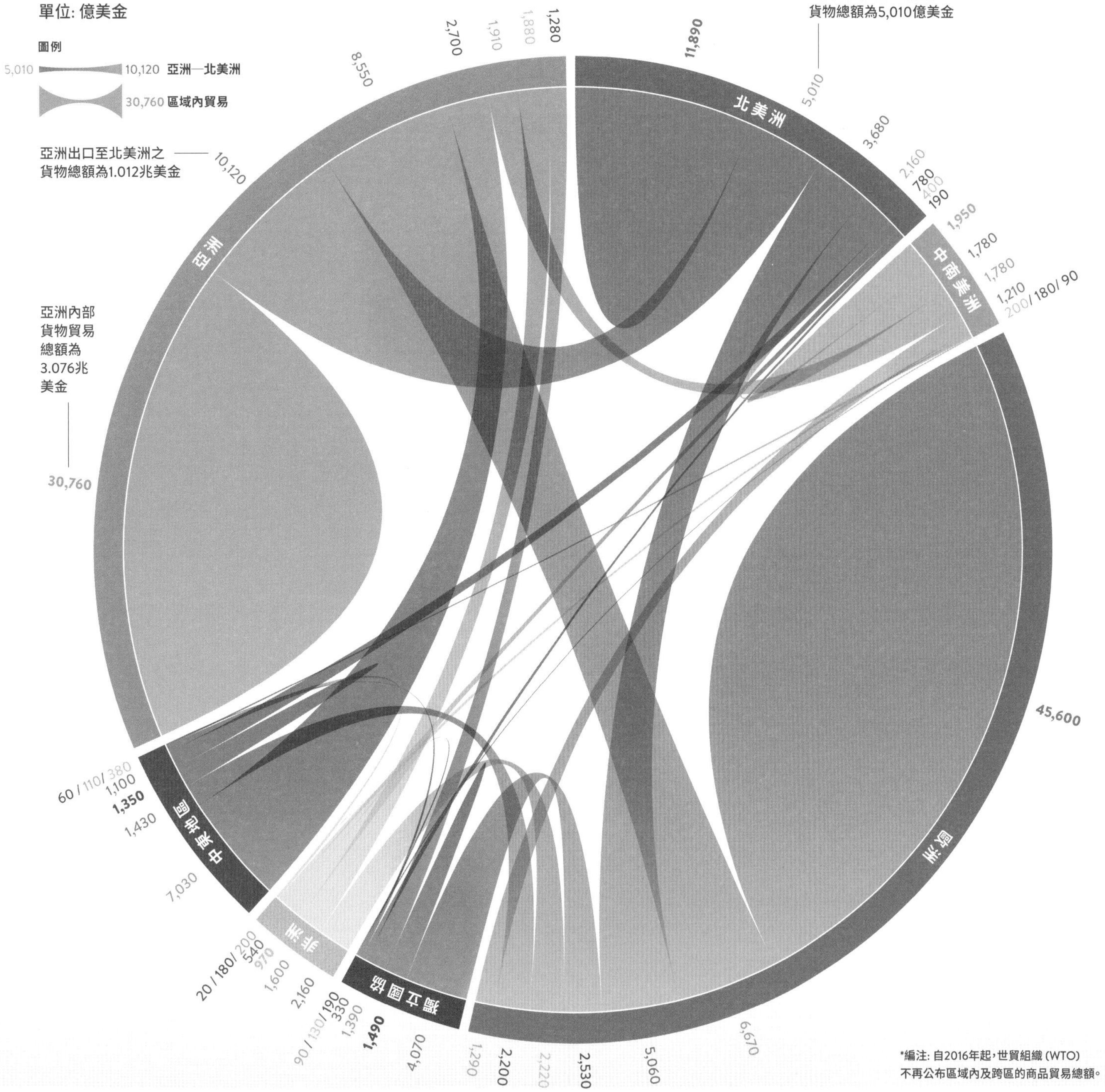

*編注: 自2016年起,世貿組織 (WTO)
不再公布區域內及跨區的商品貿易總額。

2019年全球出口總額
按服務、貨物種類區分,單位: 美金

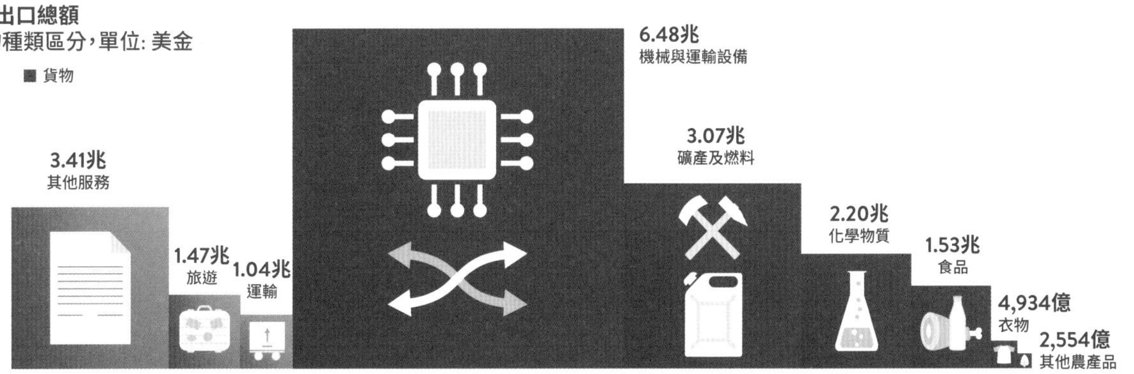

全球黑市交易

時至今日，犯罪組織也趕上全球化的潮流，國際間的走私貿易絡繹不絕。但既然稱為「走私」，那麼非法貨物的流向、規模與過程，自然是隱密而難以推測。不過，兩位芬蘭國際問題研究所（Finnish Institute of International Affairs）的研究員彙整各類線索及資料後，不僅勾勒出國際間大概的黑市輪廓，並明白指出幾條全球非法交易最重要的動線。研究結果還顯示，犯罪組織的非法交易營收高達1兆美金，這數字令人相當憂心。

古柯鹼

全球古柯鹼市場在這幾十年來不斷壯大，尤其歐洲的消費人口更是增長迅速，今日已差不多追上美國。全球古柯鹼的營收大約是900億美金。

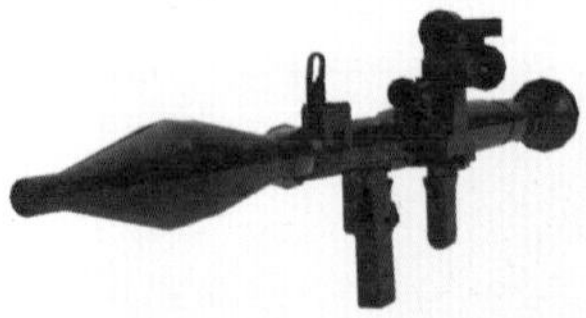

槍械

非法武器交易遍及全球，但最多的是從獨立國家國協（CIS）銷往非洲，以及從美國透過美墨邊境出口。據聯合國毒品與犯罪問題辦公室（UNODC）估計，每年全球的走私槍械營收約在1.7億至3.2億美金之間。

偷渡

將人偷渡到歐洲的非洲人蛇集團存在已久，近年來敘利亞、阿富汗及伊拉克等地的偷渡行業也已成規模。

海洛因

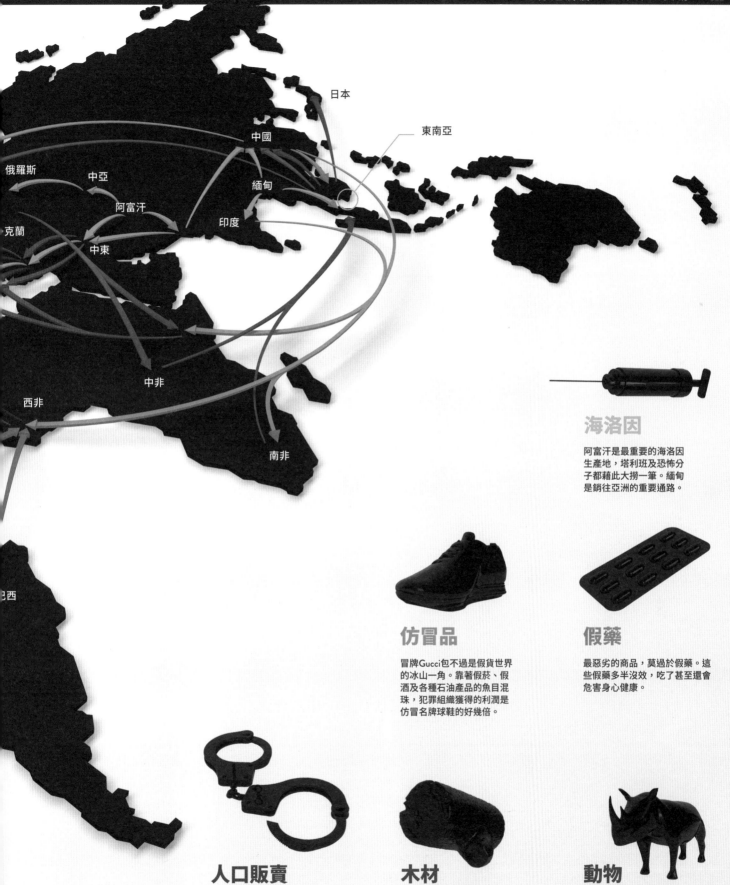

阿富汗是最重要的海洛因生產地，塔利班及恐怖分子都藉此大撈一筆。緬甸是銷往亞洲的重要通路。

仿冒品

冒牌Gucci包不過是假貨世界的冰山一角。靠著假菸、假酒及各種石油產品的魚目混珠，犯罪組織獲得的利潤是仿冒名牌球鞋的好幾倍。

假藥

最惡劣的商品，莫過於假藥。這些假藥多半沒效，吃了甚至還會危害身心健康。

人口販賣

研究指出，歐洲是人口販賣最主要的終點站之一。大多數的販賣人口都被迫賣淫。

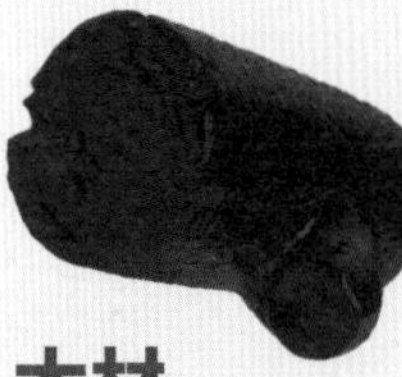

木材

據芬蘭研究人員指出，中國是販賣保育類樹木及木材最主要的供應國。

動物

犀牛角粉壯陽的迷信使犀牛瀕臨絕種，罕見鳥類的活體動物走私則是遍及全球各地，亞洲是全球最大的動物走私進口區之一。

21 世紀的奴工

今日全球都已廢除奴隸制度，但這只是表面上消聲匿跡，事實並非如此。根據國際勞工組織（International Labour Organisation）估計，全球約有4,000萬人遭受威脅或暴力手段剝削，進行強制勞動，其中1,500萬人受困於強迫婚姻的關係中，整體人數之多，史無前例。現代奴隸通常藉由偷渡方式，在血汗工廠或農場中為了還債而賣命，有些則是被迫賣淫，或者成為反抗軍中的童兵。在海地，一個女孩約可賣50美金。以下數據顯示出人類無恥的程度：

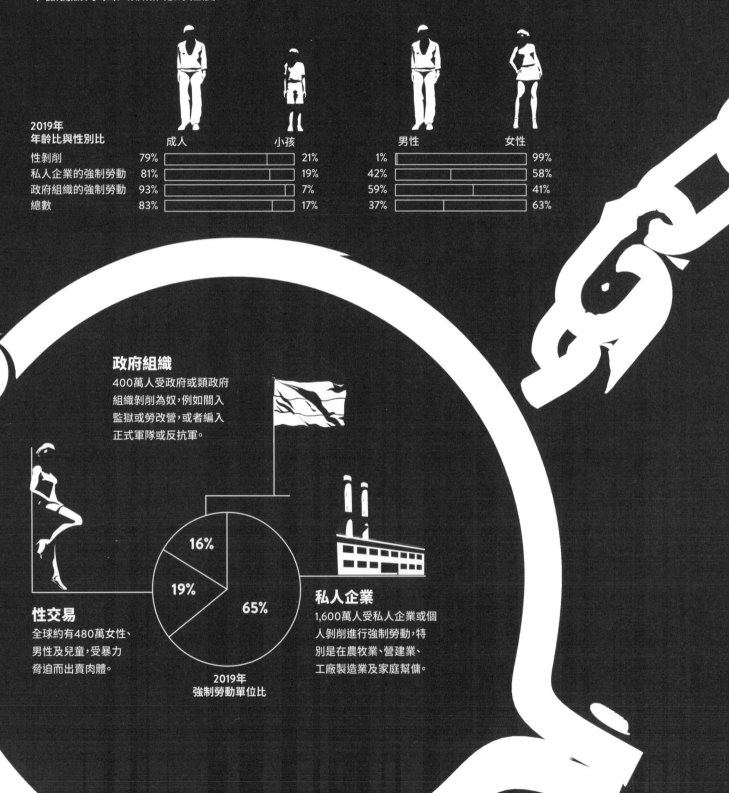

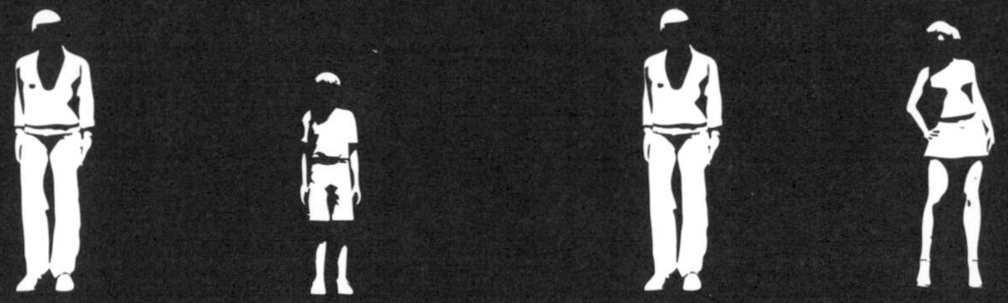

2019年 年齡比與性別比

	成人	小孩	男性	女性
性剝削	79%	21%	1%	99%
私人企業的強制勞動	81%	19%	42%	58%
政府組織的強制勞動	93%	7%	59%	41%
總數	83%	17%	37%	63%

政府組織

400萬人受政府或類政府組織剝削為奴，例如關入監獄或勞改營，或者編入正式軍隊或反抗軍。

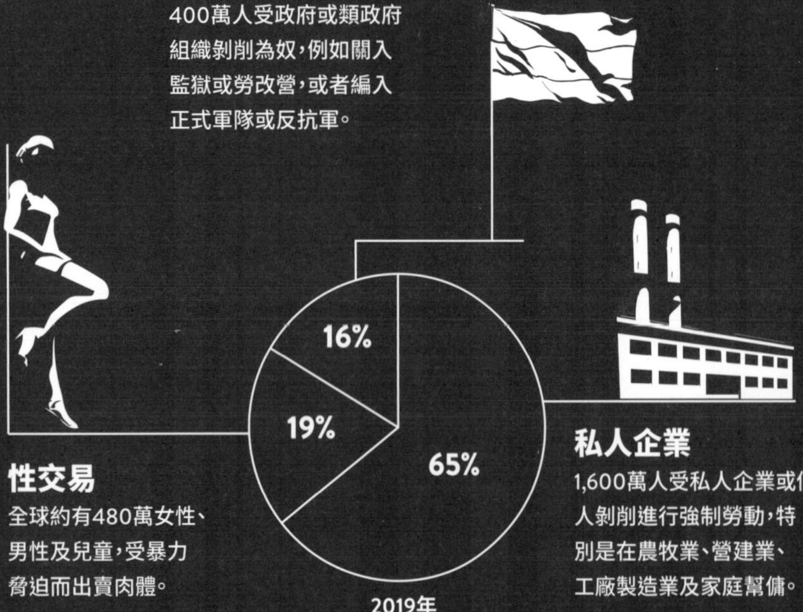

2019年 強制勞動單位比

性交易

全球約有480萬女性、男性及兒童，受暴力脅迫而出賣肉體。

私人企業

1,600萬人受私人企業或個人剝削進行強制勞動，特別是在農牧業、營建業、工廠製造業及家庭幫傭。

奴工為雇主帶來的收益有多巨大？(單位：美金)

年總利潤	區域總額	受害者創造的人均收益
亞太地區	518億	5,000
工業國家＋歐盟	469億	34,800
獨立國協、東歐及南歐	180億	12,900
非洲	131億	3,900
拉丁美洲＋加勒比海地區	120億	7,500
中東	85億	15,000

奴工分布人數

2014年調查*

*編注，2017年最新調查結果如下：
非洲：342萬人，美洲：128萬人，歐洲與中亞：325萬人
阿拉伯國家：35萬人，亞太地區：1,655萬人。

是誰掌控世界經濟秩序？

全球資本主義真的是完全自由、無人可管嗎？事實上，各種國際組織建立了國際監管架構，透過彼此互相合作，這些原已強大的機關組織變得更加強大有力。

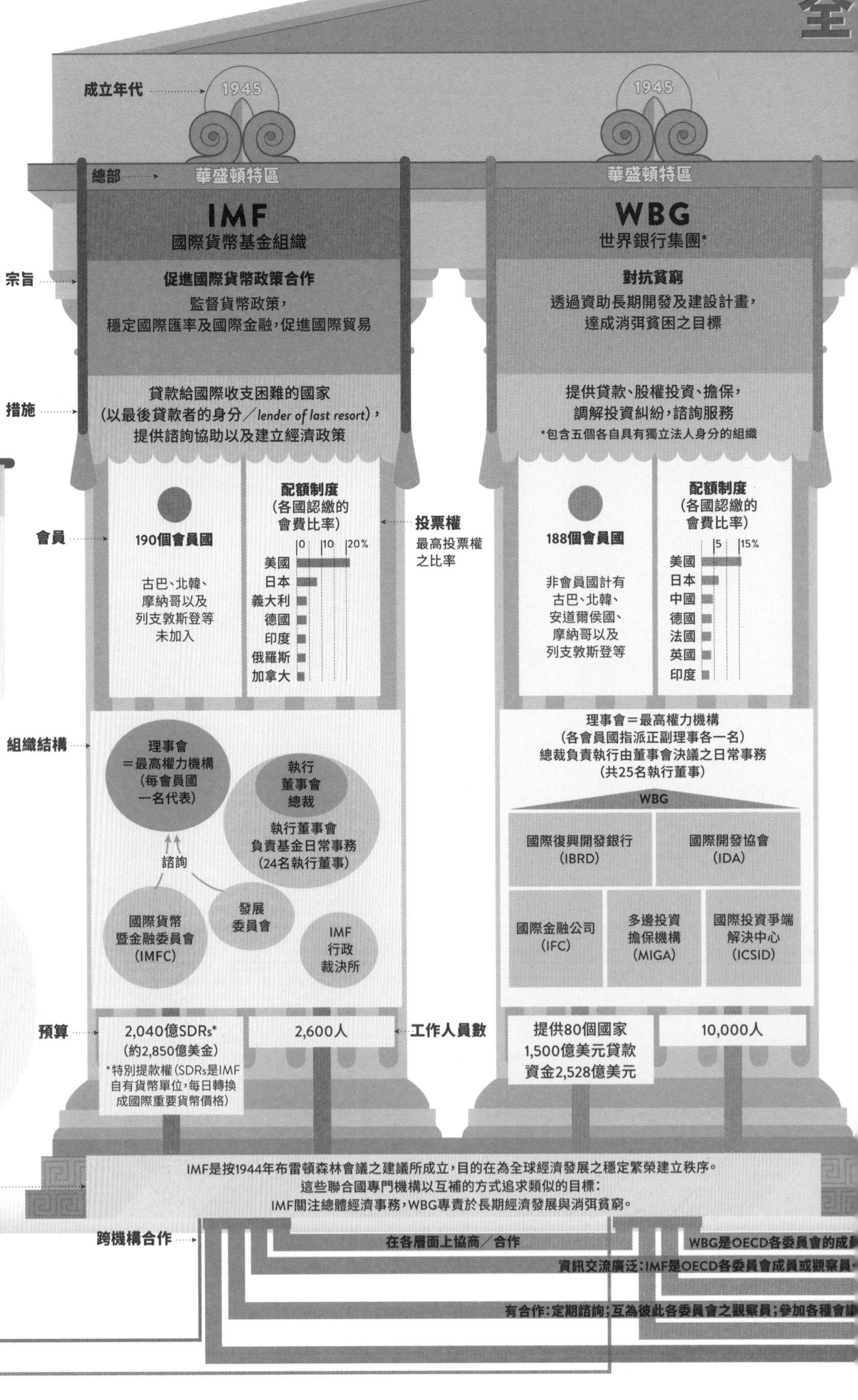
全
成立年代
1945
1945
總部
華盛頓特區
華盛頓特區
IMF
國際貨幣基金組織
WBG
世界銀行集團*
宗旨
促進國際貨幣政策合作
監督貨幣政策，
穩定國際匯率及國際金融，促進國際貿易
對抗貧窮
透過資助長期開發及建設計畫，
達成消弭貧困之目標
措施
貸款給國際收支困難的國家
（以最後貸款者的身分／lender of last resort），
提供諮詢協助以及建立經濟政策
提供貸款、股權投資、擔保，
調解投資糾紛，諮詢服務
*包含五個各自具有獨立法人身分的組織
會員
190個會員國
古巴、北韓、
摩納哥以及
列支敦斯登等
未加入
配額制度
（各國認繳的
會費比率）
0
10
20%
美國
日本
義大利
德國
印度
俄羅斯
加拿大
投票權
最高投票權
之比率
188個會員國
非會員國計有
古巴、北韓、
安道爾侯國、
摩納哥以及
列支敦斯登等
配額制度
（各國認繳的
會費比率）
5
15%
美國
日本
中國
德國
法國
英國
印度
組織結構
理事會
＝最高權力機構
（每會員國
一名代表）
執行
董事會
總裁
執行董事會
負責基金日常事務
（24名執行董事）
諮詢
國際貨幣
暨金融委員會
（IMFC）
發展
委員會
IMF
行政
裁決所
理事會＝最高權力機構
（各會員國指派正副理事各一名）
總裁負責執行由董事會決議之日常事務
（共25名執行董事）
WBG
國際復興開發銀行
（IBRD）
國際開發協會
（IDA）
國際金融公司
（IFC）
多邊投資
擔保機構
（MIGA）
國際投資爭端
解決中心
（ICSID）
預算
2,040億SDRs*
（約2,850億美金）
*特別提款權（SDRs是IMF
自有貨幣單位，每日轉換
成國際重要貨幣價格）
2,600人
工作人員數
提供80個國家
1,500億美元貸款
資金2,528億美元
10,000人
基礎
IMF是按1944年布雷頓森林會議之建議所成立，目的在為全球經濟發展之穩定繁榮建立秩序。
這些聯合國專門機構以互補的方式追求類似的目標：
IMF關注總體經濟事務，WBG專責於長期經濟發展與消弭貧窮。
跨機構合作
在各層面上協商／合作
WBG是OECD各委員會的成
資訊交流廣泛：IMF是OECD各委員會成員或觀察員
有合作：定期諮詢；互為彼此各委員會之觀察員；參加各種會

G7+12+1
G20（二十國集團）
其實是一個鬆散的聯盟，
由7個重要的工業國家，
加上12個新興經濟體與歐盟
（占1獨立席位）。
目的是協調國際金融體系，
進而為全球經濟
穩定成長奠定基礎。
G7（七大工業國組織）包含：
德國、法國、義大利、日本、
加拿大、美國及英國。
歐盟執委會（European Commission）
則具觀察員身分。
G7
1975年
非正式結盟
國家及政府元首之
高峰會談
G8
1998
2014年
G7＋俄羅斯
（因2014年
兼併
克里米亞
遭G8除名）
G20
1999年
非正式
結盟擴大版*
*19國＋歐盟
參與G20高峰會談者計有：
G20二十國之國家及政府元首
+G8八大工業國&11個其他國家之
財政部長及央行總裁
+歐洲央行總裁（若不是由G7七大工業國舉辦）
+國際貨幣基金組織總裁 IMF
+世界銀行總裁 World Bank。

經濟管理機構

1961 巴黎 OECD 經濟合作暨發展組織

促進民主發展及市場經濟
交流經濟發展經驗及
共同協商解決方案之論壇

提出建議，訂立標準及方針，
簽訂協議，偶爾也會達成
具法律約束力之條約

34 個會員國*
＋歐盟執委會
* 不包含下列
歐盟國家：
保加利亞、克羅埃西亞、
賽普勒斯、
馬爾他及羅馬尼亞

一國一票
決議須經雙方同意
(單一事件除外)

理事會＝決策單位
策略指導以及監督

專業委員會
討論及
執行專業工作

祕書處
資料彙整
分析及提出建議

3億6,300萬歐元
預算及工作計畫
以兩年為一期

2,500人

前身為歐洲經濟合作組織(OEEC)
及1948年重建歐洲的馬歇爾計畫。

1995 日內瓦 WTO 世界貿易組織

促進全球貿易及經濟關係
促進國際貿易及多邊貿易規則自由化

關稅暨貿易總協定(*GATT*)
服務貿易總協定(*GATS*)
與貿易有關之智慧財產權協定(*TRIPS*)

164個會員國
＋歐盟
如歐盟
各會員國一樣，
歐盟本身也算
獨立會員之一

一國一票
儘管實際上
是單純多數決，
但大多透過共識
決定

祕書長
祕書處
日常事務

部長會議＝最高決策單位
(至少每兩年開會一次)

大使與代表團
定期於日內瓦會面

總理事會
爭端解決機構(DSB)
貿易政策檢討機構(TPRB)

1億9,750萬瑞士法郎

634人

前身為關稅暨貿易總協定(GATT)，
這個協定是在二戰後為降低貿易夥伴
之間關稅以促進貿易發展所訂立。

2009 巴塞爾 FSB 金融穩定委員會

維護全球經濟的穩定
風險分析，擬定並協調各種方針，
監測金融標準的執行與編纂情況

方針在法律上並無約束力，
而是依靠信念及彼此互相施壓。
FSB乃按照瑞士法律組成之團體。

24個會員國* ＋
12組織**
*包含G20＋香港、
荷蘭、新加坡、
西班牙及瑞士
** 包含歐洲央行(ECB)、
歐盟理事會、IMF、
OECD等組織

未正式分配
投票權
靠共識決定

全體會議＝
決策機關
69位代表

指導委員會：
一般事務

4個
常設委員會
脆弱性評估委員會(SCAV)
資源預算委員會(SCBR)
監管和管理合作委員會(SCSRC)
標準執行委員會(SCSI)

12,285,000瑞士法郎
大部分使用於
國際清算銀行(BIS)

24人

前身為金融穩定論壇(FSF)，
在金融危機最高峰時呼應
G20之要求而成立。

OECD會影響WTO之協商
無實質之諮詢或合作關係
OECD是FSB之會員
WBG是FSB之會員
IMF是FSB之會員

古老但有用的聚寶盆

比爾蓋茲曾說過：「這世界需要金融服務，但不需要銀行。」真的是這樣嗎？實際上，這專事增財的古老行業還是跟以前一樣表現不錯。

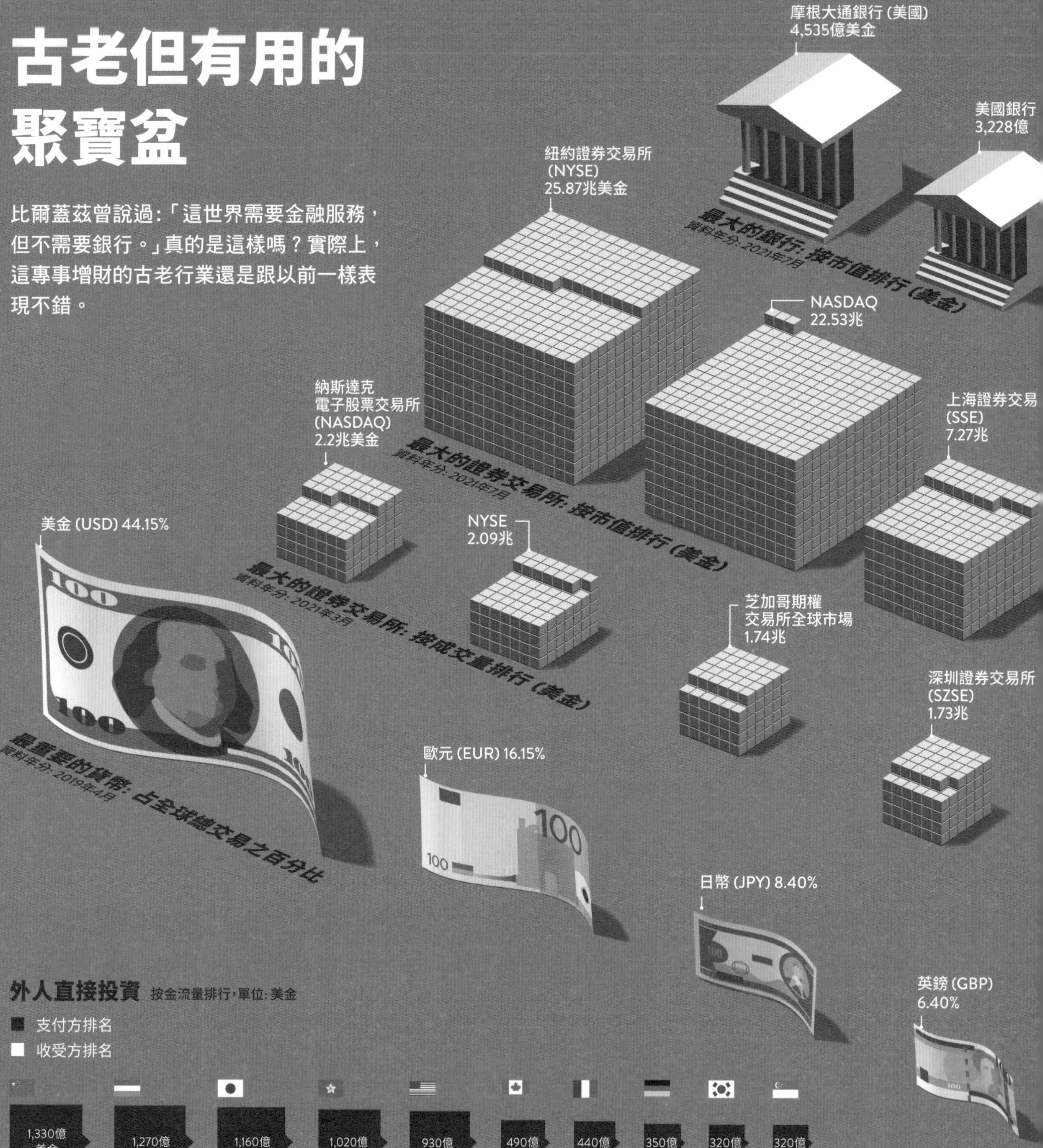

外人直接投資 按金流量排行，單位：美金

■ 支付方排名
□ 收受方排名

支付方排名

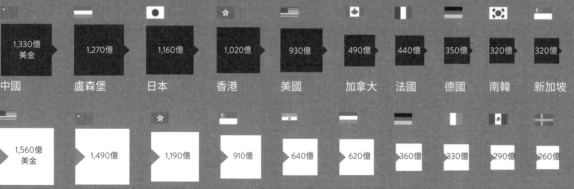

中國	盧森堡	日本	香港	美國	加拿大	法國	德國	南韓	新加坡
1,330億美金	1,270億	1,160億	1,020億	930億	490億	440億	350億	320億	320億

收受方排名

美國	中國	香港	新加坡	印度	盧森堡	德國	愛爾蘭	墨西哥	瑞典
1,560億美金	1,490億	1,190億	910億	640億	620億	360億	330億	290億	260億

10家歷史最悠久的銀行

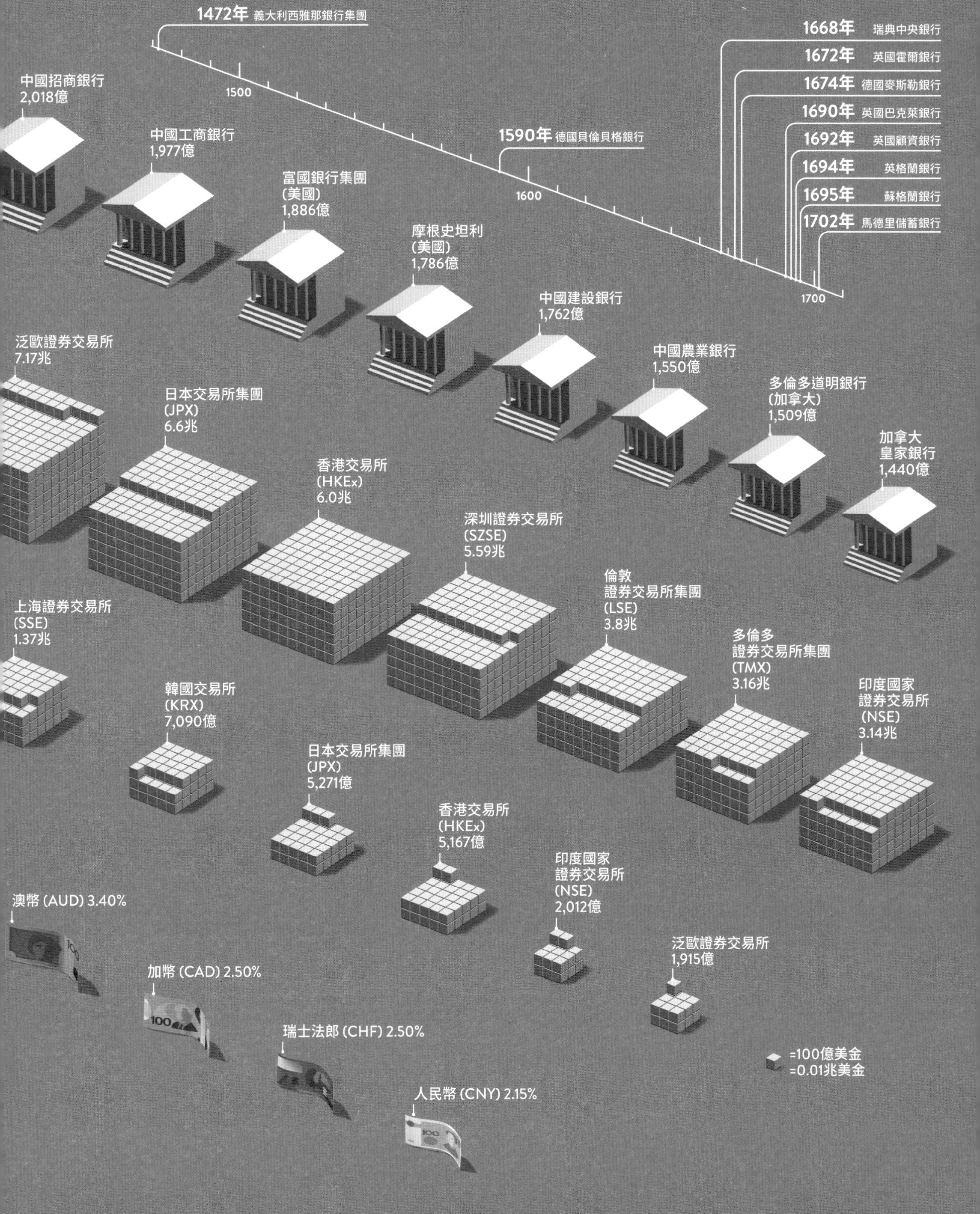
1472年 義大利西雅那銀行集團
1500
1590年 德國貝倫貝格銀行
1600
1668年 瑞典中央銀行
1672年 英國霍爾銀行
1674年 德國麥斯勒銀行
1690年 英國巴克萊銀行
1692年 英國顧資銀行
1694年 英格蘭銀行
1695年 蘇格蘭銀行
1702年 馬德里儲蓄銀行
1700
中國招商銀行 2,018億
中國工商銀行 1,977億
富國銀行集團 (美國) 1,886億
摩根史坦利 (美國) 1,786億
中國建設銀行 1,762億
中國農業銀行 1,550億
多倫多道明銀行 (加拿大) 1,509億
加拿大皇家銀行 1,440億
泛歐證券交易所 7.17兆
日本交易所集團 (JPX) 6.6兆
香港交易所 (HKEx) 6.0兆
深圳證券交易所 (SZSE) 5.59兆
倫敦證券交易所集團 (LSE) 3.8兆
多倫多證券交易所集團 (TMX) 3.16兆
印度國家證券交易所 (NSE) 3.14兆
上海證券交易所 (SSE) 1.37兆
韓國交易所 (KRX) 7,090億
日本交易所集團 (JPX) 5,271億
香港交易所 (HKEx) 5,167億
印度國家證券交易所 (NSE) 2,012億
泛歐證券交易所 1,915億
澳幣 (AUD) 3.40%
加幣 (CAD) 2.50%
瑞士法郎 (CHF) 2.50%
人民幣 (CNY) 2.15%
=100億美金
=0.01兆美金

大麥克指數(BIG MAC INDEX)

荷包裡的錢到了國外值多少？這代表國內貨幣的購買力嗎？自19世紀開始，經濟學家便不斷探討所謂「購買力平價」（Purchasing Power Parity, PPP）的問題。相關理論相當複雜，基礎則是由英國經濟學家大衛．李嘉圖（David Ricardo）提出。1986年《經濟學人》（*The Economist*）突發奇想，以全世界都能買到的消費商品——大麥克漢堡的各地價格拿來比較，方法雖然過分簡化，卻極具啟發性。

大麥克指數是以美國大麥克漢堡為單位，計算各國貨幣相對於美元，高估與低估之百分比。

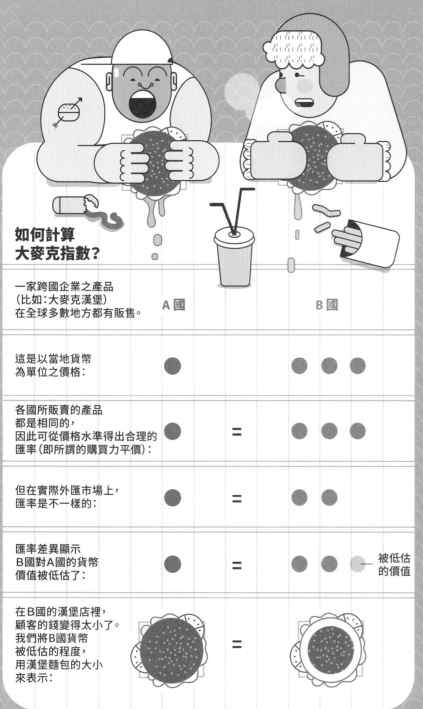

如何計算大麥克指數？

	A國		B國
一家跨國企業之產品（比如：大麥克漢堡）在全球多數地方都有販售。			
這是以當地貨幣為單位之價格：	●		● ● ●
各國所販賣的產品都是相同的，因此可從價格水準得出合理的匯率（即所謂的購買力平價）：	●	=	● ● ●
但在實際外匯市場上，匯率是不一樣的：	●	=	● ●
匯率差異顯示B國對A國的貨幣價值被低估了：	●	=	● ● ○ 被低估的價值
在B國的漢堡店裡，顧客的錢變得太小了。我們將B國貨幣被低估的程度，用漢堡麵包的大小來表示：	(大漢堡)	=	(小漢堡)

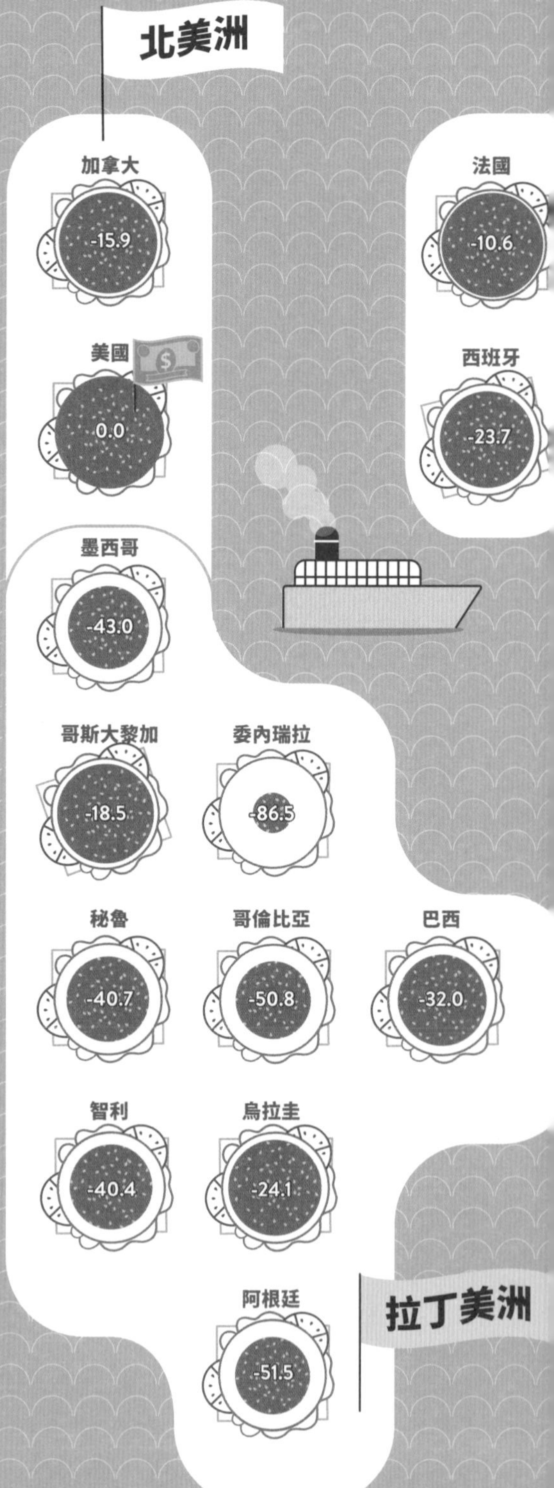

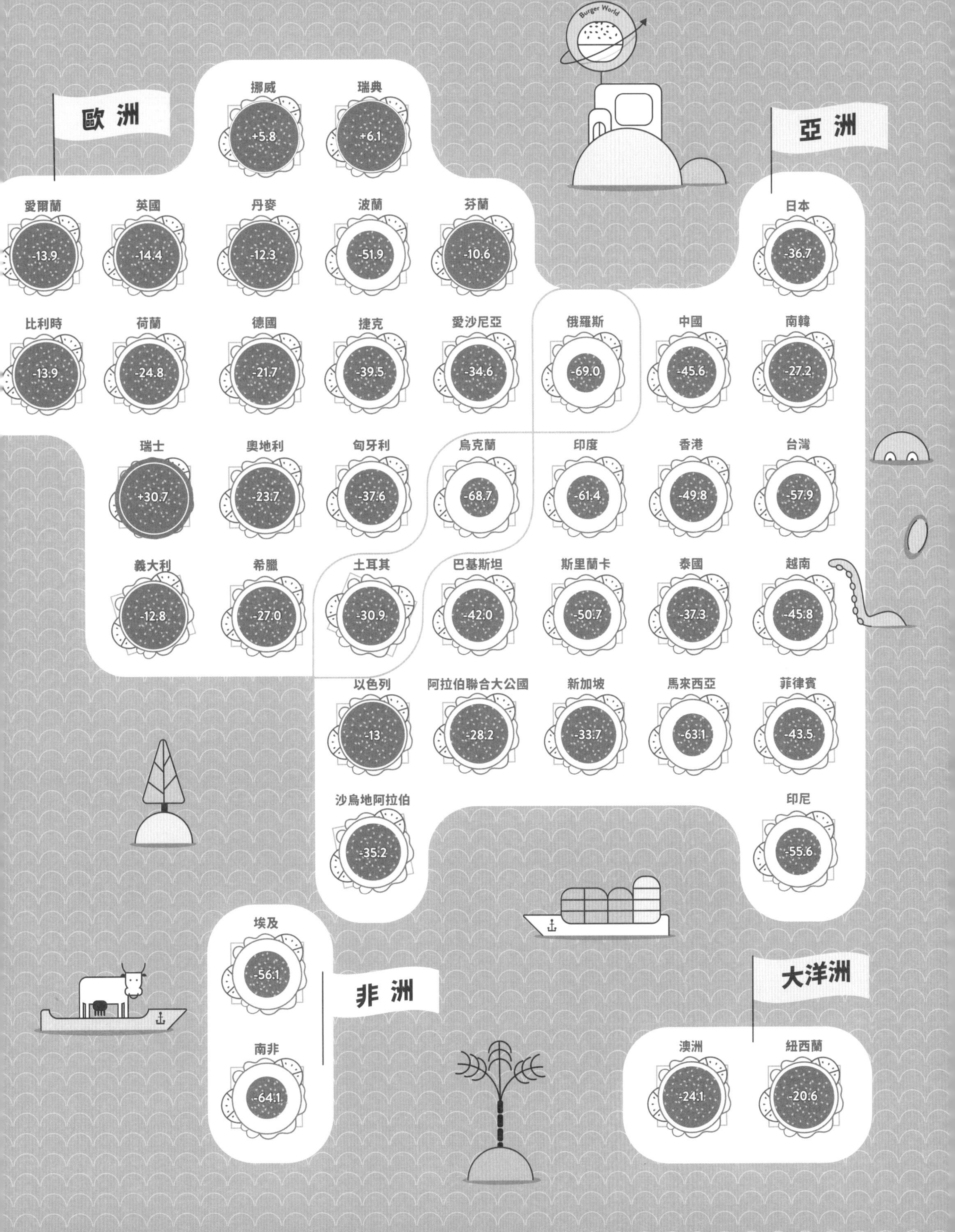
Burger World
歐洲
挪威 +5.8
瑞典 +6.1
愛爾蘭 -13.9
英國 -14.4
丹麥 -12.3
波蘭 -51.9
芬蘭 -10.6
比利時 -13.9
荷蘭 -24.8
德國 -21.7
捷克 -39.5
愛沙尼亞 -34.6
瑞士 +30.7
奧地利 -23.7
匈牙利 -37.6
義大利 -12.8
希臘 -27.0
俄羅斯 -69.0
烏克蘭 -68.7
土耳其 -30.9
亞洲
日本 -36.7
中國 -45.6
南韓 -27.2
印度 -61.4
香港 -49.8
台灣 -57.9
巴基斯坦 -42.0
斯里蘭卡 -50.7
泰國 -37.3
越南 -45.8
以色列 -13
阿拉伯聯合大公國 -28.2
新加坡 -33.7
馬來西亞 -63.1
菲律賓 -43.5
沙烏地阿拉伯 -35.2
印尼 -55.6
非洲
埃及 -56.1
南非 -64.1
大洋洲
澳洲 -24.1
紐西蘭 -20.6

支撐日常經濟的 80 家大企業

「哪家公司產品賣最好？」這是所有公司經理及老闆最關心的問題，但是高營業額未必代表這間公司具備高等身價，公司利潤及未來前景才更能左右股價高低。所以儘管沃爾瑪年年造就超高銷售額，Amazon還是值錢太多了。不過銷售額仍然能作為一項參考，讓我們了解一家公司在大眾日常生活中以及在市場上的影響力。

2020年各產業全球10大營業額最高之企業（單位: 億美金）

↑晉升　→持平　↓倒退　+1 與2011年分類名次之變化　• 未進入2011年分類榜前10名

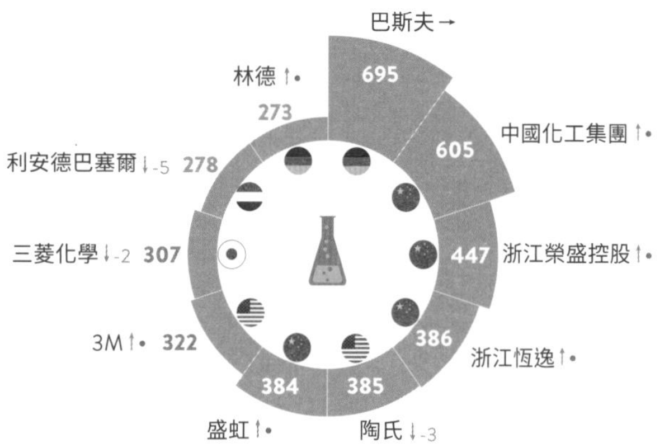

化學產業
德國巴斯夫長期以來都是獨占鰲頭，
即使杜邦與陶氏化學已完成合併，仍未動搖巴斯夫的帝座。

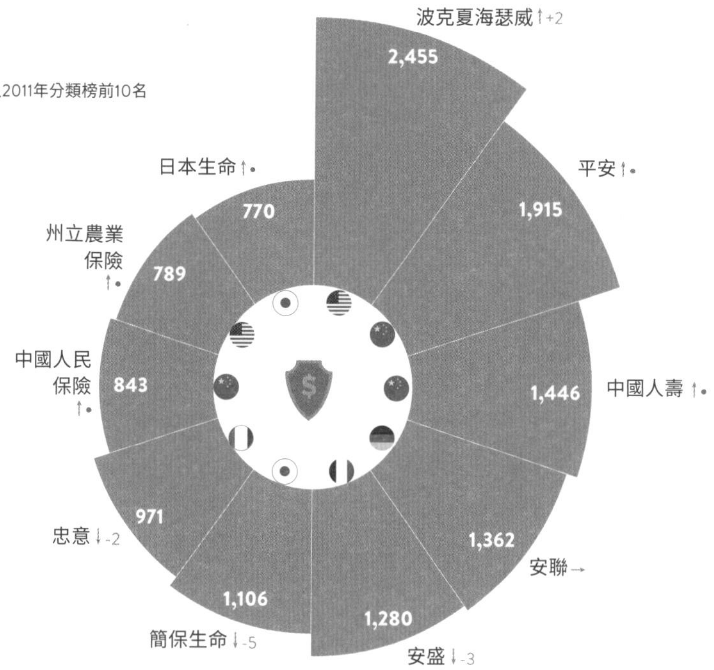

保險產業
近年來中國壽險公司晉升迅速，
連創立200年的跨國安盛集團都難以招架。

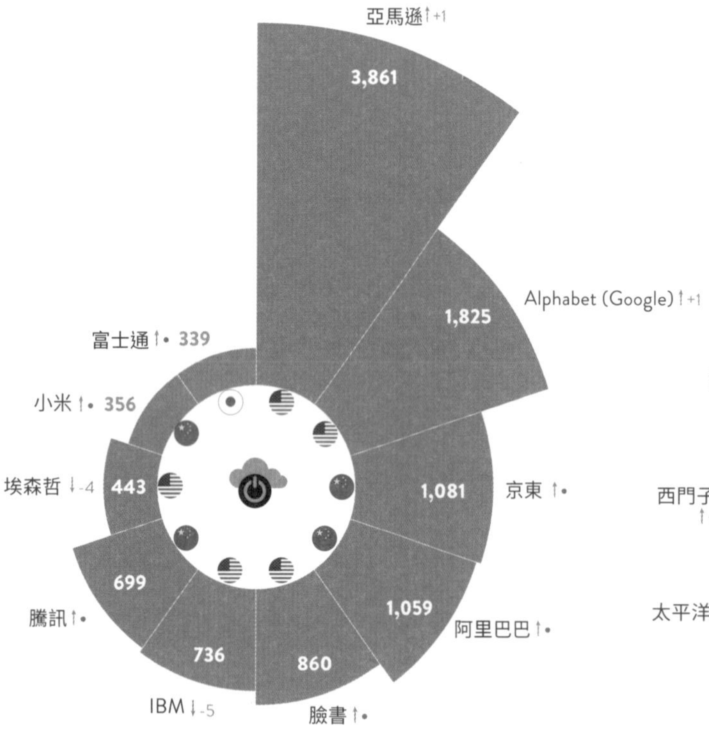

網路服務、資訊科技服務
網路業僅4間企業進入2011年的財星500大，
如今亞馬遜、Alphabet早已成為全球巨人。

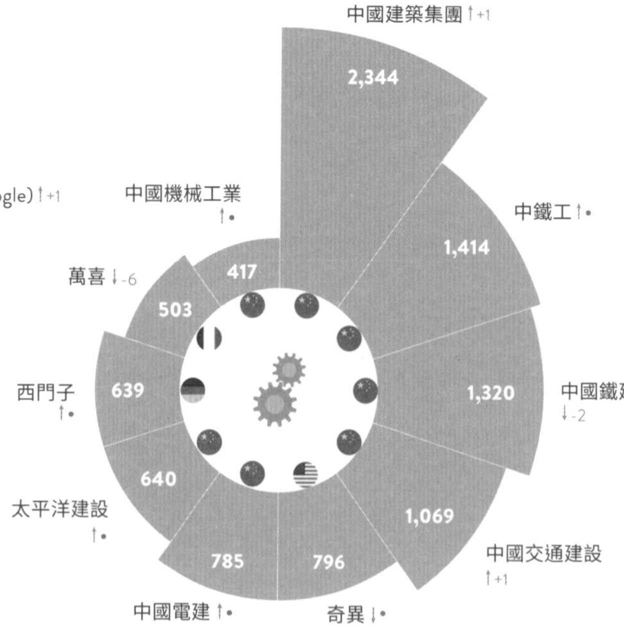

工業產品、工程建設
中國建設業的表現極為搶眼，
前4間中國企業的銷售額都位列財星全球100大名單。

國家爭霸戰: 這80間頂尖企業來自哪些國家?

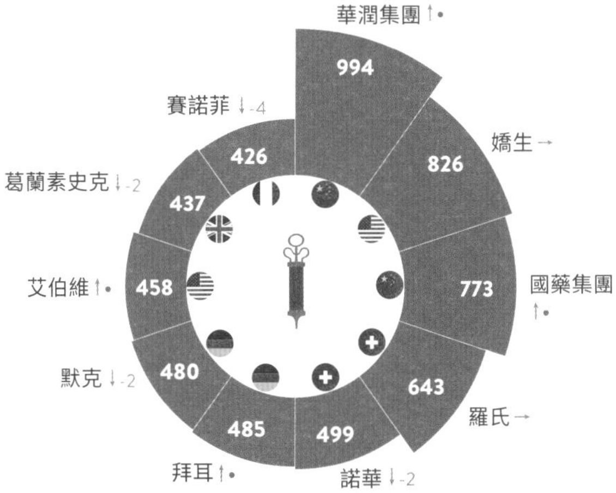

藥品製造

瑞士人最擅長的不是銀行而是製藥，除了這兩大企業外，他們還有許多充滿創新活力的中型企業。

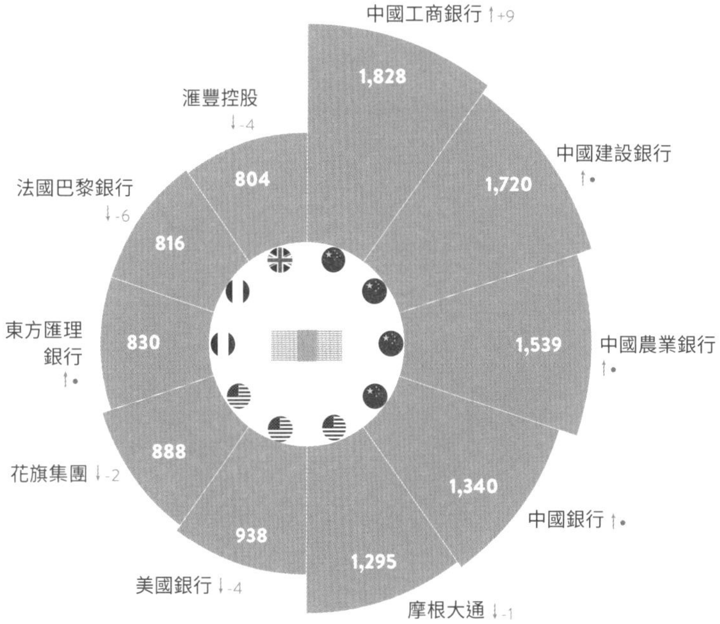

銀行

用戶量決定一切。中國銀行正朝世界進軍。

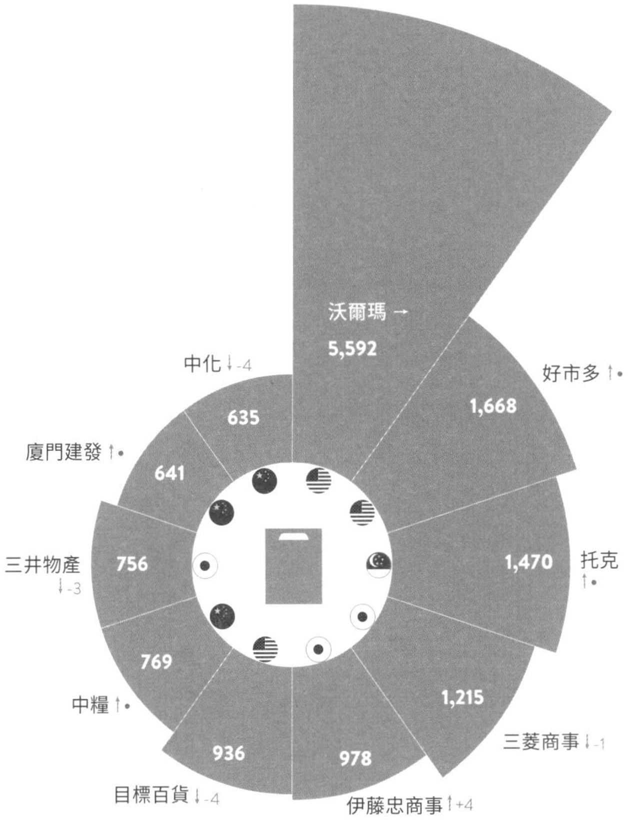

日用品、貿易

如果把網購也拉過來評比，亞馬遜會在此區穩居第2。

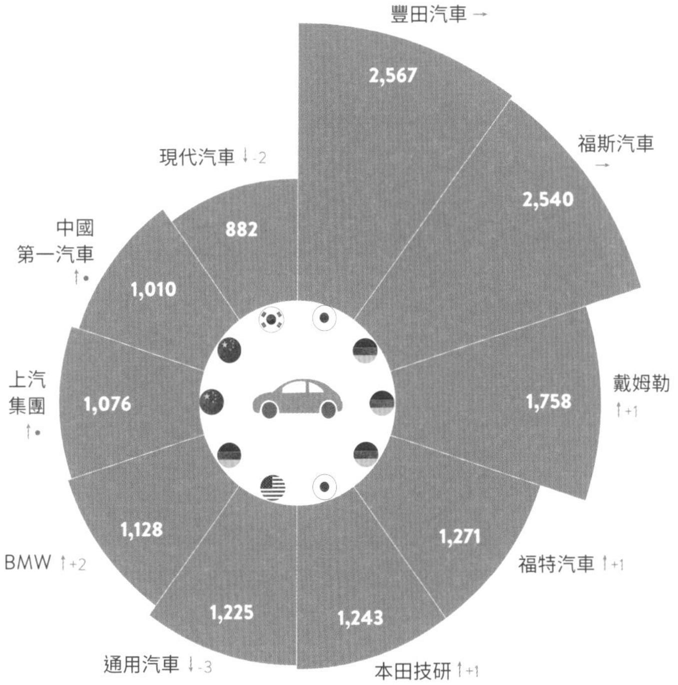

汽車產業

德國車、日本車仍最受大家青睞，但若沒跟上電動車趨勢，未來可能從雲端跌落。

跨國連鎖巨無霸

麥當勞是跨國連鎖店的開路先鋒，藉由一間間分店成功搶灘全球市場。如同生產一樣，消費也早就走向全球化，如今中國顧客的口味和阿根廷消費者有諸多雷同，例如大家都熱愛大麥克、瑞典傢俱、加州設計的電子產品，除此之外還有剪裁線條簡練的日本平價成衣——這些服飾顛覆了大眾對於日本商品精緻但高價的固有印象。

*全球有 458 家分店
1. 德國 (60)
2. 美國 (52) 3. 法國 (39)

*全球有511家分店
1. 美國(272)
2.中國(43) 3.英國(38)

*全球2,358家分店
1. 中國(864)
2. 日本(811) 3.南韓(134)

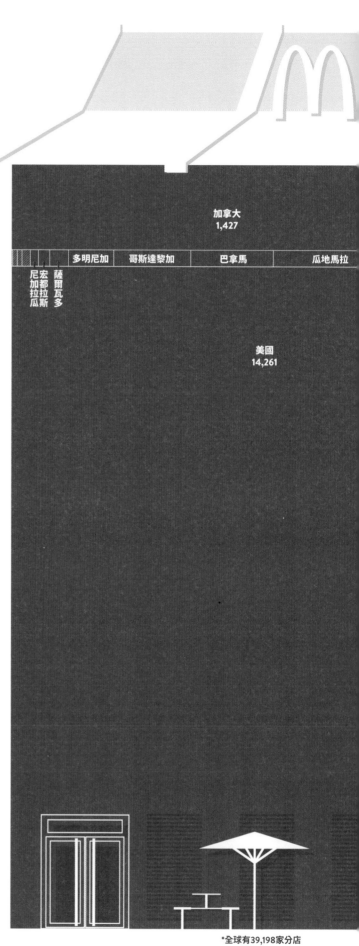

*全球有39,198家分店
1. 美國(13,682)
2.中國 (3,787) 3.日本(2,923)

麥當勞 McDonald's

全球有35,737家分店

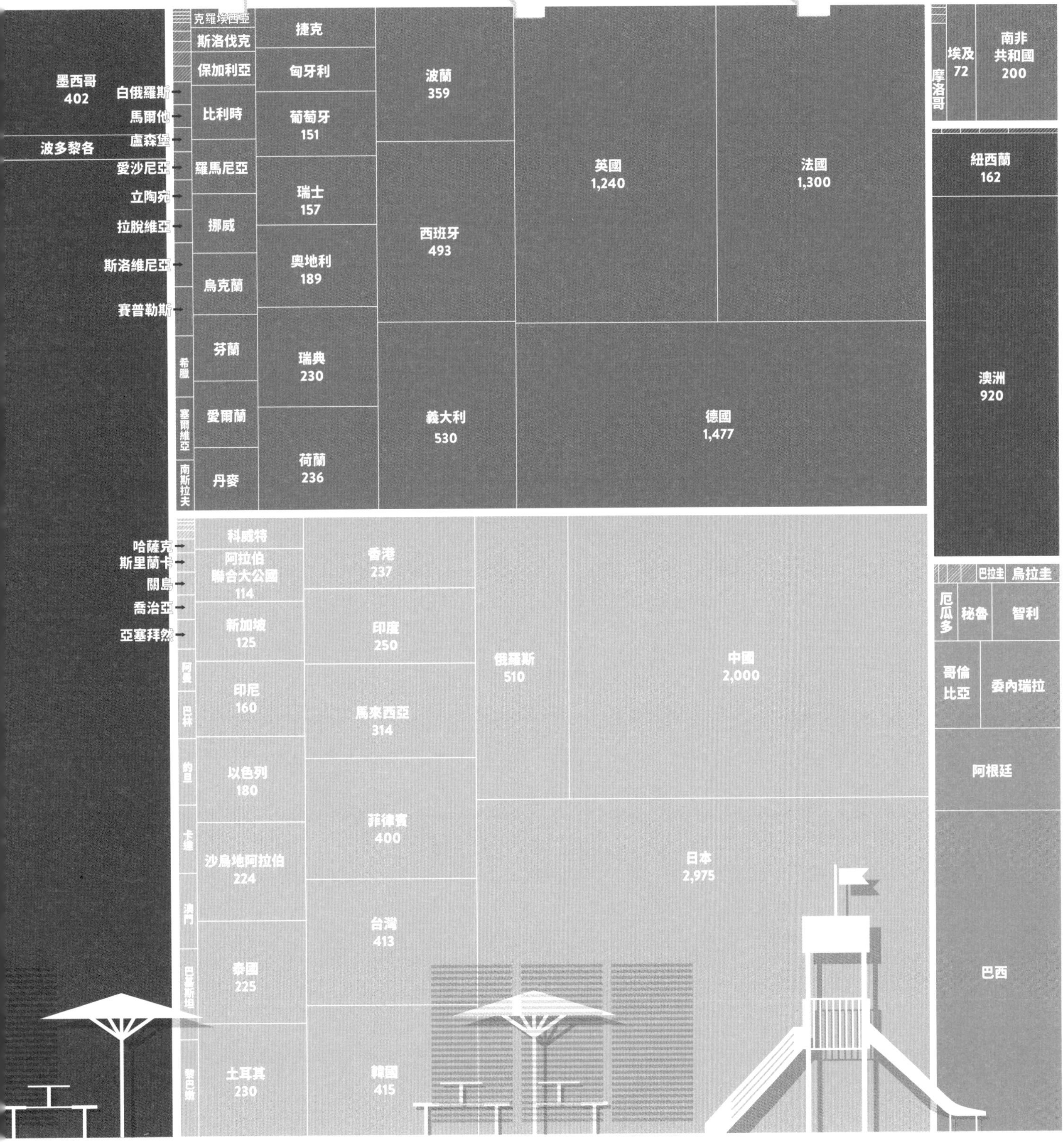
墨西哥
402
波多黎各
白俄羅斯
馬爾他
盧森堡
愛沙尼亞
立陶宛
拉脫維亞
斯洛維尼亞
賽普勒斯
克羅埃西亞
斯洛伐克
保加利亞
比利時
羅馬尼亞
挪威
烏克蘭
芬蘭
愛爾蘭
丹麥
希臘
塞爾維亞
南斯拉夫
捷克
匈牙利
葡萄牙
151
瑞士
157
奧地利
189
瑞典
230
荷蘭
236
波蘭
359
西班牙
493
義大利
530
英國
1,240
法國
1,300
德國
1,477
摩洛哥
埃及
72
南非共和國
200
紐西蘭
162
澳洲
920
哈薩克
斯里蘭卡
關島
喬治亞
亞塞拜然
科威特
阿拉伯聯合大公國
114
新加坡
125
印尼
160
以色列
180
沙烏地阿拉伯
224
泰國
225
土耳其
230
阿曼
巴林
約旦
卡達
澳門
巴基斯坦
黎巴嫩
香港
237
印度
250
馬來西亞
314
菲律賓
400
台灣
413
韓國
415
俄羅斯
510
中國
2,000
日本
2,975
巴拉圭
烏拉圭
厄瓜多
秘魯
智利
哥倫比亞
委內瑞拉
阿根廷
巴西

瓶裝水之戰

幾乎沒人可在盲測中清楚分辨瓶裝水跟自來水的差別，但這並不妨礙瓶裝水的銷售。品牌管理不僅戰勝味覺神經，也能打敗消費者的理智。

飲料銷售

2011至2016年，全球各類飲料銷售百分比

飲料	百分比
瓶裝水	18%
桶裝水	18%
茶	15%
牛乳	12%
啤酒	8%
果汁	8%
碳酸飲料	6%
冰茶	6%
咖啡	4%
其他	8%

全世界有超過4,000種瓶裝水品牌，每年約有2,000億公升的水被裝瓶售出，2020年全球瓶裝水營業額超過2,176億美元。

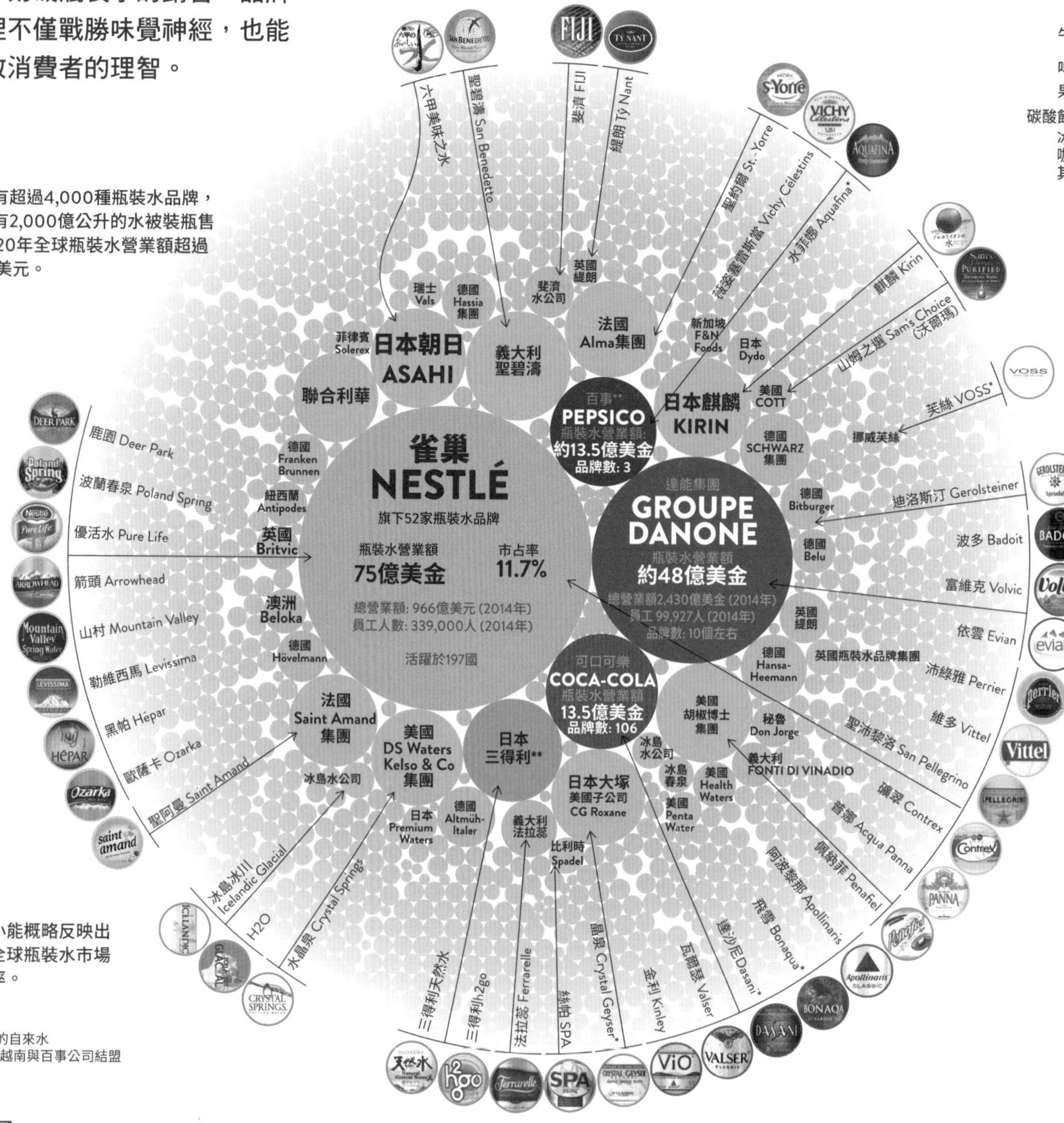

圓圈大小能概略反映出品牌在全球瓶裝水市場之占有率。

*經過處理的自來水
**三得利在越南與百事公司結盟

用水量

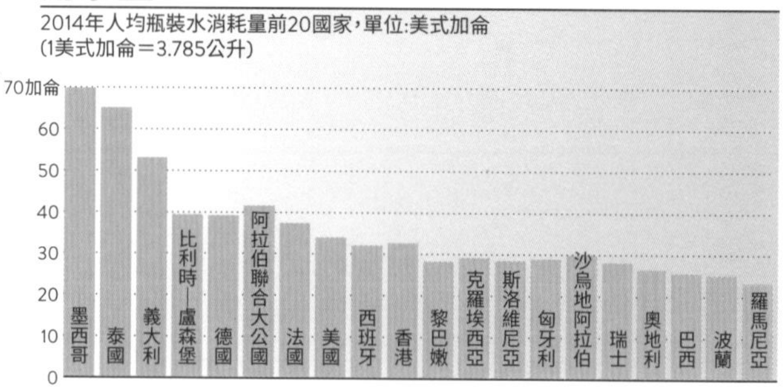

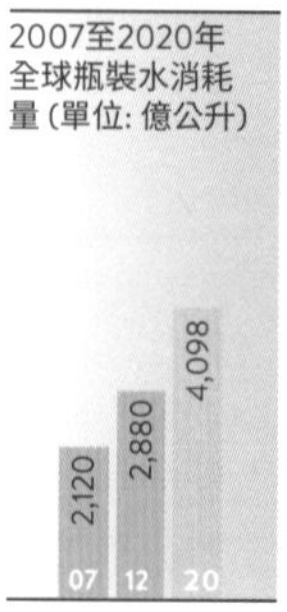

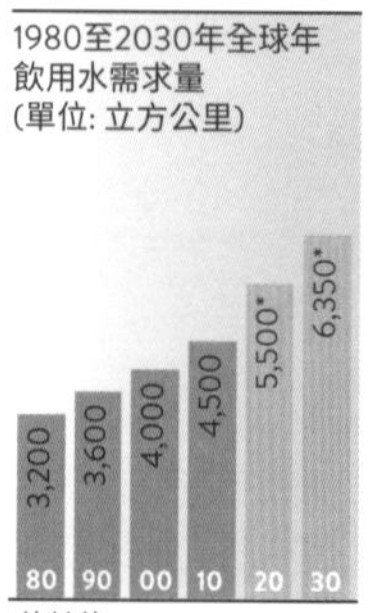

*估計值

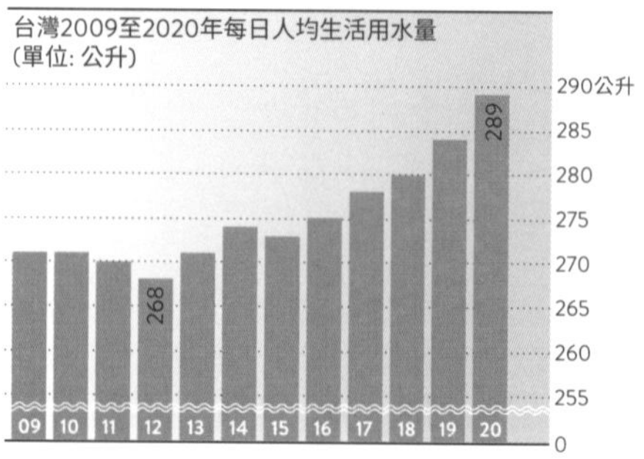

離鄉背井打拚去

德國是個人口移入國，但同時也有不少移出人口，許多高學歷的人才前往海外，其中女性數量尤其多。不過，多數人最終還是買了回程票，每年回流人數與離開人數相差不遠。

2000~2020年德國移出人口最喜歡的國家

在這20年間，德國共有約353萬國民移民至其他國家，遷往瑞士或美國的人數最多。

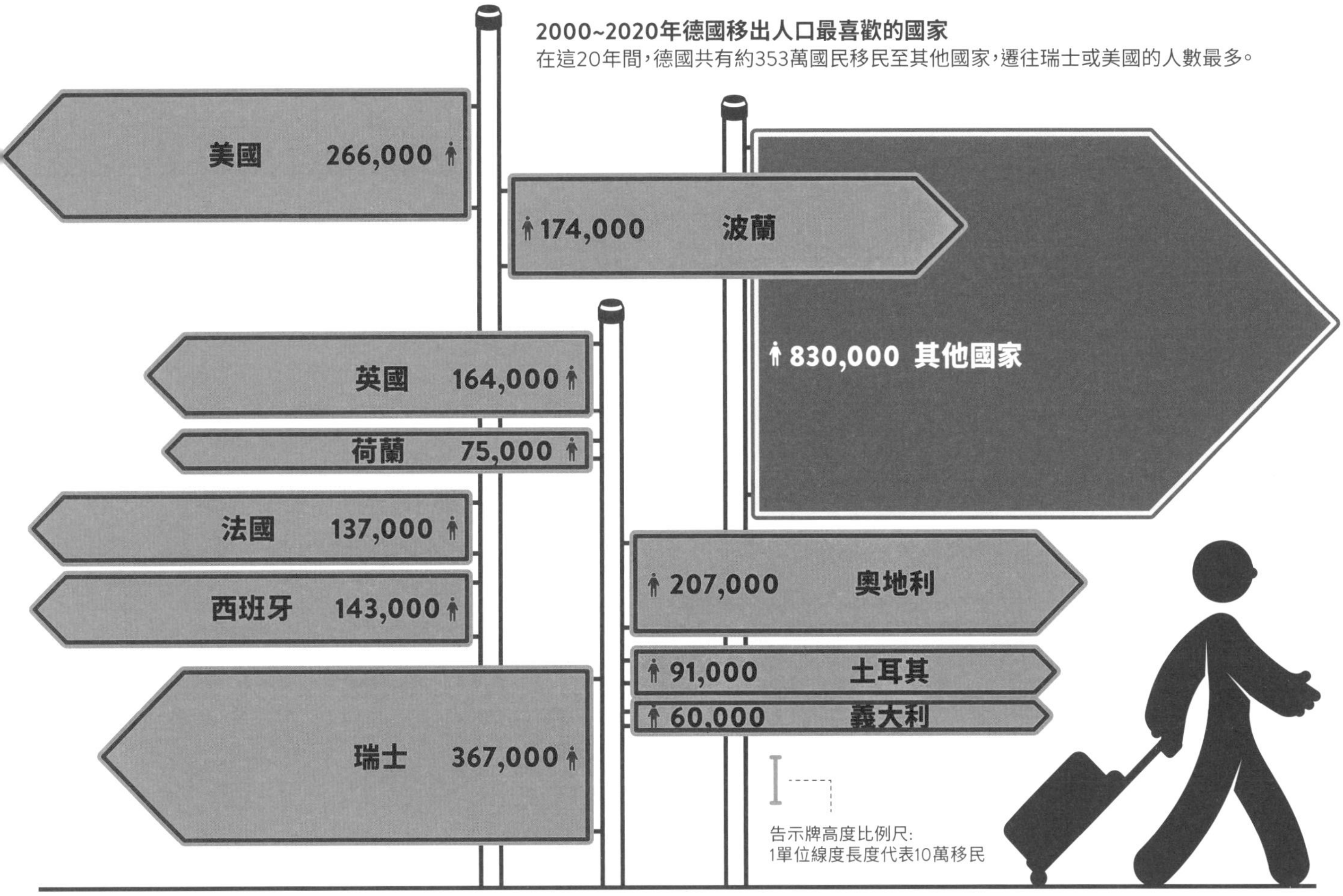

移至瑞士的德國人中，三分之一擁有博士學位。瑞士尤其吸引德國的高階管理人才遷入。

移居海外最常見的理由是為了獲得更好的事業機會，還有為了配偶及家庭。

120萬名外移者具大學學歷，但大部分的外移者在國內都是失業人口。

德國女性比男性外移者更願意回流。2010年有55萬女性學術人員居住於國外，男性學術人員則有49萬。

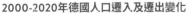

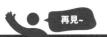

2000-2020年德國人口遷入及遷出變化

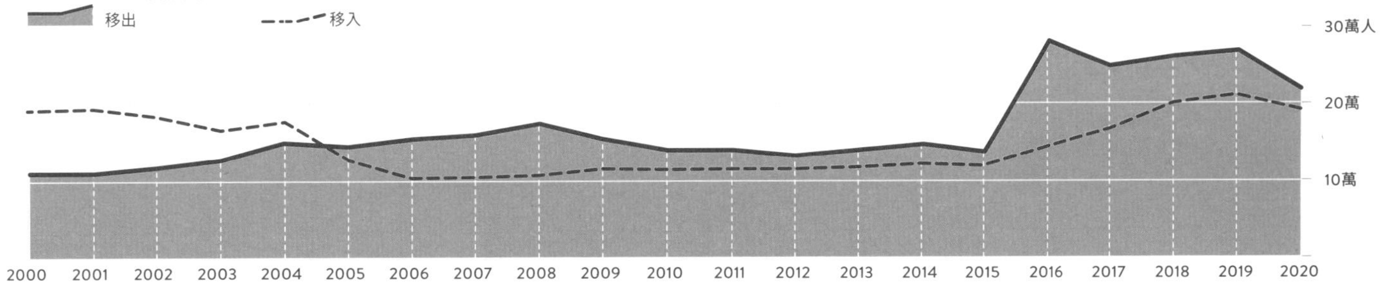

移民大風吹

人們容易因為不了解彼此的文化，而對陌生人產生敵意，因此外來移民通常不怎麼受歡迎。但從國民經濟的角度來看，迎接外來移民可是一筆划算的生意，能為當地帶來不少好處。為什麼這麼說呢？社會學家為我們解釋，這是因為到遠方尋找幸福的人，企圖心往往比一般人要大。2019年全球有超過2.72億人屬於外來移民，這大概是全球3.5%的人口。

2013年全球移民原居地與移居地分析

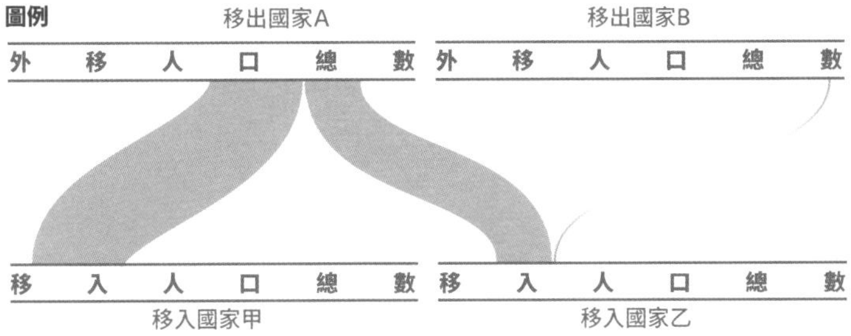

透視移民潮

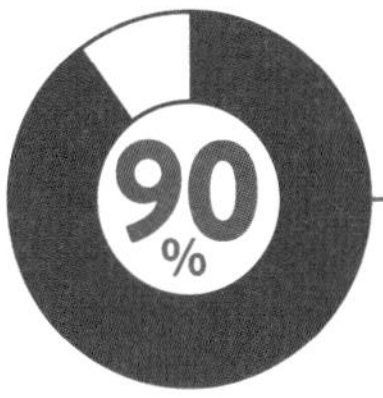

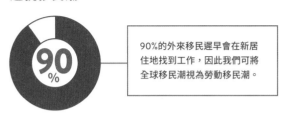

90%的外來移民遲早會在新居住地找到工作，因此我們可將全球移民潮視為勞動移民潮。

OECD會員國之外來移民人數

15歲以上之外來移民，按地區畫分（人數四捨五入至百萬位）

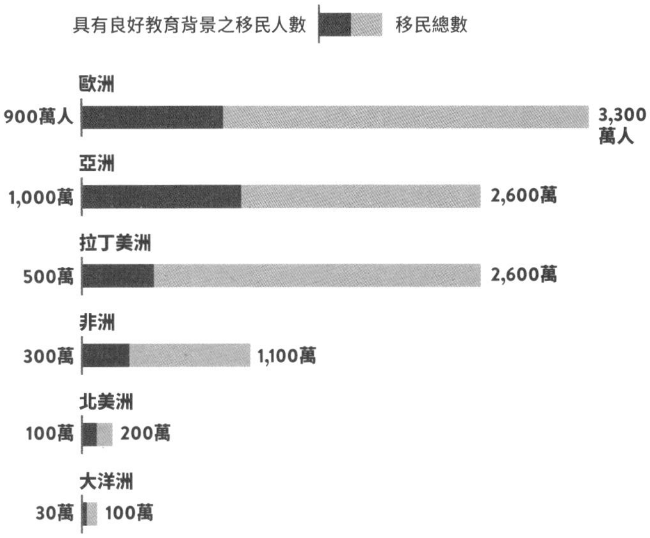

移居方向

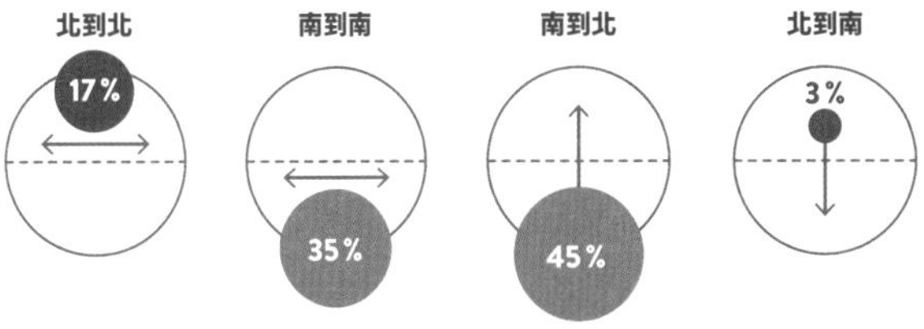

世界銀行及聯合國就移民走向做出統計，結論是北方較南方更具吸引力（這結果並不令人訝異），但也有不少原本就住在南方國家的人，移入另一個南方國家。令人暈頭轉向的是，對這些國際大組織來說，澳洲算北方國家，俄羅斯則算南方國家。

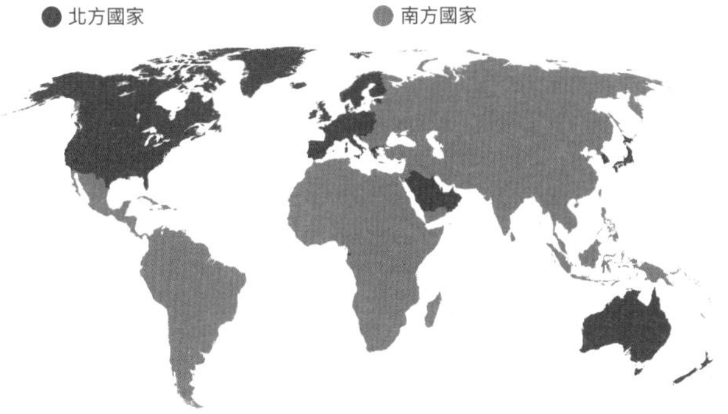

足球不分國界

德甲球隊的足球員都是來自哪裡？
其他歐洲頂級球隊的情況又是如何？
在足球場上，巴西可是是出口冠軍！

按原生國家畫分球員，以顏色區別各大洲，用圓圈大小代表人數，人數愈多則圓圈愈大。

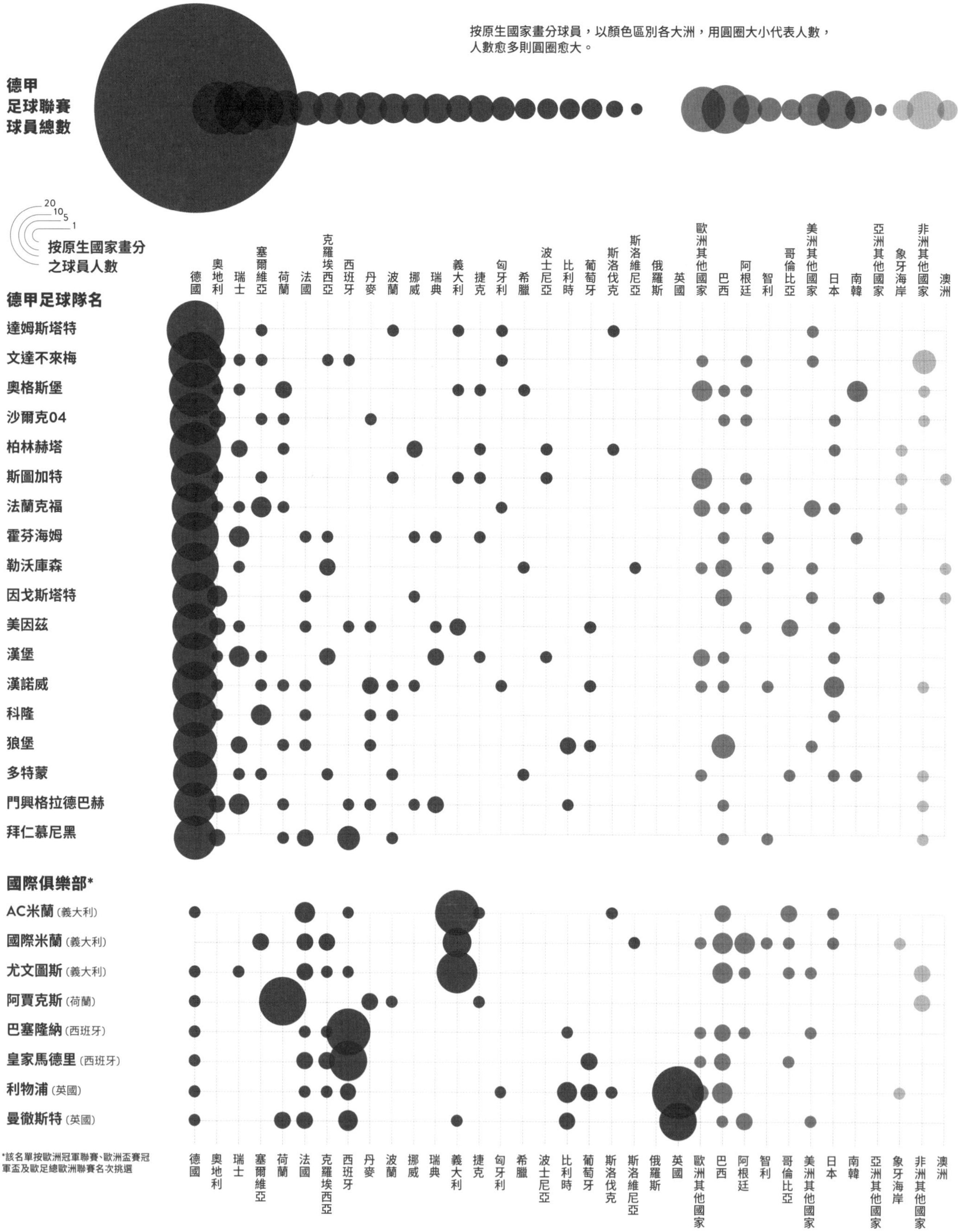

*該名單按歐洲冠軍聯賽、歐洲盃賽冠軍盃及歐足總歐洲聯賽名次挑選

V

理論篇

亞里斯多德

亞當·斯密

卡爾·馬克思

腓德烈·溫斯羅 · 泰勒

約翰·梅納德·凱因斯

米爾頓·傅利曼

阿馬蒂亞·沈恩

ARISTOTLE
亞里斯多德

古希臘哲人在他們的作品中，稱呼組織管理一個自給自足的莊園為「Oikonomia」（莊園管理術），
直到兩千年後的18世紀，「經濟學」（Economics）才成為一門專門的學科。
亞里斯多德的哲學給了經濟學家不少靈感，
例如關於「如何用錢滾錢」以及「私有財產的角色與功能」。

思想先驅

柏拉圖（Plato）
約西元前428年－西元前347年
物質永遠是為了達到目的而用的手段，
它自身絕不會成為目的。

後繼者

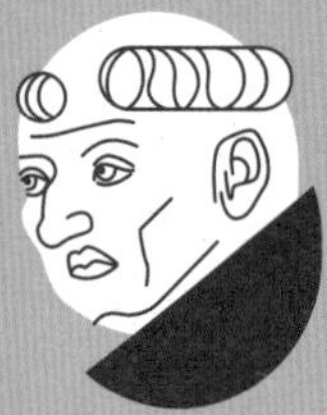

湯瑪斯·阿奎那
（Thomas Aquinas）
約1225年–1274年
價格、利息及稅金必須公平。

約翰·洛克
（John Locke）
1632年–1704年
貿易順差及貴金屬
流入造成物價上揚。

亞當·斯密
（Adam Smith）
1723年–1790年
市場能自我調節。

「財產保持私有，但透過使用而公眾化，明顯是比財產公有化更好的方法。立法者最重要的任務，就是讓人民如此行事。」

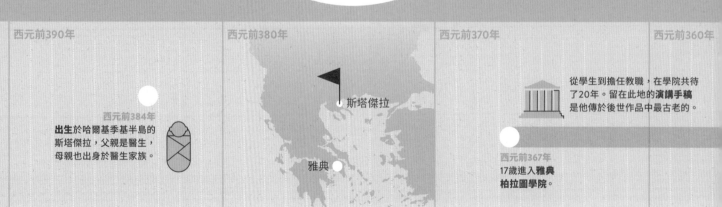

西元前390年 | 西元前380年 | 西元前370年 | 西元前360年

西元前384年
出生於哈爾基季基半島的斯塔傑拉，父親是醫生，母親也出身於醫生家族。

西元前367年
17歲進入**雅典柏拉圖學院**。

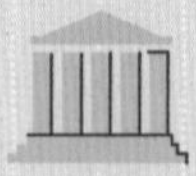

從學生到擔任教職，在學院共待了20年。留在此地的**演講手稿**是他傳於後世作品中最古老的。

亞里斯多德對經濟學的啟發

莊園管理術 (OIKONOMIA)

亞里斯多德認為「莊園管理術」是一門「符合自然法則的資源獲取技藝」。

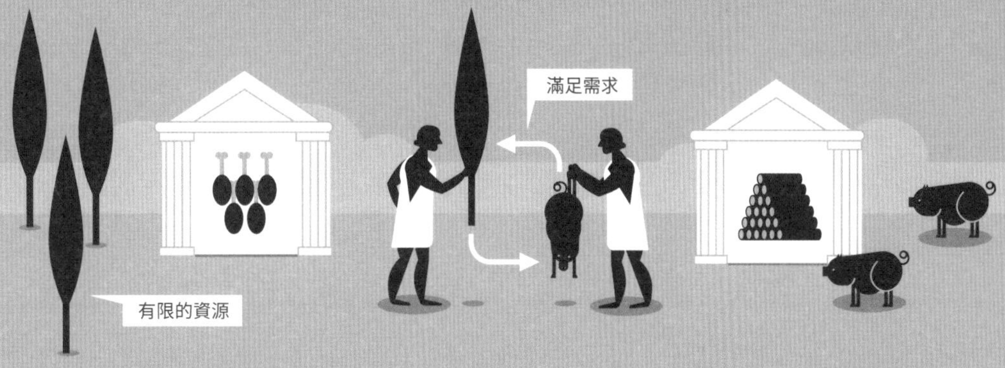
滿足需求
有限的資源

致富術 (CHREMATISTICS)

「致富術」以如何累積更多金錢為研究目的，亞里斯多德認為致富術不可取，是一門「不符合自然法則的資源獲取技藝」。

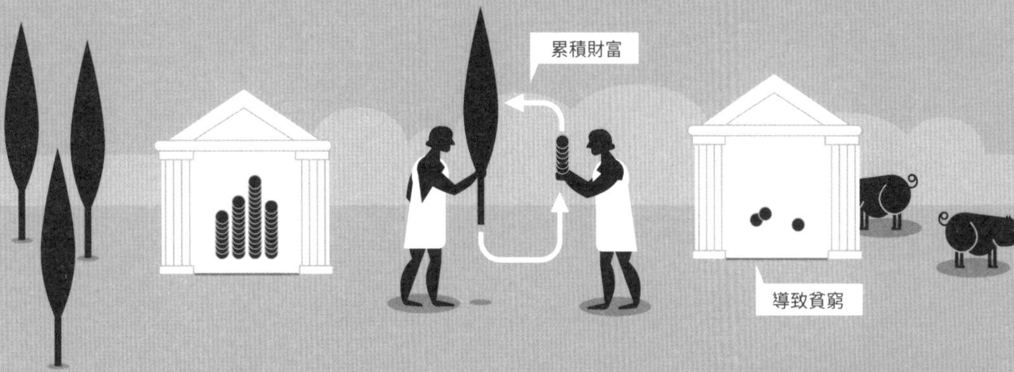
累積財富
導致貧窮

私有財產制

他跟他的老師柏拉圖不同，亞里斯多德認為私有財產制是明智的。

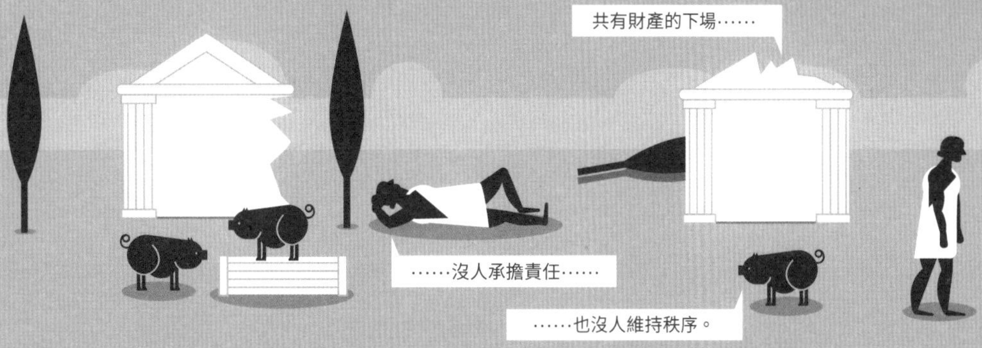
共有財產的下場……
……沒人承擔責任……
……也沒人維持秩序。

西元前350年　西元前340年　西元前330年

西元前347年
在柏拉圖死後到**小亞細亞**找上當時的統治者赫米阿斯，與其家族成員皮西亞絲**結婚**，育有一女。

西元前343年
受馬其頓國王腓力二世徵召進宮，擔任**亞歷山大王子**(也就是後來的亞歷山大大帝)的老師。

西元前335年
回到雅典生活。成立私人學院，位於**萊西姆**樹林旁。妻子皮西亞絲去世。

這可能是他**寫作的黃金十年**，許多重要的作品都作於此時，但保存下來的多半殘缺不全。

西元前322年
因政治因素離開雅典逃至母親的莊園，該莊園位於卡爾基斯的尤比亞島。**享壽62歲**。

ADAM SMITH
亞當・斯密

市場是如何運作的？個人及國家在經濟體系裡扮演什麼樣的角色？分工、自動化及生產又有什麼關係？亞當・斯密是第一個對這些問題提出系統性解釋的人，因此成為古典經濟學學派的創始者。他的思想至今仍影響著經濟理論的發展，並說明：為何在市場原則下，私人利益與公共利益未必互相牴觸。

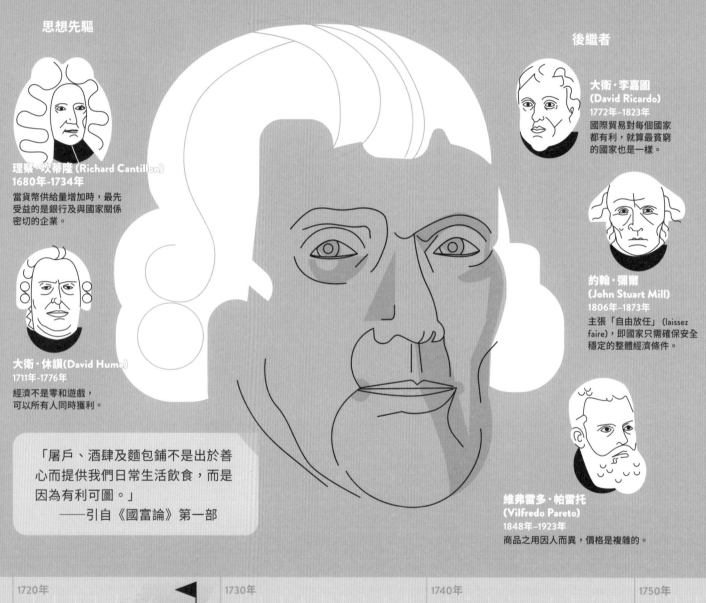

思想先驅

理察・坎蒂隆 (Richard Cantillon)
1680年-1734年
當貨幣供給量增加時，最先受益的是銀行及與國家關係密切的企業。

大衛・休謨(David Hume)
1711年-1776年
經濟不是零和遊戲，可以所有人同時獲利。

後繼者

大衛・李嘉圖
(David Ricardo)
1772年–1823年
國際貿易對每個國家都有利，就算最貧窮的國家也是一樣。

約翰・彌爾
(John Stuart Mill)
1806年–1873年
主張「自由放任」(laissez faire)，即國家只需確保安全穩定的整體經濟條件。

維弗雷多・帕雷托
(Vilfredo Pareto)
1848年–1923年
商品之用因人而異，價格是複雜的。

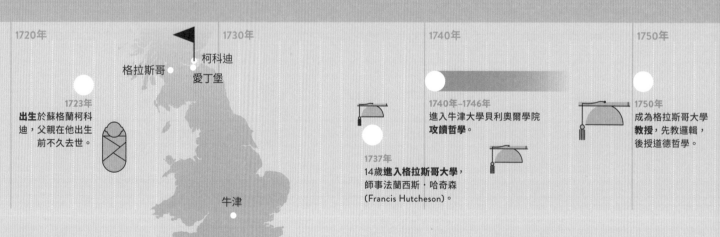

「屠戶、酒肆及麵包鋪不是出於善心而提供我們日常生活飲食，而是因為有利可圖。」
——引自《國富論》第一部

1720年 | 1730年 | 1740年 | 1750年

1723年
出生於蘇格蘭柯科迪，父親在他出生前不久去世。

1737年
14歲**進入格拉斯哥大學**，師事法蘭西斯・哈奇森(Francis Hutcheson)。

1740年–1746年
進入牛津大學貝利奧爾學院**攻讀哲學**。

1750年
成為格拉斯哥大學**教授**，先教邏輯，後授道德哲學。

讓「看不見的手」主導市場經濟

崇尚自由放任，推翻重商主義

專制政體妨礙生產，因而損害人民福祉。

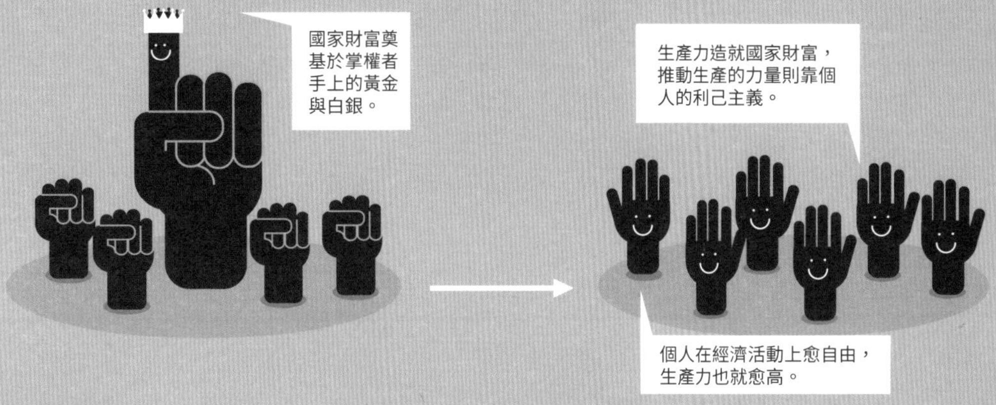

國家財富奠基於掌權者手上的黃金與白銀。
生產力造就國家財富，推動生產的力量則靠個人的利己主義。
個人在經濟活動上愈自由，生產力也就愈高。

系統自我調節

亞當．斯密認為自由、私人利益及個人的熱情會形成一個自我調節的系統。

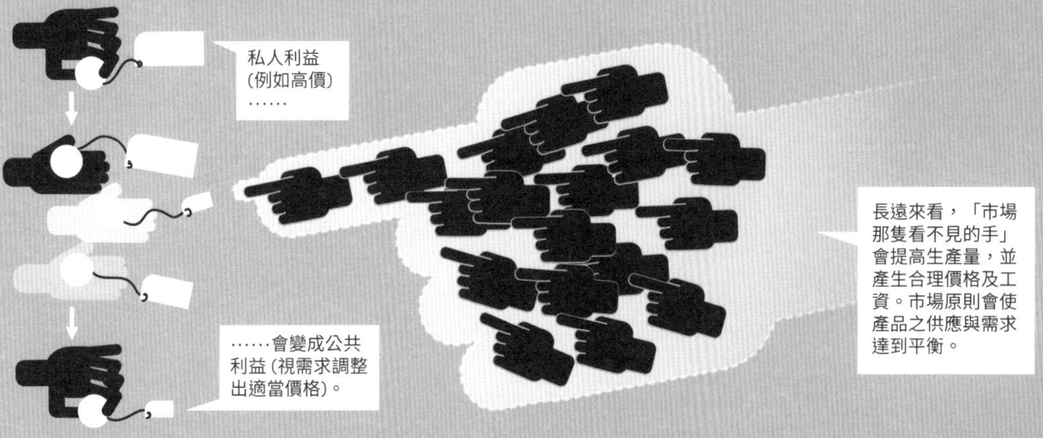

私人利益(例如高價)……
……會變成公共利益(視需求調整出適當價格)。
長遠來看，「市場那隻看不見的手」會提高生產量，並產生合理價格及工資。市場原則會使產品之供應與需求達到平衡。

國家的責任

他主張國家應盡量不要干預市場，但須保障市場不受暴力與欺騙綁架。

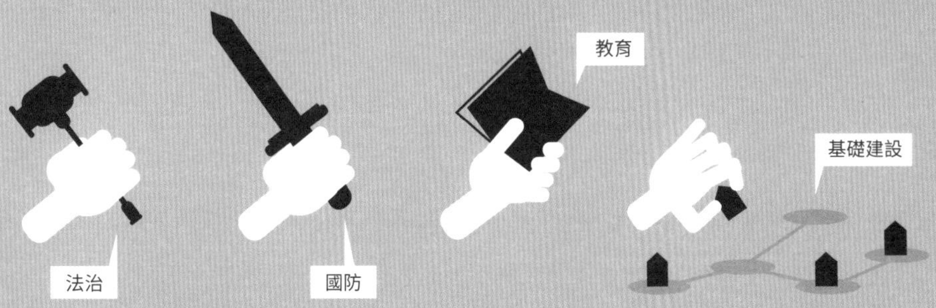

教育
基礎建設
法治
國防

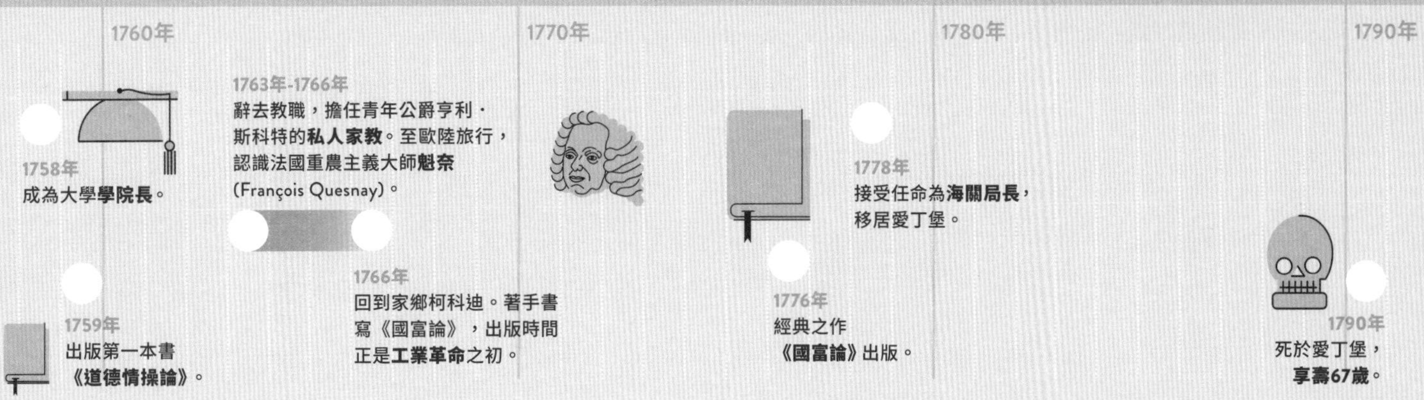

1760年
1770年
1780年
1790年

1758年
成為大學**學院長**。

1759年
出版第一本書
《道德情操論》。

1763年-1766年
辭去教職，擔任青年公爵亨利．斯科特的**私人家教**。至歐陸旅行，認識法國重農主義大師**魁奈**(François Quesnay)。

1766年
回到家鄉柯科迪。著手書寫《國富論》，出版時間正是**工業革命**之初。

1776年
經典之作
《國富論》出版。

1778年
接受任命為**海關局長**，
移居愛丁堡。

1790年
死於愛丁堡，
享壽67歲。

KARL MARX
卡爾．馬克思

若要像啤酒杯墊上的標語一句話解釋馬克思主義，那句大概是：資本主義內建自我毀滅系統。「資本」在經濟史上肩負重要任務，它釋放出巨大的生產力，並因此在無意間提供充足的物質條件，發展出更高級的生產方式──社會主義。夜以繼日追求利潤的資本家並未留意，革命的隊伍漸已成形，即將顛覆傳統的生產關係並推翻私有財產制度。馬克思主義影響20世紀歷史甚巨，但如今也走入歷史了。

思想先驅

亨利．德．聖西門
(Henri de Saint-Simon)
1760年–1825年
私有財產應全數充公。人人各盡所能，按自身能力勞動。

弗里德里希．黑格爾
(Friedrich Hegel) 1770年–1831年
歷史發展是個辯證的過程，正命題與其背反（反命題）會在不斷辯證的過程中，形成一個更高層次的合命題。

「叫那班權力階級在共產主義革命面前發抖吧！無產階級所能失去的，不過是他們的枷鎖；他們得到的，是全世界。萬國無產者，團結起來！」
──引自《共產黨宣言》

後繼者

弗拉基米爾．列寧
(Vladimir Lenin)
1870年–1924年
「馬克思學說無所不能，因為它是真理。它既獨立完整，而且和諧，給了人們一個統一完整的世界觀，容不下任何迷信，任何反動思想，與任何對資產階級奴役之維護。」

安東尼奧．葛蘭西
(Antonio Gramsci)
1891年–1937年
國家＝政治社會＋公民社會；葛蘭西稱國家為「以強制力為裝甲的霸權」。

狄奧多．阿多諾 (Theodor W. Adorno)
1903年–1969年

馬克斯．霍克海默 (Max Horkheimer)
1895年–1973年
啟蒙已因辯證變成完全相反的立場，社會對法西斯主義及唯我獨尊的資本主義不僅毫無抵抗能力，反而避入桃花源的世界。

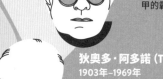

1820年 | 1830年 | 1840年

1818年
出生於普魯士（今德國）的特里爾，在9個孩子中排行老三。在他出生前不久，父親為了能繼續從事律師行業，從猶太教改信基督新教。

1835年–1841年
於波昂及柏林大學**攻讀法律及哲學**。

1842年–1871年
為不同的**報紙撰稿**。

1843年
與燕妮．馮．威斯伐倫**結婚**，共有7個小孩，其中4個死於10歲之前，2個女兒成年後自殺身亡。

1844年
與資助他的**弗里德里希．格斯 (Friedrich Engels)**持終生之友誼與合作關

被逐出巴黎
1845年

「德意志工人聯盟」成立 1847年

《共產黨宣

184

無產階級革命！
資方 VS. 勞方的血鬥

歷史唯物主義

唯物史觀認為：利益相互矛盾的兩個階級會互相對峙，這種緊張關係導致階級鬥爭及革命，推動社會轉變成更高一級的社會形式。鬥爭到最後，出現的形式是無私有財產制度的共產主義。

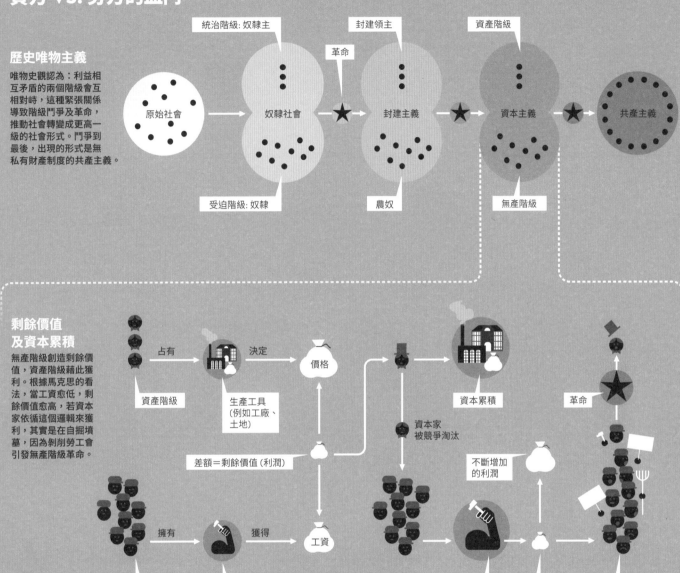

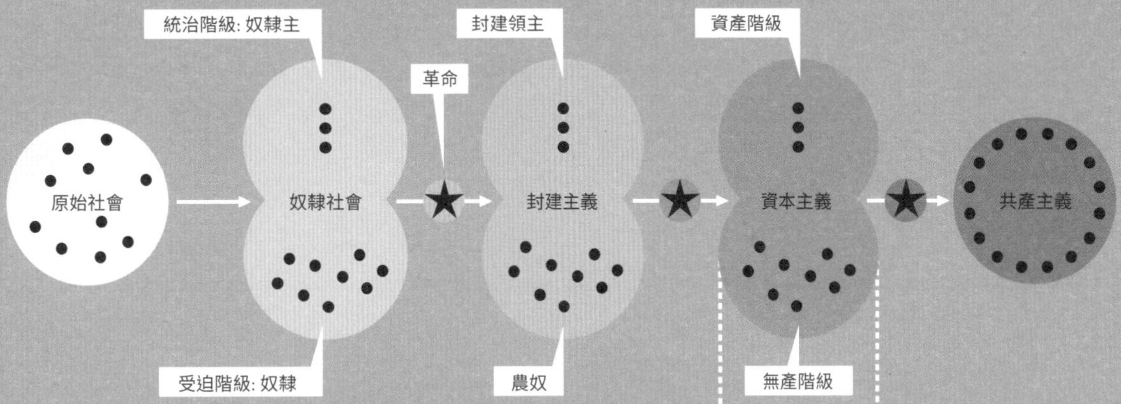

剩餘價值
及資本累積

無產階級創造剩餘價值，資產階級藉此獲利。根據馬克思的看法，當工資低，剩餘價值愈高，若資本家依循這個邏輯來獲利，其實是在自掘墳墓，因為剝削勞工會引發無產階級革命。

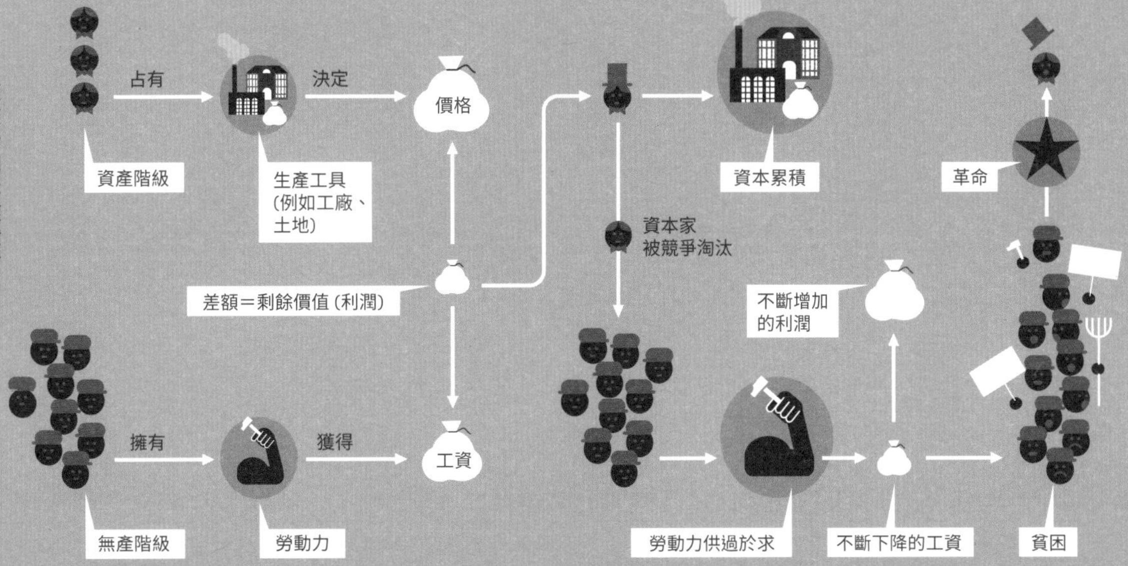

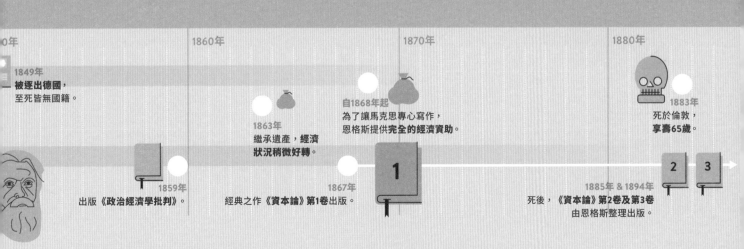

0年 | 1860年 | 1870年 | 1880年

1849年
被逐出德國，
至死皆無國籍。

1859年
出版《**政治經濟學批判**》。

1863年
繼承遺產，**經濟狀況稍微好轉**。

1867年
經典之作《**資本論**》**第1卷**出版。

自1868年起
為了讓馬克思專心寫作，
恩格斯提供**完全的經濟資助**。

1883年
死於倫敦，
享壽65歲。

1885年 & 1894年
死後，《**資本論**》**第2卷及第3卷**
由恩格斯整理出版。

FREDERICK WINSLOW TAYLOR
腓德烈．溫斯羅．泰勒

趕快！若想將「科學管理之父」的生平、影響及學說濃縮成一個關鍵詞，無非就是「速度」。當泰勒還是年輕工程師時，便發明了一種極為容易加工的合金鋼，叫做「高速鋼」。值得玩味的是，其實泰勒本人生前並未因提出工廠組織管理的學說而成名，但這個學說後來被亨利．福特（Henry Ford）採用，大幅提升他的生產速度。

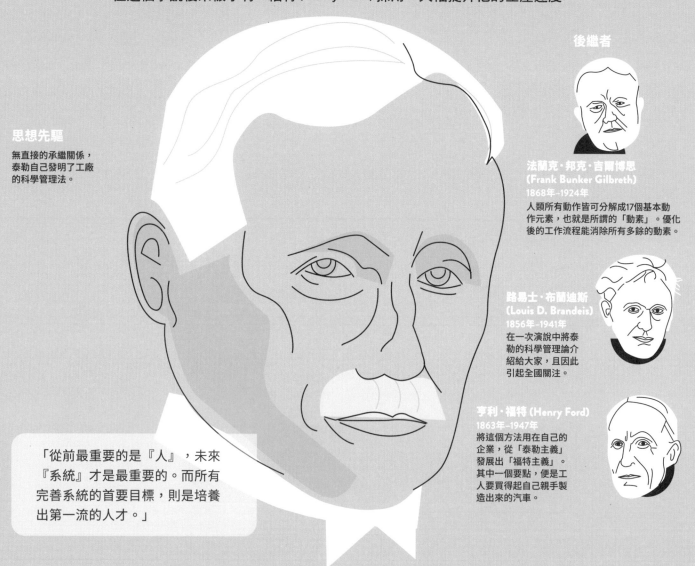

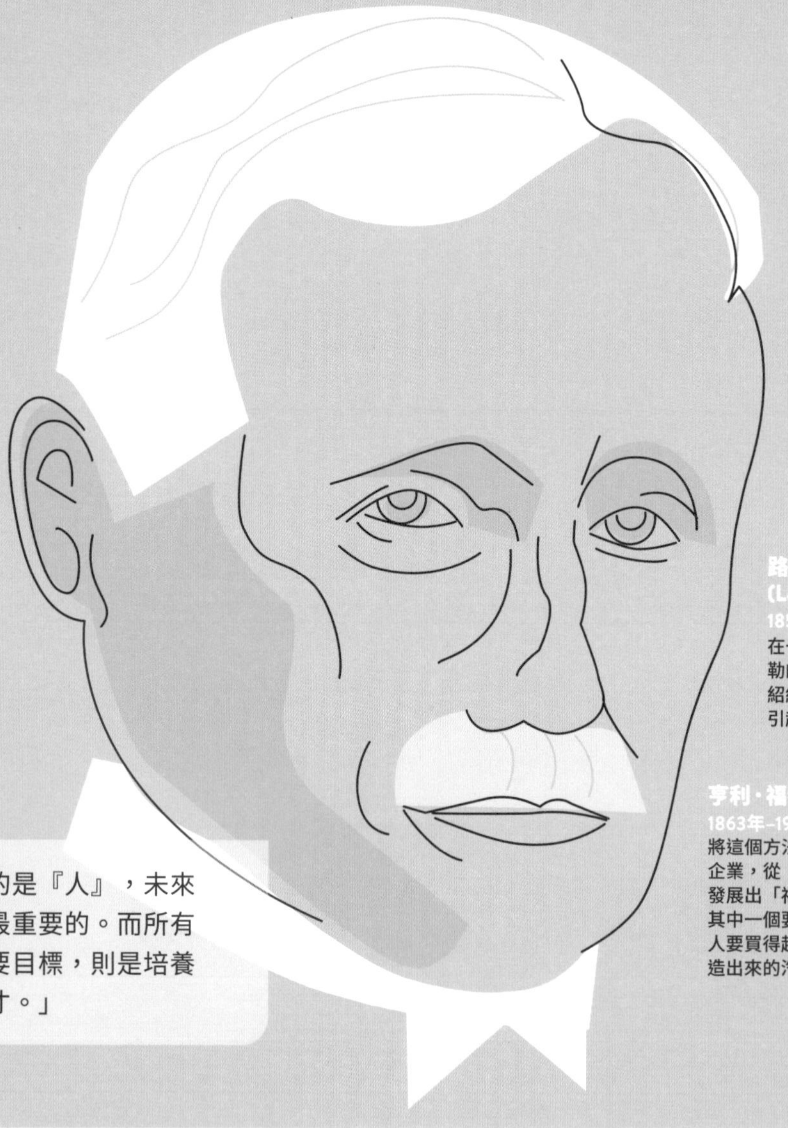

思想先驅

無直接的承繼關係，泰勒自己發明了工廠的科學管理法。

「從前最重要的是『人』，未來『系統』才是最重要的。而所有完善系統的首要目標，則是培養出第一流的人才。」

後繼者

法蘭克．邦克．吉爾博思（Frank Bunker Gilbreth）
1868年–1924年
人類所有動作皆可分解成17個基本動作元素，也就是所謂的「動素」。優化後的工作流程能消除所有多餘的動素。

路易士．布蘭迪斯（Louis D. Brandeis）
1856年–1941年
在一次演說中將泰勒的科學管理論介紹給大家，且因此引起全國關注。

亨利．福特（Henry Ford）
1863年–1947年
將這個方法用在自己的企業，從「泰勒主義」發展出「福特主義」。其中一個要點，便是工人要買得起自己親手製造出來的汽車。

1860年　　1870年　　1880年

1856年
出生於美國費城日耳曼鎮一個富裕且社會地位崇高的貴格會家庭。

1874年
通過麻薩諸塞州劍橋市**哈佛大學入學考試**，但未入學就讀，而是開始工具及機器製造的**學徒生涯**。

1878年–1893年
在不同的公司擔任**高階主管**，他常在嘗試提高效率時與同事起衝突。

1880年–1883年
遠距攻讀工程學。

1881年
贏得美國第一屆**網球錦標賽**男子雙人組冠軍。

「效率NO.1」的科學管理

科學管理下的最佳化流程

泰勒堅信：一般工廠所通行的工作及生產流程，可以更有效地組織計畫。這種管理要求更精確的觀察、測量及監控，並須透過分工來組織。這種工作方式對個人來說會很單調，但生產效率的提高對工人及職員還是有利的，例如縮短工作時數、較長的休息時間，以及更高的工資。

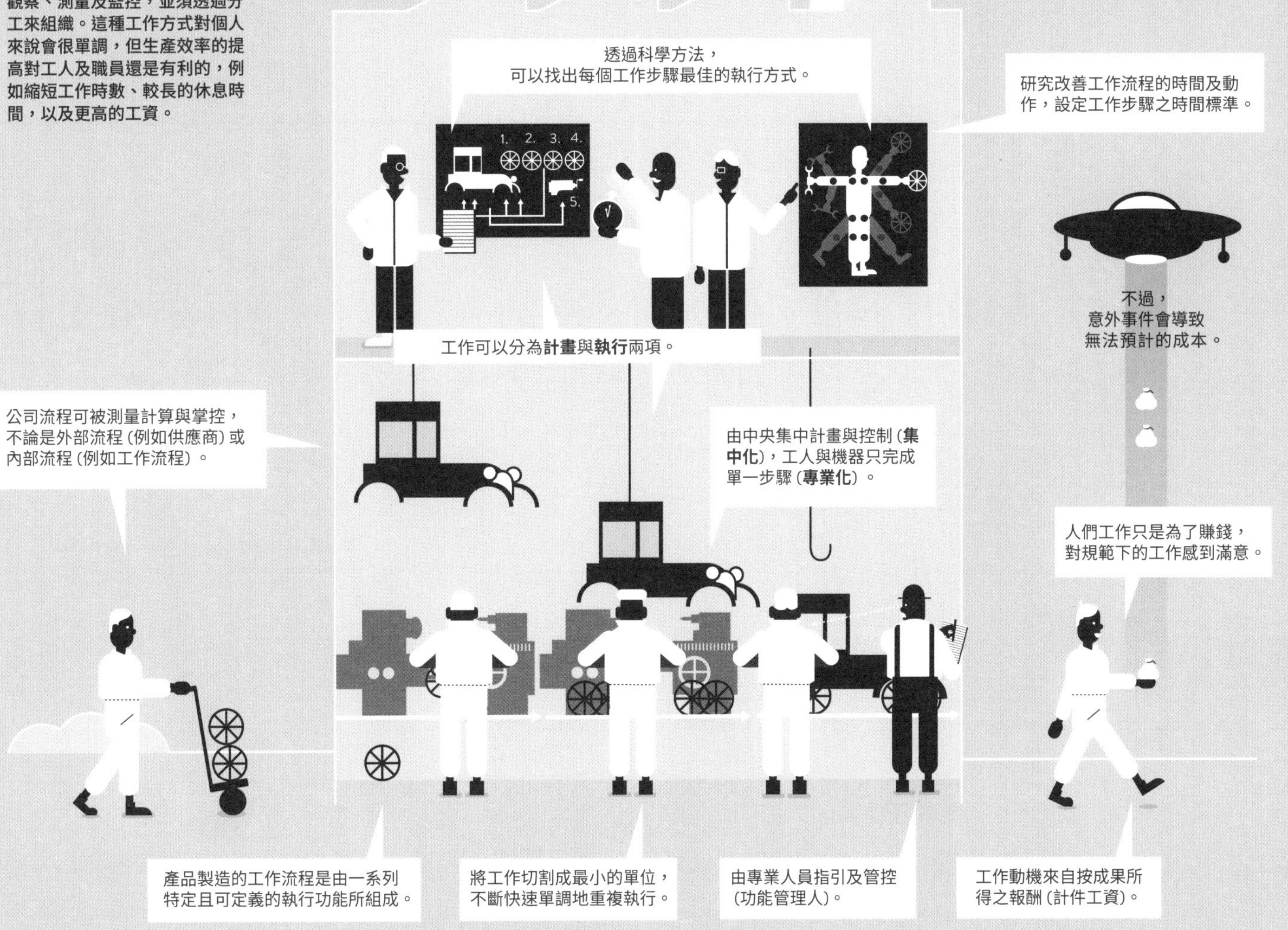
透過科學方法，
可以找出每個工作步驟最佳的執行方式。
研究改善工作流程的時間及動作，設定工作步驟之時間標準。
1. 2. 3. 4.
5.
不過，
意外事件會導致
無法預計的成本。
工作可以分為**計畫**與**執行**兩項。
公司流程可被測量計算與掌控，
不論是外部流程（例如供應商）或
內部流程（例如工作流程）。
由中央集中計畫與控制（**集中化**），工人與機器只完成單一步驟（**專業化**）。
人們工作只是為了賺錢，
對規範下的工作感到滿意。
產品製造的工作流程是由一系列
特定且可定義的執行功能所組成。
將工作切割成最小的單位，
不斷快速單調地重複執行。
由專業人員指引及管控
（功能管理人）。
工作動機來自按成果所
得之報酬（計件工資）。

1890年

1893年–1901年
作為獨立的**企業管理顧問**，專精於合理化工作以縮短工時，進行規模浩大的工作步驟標準時間研究，獲得無數專利。

1895年
一場關於**計件制（piece-work system）的演講**使其在業界聞名。

1900年

1900年
以能提高鋼鐵硬度的**泰勒–懷特工法**獲得巴黎世博會金牌。

1903年
出版**《商店管理》**。

自1901年起
靠無數**專利**及**工業股票**維生。

1910年

1909年–1914年
在哈佛大學擔任科學管理**講師**。

1911年
出版**《科學管理原理》**。

1915年
死於生日隔天，**享年59歲**。

JOHN MAYNARD KEYNES
約翰·梅納德·凱因斯

就人類所知，崇尚自由市場的資本主義制度是最好的經濟運作機制，
但國家必須透過合理的經濟政策干預資本主義，使其不至於自我毀滅。
身為劍橋大學教授的凱因斯抱持這種開明的自由主義信念，成為20世紀最具影響力的經濟學家。
對他而言，國家調控經濟環境的最重要手段是刺激市場需求。

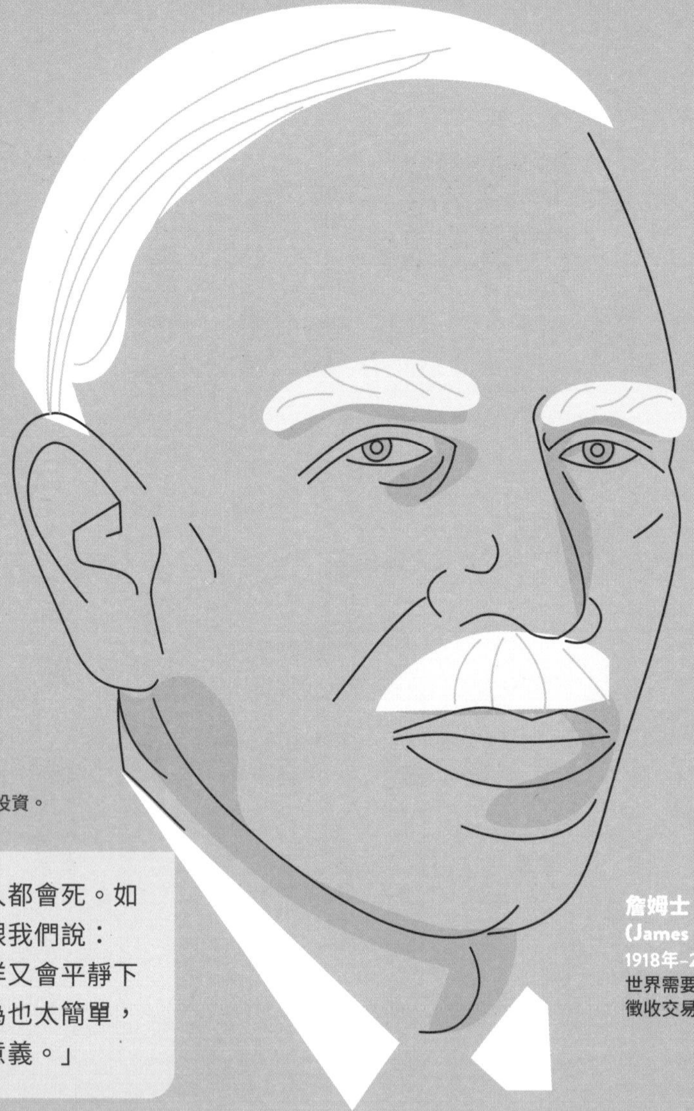

思想先驅

托馬斯·羅伯特·馬爾薩斯
(Thomas Robert Malthus)
1766年–1834年
人口成長若比經濟成長快速，國家就會貧窮——反之亦然。

米浩爾·卡萊斯基
(Michał Kalecki)
1899年–1970年
以波蘭文提出不少凱因斯理論之雛形。國家投資能增加國民收入，是能回本的投資。

後繼者

衛斯理·C·米契爾
(Wesley C. Mitchell)
1874–1948年
以實證研究數據支持凱因斯的論點，並發展「伯恩斯—米契爾圖」強調景氣循環理論。

君納爾·繆達爾
(Gunnar Myrdal)
1898年–1987年
為了保障公眾福祉、促進經濟發展、消弭貧窮，國際社會必須進行國際干預。

詹姆士·托賓
(James Tobin)
1918年–2002年
世界需要針對全球國際外匯投機者徵收交易稅，也就是「托賓稅」。

「長遠來看，我們每個人都會死。如果經濟學家在風暴中只跟我們說：『當風暴過去之後，海洋又會平靜下來。』那經濟學家的作為也太簡單，他們所負的職責也毫無意義。」

1880年 | 1890年 | 1900年 | 1910年

1883年
出生於英國劍橋，父親是知名經濟學教授約翰·內維爾·凱因斯。

1897年
就讀**私立伊頓公學**。

1902年–1906年
在劍橋國王學院**攻讀哲學、歷史、經濟及數學**。

1906年–1908年
任職於英國政府的**印度事務辦公室**。

1907年
首度加入**維吉尼亞·吳爾芙**以及當時英國藝文圈的菁英小團體**布魯姆斯伯里菁英集團**。

1911年–1945年
擔任《**經濟學雜誌**》主編。

1915年–19
為**英國財政部工**

反景氣循環的經濟政策

需求引導景氣

基本上市場需求是有限的，只有經濟繁榮期例外。就長期而言，需求決定景氣變化，進而決定經濟成長及繁榮與否。

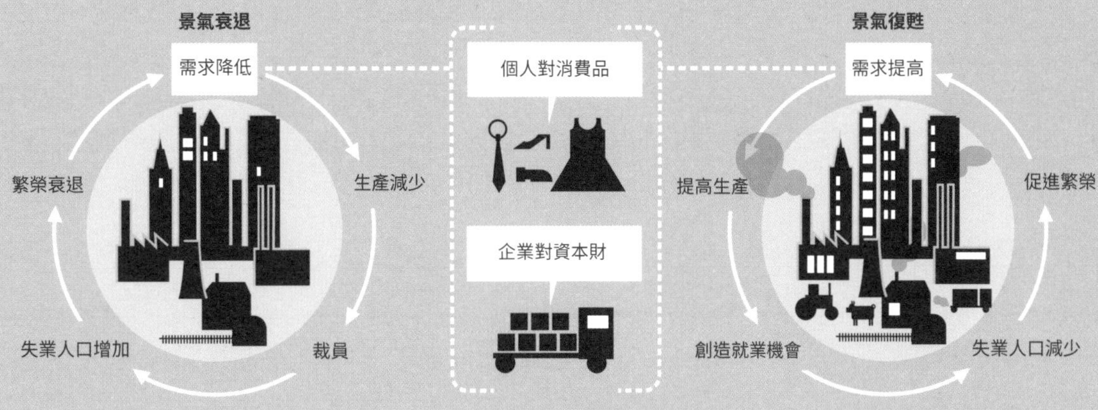

國家可以調節需求

如果市場景氣無法自我調升，凱因斯認為國家有很多政策能打破經濟螺旋式下滑狀況。
最重要的關鍵在於提高企業對資本財之需求。

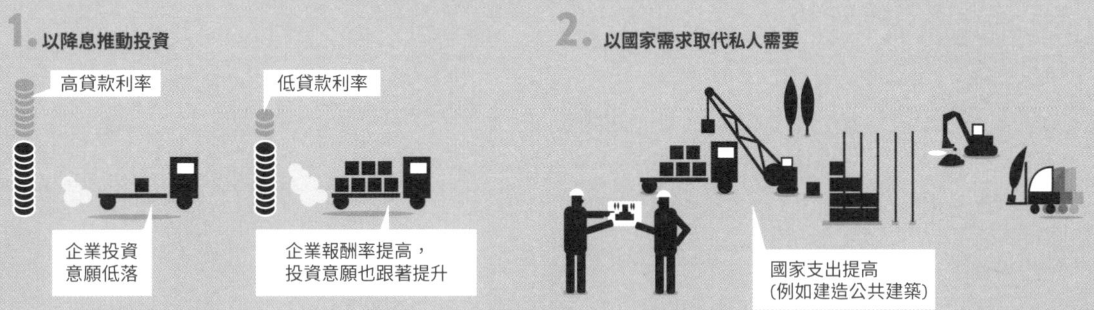

反循環引導

理性主導的經濟政策之思考模式及做法都是反循環的: 國家在景氣繁榮時應該節省，低迷時就該出手慷慨大方。

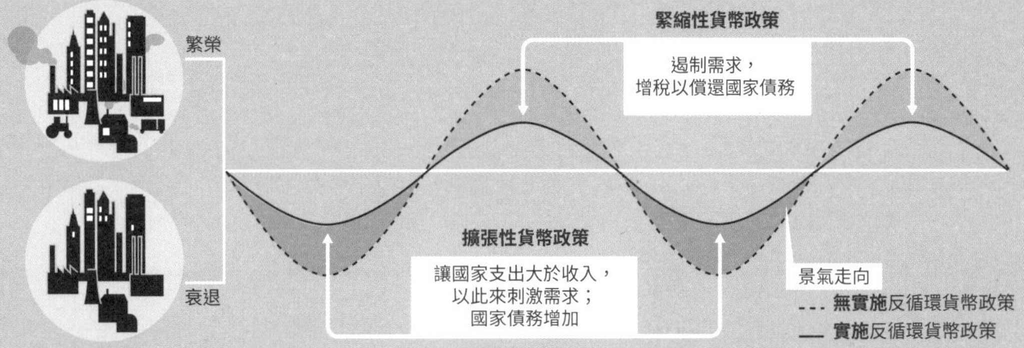

1920年

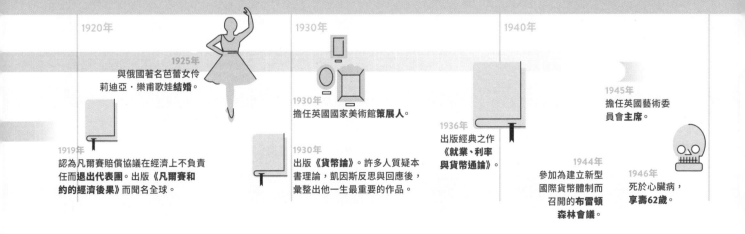

1919年
認為凡爾賽賠償協議在經濟上不負責任而**退出代表團**。出版**《凡爾賽和約的經濟後果》**而聞名全球。

1925年
與俄國著名芭蕾女伶莉迪亞·樂甫歌娃**結婚**。

1930年

1930年
擔任英國國家美術館**策展人**。

1930年
出版**《貨幣論》**。許多人質疑本書理論，凱因斯反思與回應後，彙整出他一生最重要的作品。

1940年

1936年
出版經典之作**《就業、利率與貨幣通論》**。

1944年
參加為建立新型國際貨幣體制而召開的**布雷頓森林會議**。

1945年
擔任英國藝術委員會**主席**。

1946年
死於心臟病，**享壽62歲**。

MILTON FRIEDMAN
米爾頓・傅利曼

傅利曼病逝後至今仍引起兩極反應，就如古人所云：「有多少敵人，就享有多大的威望。」傅利曼的理論核心是控制貨幣供給量能夠穩定經濟。對某些人來說，這位貨幣學派的開山祖師是自由主義的英雄，他的理論為個人自由發聲，能與信奉凱因斯主義、干預過多的社會福利國家相抗衡。但也有另一群人認為，傅利曼是全球資本主義下社會不平等的始作俑者，消滅了國家的行動力。

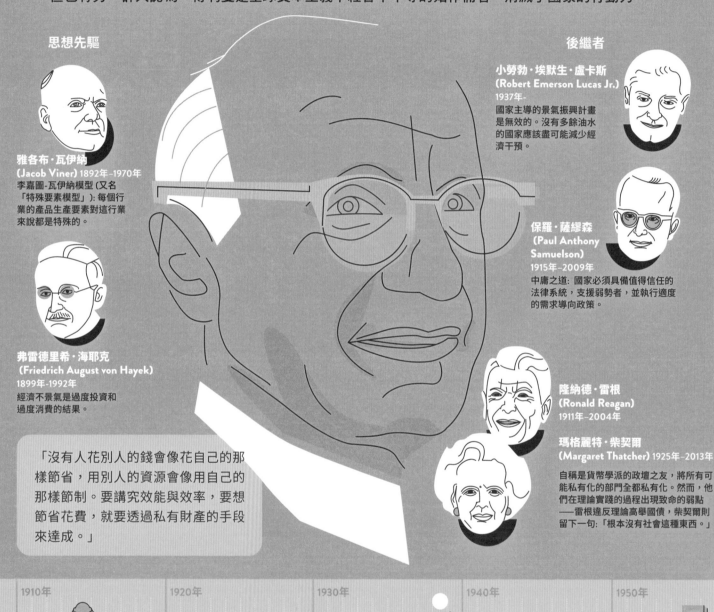

思想先驅

雅各布・瓦伊納（Jacob Viner） 1892年–1970年
李嘉圖-瓦伊納模型（又名「特殊要素模型」）：每個行業的產品生產要素對這行業來說都是特殊的。

弗雷德里希・海耶克（Friedrich August von Hayek）
1899年-1992年
經濟不景氣是過度投資和過度消費的結果。

「沒有人花別人的錢會像花自己的那樣節省，用別人的資源會像用自己的那樣節制。要講究效能與效率，要想節省花費，就要透過私有財產的手段來達成。」

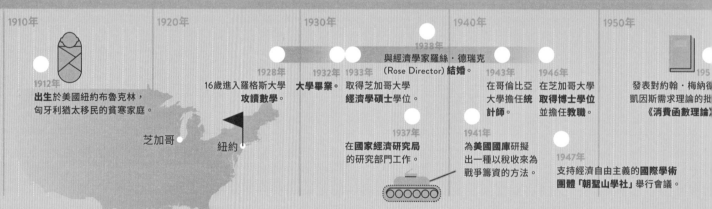

後繼者

小勞勃・埃默生・盧卡斯（Robert Emerson Lucas Jr.）
1937年-
國家主導的景氣振興計畫是無效的。沒有多餘油水的國家應該盡可能減少經濟干預。

保羅・薩繆森（Paul Anthony Samuelson）
1915年–2009年
中庸之道：國家必須具備值得信任的法律系統，支援弱勢者，並執行適度的需求導向政策。

隆納德・雷根（Ronald Reagan）
1911年–2004年

瑪格麗特・柴契爾（Margaret Thatcher） 1925年–2013年

自稱是貨幣學派的政壇之友，將所有可能私有化的部門全都私有化。然而，他們在理論實踐的過程出現致命的弱點——雷根違反理論高舉國債，柴契爾則留下一句：「根本沒有社會這種東西。」

1910年 1920年 1930年 1940年 1950年

1912年
出生於美國紐約布魯克林，匈牙利猶太移民的貧寒家庭。

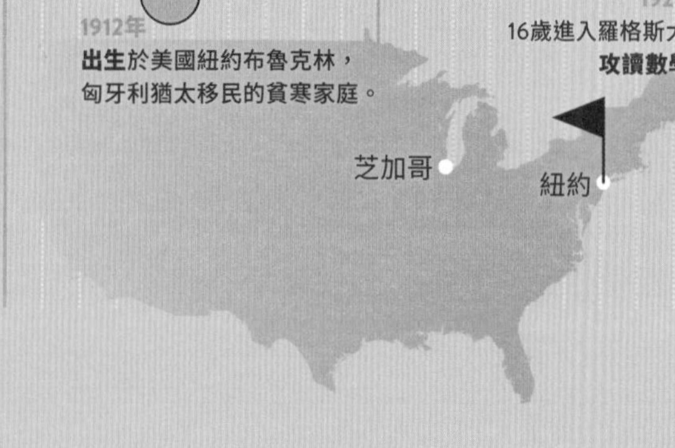

1928年
16歲進入羅格斯大學**攻讀數學**。

1932年
大學畢業。

1933年
取得芝加哥大學**經濟學碩士**學位。

1937年
在**國家經濟研究局**的研究部門工作。

1938年
與經濟學家羅絲・德瑞克（Rose Director）**結婚**。

1941年
為**美國國庫**研擬出一種以稅收來為戰爭籌資的方法。

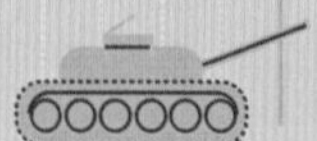

1943年
在哥倫比亞大學擔任**統計師**。

1946年
在芝加哥大學**取得博士學位**並擔任**教職**。

1947年
支持經濟自由主義的**國際學術團體「朝聖山學社」**舉行會議。

195
發表對約翰・梅納德
凱因斯需求理論的批
《消費函數理論》

狂印鈔票≠救治經濟的興奮劑

批判凱因斯主義

對於「以經濟刺激計畫來干擾經濟變化過程」這件事，傅利曼提出與凱因斯完全相反的觀點反駁。他認為：央行提供再多的錢也無法刺激經濟，因為若是整體的消費傾向不變，多餘的錢就只會進入政府官僚系統及消費者的存錢筒裡。

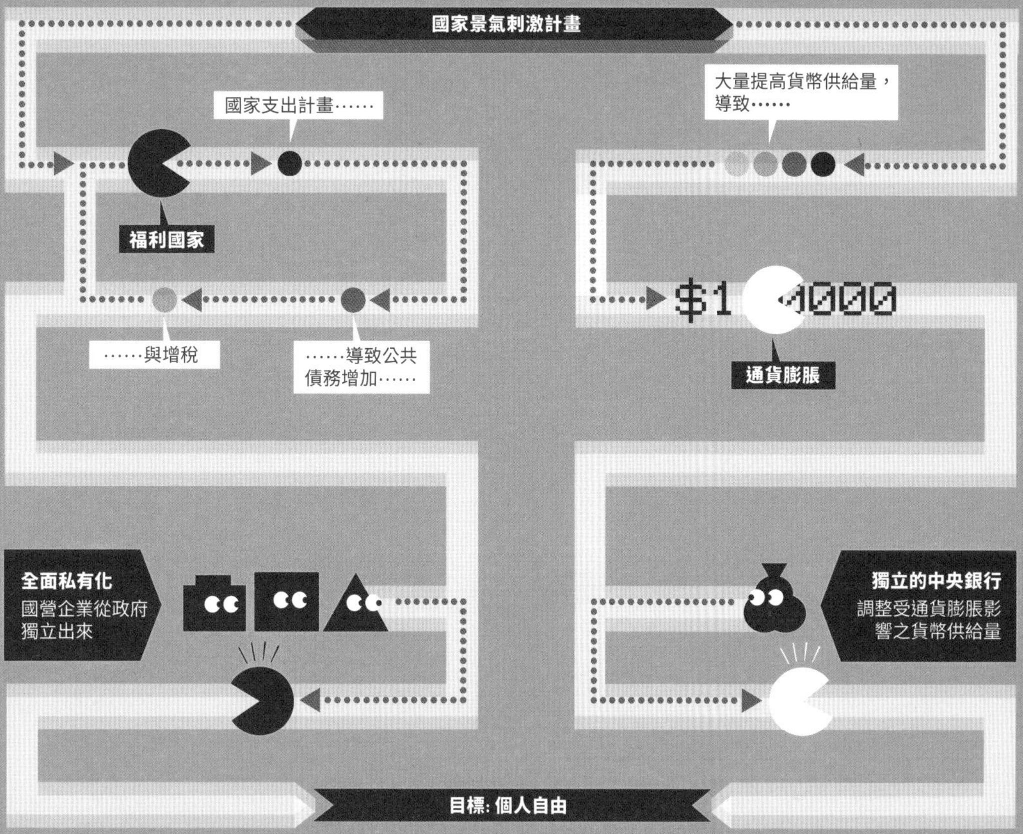

編注：以上圖解形式參考經典電玩《小精靈》的介面。玩家操縱缺角圓形的小精靈，要盡可能吃掉所有圓豆來得分，並躲避有眼小鬼魂的追殺。

傅利曼措施

貨幣供給量必須按照固定的規則緩慢增加，這樣經濟才可能穩定成長。貨幣供給量必須交由一個獨立的中央銀行來決行，而非選舉出來的政治人物。政治人物該做的，是將國營企業私有化。

政策主張：自由至上

傅利曼不僅在經濟上要求絕對的自由，在社會政策上也是。

*負所得稅：超過固定的收稅門檻者須繳稅，低於繳稅門檻者有權獲得補貼。

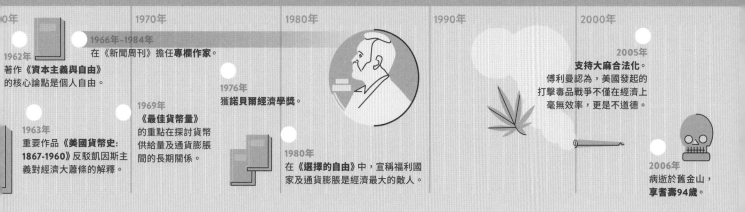

1960年 1970年 1980年 1990年 2000年

1962年
著作**《資本主義與自由》**的核心論點是個人自由。

1963年
重要作品**《美國貨幣史：1867-1960》**反駁凱因斯主義對經濟大蕭條的解釋。

1966年–1984年
在《新聞周刊》擔任**專欄作家**。

1969年
《最佳貨幣量》的重點在探討貨幣供給量及通貨膨脹間的長期關係。

1976年
獲諾貝爾經濟學獎。

1980年
在**《選擇的自由》**中，宣稱福利國家及通貨膨脹是經濟最大的敵人。

2005年
支持大麻合法化。傅利曼認為，美國發起的打擊毒品戰爭不僅在經濟上毫無效率，更是不道德。

2006年
病逝於舊金山，**享耆壽94歲**。

AMARTYA SEN
阿馬蒂亞·沈恩

經濟自由發展與個人的社會機會、貧困還有民主之間的關係如何？
這是印度裔哈佛教授、諾貝爾經濟獎得主阿馬蒂亞·沈恩終生探索的問題。
他的理論範疇介於經濟與哲學之間，但共同的目標明確又實際，
那就是到底該如何消弭世界各地的貧窮問題。

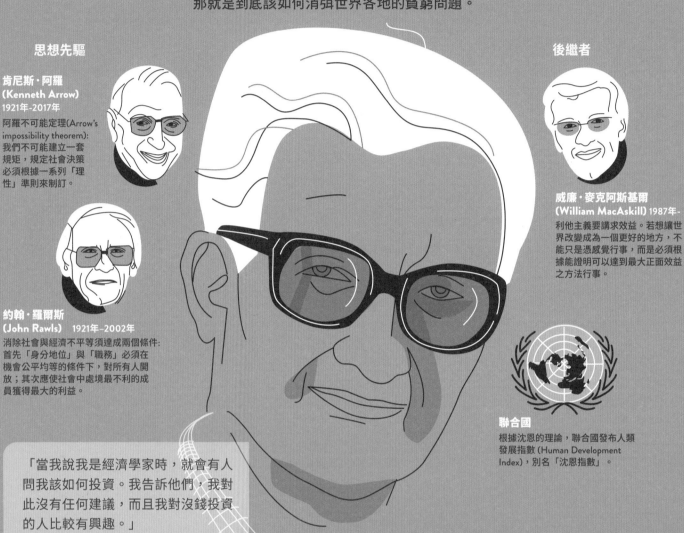

思想先驅

肯尼斯·阿羅
(Kenneth Arrow)
1921年-2017年

阿羅不可能定理(Arrow's impossibility theorem)：我們不可能建立一套規矩，規定社會決策必須根據一系列「理性」準則來制訂。

約翰·羅爾斯
(John Rawls) 1921年-2002年

消除社會與經濟不平等須達成兩個條件：首先「身分地位」與「職務」必須在機會公平均等的條件下，對所有人開放；其次應使社會中處境最不利的成員獲得最大的利益。

後繼者

威廉·麥克阿斯基爾
(William MacAskill) 1987年-

利他主義要講求效益。若想讓世界改變成為一個更好的地方，不能只是憑感覺行事，而是必須根據能證明可以達到最大正面效益之方法行事。

聯合國

根據沈恩的理論，聯合國發布人類發展指數(Human Development Index)，別名「沈恩指數」。

「當我說我是經濟學家時，就會有人問我該如何投資。我告訴他們，我對此沒有任何建議，而且我對沒錢投資的人比較有興趣。」

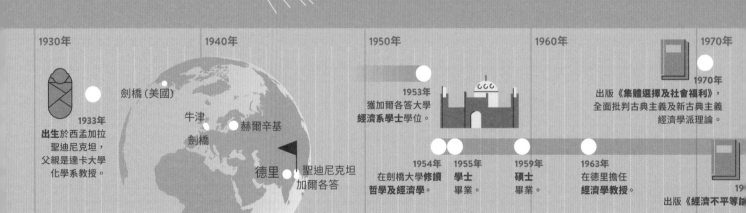

1930年 1940年 1950年 1960年 1970年

1933年
出生於西孟加拉聖迪尼克坦，父親是達卡大學化學系教授。

1953年
獲加爾各答大學**經濟系學士**學位。

1954年
在劍橋大學**修讀哲學及經濟學**。

1955年
學士畢業。

1959年
碩士畢業。

1963年
在德里擔任**經濟學教授**。

1970年
出版**《集體選擇及社會福利》**，全面批判古典主義及新古典主義經濟學派理論。

19
出版**《經濟不平等論**

讓全人類幸福的「正義經濟學」

以人為本

沈恩的理論重視個人能力及其發展機會，他認為人類不只追求利益，更為了追求幸福與社會認同而拚搏。至於古典經濟學理論中總是追求最大利益、想法與行動皆合乎理性的「經濟人」（*Homo economicus*），則被沈恩稱為「理性白痴」。

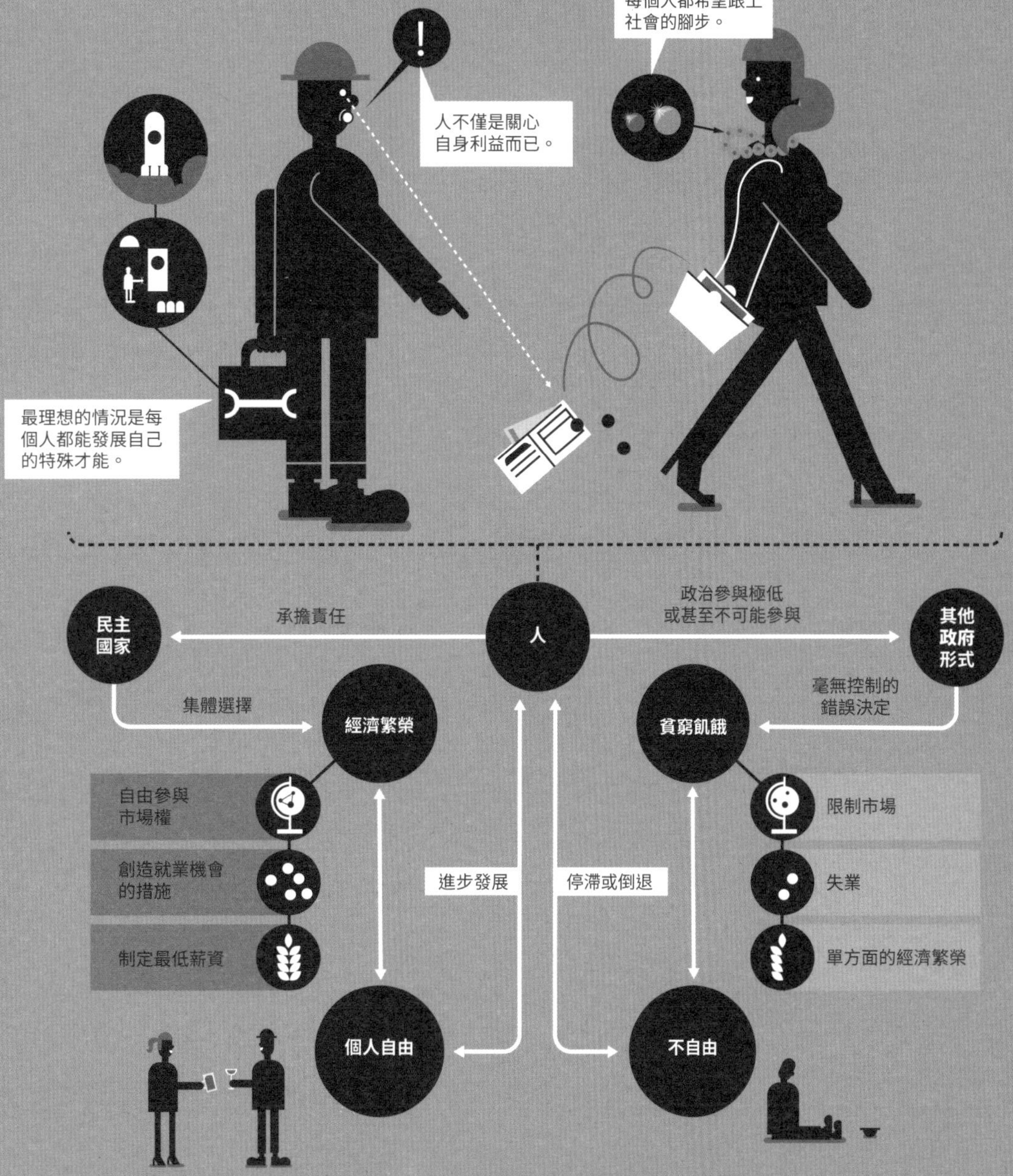

全球化及社會機會

經濟發展對沈恩而言，不只是平均每人所得的增長而已，還代表個人擁有更多的自由與發展機會。

就長遠來看，民主是實現財富（相對上）公平分配的最佳政府形式，因為窮人在民主制度裡至少還擁有投票權，能影響制定社會價值的公共討論。

1980年　1990年　2000年　2010年

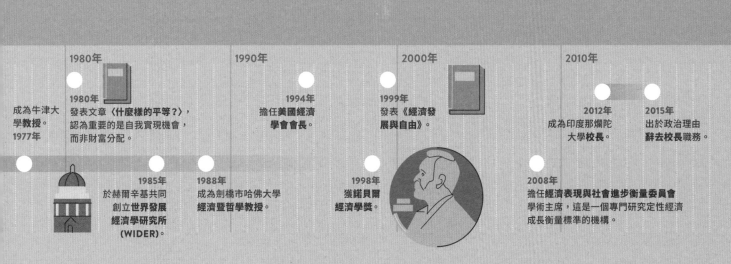

成為牛津大學**教授**。1977年

1980年
發表文章〈**什麼樣的平等？**〉，認為重要的是自我實現機會，而非財富分配。

1985年
於赫爾辛基共同創立**世界發展經濟學研究所（WIDER）**。

1988年
成為劍橋市哈佛大學**經濟暨哲學教授**。

1994年
擔任**美國經濟學會會長**。

1998年
獲諾貝爾經濟學獎。

1999年
發表《**經濟發展與自由**》。

2008年
擔任**經濟表現與社會進步衡量委員會**學術主席，這是一個專門研究定性經濟成長衡量標準的機構。

2012年
成為印度那爛陀**大學校長**。

2015年
出於政治理由**辭去校長職務**。

VI

環境與資源篇

永續性

·

資源

·

農牧業與食品製造

·

商業倫理

·

廢棄物及回收

·

環境經濟政策

·

綠色科技

與後代共好的永續發展

如今企業的公關部門太常濫用「永續性」這個字，實際作為卻不得要領，使其流於空泛的口號。在社會、生態與經濟這3個層面上，這些企業所宣稱的「永續性」違背了這個字原本真正的概念。為了解決這些問題，我們必須盡快讓價值創造的過程不再牴觸社會發展及環境保護。

1713年

卡洛維茲(Hans Carl von Carlowitz)用德文提出「永續」(Nachhaltigkeit)的概念,用來批判薩克森地區森林的濫伐。

「唯願這塊土地上最偉大的藝術、學術、勤勞以及所有機構,都能站在保育栽培木材的立場,維持一種持續且永久的使用方式。因為若不如此做,無可避免地,這塊土地無法再保持它的本性。」(出自《森林經濟學》[*Silvicultura oeconomica*])

這是人類首度明確提出永續性的核心想法。

1972年

羅馬俱樂部(Club of Rome)發表研究報告《增長的極限》(*The Limits to Growth*)。

核心論點是:「若世界人口、工業化、環境汙染、食品生產及自然資源的開發繼續如今日這般發展下去,地球將在下一個世紀面臨發展的絕對極限。」

這篇報告引起眾多辯論,其中最重要的一個問題是:經濟活動是否能像今日這般繼續持續下去?

所謂的「發展極限」在學理上受到眾多的批評,從對永續性的探討來看,這個研究報告立下一座歷史里程碑。

1987年

聯合國布倫特蘭委員會(Brundtland Commission)從兩個角度定義何謂「永續發展」:

一、所謂「永續發展」是一種能滿足當前需求,但不會使下一個世代無法滿足他們需求的發展方式。

二、基本上,永續發展是一種不斷變遷的過程,其中資源開發、投資目標、技術發展方向及制度結構變化彼此互相調和,提高當前及未來的潛力,以滿足人類的需求與志向。

許多國家或國際設立的永續委員會接受上述說法,並將其化成「三重底線模型」(Triple Bottom Line),英文常改寫成3P,代稱須保持平衡關係之三者:人(People)、地球(Planet)與利潤(Profit)。

製造業的常用元素表：從稀土、寶石到水泥

截至目前為止，地質學家及化學家共發現了約5,000種不同的礦物資源。下圖列出對製造業最重要的礦物，並按需求量排序。附帶一提，全球經濟發展的水泥消耗量是貴重類金屬碲的4.1億倍，後者常用在鋼、銅及鉛合金的精煉上。

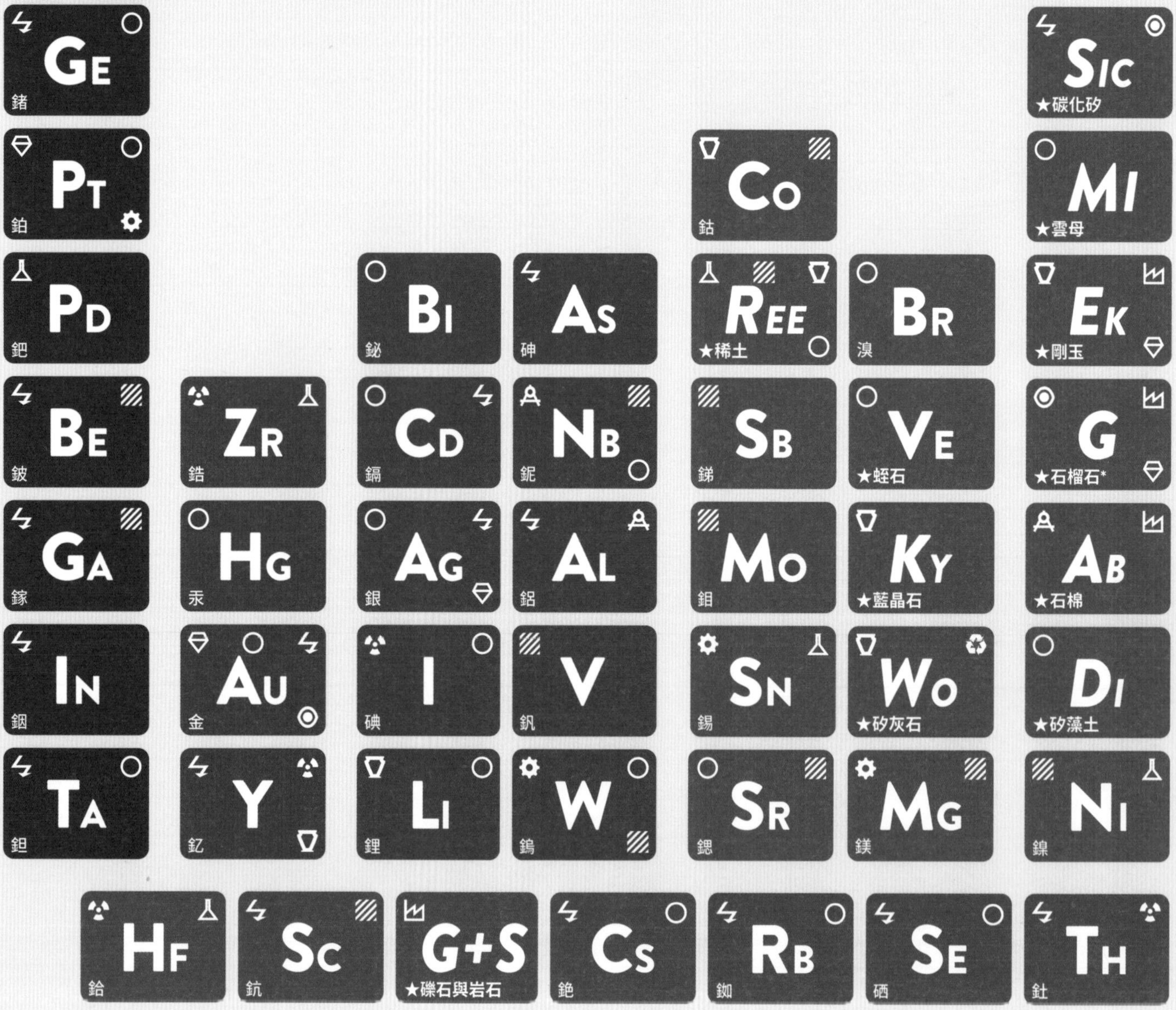

產量對照表(資料年分: 2015年)

方格底色對應下表產量，「★」標示代表非元素礦物，
「*」標示代表為工業合成物質。

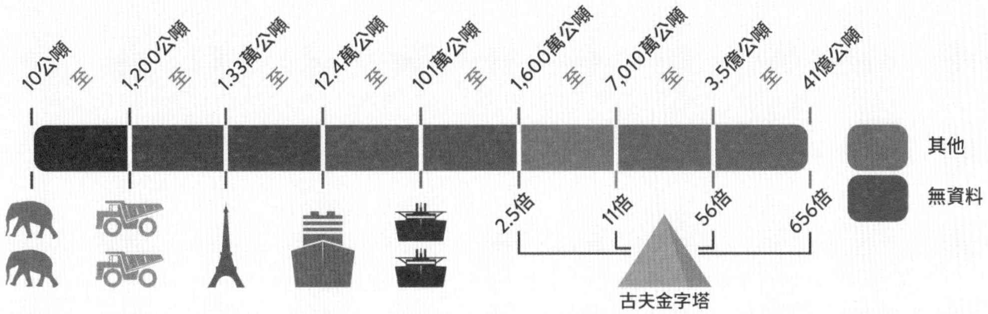

主要應用範圍

- 化學
- 電子
- 工業
- 陶瓷
- 核能
- 營建
- 冶煉
- 機械製造
- 槍械、彈藥
- 光學
- 塑膠
- 飾品
- 其他

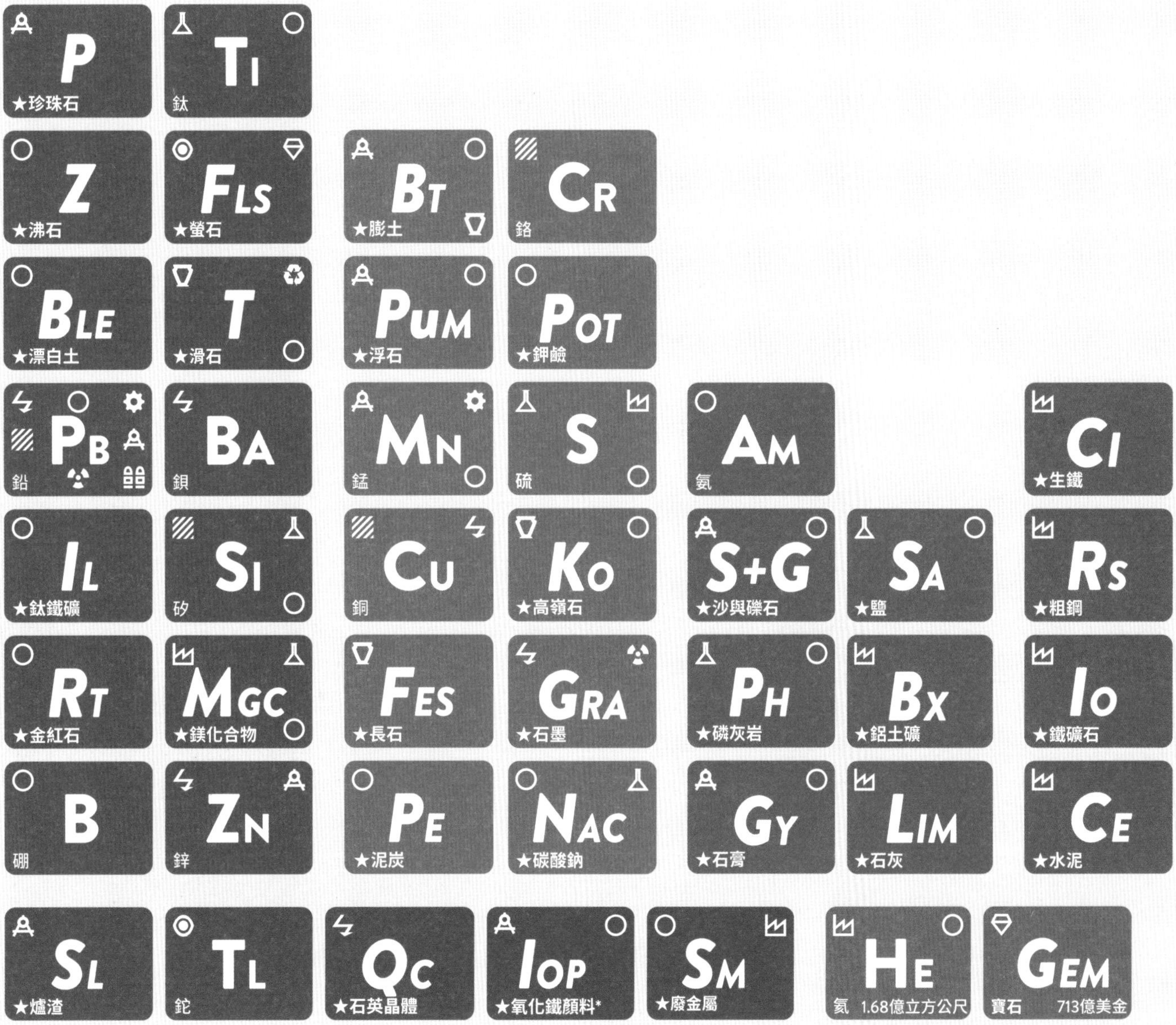

我們還剩多少燃料？

化石燃料推動了工業革命及今日的交通便利，核能也曾享有「最乾淨的未來能源」之美譽，如今全球90%用電量皆使用天然氣、石油及鈾來發電。可是我們知道，雖然充沛的能源是經濟繁榮發展的重要助力，但同時化石燃料與核能也帶來氣候暖化、核熔燬及核廢料存放的詛咒。以下所示為能源轉型前的現況。

2015年各區能源剖析
(單位: 艾焦耳 [EJ])

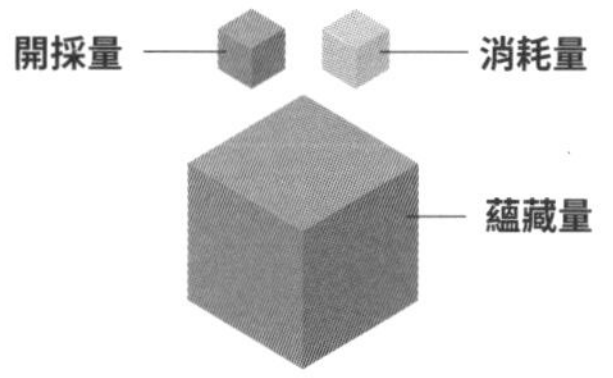

鈾

1789年，德國化學家克拉普羅特(M.H. Klaprot)發現這種放射性元素。1954年蘇聯在奧布寧斯克設立首座營運供電的核能發電廠，如今全球約有450座核電廠運轉中。

石油

早在古典時期石油便被當成營建原料以及油燈燃料，但遲至19世紀中期開始，才進行系統性的開採及精煉。

天然氣

天然氣的主要成分是易燃的甲烷，早在西漢時期中國人便從地底開採「火井」(天然氣井)，還用來開採鹽礦。所有化石燃料中，天然氣是最環保的。

煤

褐煤及硬煤(又分為煙煤和無煙煤)在全球藏量頗豐，開採的費用也相對低廉。可惜的是，燃煤轉換能源的方式是造成全球碳排量大增的主因。

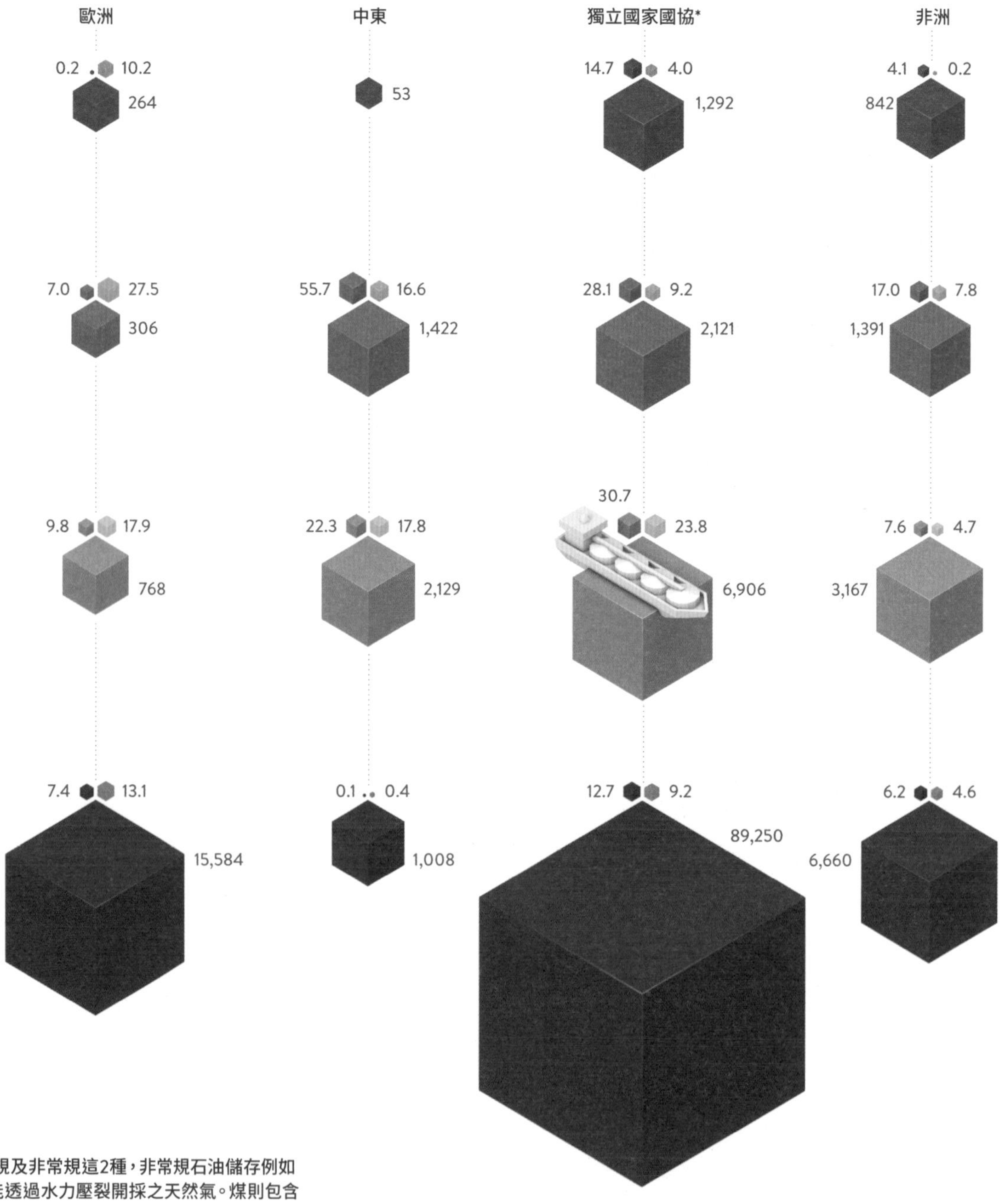

圖中石油及天然氣的儲存量包含常規及非常規這2種，非常規石油儲存例如油砂或油頁岩；非常規天然氣則是能透過水力壓裂開採之天然氣。煤則包含褐煤及硬煤。

*獨立國家國協成員多為前蘇聯國家(例: 俄羅斯)。
**以上數據皆為估計值，可能有捨入誤差。

全球在 2015 年初級能源消耗量為 **544.4 艾焦耳**。(2020 年為 556.6 艾焦耳)

德國在2015年初級能源消耗量為**13.3艾焦耳**。

什麼是初級能源消耗量?

就嚴格的物理學定義來說,能源不會消耗,只會轉換而已。儘管如此,經濟學家還是如此定義:一個經濟體的初級能源消耗量是由最終能源消耗量加上產生可使用(即轉化)能源時的耗損所組成。

1艾焦耳(EJ)蘊含多少能量?

為了讓圖中各化石能源載體可以相互比較,圖示皆以艾焦耳為單位。1焦耳等於人類心跳1下所需的能量,1艾焦耳則是100萬兆焦耳(10的18次方),相當於3.4億人終生心跳耗能之總和。

2015年德國初級能源耗費量(按能源種類劃分之百分比)

礦物油	硬煤	褐煤	天然氣	可再生燃料	核能	其他
33.9%	12.7%	11.8%	21.1%	12.5%	7.5%	0.4%

2020 年台灣初級能源耗費量為2.98艾焦耳(按能源種類劃分之百分比)

石油	煤	天然氣	核能	其他
47%	30.0%	15.0%	6%	2%

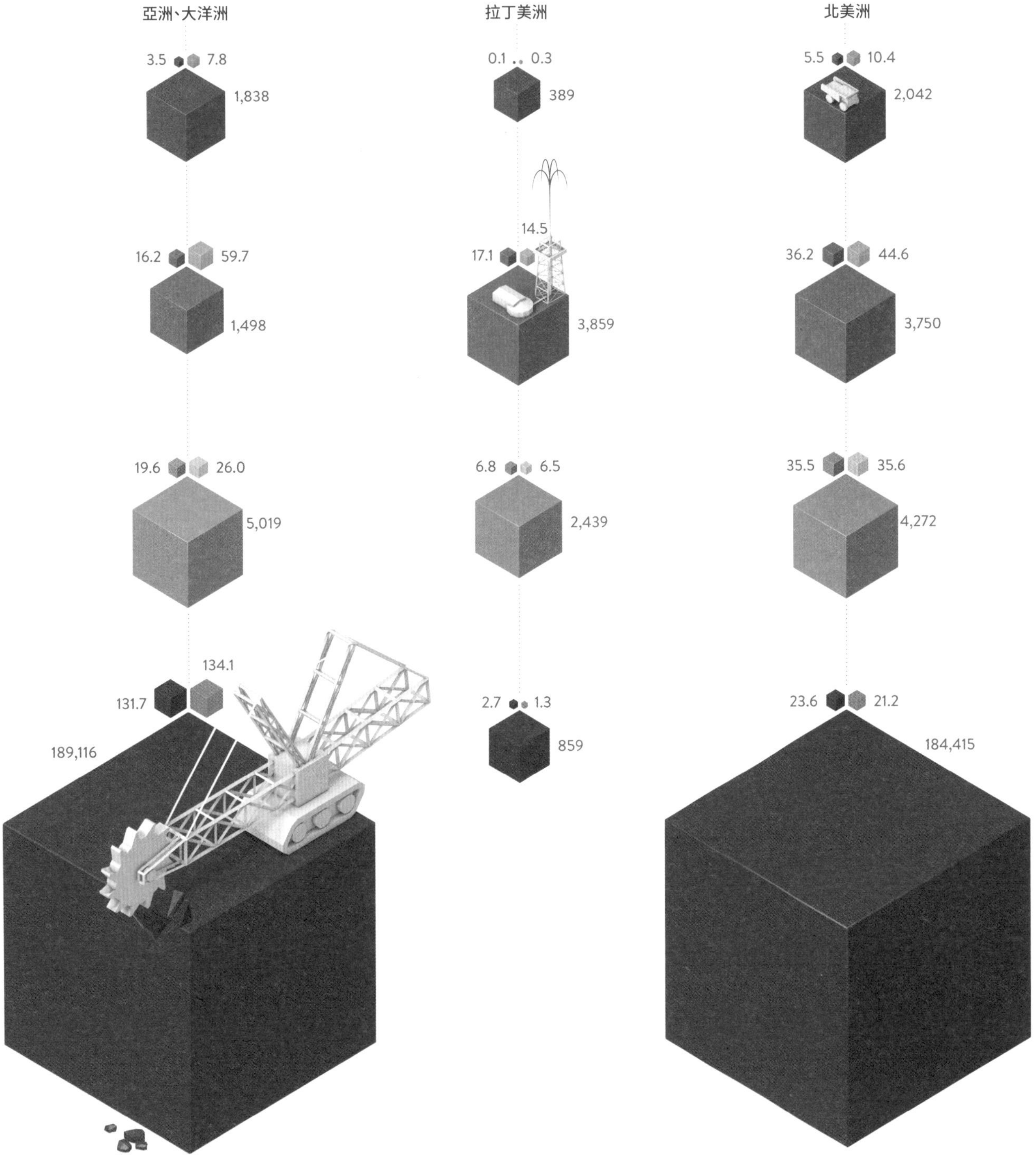

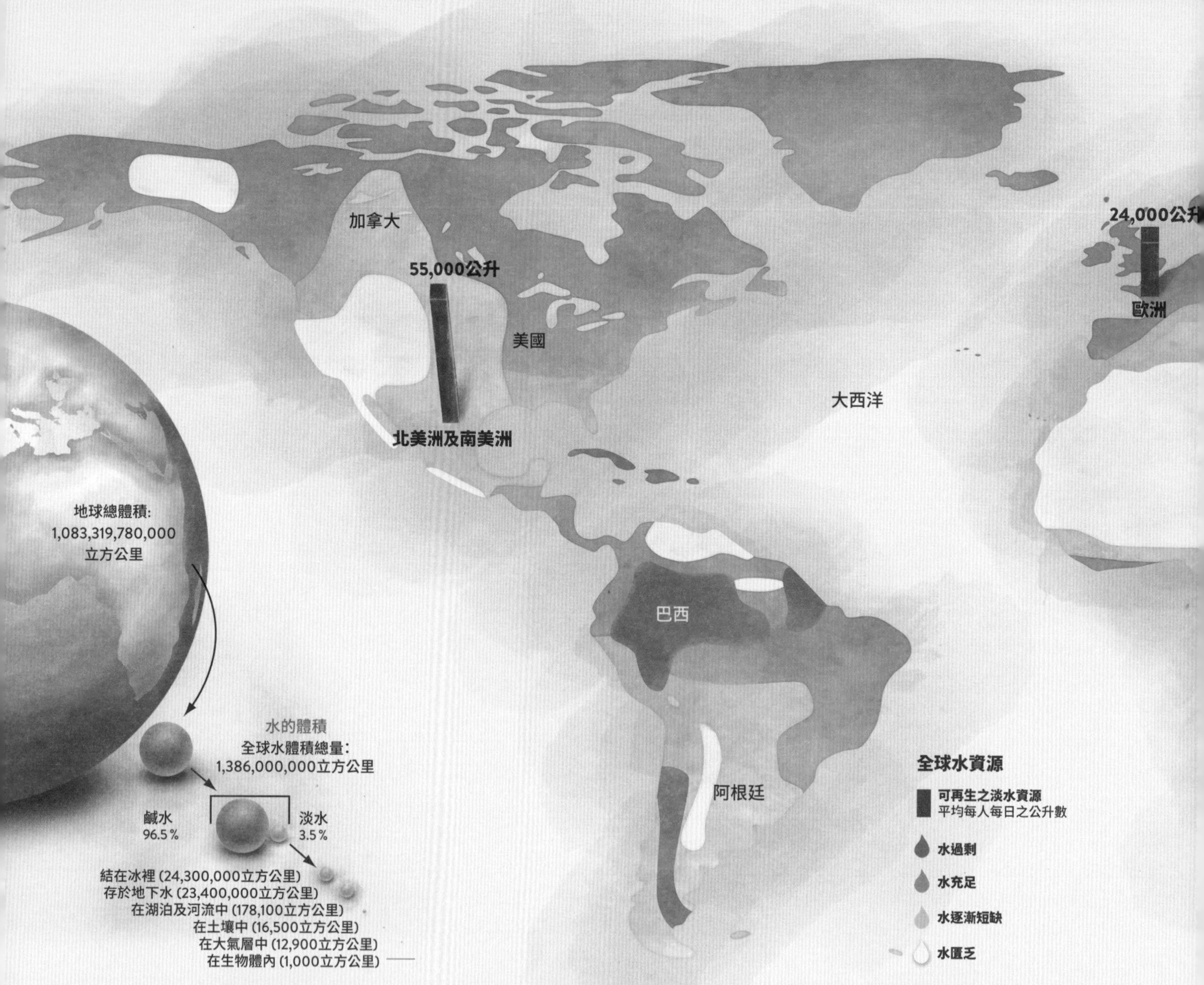

水的價值

水是生命之泉，也是非常有價值的經濟財，人們為水而戰已有數千年的歷史。倘若沒有水，我們就不可能發展農業，無法捕魚，不能靠河流運輸，沒有磨坊水車也沒有鋼鐵工業，不會出現蒸汽機，沒有下水道系統，沒有供暖的熱水管道，伺服器農場也沒了冷卻系統。

少了水，人類的文明大概不會有任何進展，甚至無法生存，而人們總是在缺水時，才會意識到水是多麼珍貴。

德國各行業 / 部門用水量

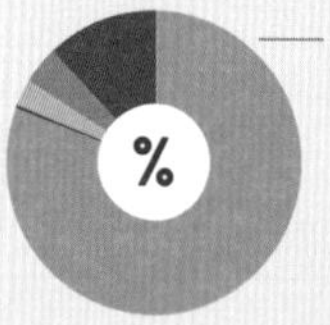

%	
12.0 ■	熱力發電廠
4.1 ■	採礦及製造業
2.8 ■	公共供水系統
0.1 ■	農牧業
81.0 ■	未使用

台灣用水量

2019年共使用167.4億立方公尺，分別用於:

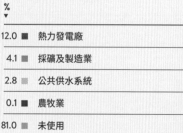

2015-2018年每人年用水量之跨國比較

單位: 立方公尺

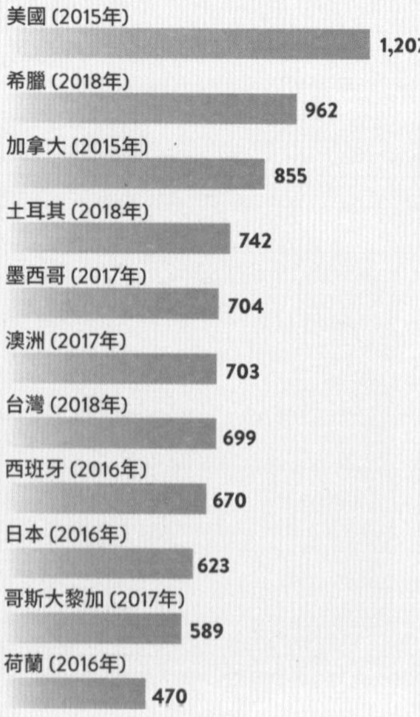

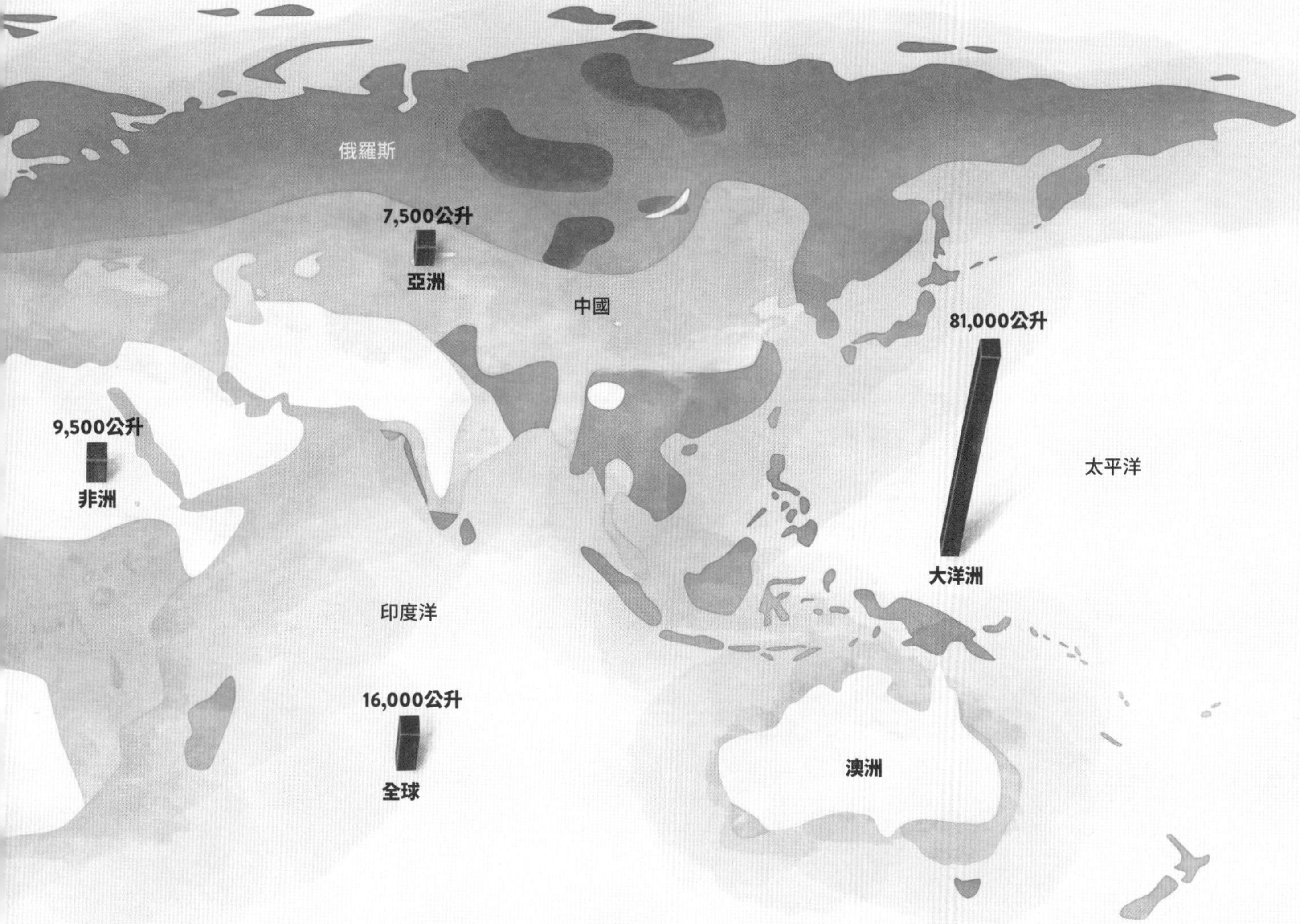

日常生活用品所消耗之虛擬水量

所謂「虛擬水」(有時也稱「潛在水」)是指產品製造時所消耗的實際水量。

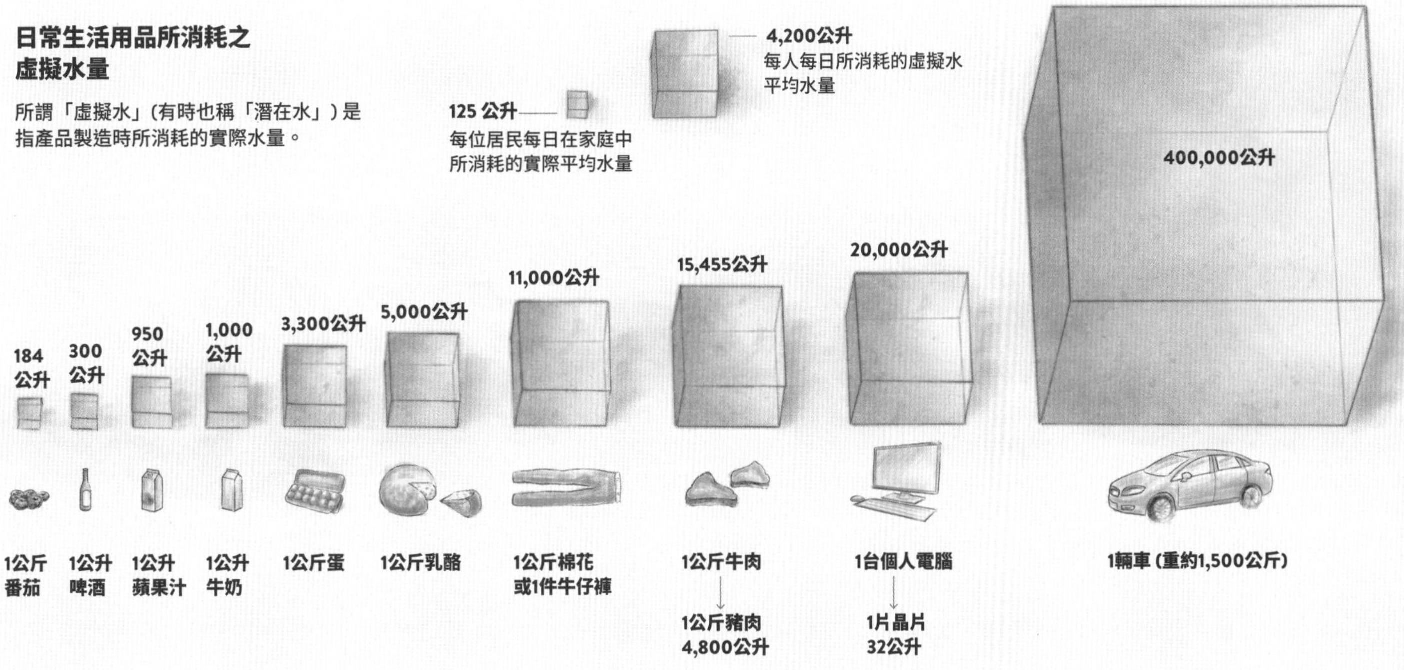

民以食為天

俗話有云：「最笨的農夫收割最壯碩的馬鈴薯。」對於這句話，有兩點可吐槽：第一，這當然是胡說八道；第二，就算是真的，也沒什麼大不了的，因為牛奶、米、大豆及其他許多植物原料，在全球農牧業中所扮演的角色都比馬鈴薯更重要。

2018年全球最重要的農產品之產值與產量

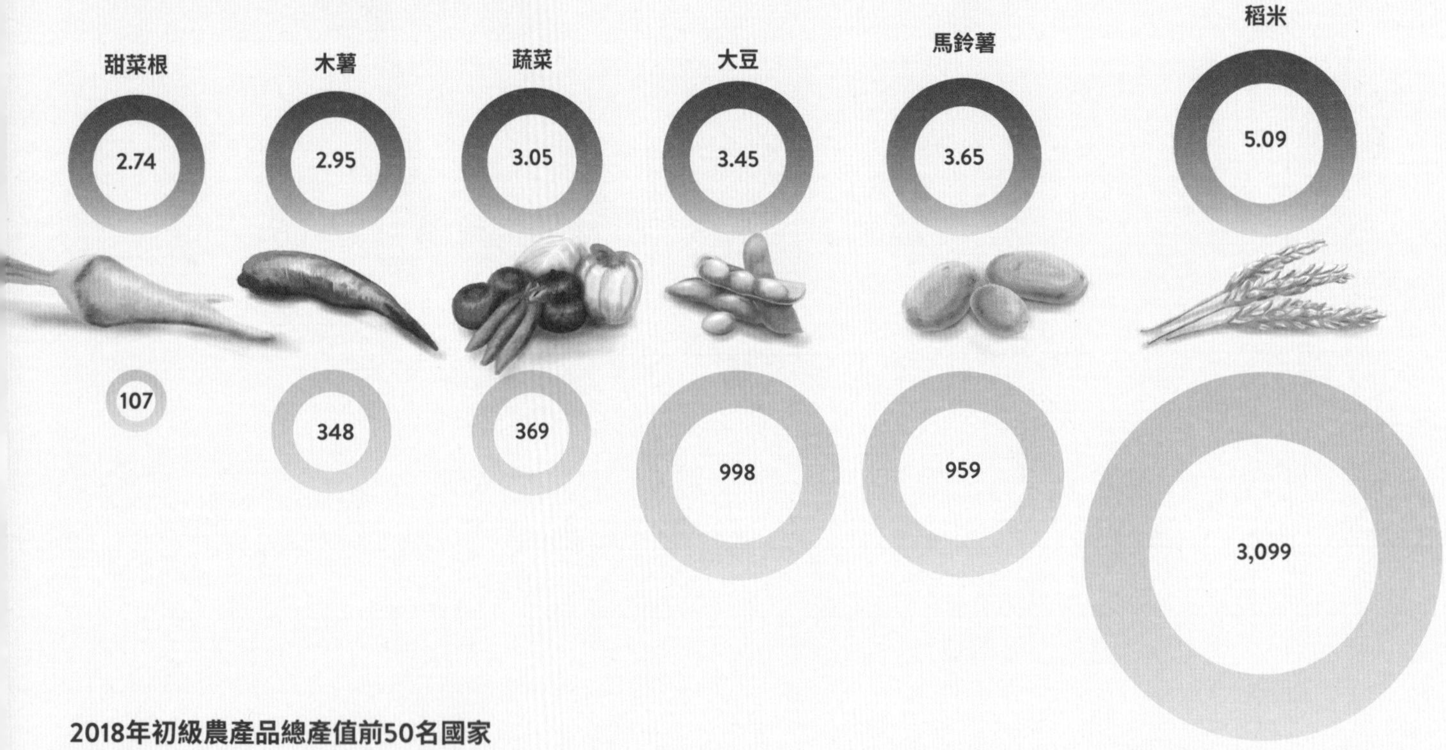

2018年初級農產品總產值前50名國家

單位：億美金

各地區農產品占國內生產毛額之比例 (1970年-2013年)

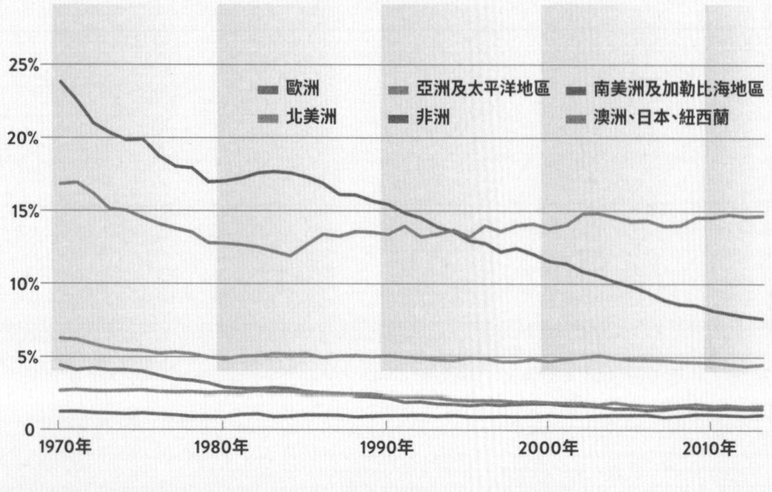

2018年初級農產品出口及進口大國

單位：億美金

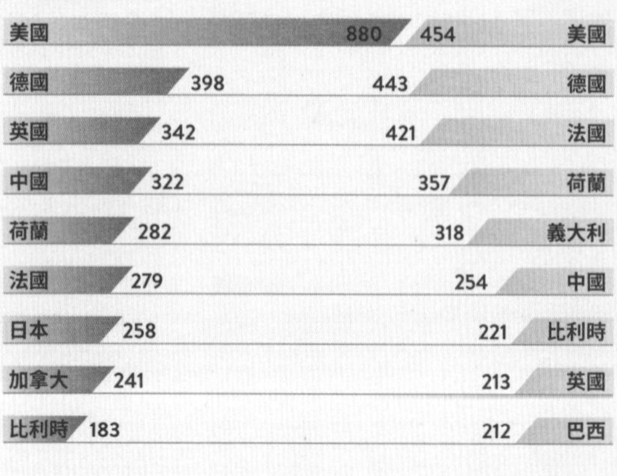

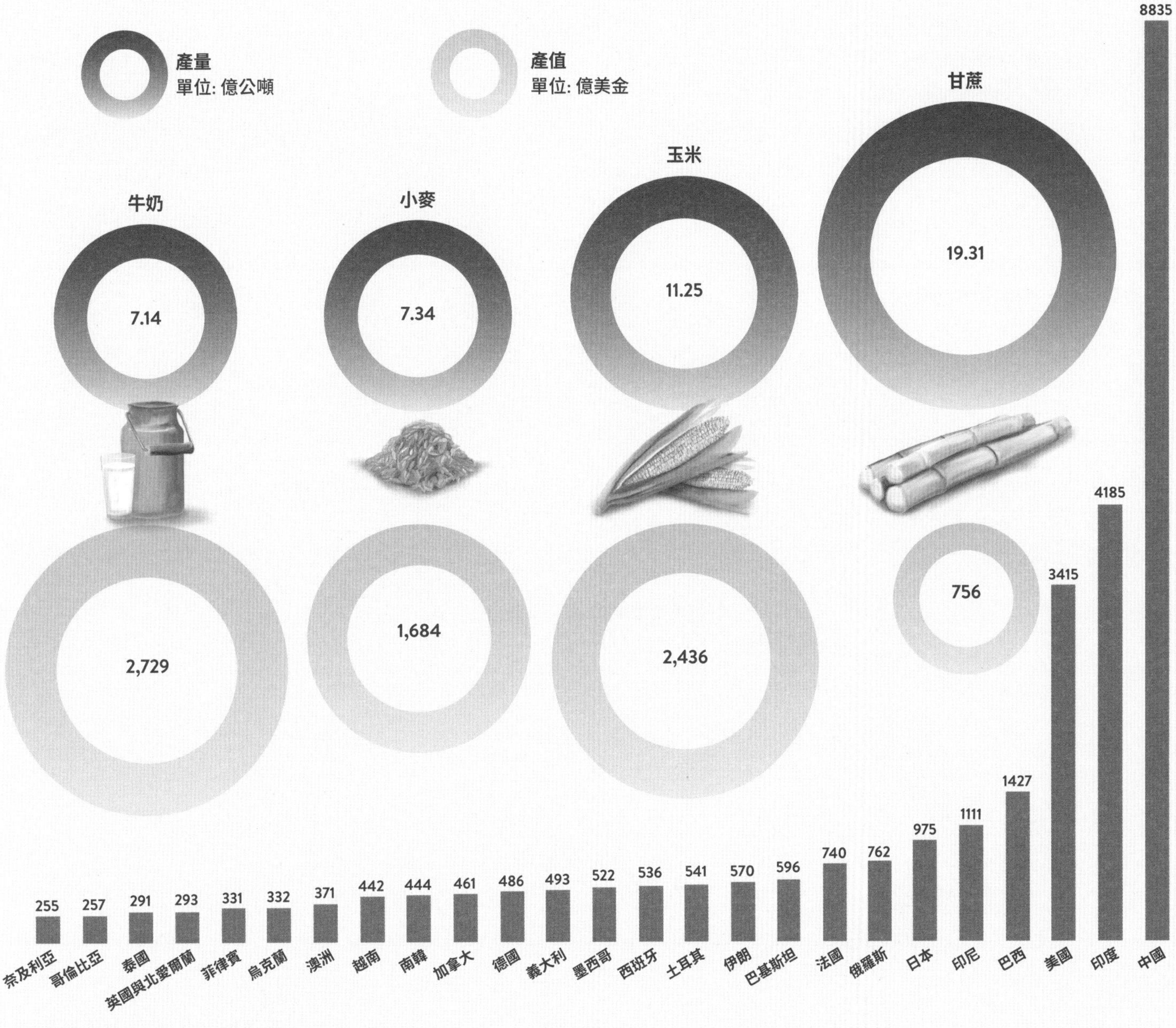

食品價格波動圖（按產品種類劃分）

2002~2004年價格=100

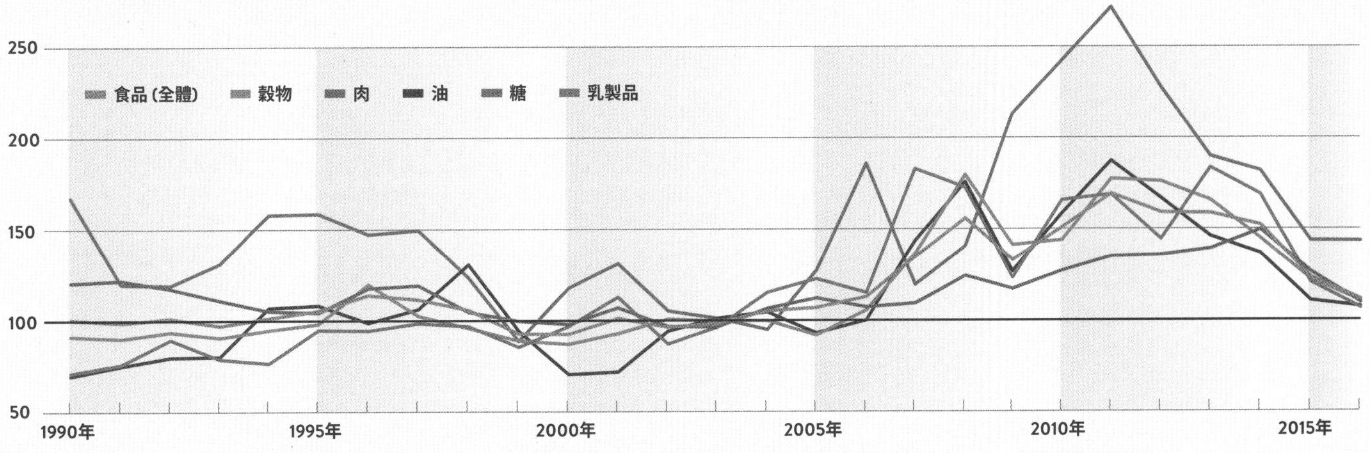

有機農產品：成長中的綠色良心

近幾十年來，有機農產品的經濟成長只漲不跌，可以看出有機產品已成消費趨勢。只要掛上「有機」二字，就必定會有市場，對許多顧客來說，價格並非第一考量，因此目前有機商品市場所面臨的最大發展阻礙，其實在於種植面積的拓展幅度無法跟上。

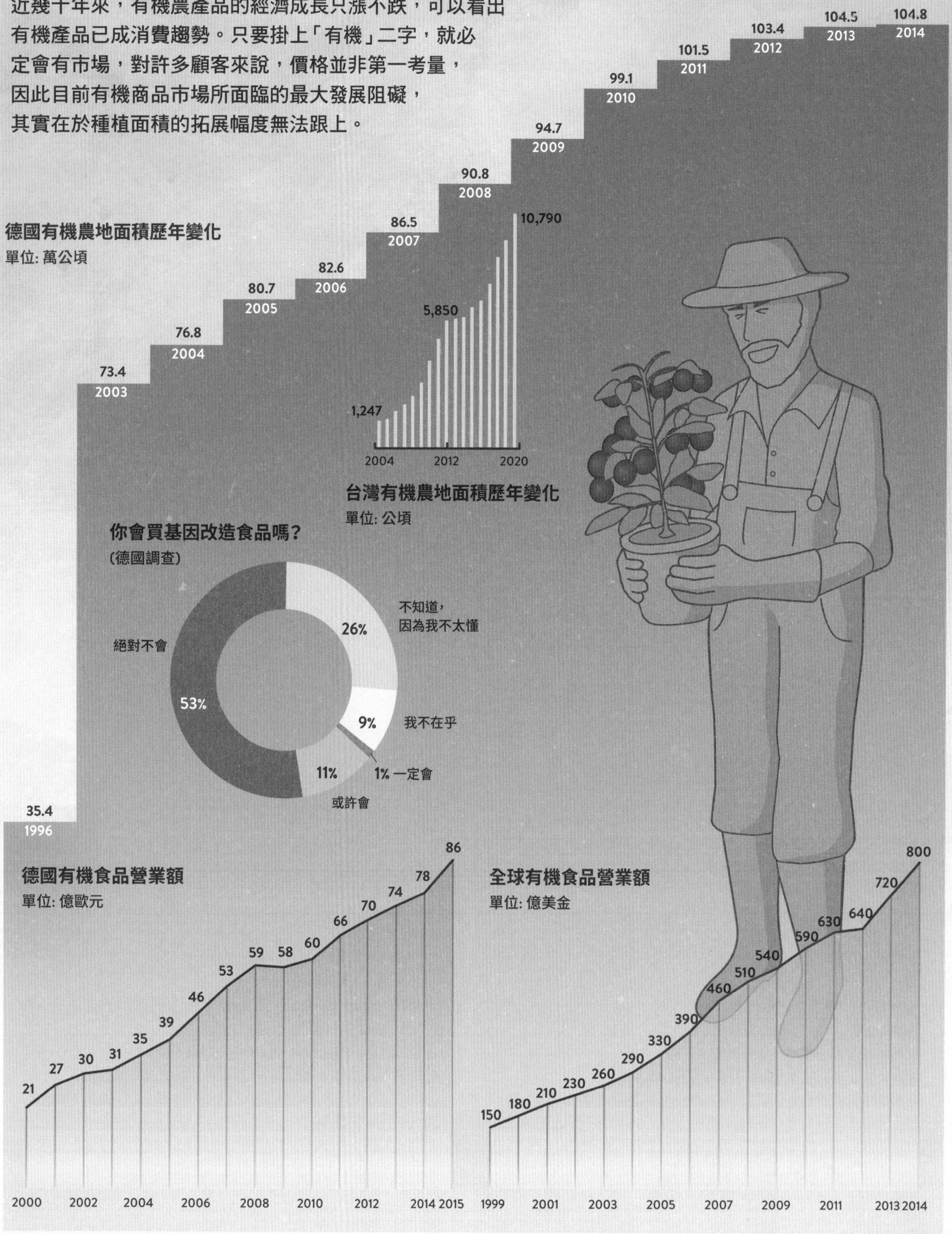

綠色基因技術

基因改造的植物在歐洲並不受歡迎，但是過度強調對人類及生態環境造成的風險，使歐洲人忽略了農牧業創新技術所帶來的可能性。其他地區的人對於基改植物有不同的看法，特別是在那些糧食生產不夠餵飽所有人的地方。

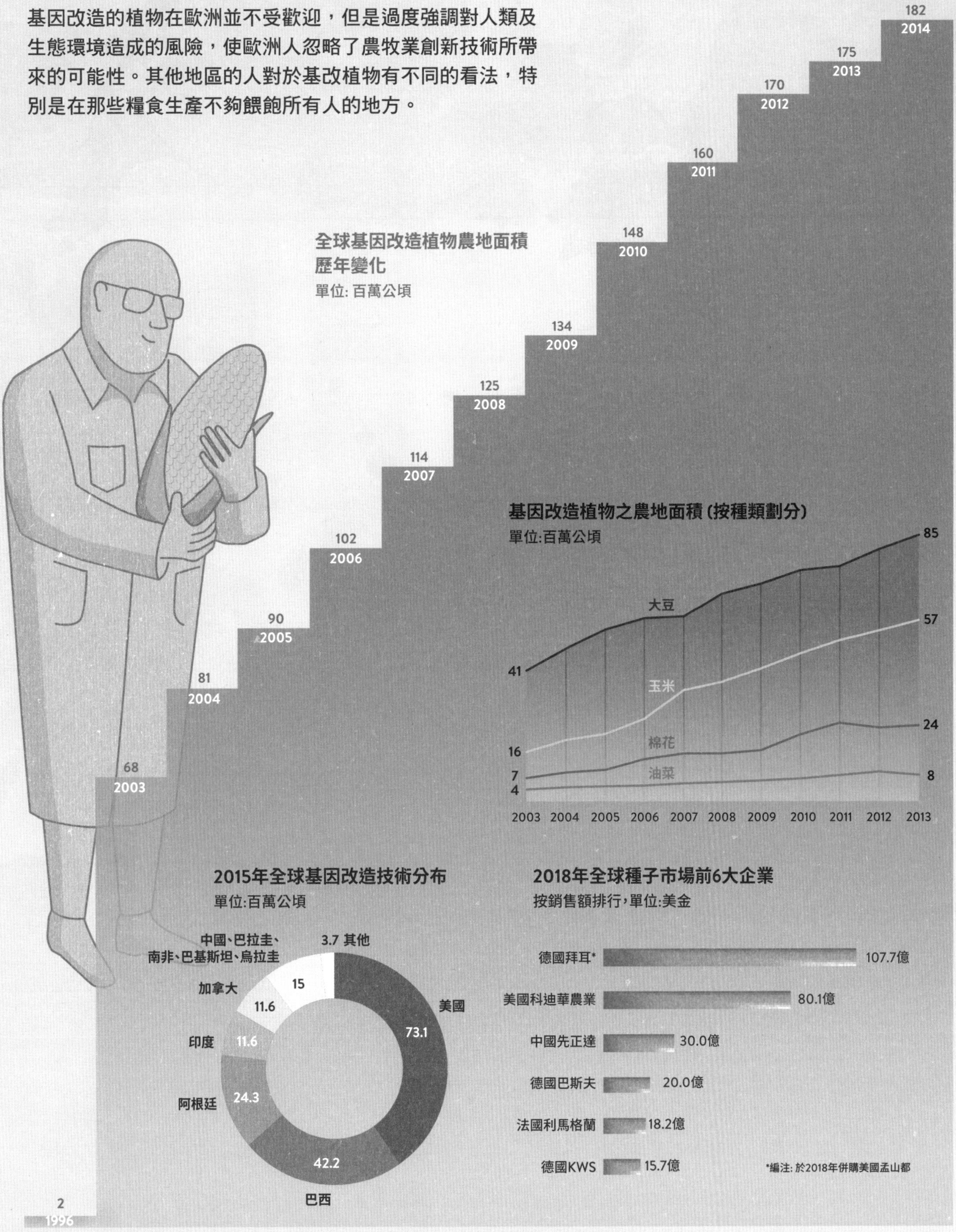

我們與公平貿易的距離

若消費者的購物行動真與他們接受問卷調查時所宣稱相同，那麼這世上商品應該都非常環保、有機，而且沒有剝削任何勞工。但實際上多數消費者在拎著購物籃時，腦中只有一個選購原則，那就是「便宜」。消費者的謊言特別顯示在公平貿易的產品上，儘管這類商品的營業額有所提升，市占率卻仍維持在可笑的小數點後三位。

2005-2014年
公平貿易產品營業額成長
+37%

2005-2012年
消費品營業額成長
+12%

以下內容為德國市調

「如果動物能夠受到好一點的待遇，我願意在肉類食品多花一些錢。」

79% 同意這種說法，並認為這點「重要」或「頗重要」。

「發電方式當然要夠環保才行！」

81% 認為以環保的方式發電是重要或很重要的。

德國有機豬肉市占率:

22% 德國使用綠色電力家庭之百分比

「對我來說，廠商是否具備社會及倫理意識很重要！」

48% 同意者宣稱：產品製造商在社會及生態環保上是否負責，在購買產品時是重要的考量。

公平貿易咖啡市占率

2017-2019年
全球各類公平貿易產品銷售量
單位：公噸

	茶	棉花	可可豆	咖啡（生豆）	（蔗）糖	香蕉
2017年	10,724	8,311	214,662	214,106	207,222	641,727
2018年	9,864	10,172	260,628	207,158	199,517	686,603
2019年	8,041	10,265	233,497	218,162	175,855	747,425

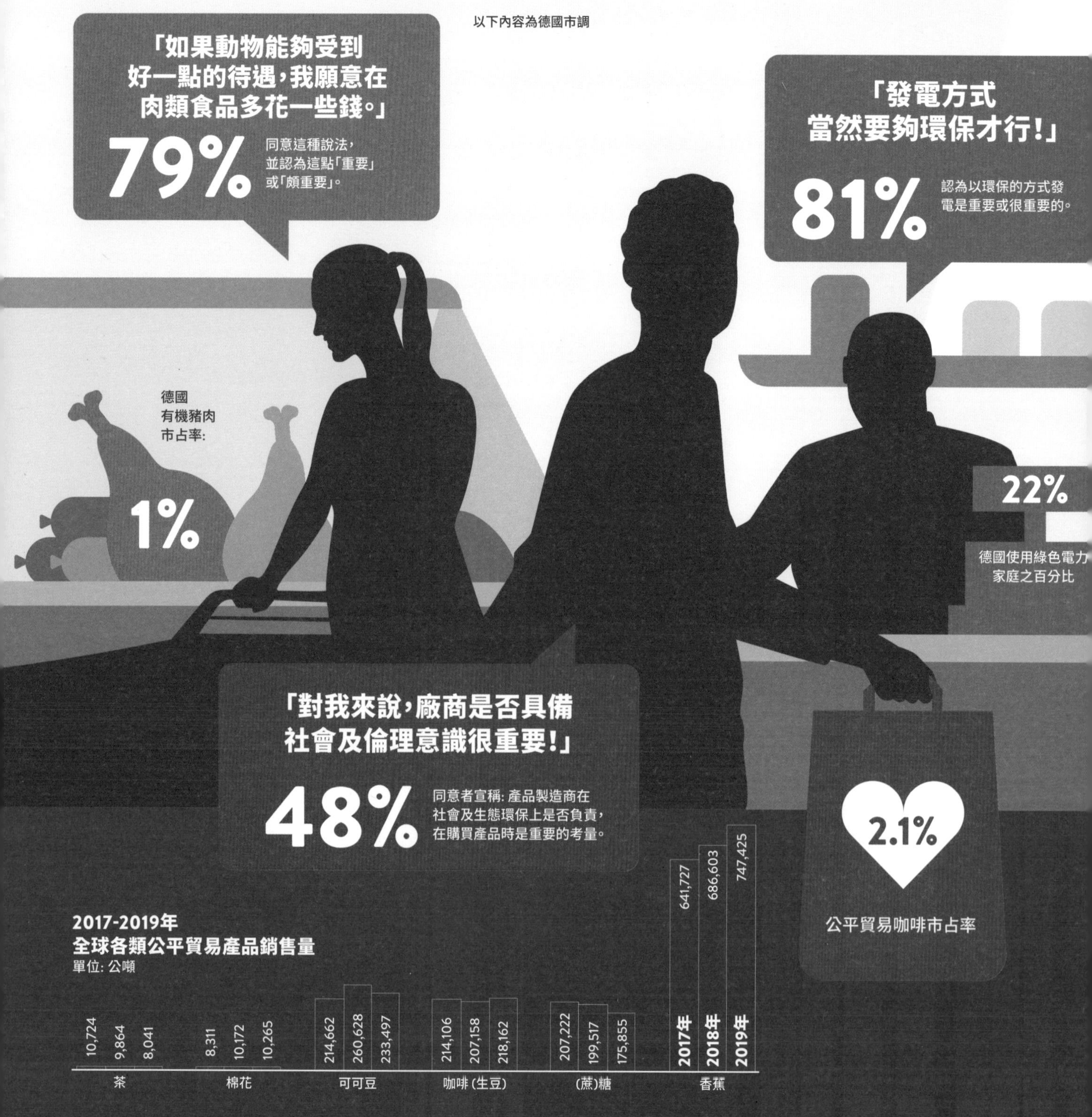

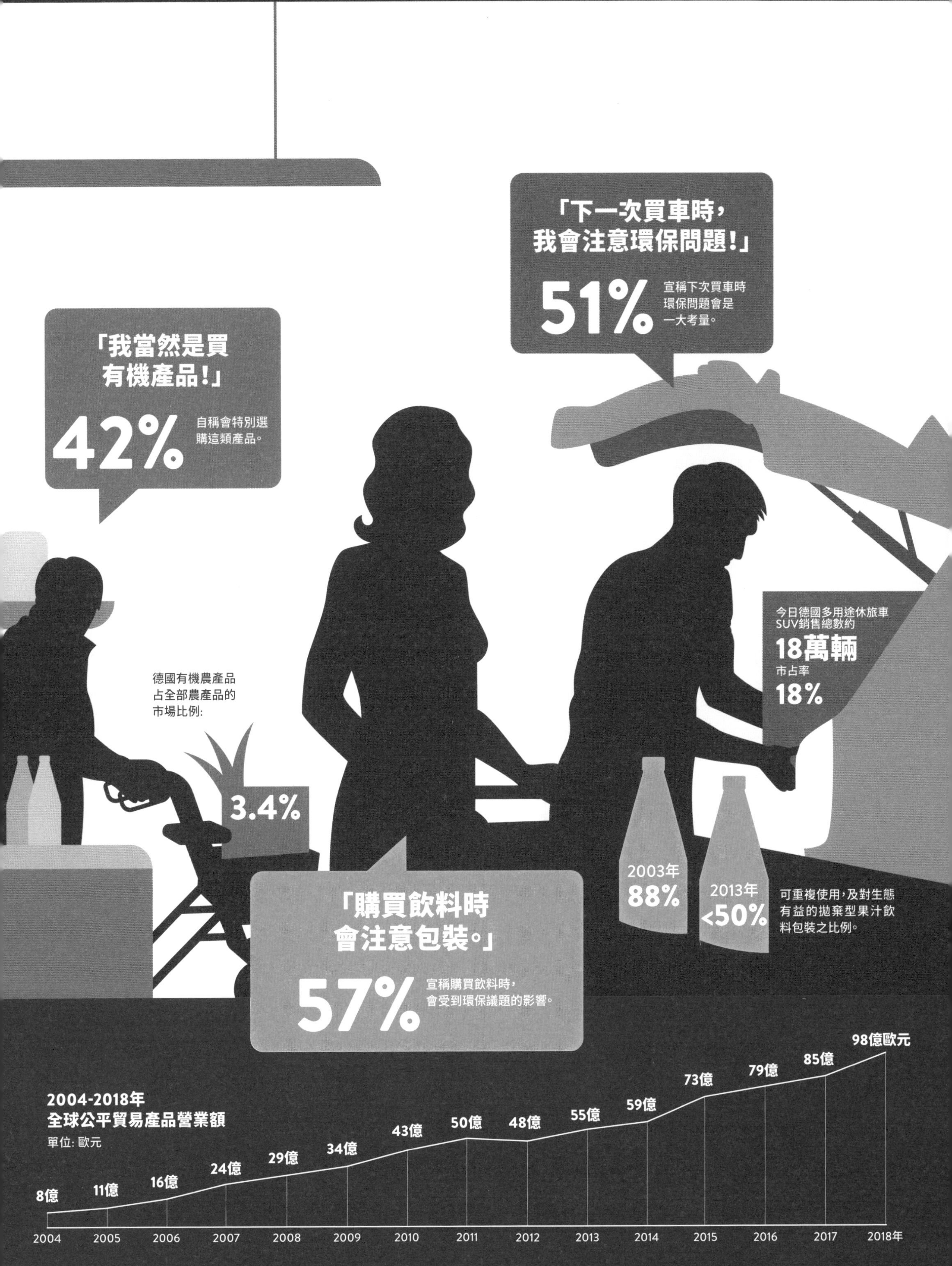
「下一次買車時，
我會注意環保問題！」
51%
宣稱下次買車時
環保問題會是
一大考量。
「我當然是買
有機產品！」
42%
自稱會特別選
購這類產品。
今日德國多用途休旅車
SUV銷售總數約
18萬輛
市占率
18%
德國有機農產品
占全部農產品的
市場比例：
3.4%
2003年
88%
2013年
<50%
可重複使用，及對生態
有益的拋棄型果汁飲
料包裝之比例。
「購買飲料時
會注意包裝。」
57%
宣稱購買飲料時，
會受到環保議題的影響。
2004-2018年
全球公平貿易產品營業額
單位：歐元
8億
11億
16億
24億
29億
34億
43億
50億
48億
55億
59億
73億
79億
85億
98億歐元
2004
2005
2006
2007
2008
2009
2010
2011
2012
2013
2014
2015
2016
2017
2018年

企業透明度

大企業影響眾人福祉甚鉅，因此也須扛起重責大任。一個負責任的企業會提供資訊，表明他在哪裡和誰以什麼方式做生意，對政黨提供哪些支持，以及在哪些國家繳稅等等。但很可惜，全球124間大企業顯然並不怎麼樂意公開這些資訊，就如國際透明組織（Transparency International）研究報告中的證據所顯示。

哪個企業最透明？

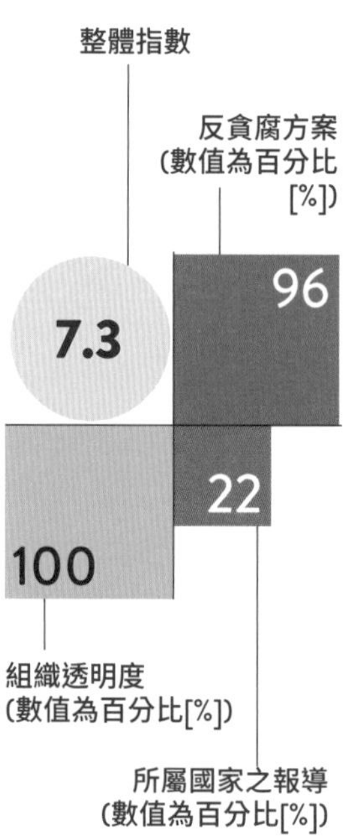

整體指數的評分範圍為0到10（0＝不透明，10＝完全透明），是根據反貪腐方案、組織透明度、所屬國家之報導這3者所計算出來的中間值。

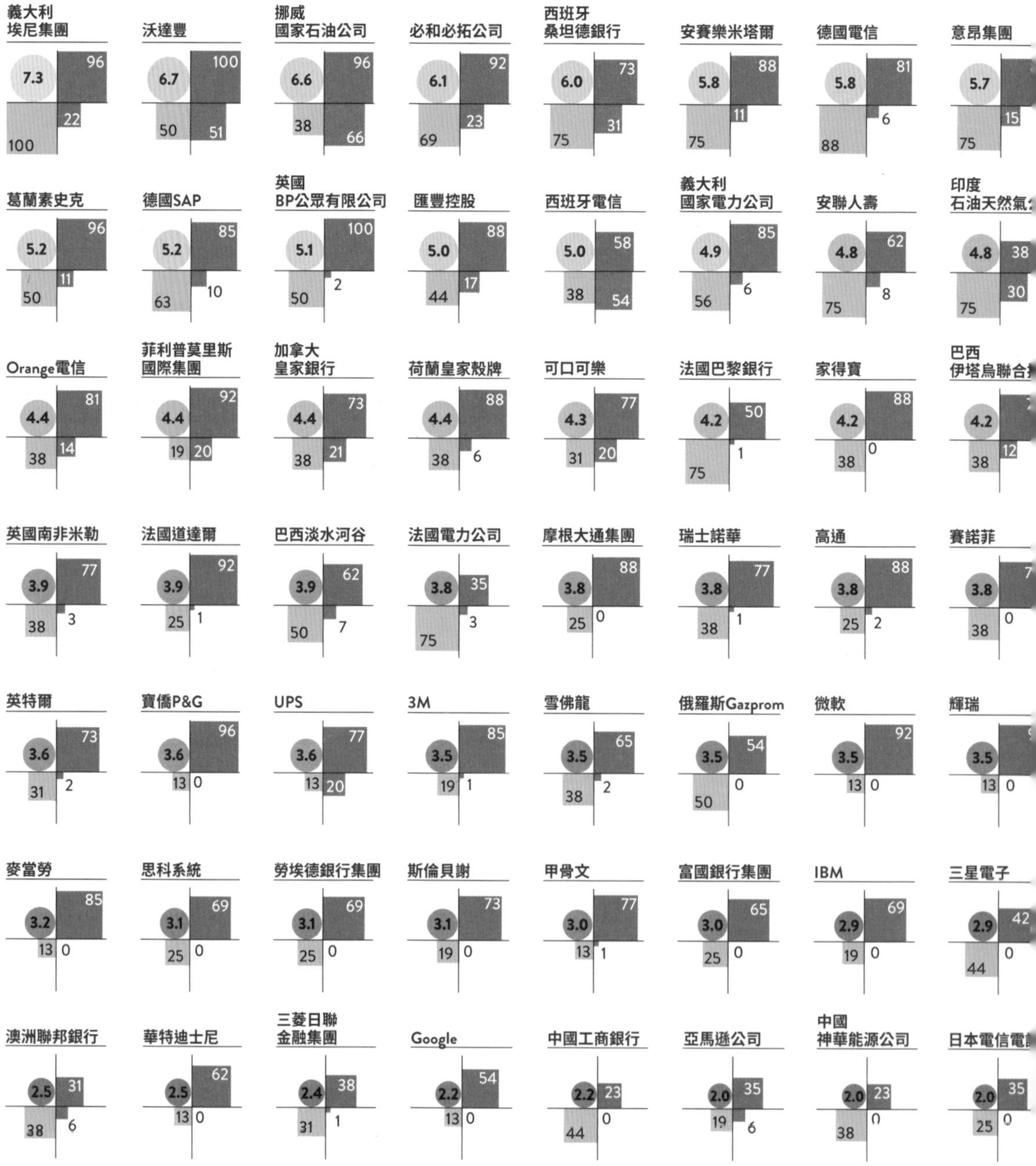

沒有一家中國企業

公布它們在59國中任何一國的財務資料。

90 間企業

不願公布在哪些海外國家繳稅。

僅有1間企業

所有項目皆超過50%，
那就是沃達豐。

保持緘默——

亞馬遜、Apple、Google 及 IBM
都不願公布它們在其他國家
子公司的完整名單。

最不透明的10家企業中，有8個來自亞洲。

101 間企業

整體指數未達5分。

最透明的國家中

70%

都在歐洲。

65 間企業

不願公布它們的政黨捐款。

漂綠產品的黑心偷吃步

1 設計商標

重新設計商標，要用綠色，而且要加上葉子、樹木或回收標誌等圖案。

如果產品跟水或海洋扯上關係，那也可以改用淺藍色，再添上看起來幸福快樂的魚。

2 重新命名

重新為產品命名，隨便冠上「有機」、「生態」、「綠色」、「天然」或者「公平」等字眼，若嫌一個不夠有力，也可以一次混用好幾個。

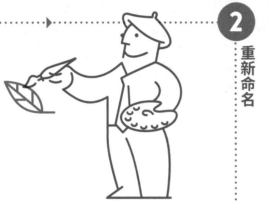

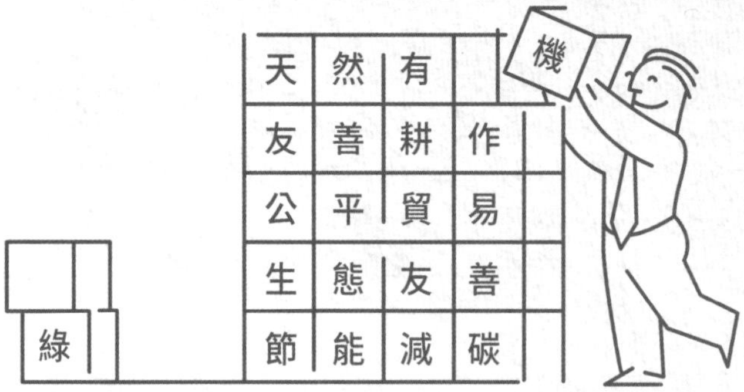

3 國際認證

找一家標準特別寬鬆或特別讓人混淆不清的國際單位，來核發有機認證。
至於這個單位是否公正嚴謹並不重要，重要的是規則要複雜到讓人很難驗證到底有沒有做對。

4 無添加標示

在產品上特別標示「不含氟氯碳化物」，而且不只是髮膠、冰箱、冷氣機這些可能添加這種物質的商品，就連無關的床墊都要特別標一下。反正大部分消費者都不知道，氟氯碳化物早自1991年就禁用了。

將自己比較不環保的產品，拿來跟另一個更會汙染環境的產品做比較，然後再加上一些新科技，這樣一來可以讓產品變得很貴，二來讓產品看起來比起沒使用這種科技的產品環保，三來若從產品的生命週期評估來看，這類裝置大多更傷害環境。汽車工業甚至給這類產品創造一個新名字：混合動力（Hybrid）。

5 競品比較

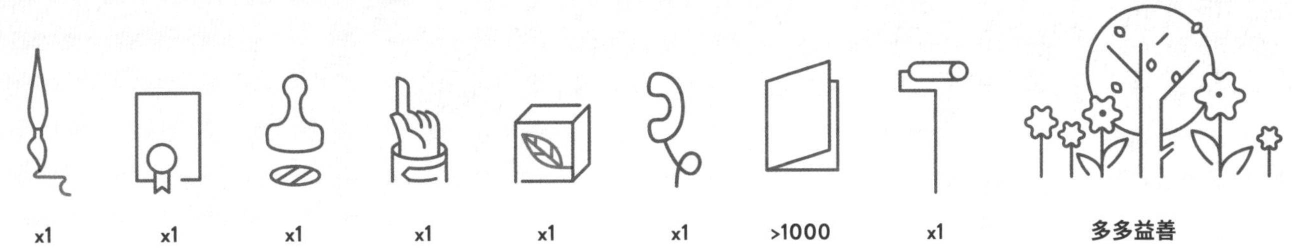

6 良心保證

參加一個環境汙染結果很難檢控的補償計畫。換一種講法，就是在顧客進行不良消費時順便把良心賣給他們，他們很需要！

7 環團椿腳

在台北或布魯塞爾養一批舌粲蓮花的遊說團體，要他們想辦法降低環保法規的最低標準值，讓自己的產品剛好能被稱為環保產品，這種方法被行家稱為「深層漂綠」(deep greenwashing)。

8 發表聲明

發表一篇企業永續報告書。CEO的開場白應該這樣寫:「我們身為企業，知道自己所背負的重責大任。」接下來的報導雜文部分要放上許多以環保為題的大幅照片，報導公司各階層的員工有多傑出，努力想使這個世界變得更加美好。至於那些環保還是社會指數就不怎麼重要了，就放在最後面，然後字愈小愈好。

9 藏木於林

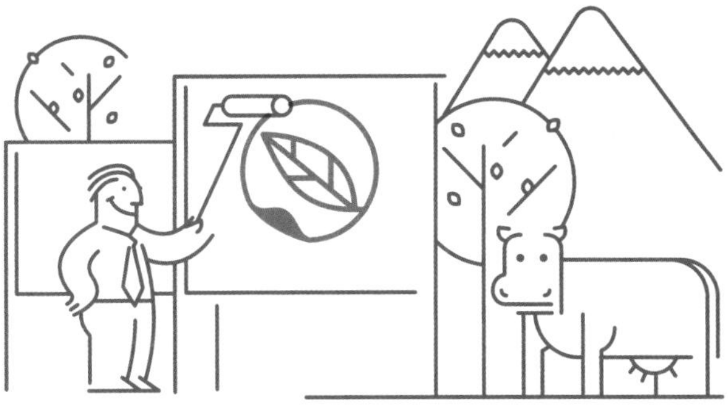

將產品廣告與那些(真正用心的)綠色品牌廣告放置在同一個環境裡，這樣更容易傳播出去。但千萬要避開那些有很多具批判意識消費者出沒的網路論壇，因為那裡常出現超長的文章指責產品漂綠，必要時甚至還會提出證據。

10 幸福的廣告

花大錢搞一個內容模糊的宣傳廣告，天真的小孩與他們樂呵呵的祖父母是基本配備，再傳達出一個「我們必須攜手努力，讓世界變得更美好」的訊息。

電子廢棄物已成全球夢魘

我們都喜歡我們的新手機、新型智慧電視、全新自動咖啡機，而廠商與店家也喜歡我們的喜新厭舊，結果就造成電子產品愈來愈快淘汰更新，電子廢棄物堆積如山，增長的速度是其他所有垃圾加起來的3倍。我們很會自我安慰，想說一切沒那麼糟，反正還有回收系統。但其實全球電子廢棄物的回收率不到20%，而且工業國家回收處理容量已達極限，因此電子廢棄物常以非法方式，也就是拿來充當二手舊貨報關，出口至開發中國家。舉例來說，德國每年出口約15萬公噸的電子廢棄物。

2019年全球電子廢棄物總量達

5,360萬公噸

其中：

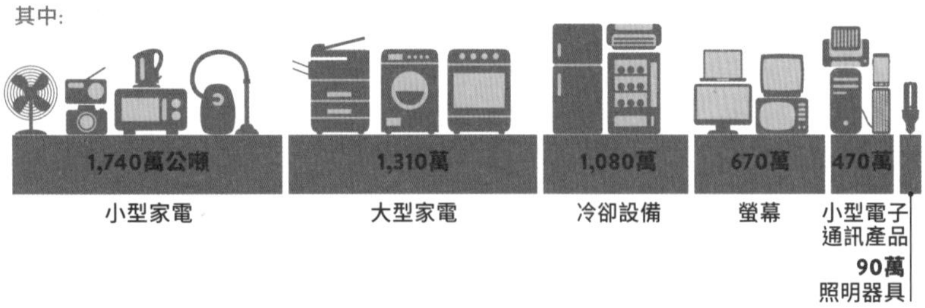

廢棄物出口主要路線

在工業國家，符合專業標準的廢棄物處理費用非常高昂，所以不道德的廢棄物業者出口垃圾並大賺一筆，代價卻是對全人類及環境的危害。

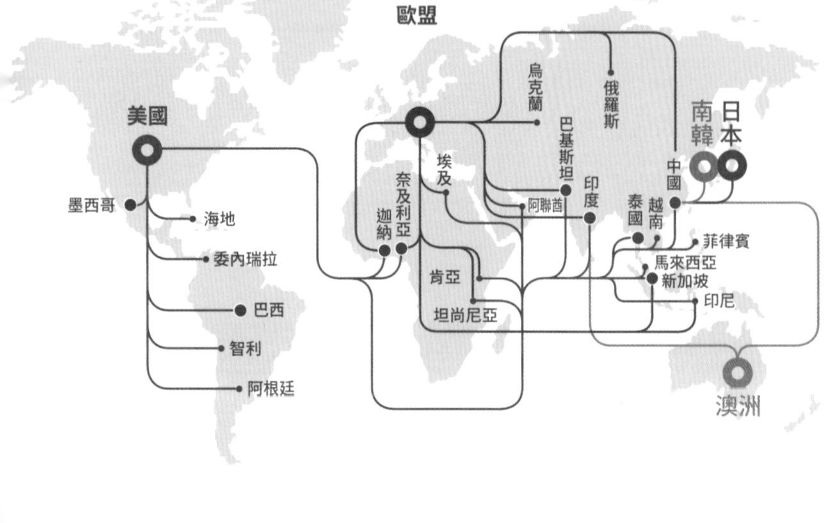

進入人手一機的年代

自1984年起，行動電話開始進軍美國、日本及歐洲市場，開發中國家及新興國家也迅速追上。

每100名居民登記的手機數目

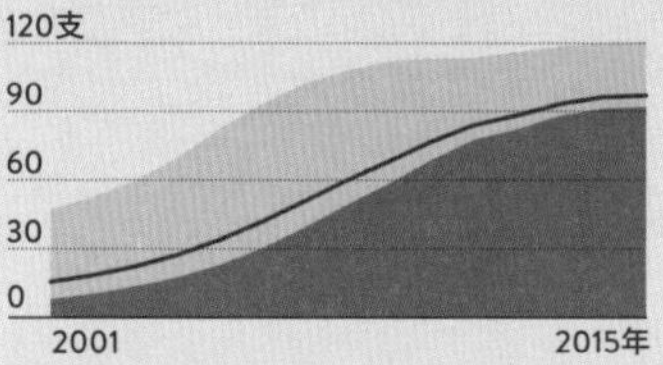

全球可登入行動網路人口之百分比

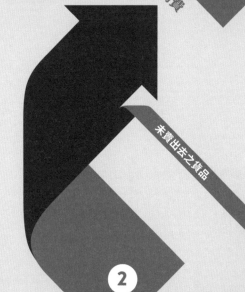

競爭刺激推陳出新

短暫的產品生命週期對營業額及利潤來說是件好事，只可惜不利於生態平衡。

開採礦物的代價

為取得寶貴的金屬原料需付出不少代價，這對自然環境影響甚鉅。例如：為取得一公噸的銅，需開採125公噸的礦石。

行動電話的生產製造循環

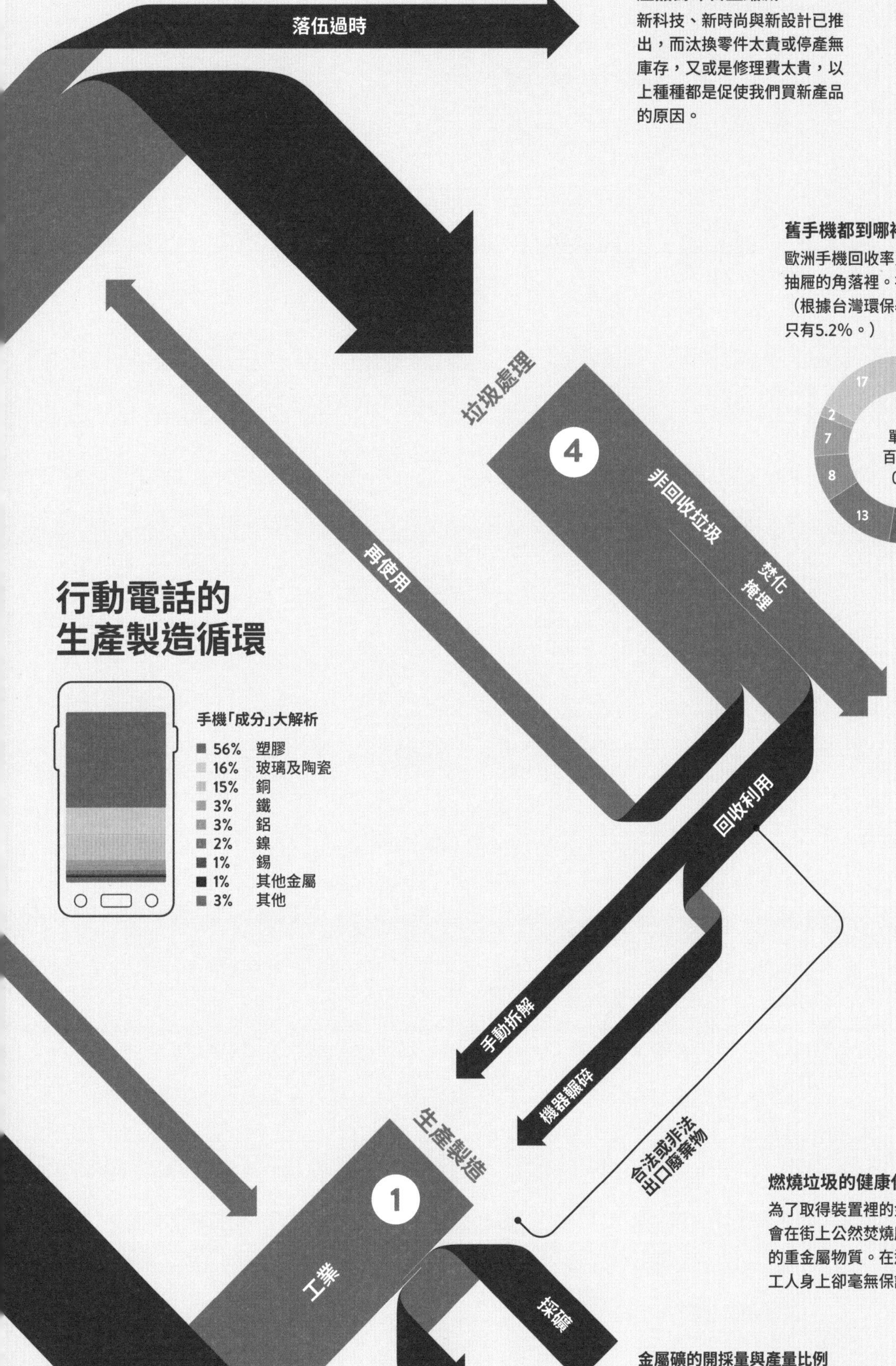

產品壽命日益縮減

新科技、新時尚與新設計已推出，而汰換零件太貴或停產無庫存，又或是修理費太貴，以上種種都是促使我們買新產品的原因。

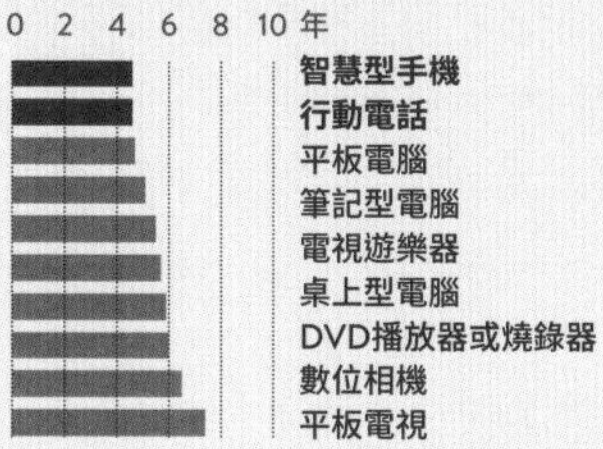

舊手機都到哪裡去了？

歐洲手機回收率只有2成，大多數的手機都還藏在某個抽屜的角落裡。在德國，這樣的手機約有1.05億支。（根據台灣環保署估計，2019年台灣的舊手機回收率只有5.2%。）

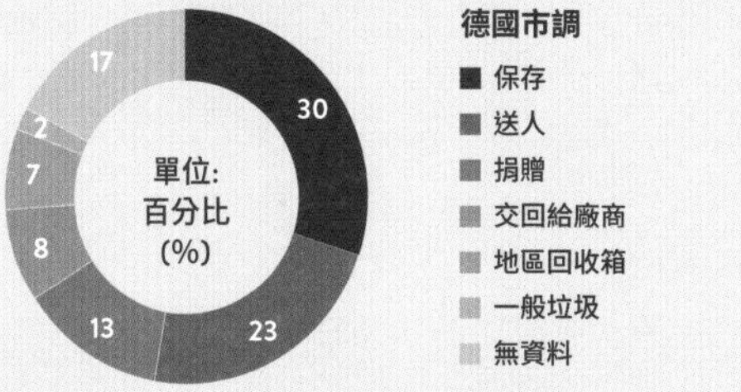

從源頭思考垃圾減量

智慧型手機的原料中有許多是罕見資源，而且幾乎全部都是有限資源。明智的處理方式應該遵循下列邏輯：

電子廢棄物金礦

因為電子廢棄品回收不彰，歐洲每年損失17億歐元。怎麼說呢？因為41支手機裡的金含量加起來就像1公噸金礦石那樣多，所以在2014年賣出的12億支手機裡，每支手機裡都有約1美金的黃金。

燃燒垃圾的健康代價

為了取得裝置裡的金屬，像迦納這樣的國家會在街上公然焚燒廢棄物，從而釋放出致癌的重金屬物質。在這種危險的工作環境下，工人身上卻毫無保護。

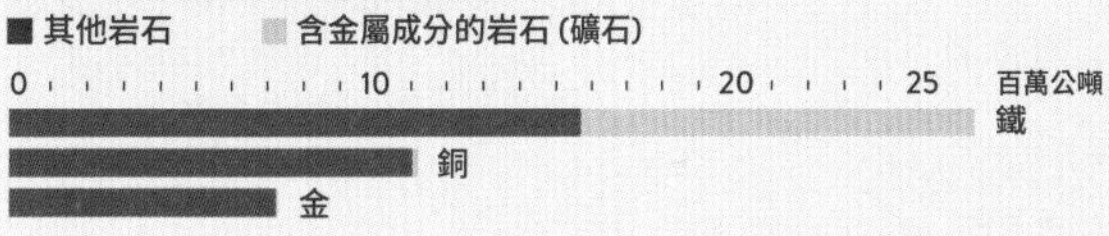

垃圾的歸途

當穿著反光背心的清潔人員將垃圾袋收進垃圾車消失在街口後，被我們所丟棄的垃圾有很多不同的出路。令人欣慰的是，在這些垃圾中，有不少會在未來某天以某種形式重新出現在我們家裡，而差不多的情況也發生在工業界。

德國2013年的總垃圾量

3億8,600萬公噸

其中回收率達到69%，近2億公噸的垃圾來自營建或拆除工程，約5,000萬公噸來自居家垃圾，也就是一般家庭垃圾或性質與其類似的店家垃圾。

回收

整體再利用或原料再利用，在解決廢棄物問題上是僅次於不製造垃圾的最佳解，能保護資源又能避免垃圾山的出現。

能源轉化

若原料無法有效回收再利用，可以藉由焚化來產生電力或熱力。

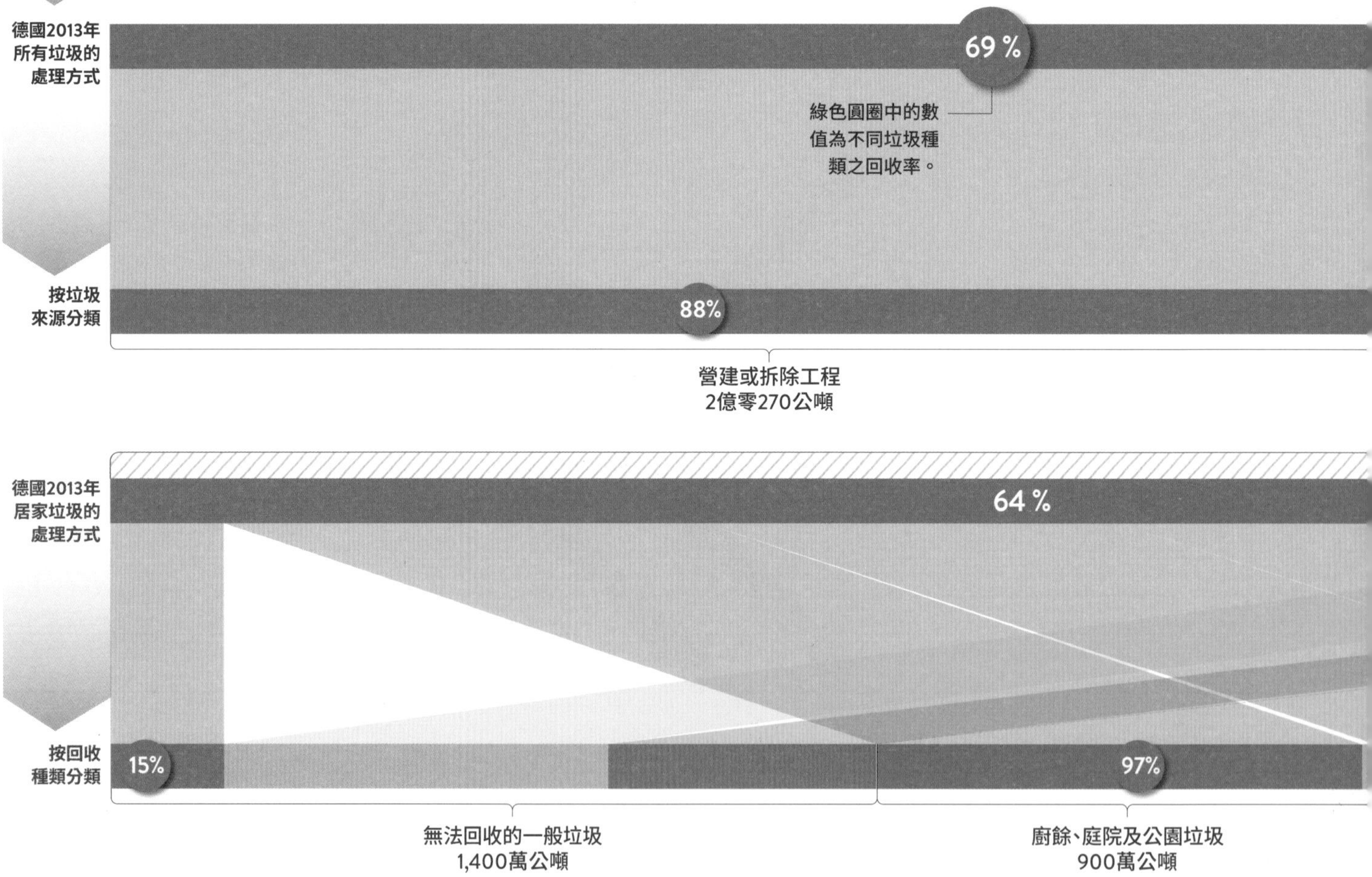

無法回收的一般垃圾

幾乎全是居家垃圾，除了廚餘、紙類或紙箱、玻璃、包裝，以及所有可回收再利用之廢棄物。

廚餘、有機垃圾

有機垃圾桶裡的垃圾通常容易處理，可以在沼氣發電裝置中轉變成生物燃料。

廢紙

極為搶手，是生產再生紙、報紙紙張與紙箱的回收原料。

包裝

德國的黃色回收袋或回收桶專門收集印有回收標記的各式包裝。

2011年居家垃圾的每人丟棄量

■ 其中的回收量

德國人可能很會做垃圾分類，但面對垃圾問題時，首要目標還是預先防止垃圾出現，這點其他國家的表現比德國好很多，我們可以從右表確認。

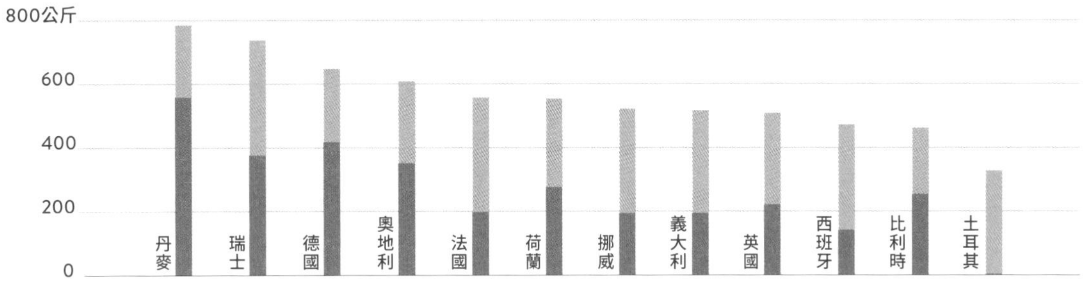

清除

有害廢棄物必須經過特殊處理，確保裡面所含的有害物質已先清除或轉化完畢後，才能進一步清理解決。例如在特殊廢棄物焚化爐焚毀。

掩埋

在德國，無法回收與焚毀的垃圾最終只能堆積在158間垃圾掩埋場的其中一處。垃圾掩埋場須符合嚴格的環保法規，避免空氣及飲用水受到汙染。

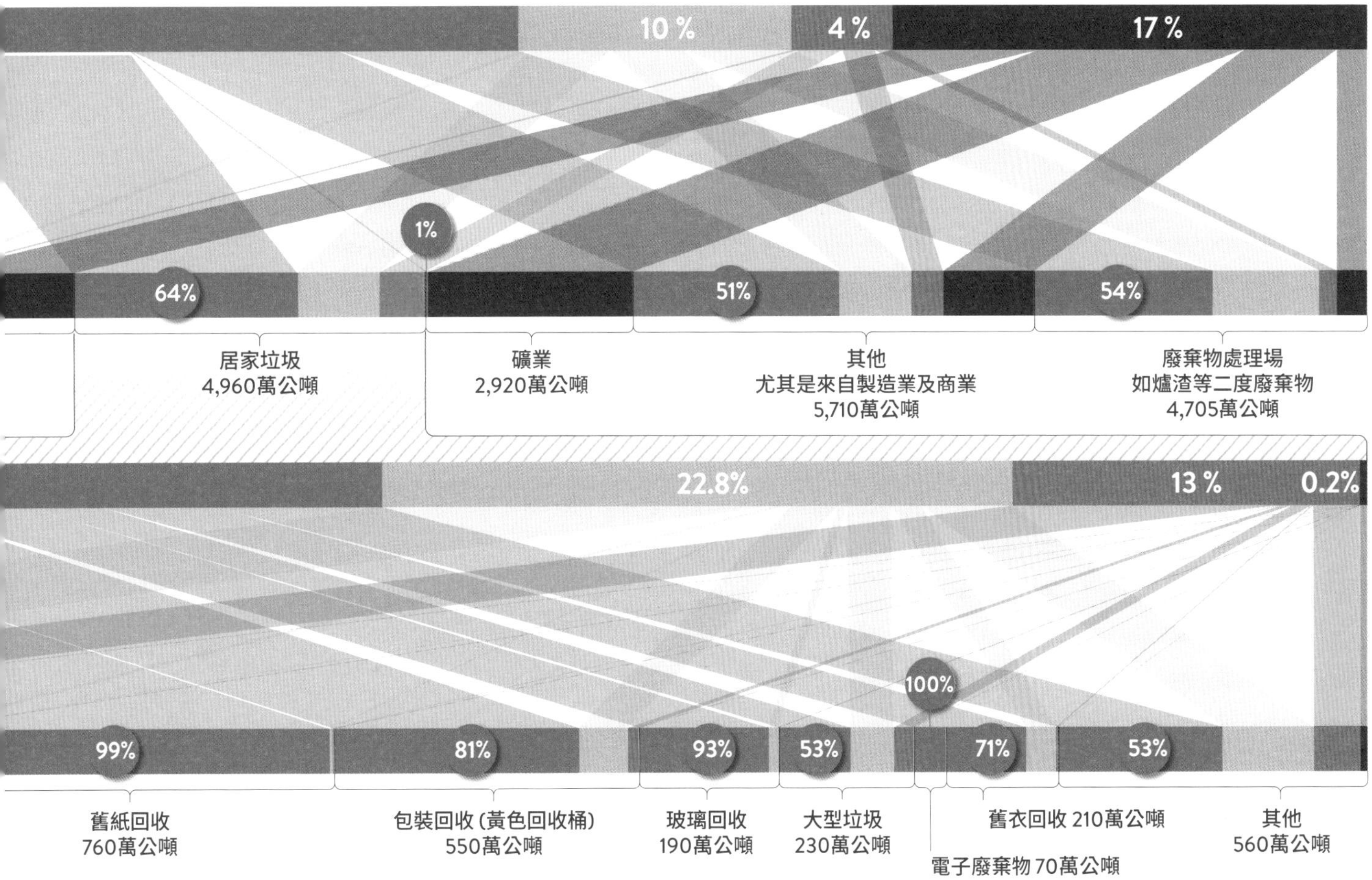

舊玻璃

可以多次熔化再製新玻璃製品，2012年德國的舊玻璃回收再利用率為85%。

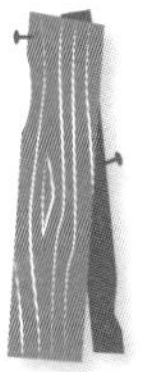

大型垃圾

是指體積大到無法放進垃圾桶裡的大型家具及消費商品。

二手電子產品

在德國，用過的電子產品須由廠商回收，或者送進社區回收中心。

二手服飾

放在衣物回收箱裡的服飾會作為二手衣找到新主人，或當成製作原料再利用（例如作為隔絕材料）。

前景看俏的循環經濟

防治垃圾產生雖然有益環保，但也會讓某些人生意慘澹。不過就目前來看，廢棄物處理業者不必太擔心自己的未來，因為全球垃圾量及廢水量不斷增加，而且就算廢棄量沒有增加，業者還是會不斷地提高處理費用。

2013年德國廢棄物處理回收業概況

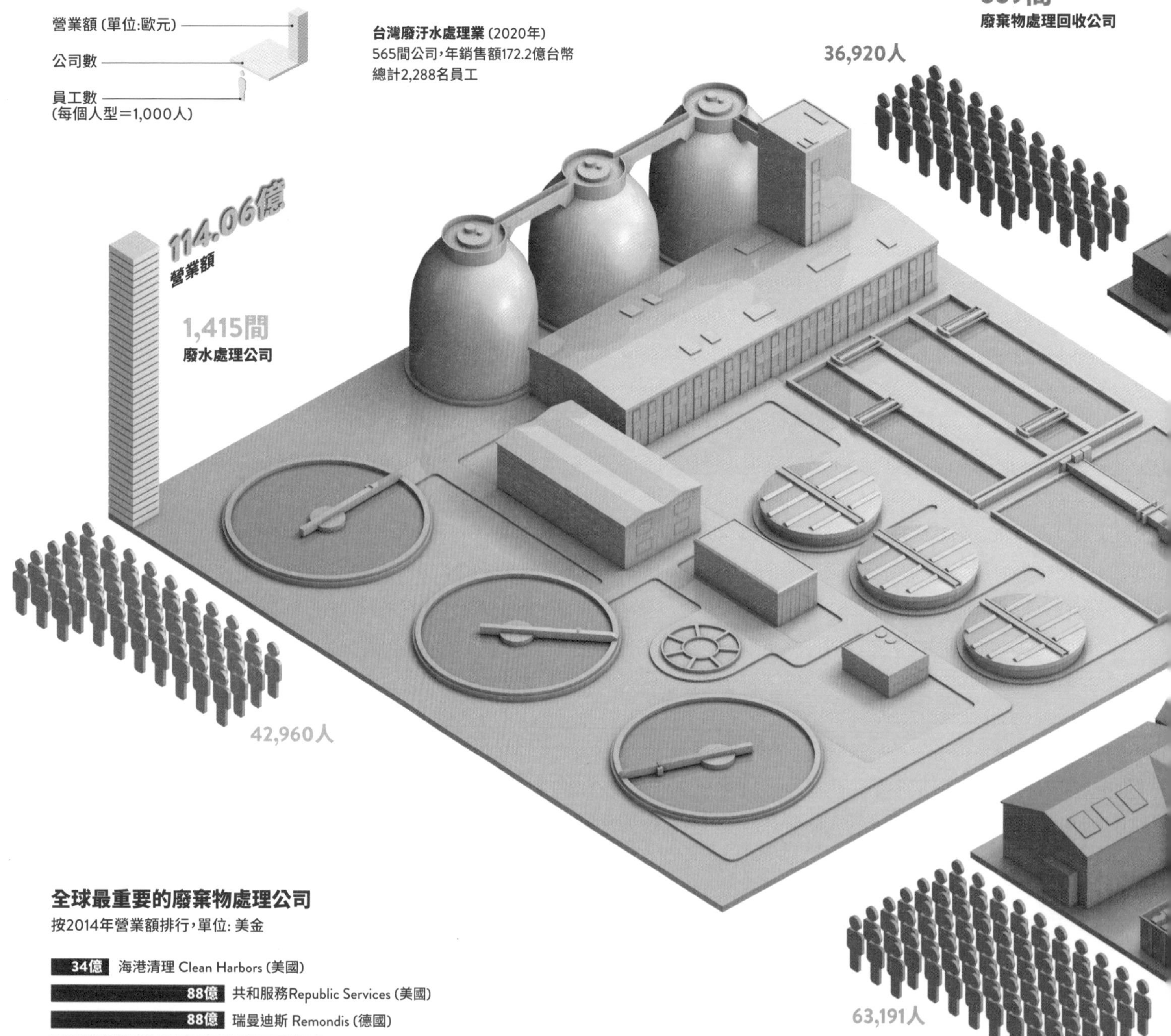

全球最重要的廢棄物處理公司

按2014年營業額排行，單位: 美金

- 34億 海港清理 Clean Harbors (美國)
- 88億 共和服務Republic Services (美國)
- 88億 瑞曼迪斯 Remondis (德國)
- 140億 廢棄物管理 Waste Management (美國)
- 174億 蘇伊士環境 Suez Environnement (法國)
- 290億 威立雅環境 Veolia Environnement (法國)

德國廢棄物處理回收業營業額變化

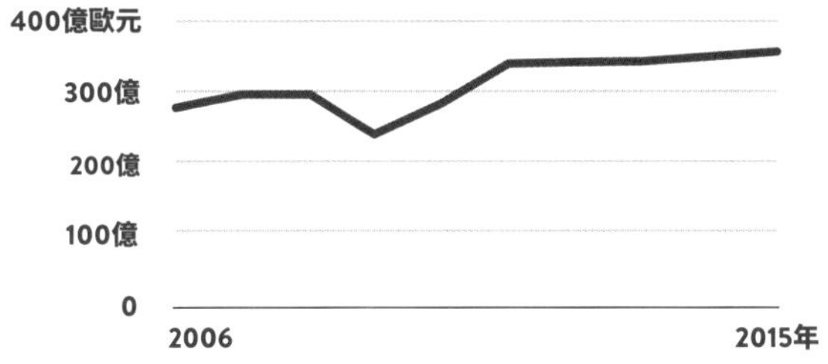
400億歐元
300億
200億
100億
0
2006
2015年

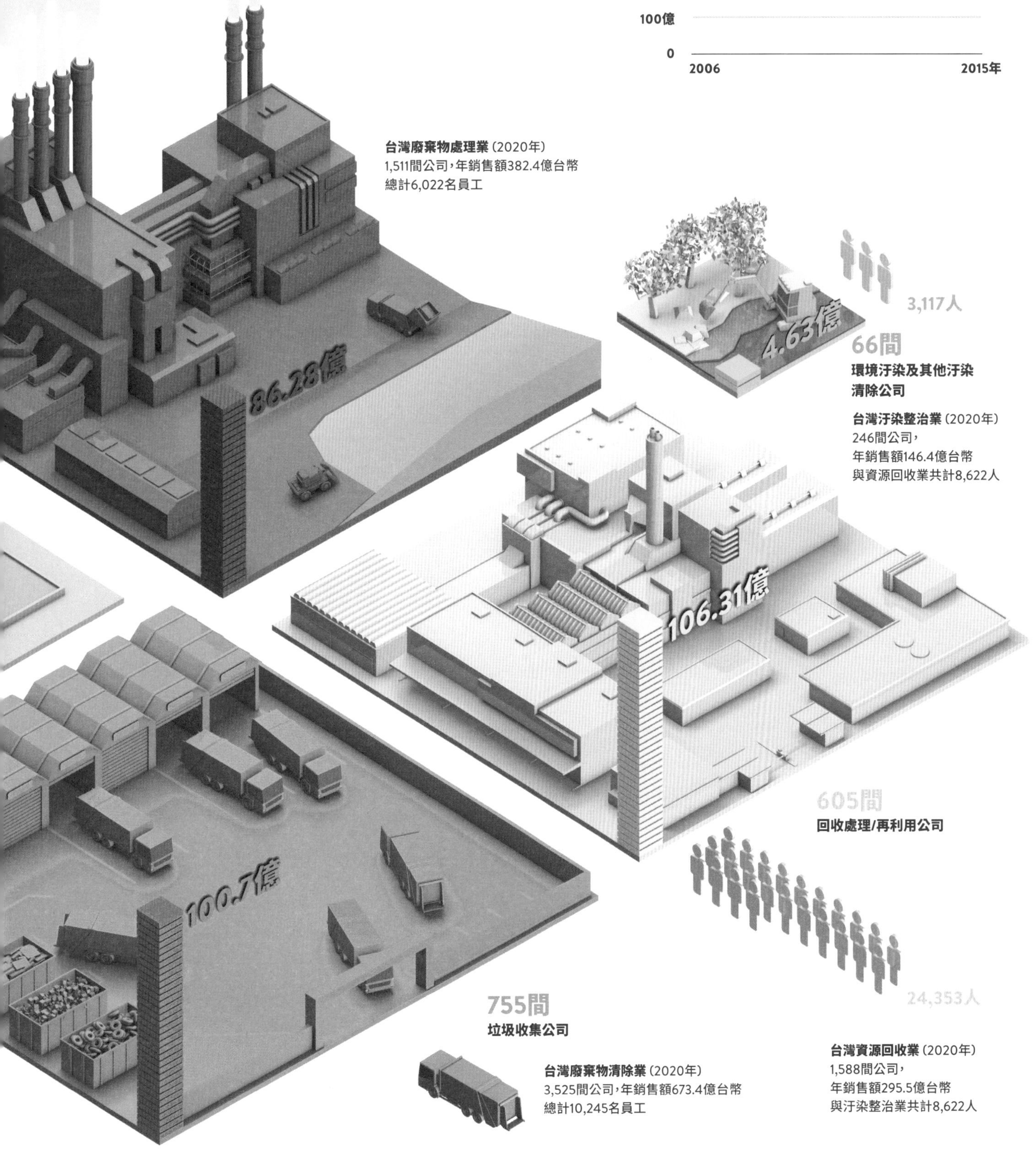
台灣廢棄物處理業（2020年）
1,511間公司，年銷售額382.4億台幣
總計6,022名員工
86.28億
4.63億
3,117人
66間
環境汙染及其他汙染
清除公司
台灣汙染整治業（2020年）
246間公司，
年銷售額146.4億台幣
與資源回收業共計8,622人
106.31億
605間
回收處理/再利用公司
24,353人
100.7億
755間
垃圾收集公司
台灣廢棄物清除業（2020年）
3,525間公司，年銷售額673.4億台幣
總計10,245名員工
台灣資源回收業（2020年）
1,588間公司，
年銷售額295.5億台幣
與汙染整治業共計8,622人

碳排放交易：一噸二氧化碳多少錢？

如何以最低的成本及最快的速度減少空氣汙染？1966年美國威斯康辛大學一位博士生想出「排放交易」這個妙招，並建議成立一個由國家調控的排汙權利交易市場。這個架構的基礎是想透過市場機制，讓市場參與者想辦法以最划算的方式來達成環保措施之規定。2005年《京都議定書》中首次將這個方法大規模運用在減碳行動上，不過因為發出了太多許可，所以至今成效不彰。

碳排放交易如何運作？

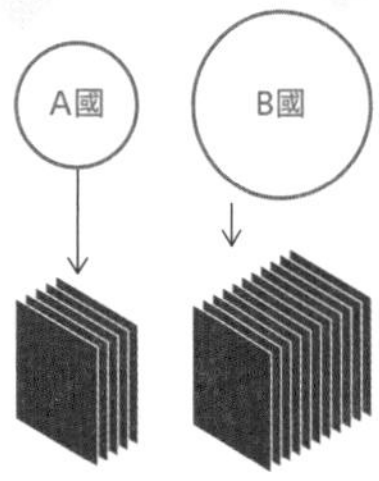

I 限制額度

這是政治會談協商出來的氣候目標。

II 許可配額

國家或國際共同體首先訂下溫室氣體排放的允許限度，也就是所謂的「CAP」(Climate Action Plan)，然後以排放許可證的方式發給企業（「排放者」），或者交由它們拍賣交易。持有1度的排放許可，代表能在一定的承諾時限內，排放1公噸二氧化碳，或與二氧化碳相類似之廢氣。

III 買賣交易

國家或企業可根據需求買賣排放許可。若排放量超過許可值，便要設法取得與數值相符的許可作為補償，否則須繳罰款。

★ 目標：減少全球碳排量

「排放許可配額」會根據國際協定隨著每個承諾時限逐步降低，若使用者額度不足則藉由拍賣取得。這種「減少用量否則付錢」的制度加強了對企業的刺激，促使企業提高投資在高效能且環保的新技術上。

★ 關鍵：降低總量，而非著眼個體

不是所有參與者都有責任減少等量的汙染，重點是追求整體的減碳成效。較容易且能划算降低排放值的企業，可以接手其他降低代價太高的企業的排放額，並藉此賺錢，補償自己節省排放所花費之成本。就結果而言，這代表可以用最划算的方式，達到預期降低之二氧化碳排放量（成本最小化），或者在理想的成本下將排放量降到最低（效益最大化）。

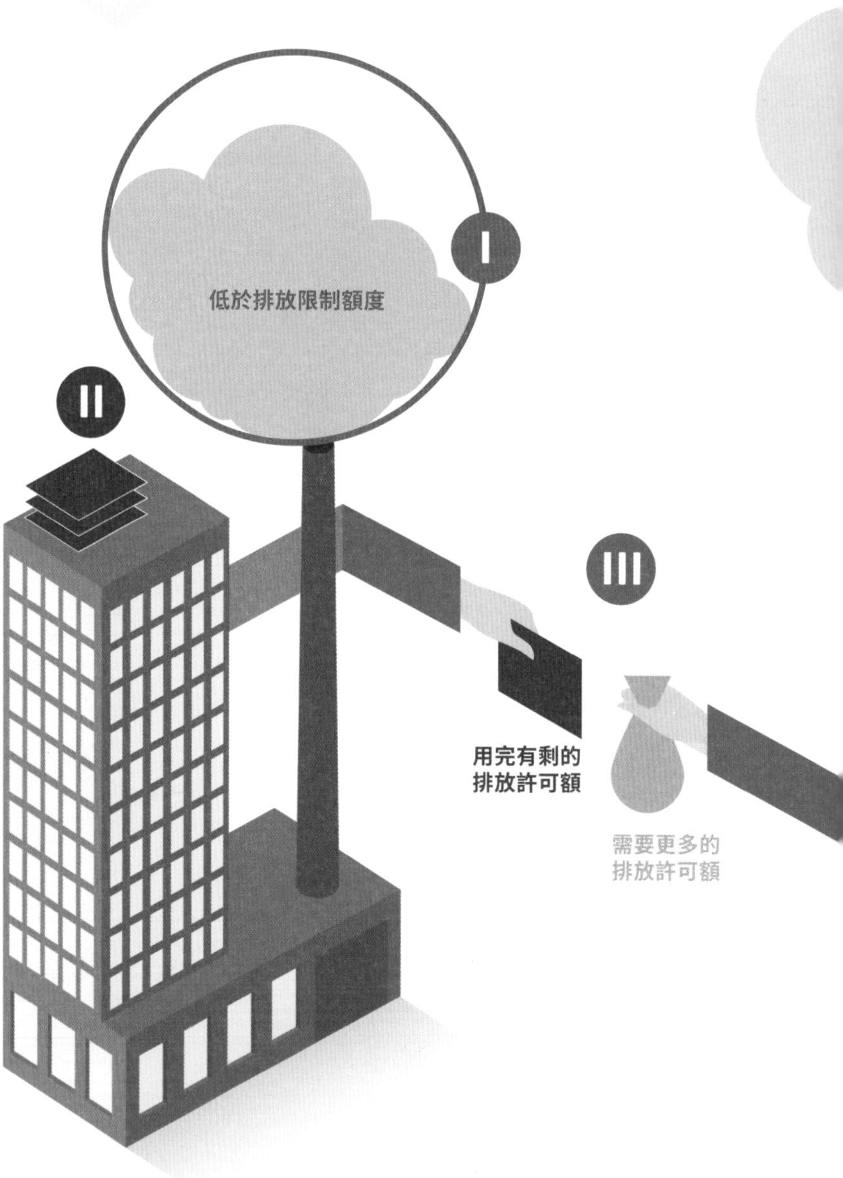

相關批評

當「二氧化碳排放許可」愈昂貴，對企業投資高效能新科技的誘因也就愈大。環保團體批評，歐盟一開始釋出過多的許可，造成可預期的價格下跌。因此環團要求降低許可量，或訂定底價為每公噸20歐元。

（*編注：近年來「二氧化碳排放許可」交易價格一路高漲，至2021年5月行情已突破50歐元/公噸。）

歐盟排放交易之價格變動（透過歐盟排放交易系統 [EU ETS]），單位：歐元/公噸

溫室氣體及溫室效應

知名度最高的溫室氣體是二氧化碳，但還有其他氣體也深具溫室暖化潛力（greenhouse warming potential，縮寫為GWP）。像甲烷排放出來後100年內對溫室效應的所造成的影響，是二氧化碳的25倍，一氧化碳更是二氧化碳的298倍。人工合成的六氟化硫甚至高出23,500倍左右。

- CO_2 **二氧化碳** 常見排放者：發電及暖氣供應，家庭與小額使用者，交通及工業生產
- PFCs **氫氟碳化合物** 工業製造（如鋁製品）之副產品
- SF_6 **六氟化硫** 電力傳輸系統中的絕緣氣體
- N_2O **一氧化二氮（笑氣）** 使用氮肥的產物及大量動物養殖排出
- NF_3 **三氟化氮** 製作液晶（LCD）電視、電腦電路板及薄膜太陽能電池時會使用
- HCFCs **氟氯烴** 多用於噴霧推進劑、冷媒及滅火劑
- CH_4 **甲烷** 農林業，特別是大量動物養殖、汙水處理及垃圾掩埋場會產生

誰是「歐盟排放交易系統」的成員？

歐盟排放交易系統是首個多國共同參與的系統，可作為全球碳市場統一規畫的範本，雖然至今參加排放交易的國家並不多，但有增加的趨勢，巴西或俄羅斯等大國也開始考慮是否建立類似的獨立系統。此頁顯示截至2015年已實施之國家或地區性系統。

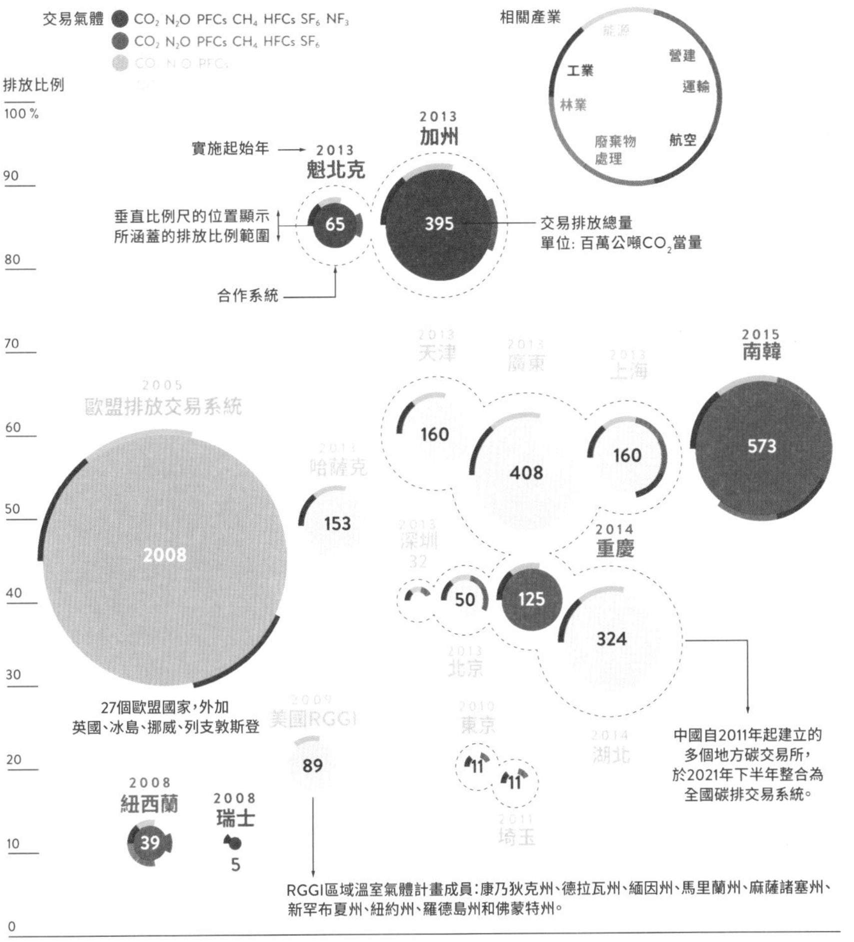

需要減少多少排放量，才能達成「降低攝氏2度氣溫」之目標？

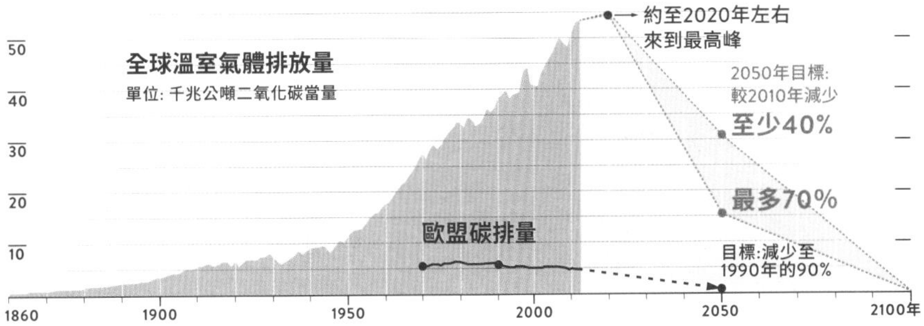

另外，工業國家的政府和企業可購買「氣候保護計畫」專為開發中國家制定的「排放減量權證」。

本節圖表皆為德國地區的統計與調查紀錄

2015年德國主要化石燃料發電廠分布圖

- 核能（預定終止期）
- 褐煤
- 硬煤
- 天然氣
- 計畫中

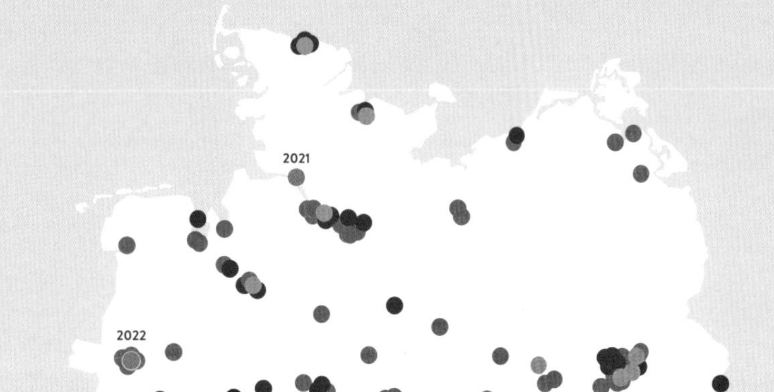

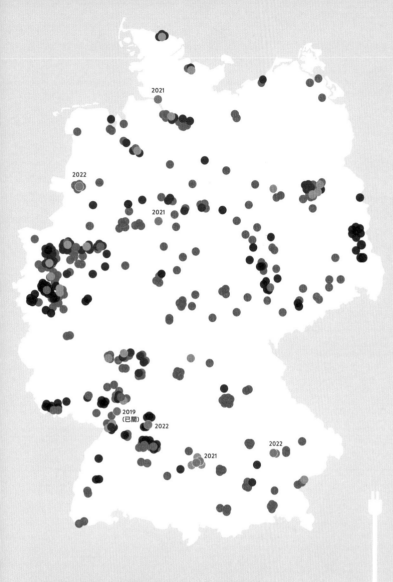

追求無核、低碳、可再生的能源轉型

能源轉型講起來很簡單也很容易解釋，就是遠離化石燃料及核能，電力、暖氣及交通全部使用再生能源。但是就算在一個完全按照這種想法實行的國家，仍需要好幾十年才能真正實現這個理想。丹麥人希望能在2050年宣布能源終於完全轉型，德國則希望能以碳中和的方式提供80%的電力。

編注：台灣政府在2009年發布實施《再生能源發展條例》，2020年再生能源發電只佔總發電量5.4%，共151億度，其中以太陽光電、廢棄物的生質能占比最高（各占再生能源發電量的40%及25%），目前綠電需求主要來自需受環評與環保法規約束的企業用電大戶。

德國《再生能源法》(EEG) 附加費

德國《再生能源法》確保生產再生能源的綠色電力公司能在20年內收取較高的電費（以「度」計）。對一家四口用戶而言，每年多出的附加費用約是220歐元。

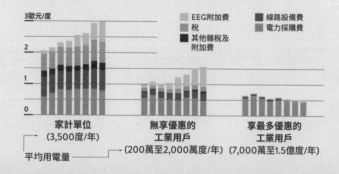

德國發電趨勢：燃煤及核能百分比持續下降

■ 褐煤 ■ 核能 ■ 硬煤 ■ 天然氣 ■ 其他（化石及再生能源）

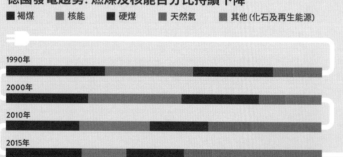

德國電價變化（2007-2014年，單位：歐元/度）

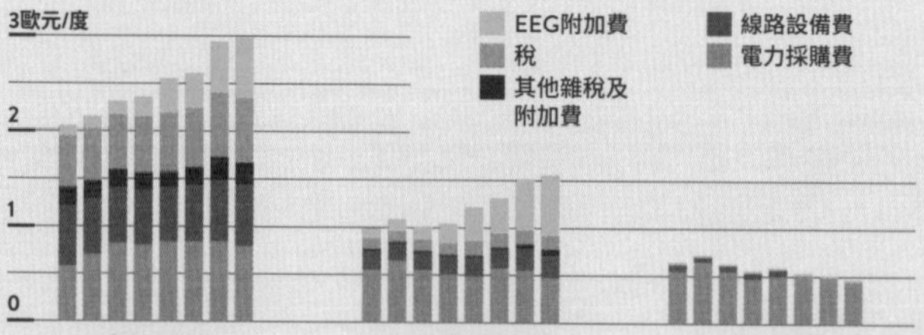

能源轉型里程碑

1991年
通過《電力輸送法》，開始推動可再生能源：電力公司有義務購買以再生能源所發之電。

2000年
《再生能源法》：固定的再生能源回購電價，藉此消費者可透過電費支持再生能源。

2002年
社民黨、綠黨共同執政決定核能退場目標。

2009年
歐盟計畫「能源20-20-20」：制定到2020年為止具約束力的減少廢氣排放目標。

2011年
在日本福島核災後加速核能退場腳步。有些核電廠立即關閉，有些預定2022年關閉。

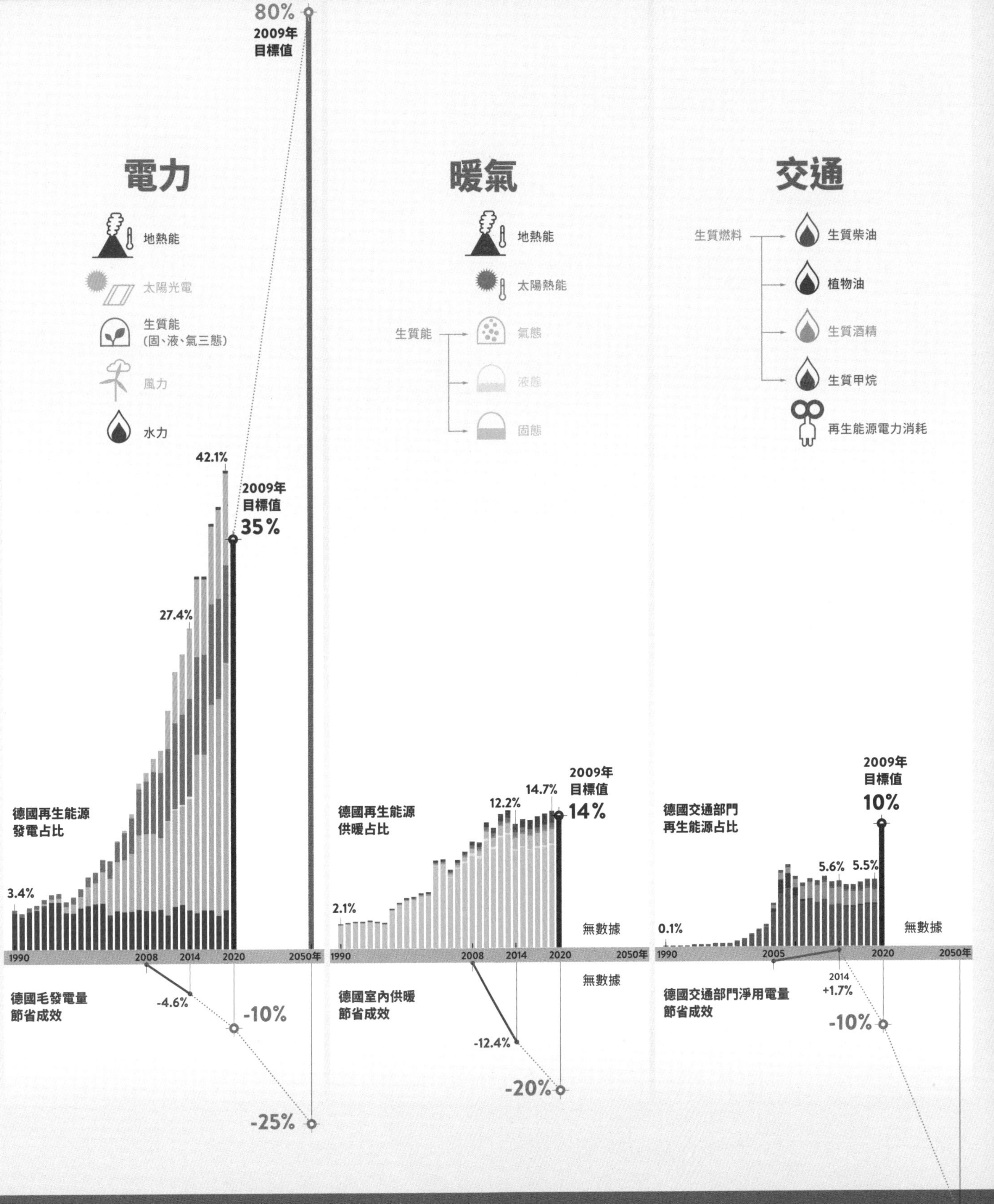
80%
2009年
目標值
電力
地熱能
太陽光電
生質能
(固、液、氣三態)
風力
水力
42.1%
2009年
目標值
35%
27.4%
德國再生能源
發電占比
3.4%
1990
2008
2014
2020
2050年
德國毛發電量
節省成效
-4.6%
-10%
-25%
暖氣
地熱能
太陽熱能
生質能
氣態
液態
固態
2009年
目標值
14%
14.7%
12.2%
德國再生能源
供暖占比
2.1%
無數據
1990
2008
2014
2020
2050年
無數據
德國室內供暖
節省成效
-12.4%
-20%
交通
生質燃料
生質柴油
植物油
生質酒精
生質甲烷
再生能源電力消耗
2009年
目標值
10%
德國交通部門
再生能源占比
5.6%
5.5%
0.1%
無數據
1990
2005
2020
2050年
2014
+1.7%
德國交通部門淨用電量
節省成效
-10%
-40%

德國對再生能源之投資

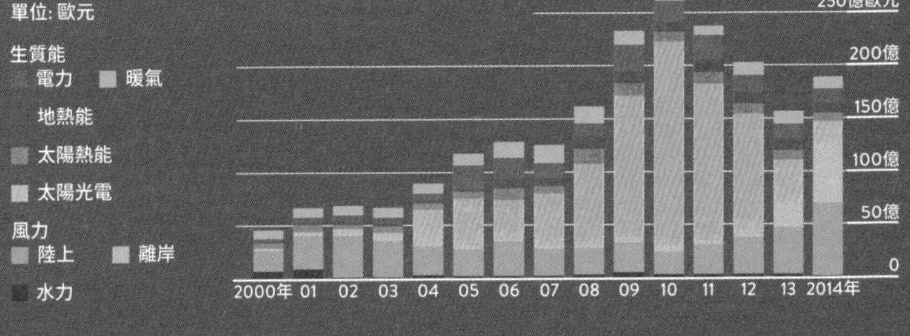
單位:歐元
生質能
電力
暖氣
地熱能
太陽熱能
太陽光電
風力
陸上
離岸
水力
250億歐元
200億
150億
100億
50億
0
2000年
01
02
03
04
05
06
07
08
09
10
11
12
13
2014年

德國再生能源業的就業機會

風能
生質能
總和
水力
太陽光電
地熱能
其他,
行政及研發
2004
160,500份
2007
277,300份
2012
399,800份
2013
371,400份

成長中的綠色科技

賺錢不必總是昧著良心、違反生態環保，多年來的環境科技業就是最好的例證。此外，照企業管理顧問公司羅蘭・貝格（Roland Berger）的說法來看，這種趨勢還會持續好一陣子，原因有三：（1）全球環保法規日趨嚴格；（2）願意為環保科技多付一些錢的消費者愈來愈多；（3）市面到處流傳，投資綠色科技會有不錯的回報，例如節能產業。

綠色技術的全球市場規模 2020年
單位:歐元 2030年

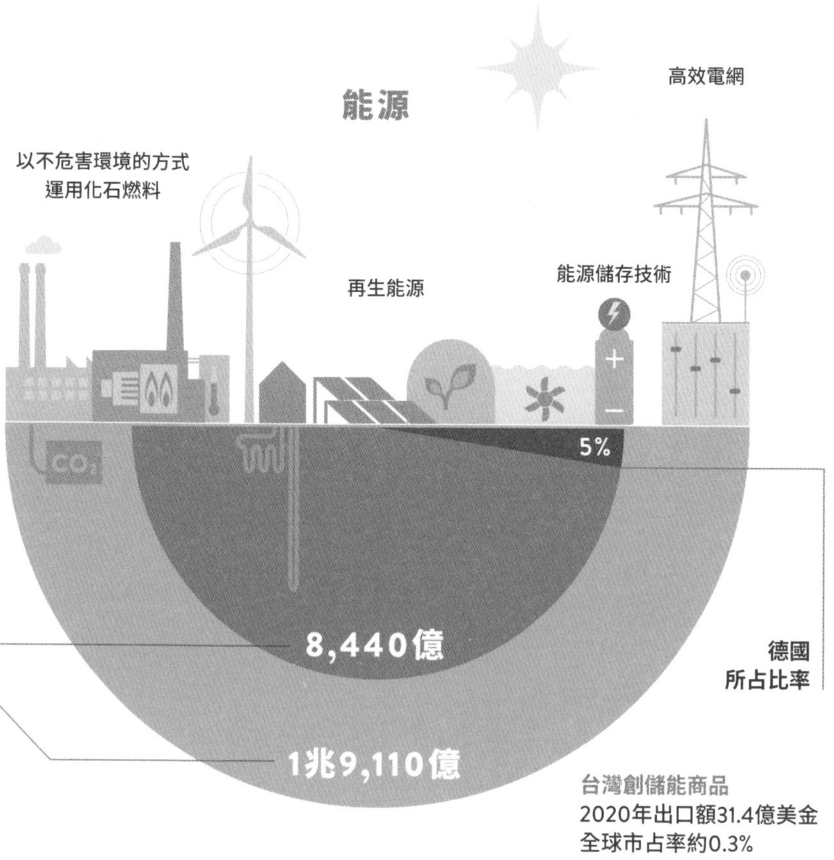

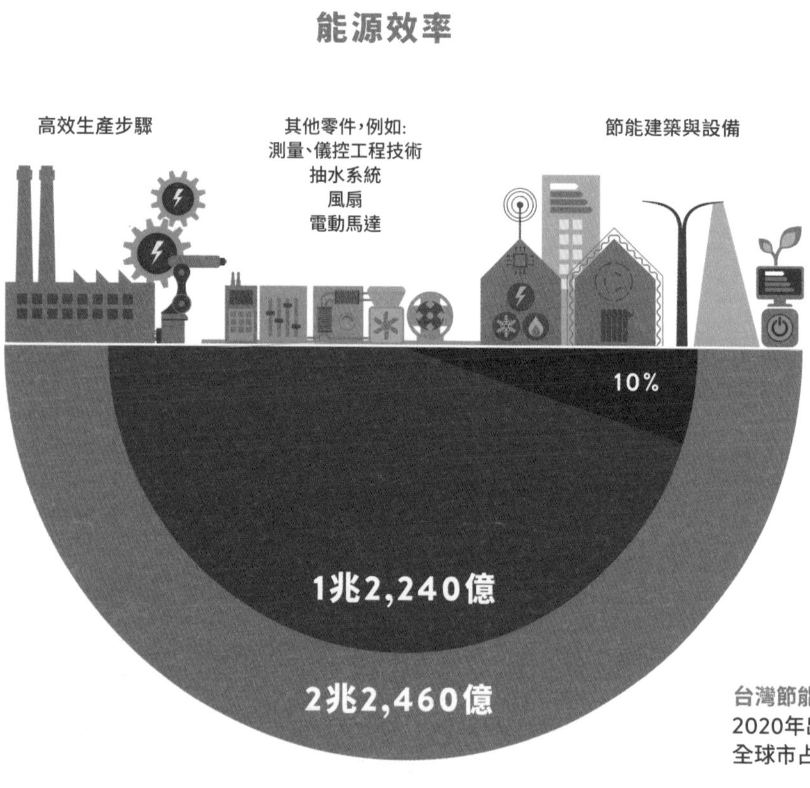

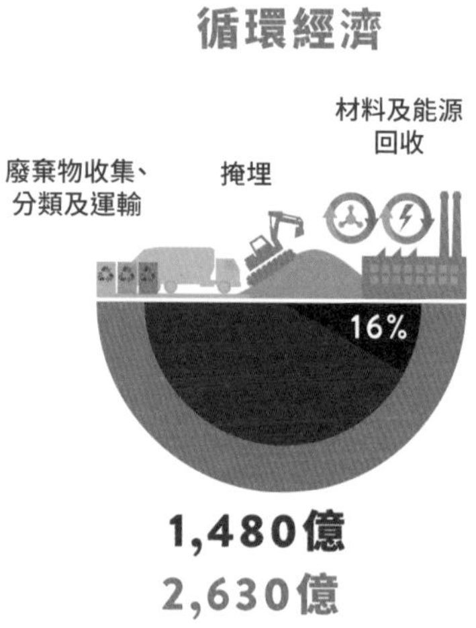

永續　水資源發展

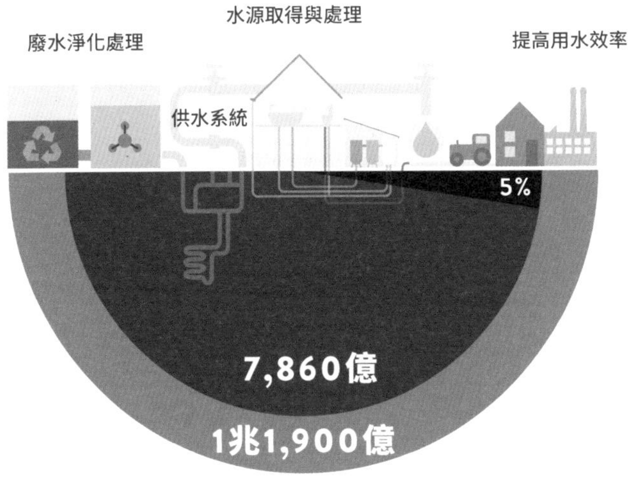

台灣環保設備商品
(包含循環經濟、水資源之範圍)
2020年出口額99.1億美金
全球市占率約0.9%

綠色運輸

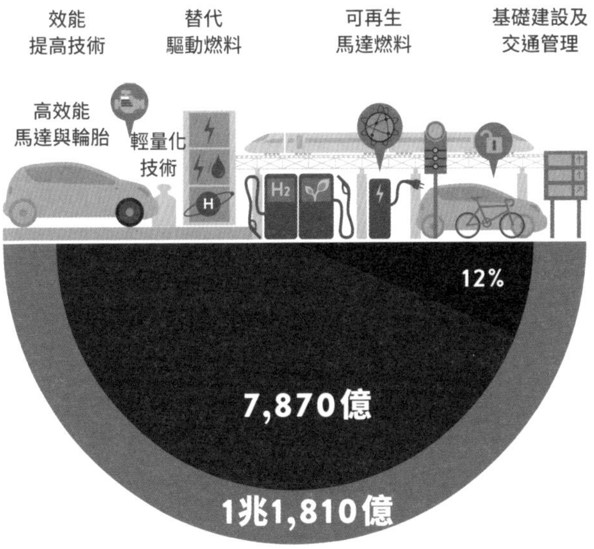

台灣低碳運輸商品
2020年出口額4.7億美金
全球市占率約0.05%

材料效率

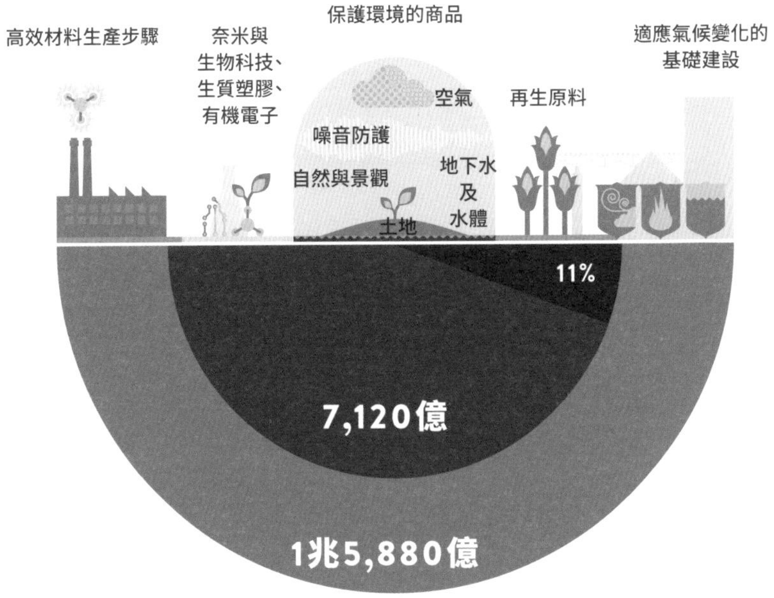

台灣綠色材料商品
2020年出口額4.3億美金
全球市占率約0.05%

VII

未來篇

大趨勢

·

創新

·

數位化

·

自動化

·

未來工作

·

未來金融

·

令人期待的發展

未來學：超前部署的策略研究

未來會發生什麼事？若能預知未來，我們就可以超前部署，這是所有未來學及趨勢研究的核心想法，只可惜這些專家手上也沒有水晶球。未來學專家根據過去歷史的演變以及目前的數據為基礎，設法推導出未來可能出現的狀況。這種將眼光放在未來的學術還是一門相當新的學科，雖然1960年美國已有學者開始這方面的研究，但真正帶來突破的，並不是這門學科中的專家，而是企業家約翰．奈思比（John Naisbitt）。

1982年奈思比出版《大趨勢》（*Megatrends*）一書，盤踞《紐約時報》暢銷書排行榜榜首長達2年，全球賣出1,500萬冊。奈思比以淺顯易懂的方式，提出用10個關鍵字，就可以像土耳其咖啡占卜一樣，從咖啡渣讀出未來的訊息……

奈思比預測的10大趨勢

依準確度排序

- ● 高度準確
- ● 部分準確
- • 未達準確

- 從集中走向分散
- 從上下階層秩序走向網路組織
- 從二選一走向多元選擇
- 從工業社會走向資訊社會
- 從國民經濟走向世界經濟
- 從強制科技走向「高科技／高感觸」*（High Tech/High Touch）
- 從短期走向長期
- 從北方轉移至南方
- 從制度性援助轉向自我援助
- 從代議民主走向參與式民主

*編注：在提升科技的同時，將人文需求納入軟硬體設計考量。

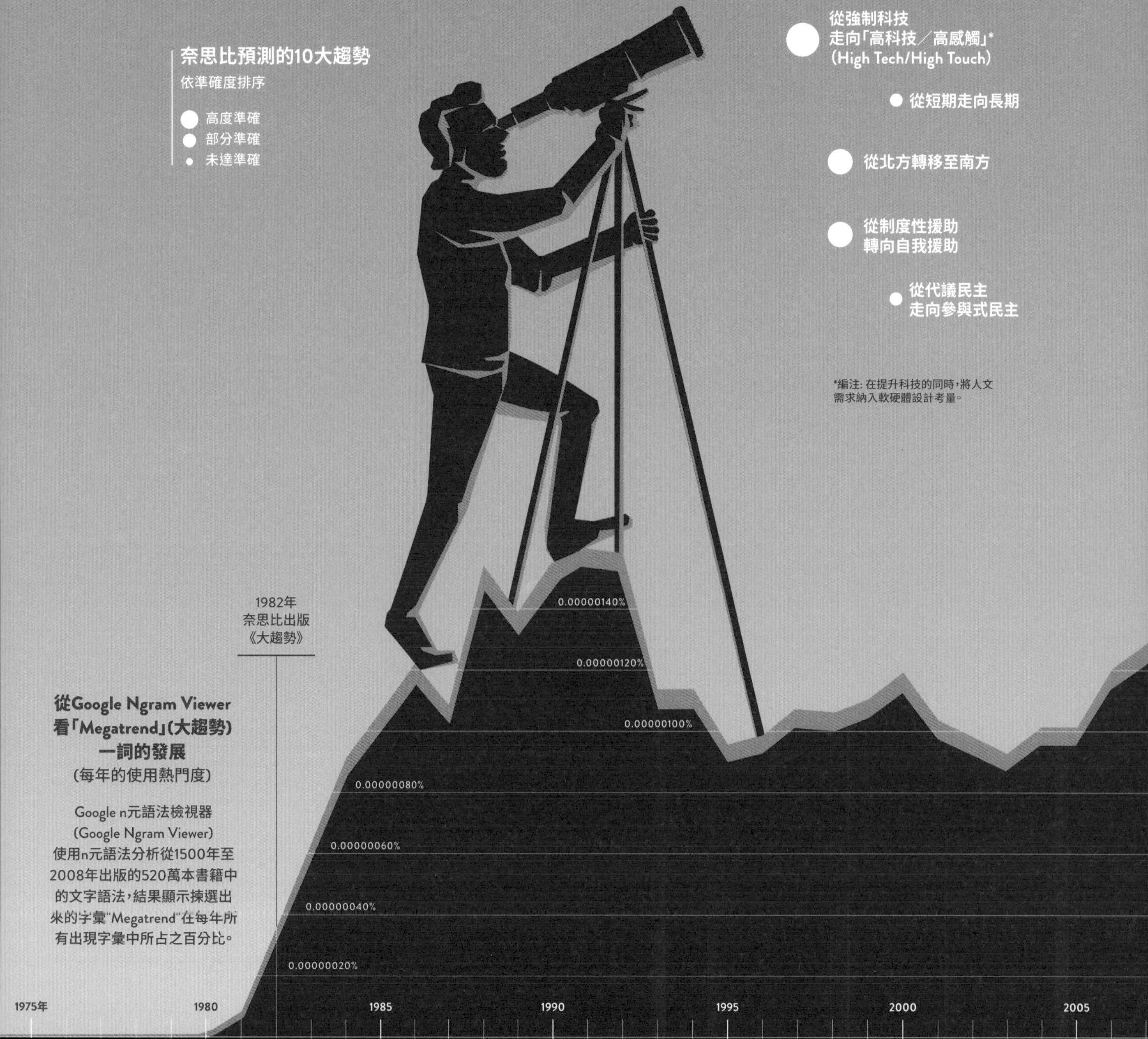

從Google Ngram Viewer看「Megatrend」（大趨勢）一詞的發展

（每年的使用熱門度）

Google n元語法檢視器（Google Ngram Viewer）使用n元語法分析從1500年至2008年出版的520萬本書籍中的文字語法，結果顯示揀選出來的字彙"Megatrend"在每年所有出現字彙中所占之百分比。

解讀大趨勢

所謂「趨勢」，就是目前已出現，且未來很可能持續進行的變化，而「大趨勢」是其中最難忽視的變化，我們預期它所造成的影響將格外長久深遠，而且擴及全世界。全球所有策略部門的專家都忙著將所謂的大趨勢放進企業演變、產品組合或行銷中分析，以商業為導向的趨勢專家發明了一個又一個趨勢用語，雖然並不總是符合學術要求，但娛樂效果還不錯。

人口變遷

地緣政治演變

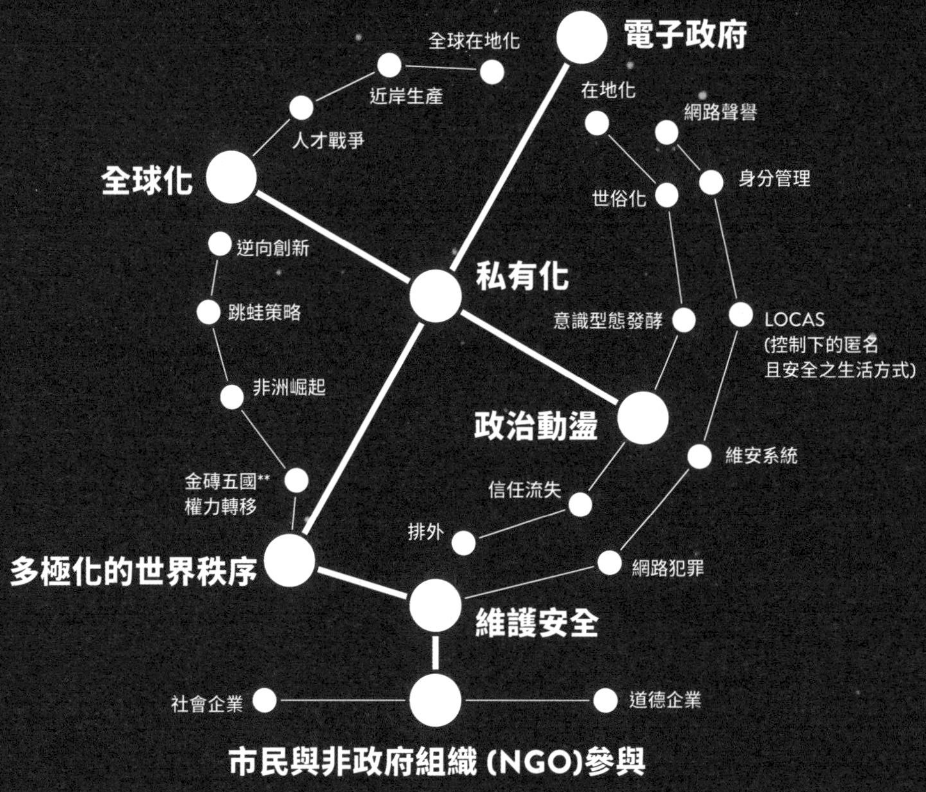

**編注: 巴西、俄羅斯、印度、中國、南非共和國

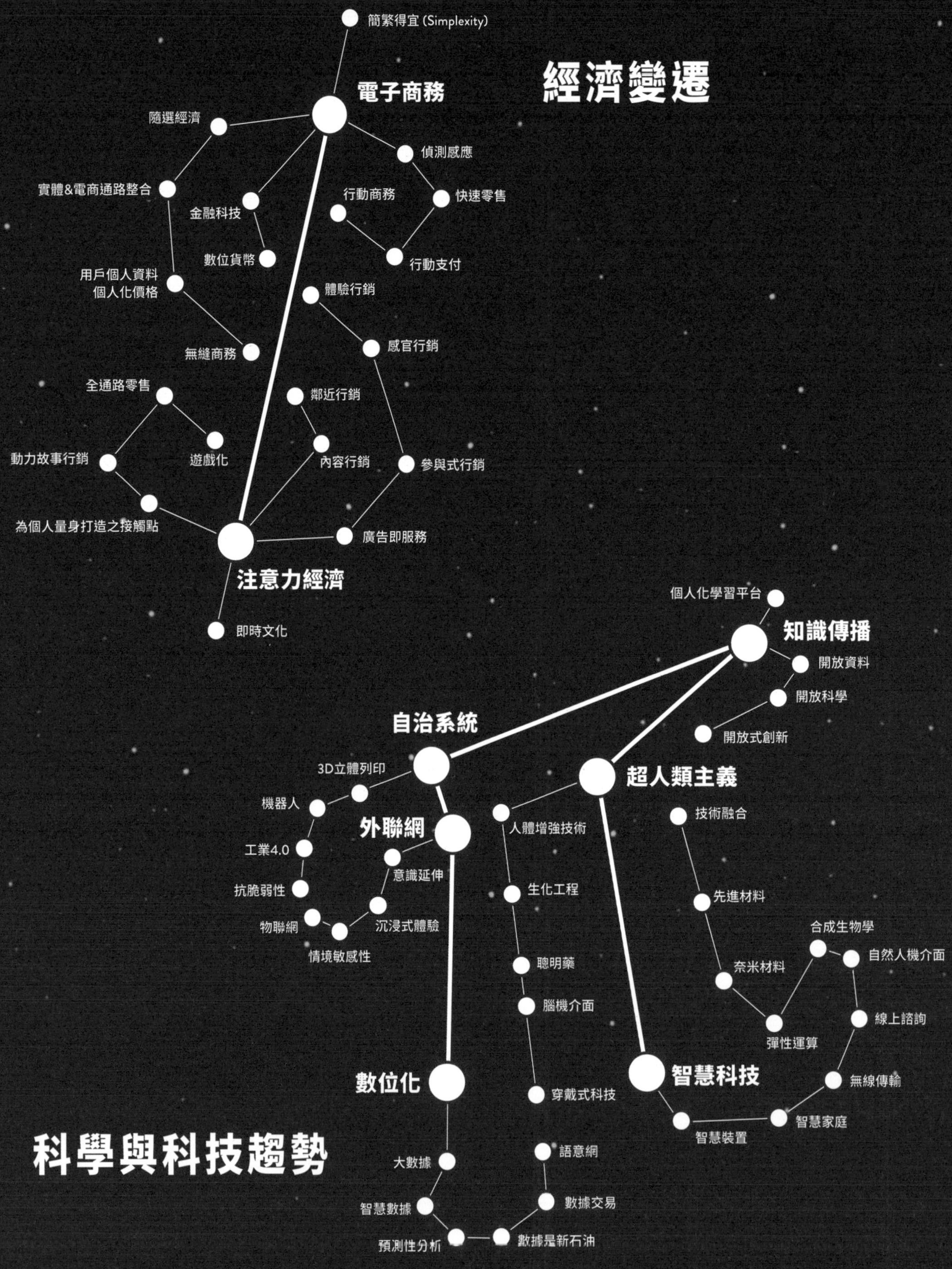
經濟變遷
簡繁得宜（Simplexity）
電子商務
隨選經濟
偵測感應
實體&電商通路整合
金融科技
行動商務
快速零售
數位貨幣
行動支付
用戶個人資料
個人化價格
體驗行銷
感官行銷
無縫商務
全通路零售
鄰近行銷
遊戲化
內容行銷
動力故事行銷
參與式行銷
為個人量身打造之接觸點
廣告即服務
注意力經濟
即時文化
個人化學習平台
知識傳播
開放資料
開放科學
開放式創新
自治系統
3D立體列印
超人類主義
機器人
外聯網
人體增強技術
技術融合
工業4.0
意識延伸
抗脆弱性
生化工程
先進材料
物聯網
沉浸式體驗
情境敏感性
合成生物學
自然人機介面
聰明藥
奈米材料
腦機介面
線上諮詢
彈性運算
數位化
智慧科技
無線傳輸
穿戴式科技
智慧裝置
智慧家庭
科學與科技趨勢
語意網
大數據
數據交易
智慧數據
預測性分析
數據是新石油

文化與
社會演變
新型工作
建立關係網
群眾行動
網路中立性
技能社會
性別典範轉移
工作與
生活混合
生活分享
超連結
健康意識
女性意識
抬頭
工作
設計
彈性安全
小世界網路
共享經濟
媒合服務
共享辦公室
遠距辦公
放慢速度
數位醫療
性設計
社交軟體
自我檢測
(DIY analysis)
女性經濟學
個人化
社群網路
個人雲端
性別身分認同
排毒
以個人為中心
運動力
行動定位服務
正念
智慧個人助理
個人化醫療
自我追蹤
氛圍技術
(mood tech)
個人化產品
身體調諧
(body tuning)
遠距照護
個人即品牌
環境輔助生活系統
資源民族主義
回收經濟
循環經濟
零廢棄
價格波動
資源短缺
綠色科技
後增長經濟
(post-growth economy)
後碳社會 (post-carbon society)
永續性
創客運動
乾淨燃料
環保便利商店
有機風潮
沙漠太陽能
氣候變遷
農業創新
替代食物
生態變遷
替代能源發電
生產履歷
微電網
極端天災
精準農業
生物多樣性消減
海洋酸化
侵蝕作用

人類史上最偉大的發明！

人類歷史上曾有哪些意義重大的創新發明？《大西洋月刊》（*The Atlantic*）邀請了12位學者列出從發明輪子以來50項劃時代的創新，並為其分類。這12種主觀意見合起來仍無法代表客觀，呈現的觀點卻頗有意思。

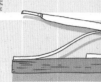

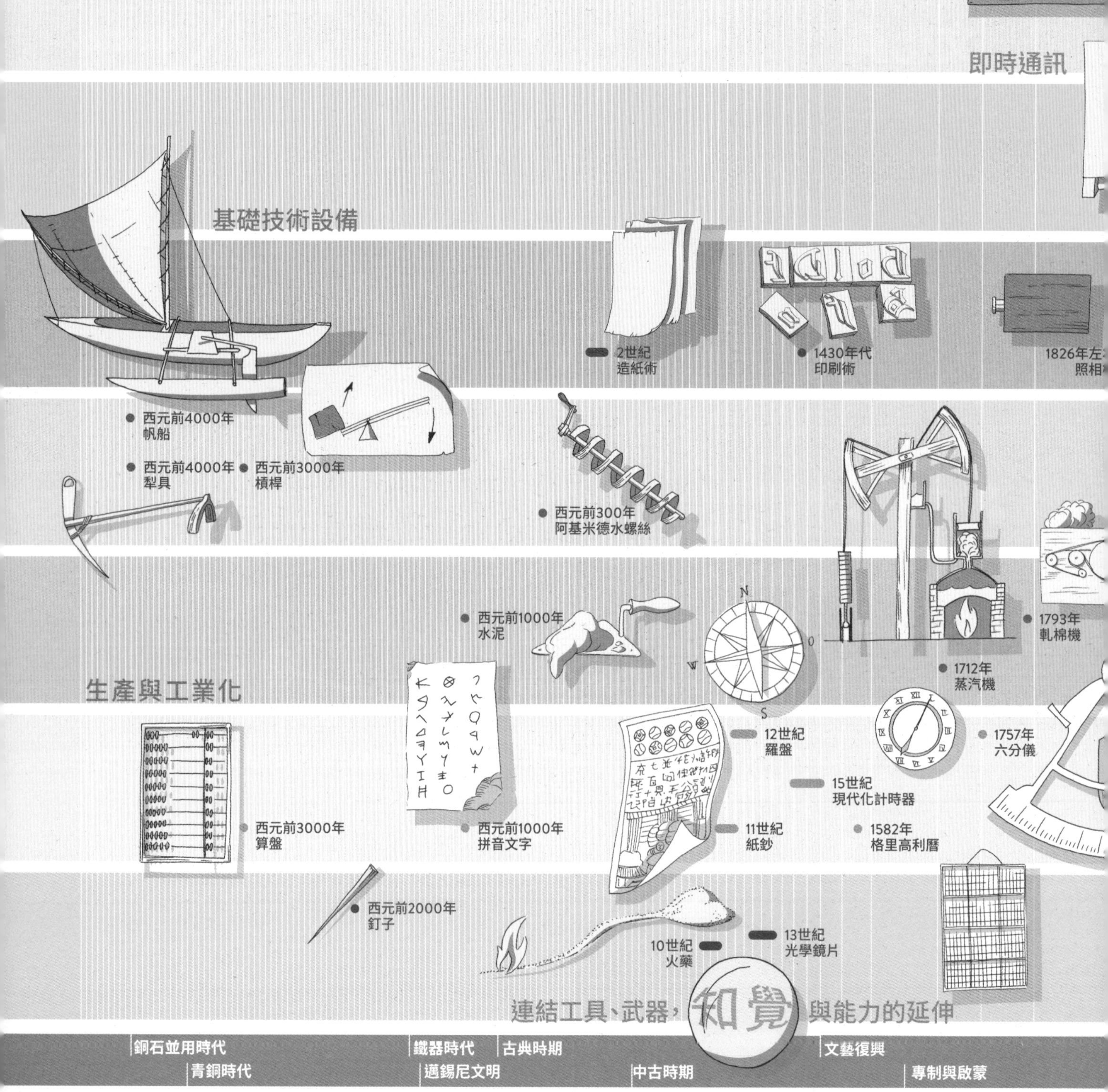

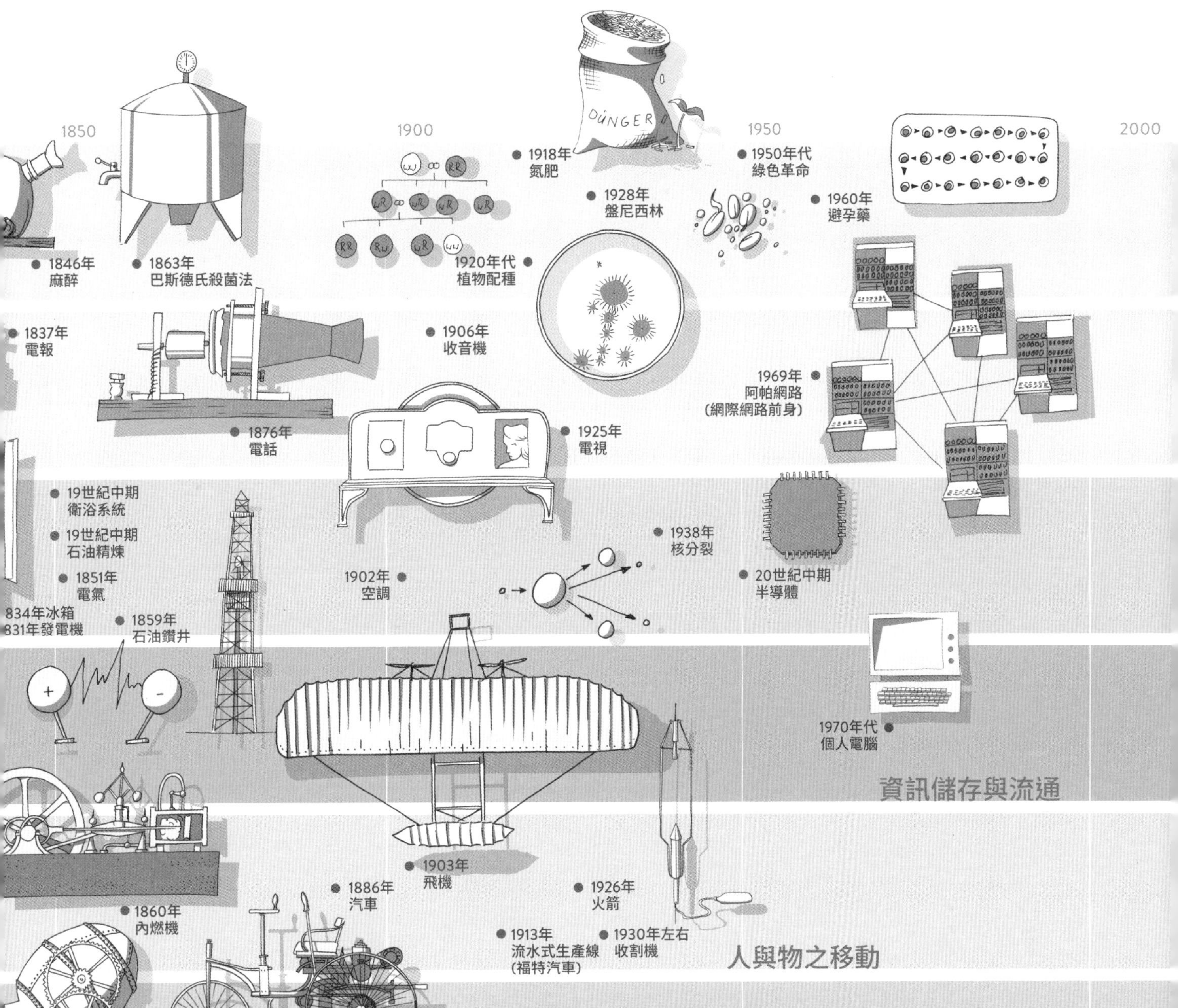

《大西洋月刊》的12位專家名單

❶ **MICHELLE ALEXOPOULOS** 多倫多大學經濟學教授。

❷ **LESLIE BERLIN** 史丹佛大學經濟及技術史學家，《微晶片背後的人: 羅博特 · 諾宜斯及矽谷之發明》(2005) 一書作者。

❸ **JOHN DOERR** 創業投資人及凱鵬華盈（KPCB）普通合夥人。

❹ **GEORGE DYSON** 科學技術史專家，著有《圖靈聖堂》(2012) 及《電腦生命天演論》(1998)。

❺ **WALTER ISAACSON** 作家及傳記作家，曾任阿斯彭研究所所長，為多本傳記書作者，如《賈伯斯傳》(2011)，《愛因斯坦傳》(2007)，《富蘭克林傳》(2003) 等。

❻ **伊藤穰一** 社會行動者、企業家及風險投資家，前麻省理工媒體實驗室主任。

❼ **ALEXIS MADRIGAL** 數位平台FUSION的前總編輯、《大西洋月刊》的前主編及《連線》雜誌記者。著有《啟動夢想》(2011) 一書，是柏克萊大學訪問學者。

❽ **CHARLES C. MANN** 記者，著有《1491: 重寫哥倫布前的美洲歷史》(2006)，《1493: 物種大交換丈量的世界史》(2011)、《巫師與先知》(2018)。

❾ **JOEL MOKYR** 西北大學經濟史教授。

❿ **LINDA SANFORD** 曾任IBM全球企業轉型事業副總裁、凱雷集團董事會成員。

⓫ **ASTRO TELLER** 企業家、學者及作者，是人工智慧技術專家。創建對沖基金公司CEREBELLUM CAPITAL以及穿戴式醫療保健裝置BODY MEDIA，是GOOGLE X 實驗室的登月隊長。

⓬ **PADMASREE WARRIOR** 曾任中國電動車NEXTEV蔚來汽車董事會成員、思科系統技術首席兼戰略執行長。

創新是如何誕生的？

商場的規矩很簡單，就是「適者生存」。落伍的企業會被市場淘汰，取而代之的是能提出更好更便宜，或更符合顧客需求之全新商品或服務的企業。經濟學家熊彼特（Joseph Schumpeter）和彼得．杜拉克（Peter F. Drucker）針對這個問題深入研究，卻發現事情並非這麼單純……

專利商標局

「創新是一種能將績效提升至全新層次的改變。」

商標登記註冊 **1**

傳真日期 ……

彼得·杜拉克	奧地利裔美國籍經濟學家	將創新視爲企業成功的關鍵	經典名作:《管理的實踐》(1954)
思想先驅:約瑟夫·阿洛伊斯·熊彼得 經濟學家 (1883-1950)	創新的定義 (引自熊彼得): 不斷推陳出新/創造性破壞。具有實踐新組合能力的人才是企業家。	創新的進程: (1)想法 (2) 建構雛形 (3)執行 (4) 打入市場	創新的特徵: (1)革新或更新 (2)更迭或變更

杜拉克的創新7大可能性

(1)預期之外

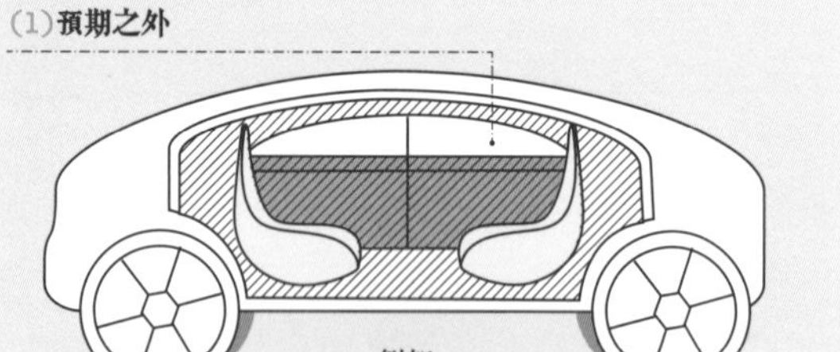

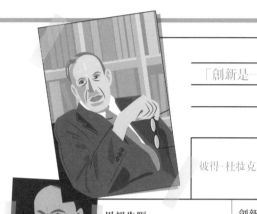

例如:自駕汽車

(2)(表面上)矛盾

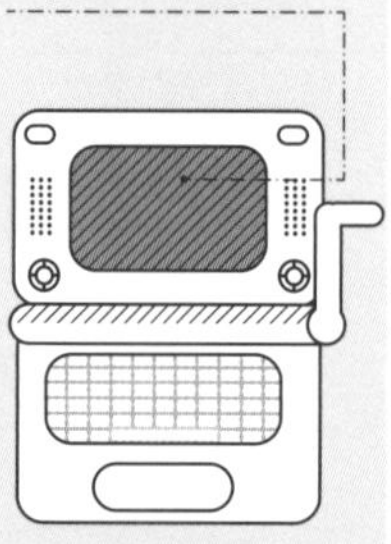

例如: 100美元的筆記型電腦

(3)必要性

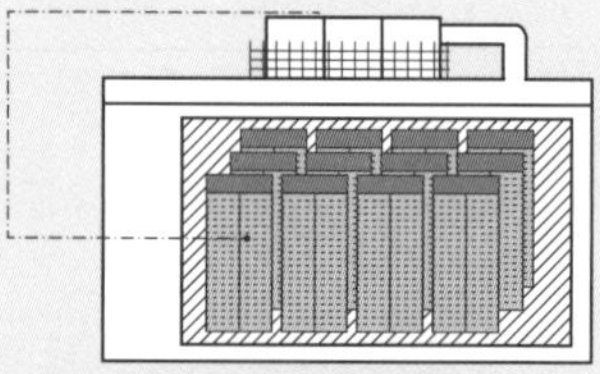

例如: 大型電池儲能系統

(4)市場改變

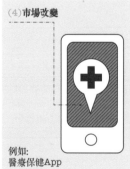

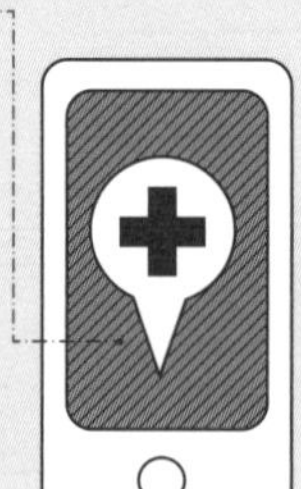

例如:醫療保健App

(5)人口結構變化

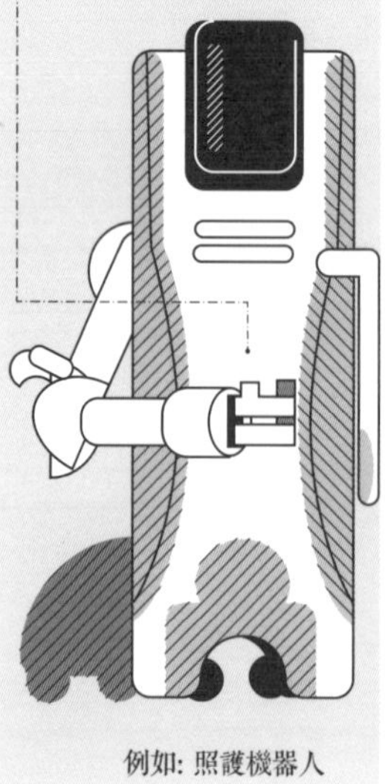

例如: 照護機器人

(6)改變感官知覺

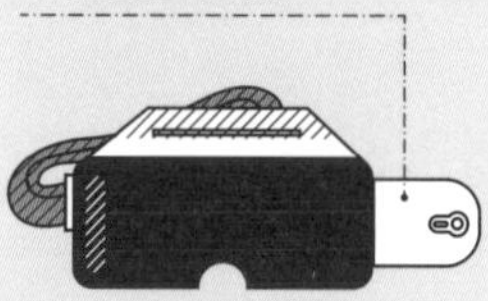

例如: 擴增實境(AR)

(7)新知

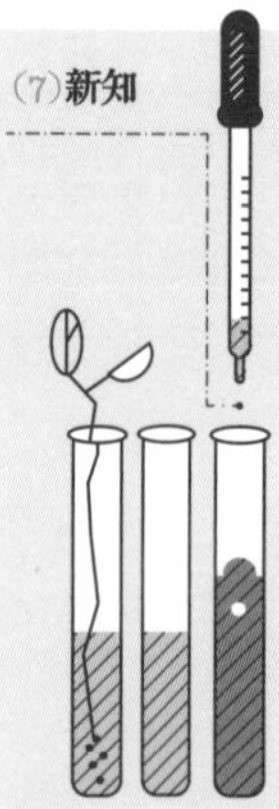

例如:綠色基因工程技術

杜拉克的創新檢視表

- ☐ 全面思考創新的可能性
- ☐ 市場調查
- ☐ 點子簡單但有效
- ☐ 點子是具體明確的
- ☐ 創新的目的是引領市場風騷

科技世界的領先關鍵

為這個世界帶來嶄新發明及技術的人，可以為自己的新發現申請保護，也就是「專利」。首先，他得到專利局提出申請，那裡會檢查這個發明是否屬實，以及是否侵占其他發明人的保護權。專利權在德國最多享有20年的保護*，在這段期間內別人若要使用這項新發明，都要事先詢問專利權所有人，並取得使用許可。這種對新發明的保護背後有著經濟上的考慮，否則如果新發明很快就能被人複製模仿，就不會有人願意在研發上投注金錢與精力，那將會大大拖慢了技術進步的速度。

2014年先進科技領域公司專利申請數排行榜

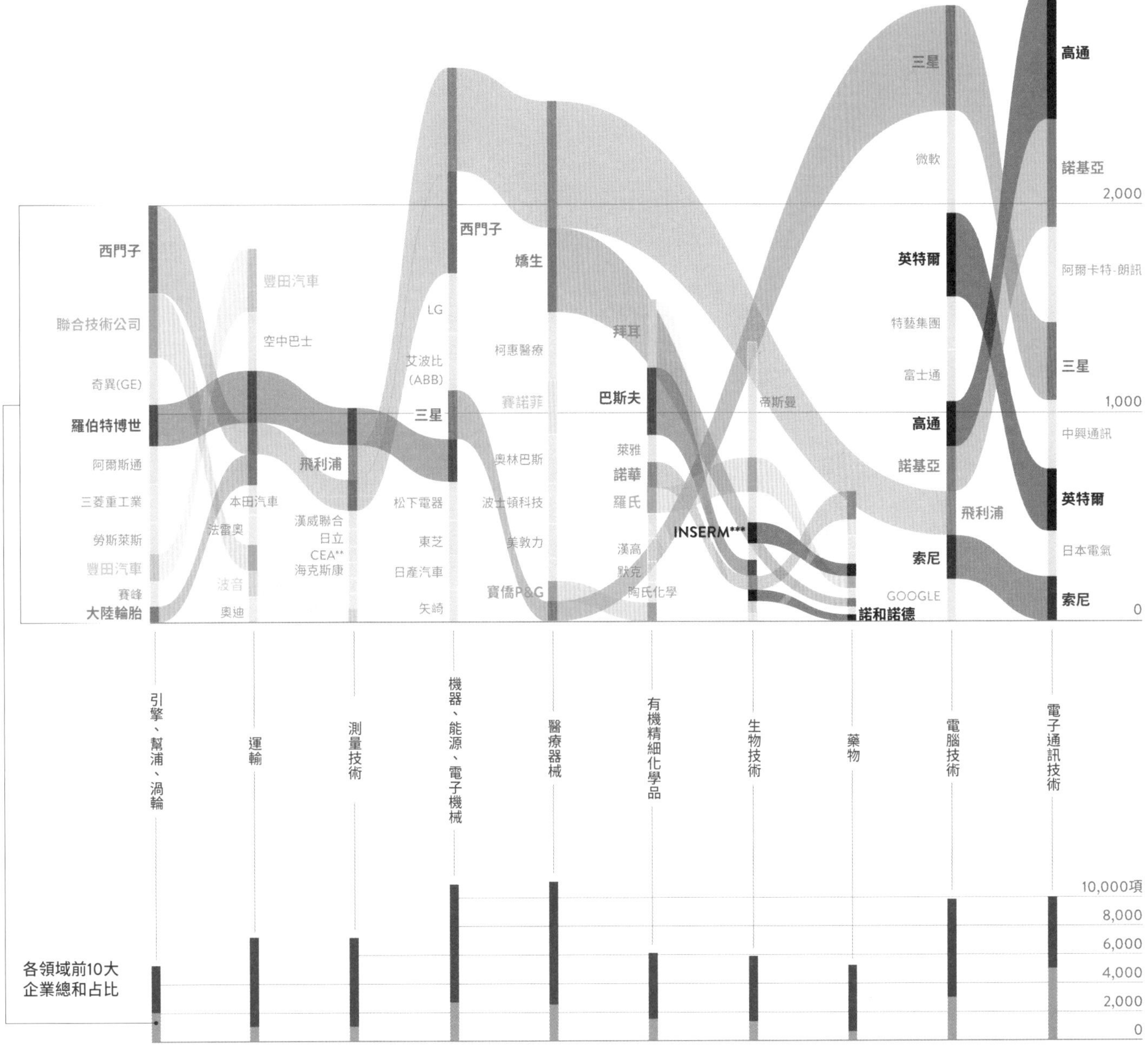

2014年先進科技領域專利申請總數

*在台灣申請專利得向智慧財產局申請，且台灣專利分為3種，專利保障期限分別為：發明專利權20年、新型專利權10年、設計專利權15年。
**法國原子能與替代能源委員會
***法國國家健康與醫學研究院

如何測量國家的創新度？

對大多數公司或產業來說，創新是競爭力的關鍵，而一個國家的創新能力，也可以透過某些特定的指標測量。此處顯示的創新指標全部採取相對指數，如此一來評估各國的創新能力時，就能不受國家大小的影響，比較出各國的創新潛力及發展重心。這個創新指標包含德國和台灣在內，2020年共評比35個國家*。

創新指標(INNOVATION INDICATOR)

創新指標為德國卡爾斯魯爾城的弗勞恩霍夫系統暨創新研究所(ISI)及曼海姆的歐洲經濟研究中心(ZEW)共同研發設定。總指標測量值範圍從1至100，是從「經濟、學術、教育、政府、社會」五大領域之數據彙整而成。其中又延伸出38個分項指標，有些指標會重複出現在不同的領域裡。這個創新指標除了德國之外還有35個國家的數據。

區隔領域＆計分之線段

1994年分數

2014年分數

45 2014年整體分數

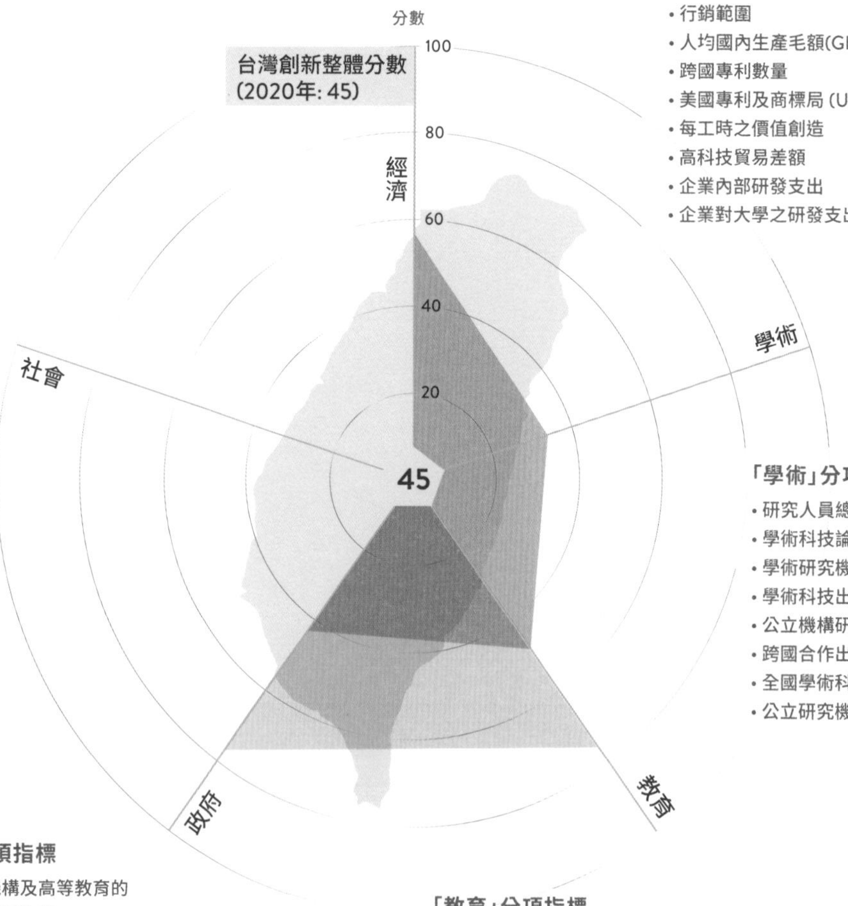

「經濟」分項指標

- 企業對技術產品之需求
- 早期使用風險投資之企業
- 政府補助企業之研發經費
- 學術服務單位就業人口
- 高科技價值創造比率
- 國內市場競爭程度
- 跨國共同專利之比率
- 支持研發之減稅措施
- 行銷範圍
- 人均國內生產毛額(GDP)
- 跨國專利數量
- 美國專利及商標局 (USPTO) 核發之專利數量
- 每工時之價值創造
- 高科技貿易差額
- 企業內部研發支出
- 企業對大學之研發支出

「學術」分項指標

- 研究人員總數
- 學術科技論文總數
- 學術研究機構品質
- 學術科技出版論文被引用次數與全球平均值之比率
- 公立機構研究產出之專利數量
- 跨國合作出版之學術科技論文比率
- 全國學術科技論文在前10%最常被引用論文中之比
- 公立研究機構及高等教育研發經費支出比率

「社會」分項指標

- 預期壽命
- 女性勞動參與率
- 相關學術研究之新聞報導
- 後物質主義所占比率**

「政府」分項指標

- 公立研究機構及高等教育的研發經費支出比率
- 政府對先進科技產品之需求
- 支持研發之減稅措施
- 政府補助企業之研發經費
- 平均每名大學生之教育支出
- 教育系統品質
- 數理教育品質
- PISA學生能力指標: 科學、閱讀能力、數學

「教育」分項指標

- 博士人口比例
- 具高等學歷者之就業人口比例
- 外籍學生比例
- 大學畢業生與55歲以上高學歷員工之比率
- 至少有高中學歷，但無高等學歷之員工
- 平均每名大學生之教育支出
- 教育系統品質
- 數理教育品質
- PISA學生能力指標：科學、閱讀能力、數學

*編注: 每年數目略有浮動
**編注: 意即對於非物質需求的重視程度

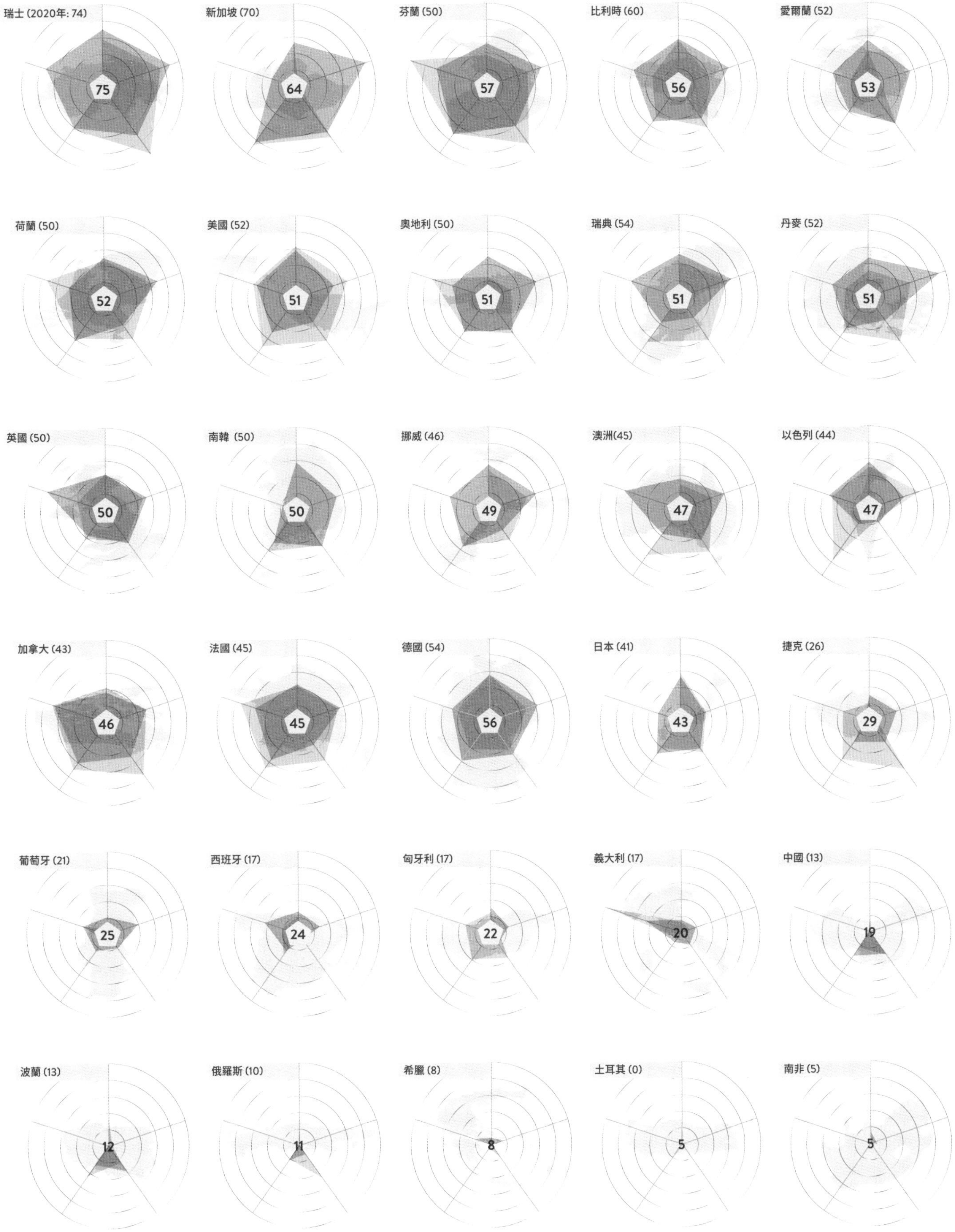
瑞士 (2020年: 74)
75
新加坡 (70)
64
芬蘭 (50)
57
比利時 (60)
56
愛爾蘭 (52)
53
荷蘭 (50)
52
美國 (52)
51
奧地利 (50)
51
瑞典 (54)
51
丹麥 (52)
51
英國 (50)
50
南韓 (50)
50
挪威 (46)
49
澳洲(45)
47
以色列 (44)
47
加拿大 (43)
46
法國 (45)
45
德國 (54)
56
日本 (41)
43
捷克 (26)
29
葡萄牙 (21)
25
西班牙 (17)
24
匈牙利 (17)
22
義大利 (17)
20
中國 (13)
19
波蘭 (13)
12
俄羅斯 (10)
11
希臘 (8)
8
土耳其 (0)
5
南非 (5)
5

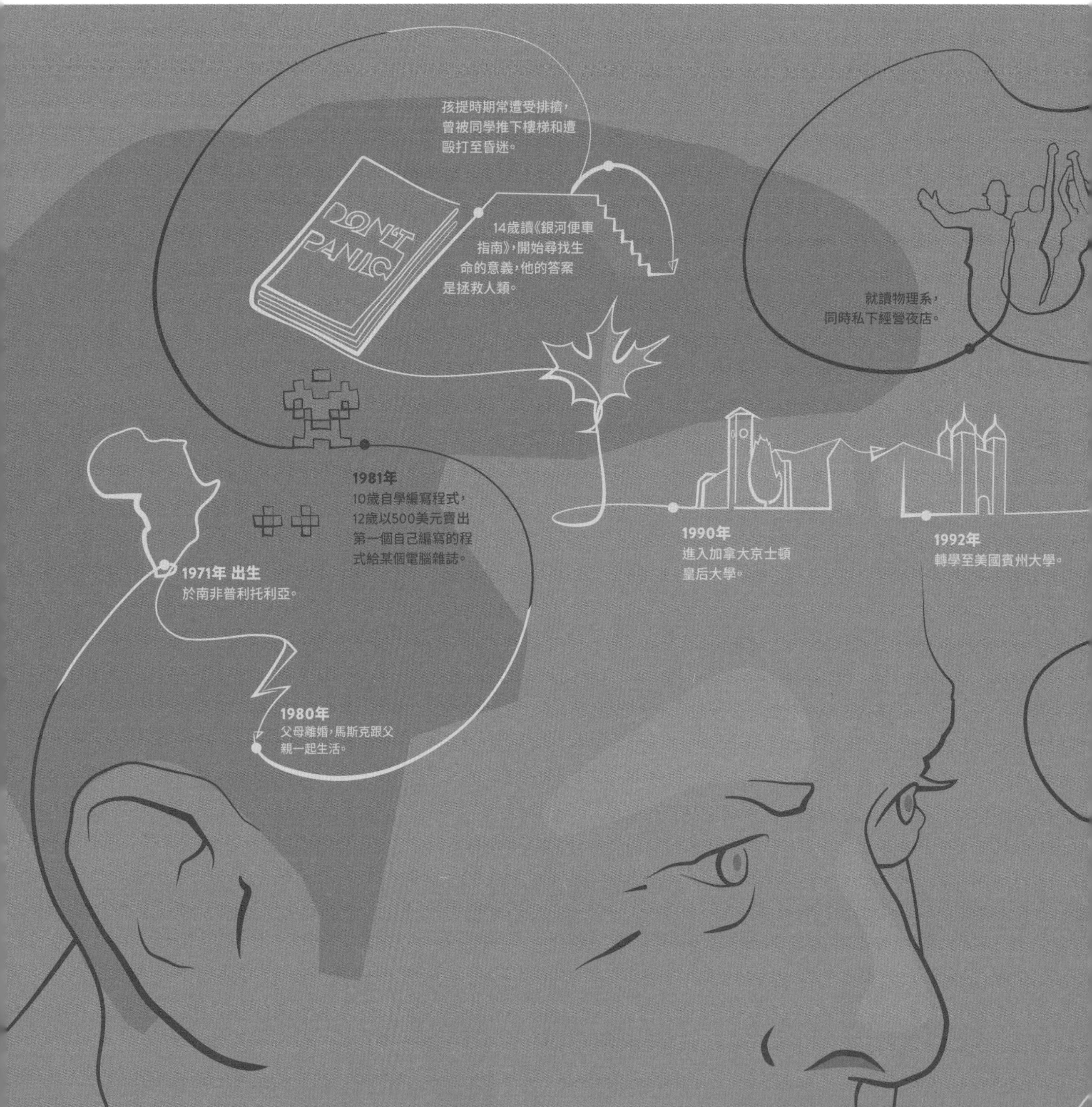
孩提時期常遭受排擠，
曾被同學推下樓梯和遭
毆打至昏迷。
DON'T PANIC
14歲讀《銀河便車
指南》，開始尋找生
命的意義，他的答案
是拯救人類。
就讀物理系，
同時私下經營夜店。
1981年
10歲自學編寫程式，
12歲以500美元賣出
第一個自己編寫的程
式給某個電腦雜誌。
1971年 出生
於南非普利托利亞。
1990年
進入加拿大京士頓
皇后大學。
1992年
轉學至美國賓州大學。
1980年
父母離婚，馬斯克跟父
親一起生活。

以「拯救人類」為夢想的伊隆・馬斯克

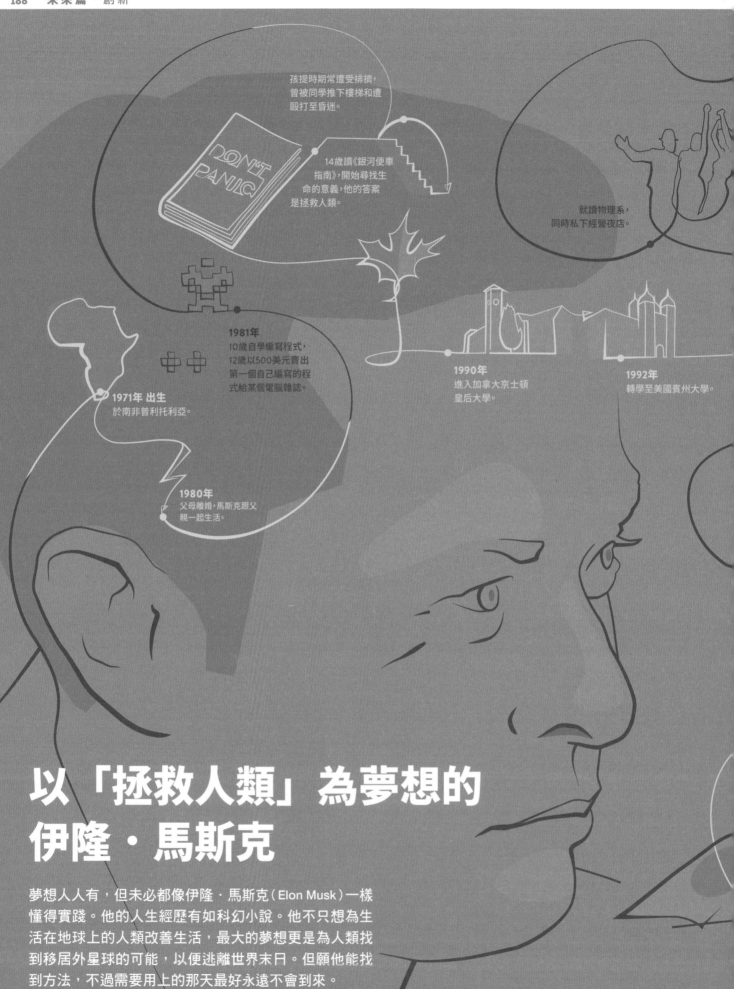

夢想人人有，但未必都像伊隆・馬斯克（Elon Musk）一樣懂得實踐。他的人生經歷有如科幻小說。他不只想為生活在地球上的人類改善生活，最大的夢想更是為人類找到移居外星球的可能，以便逃離世界末日。但願他能找到方法，不過需要用上的那天最好永遠不會到來。

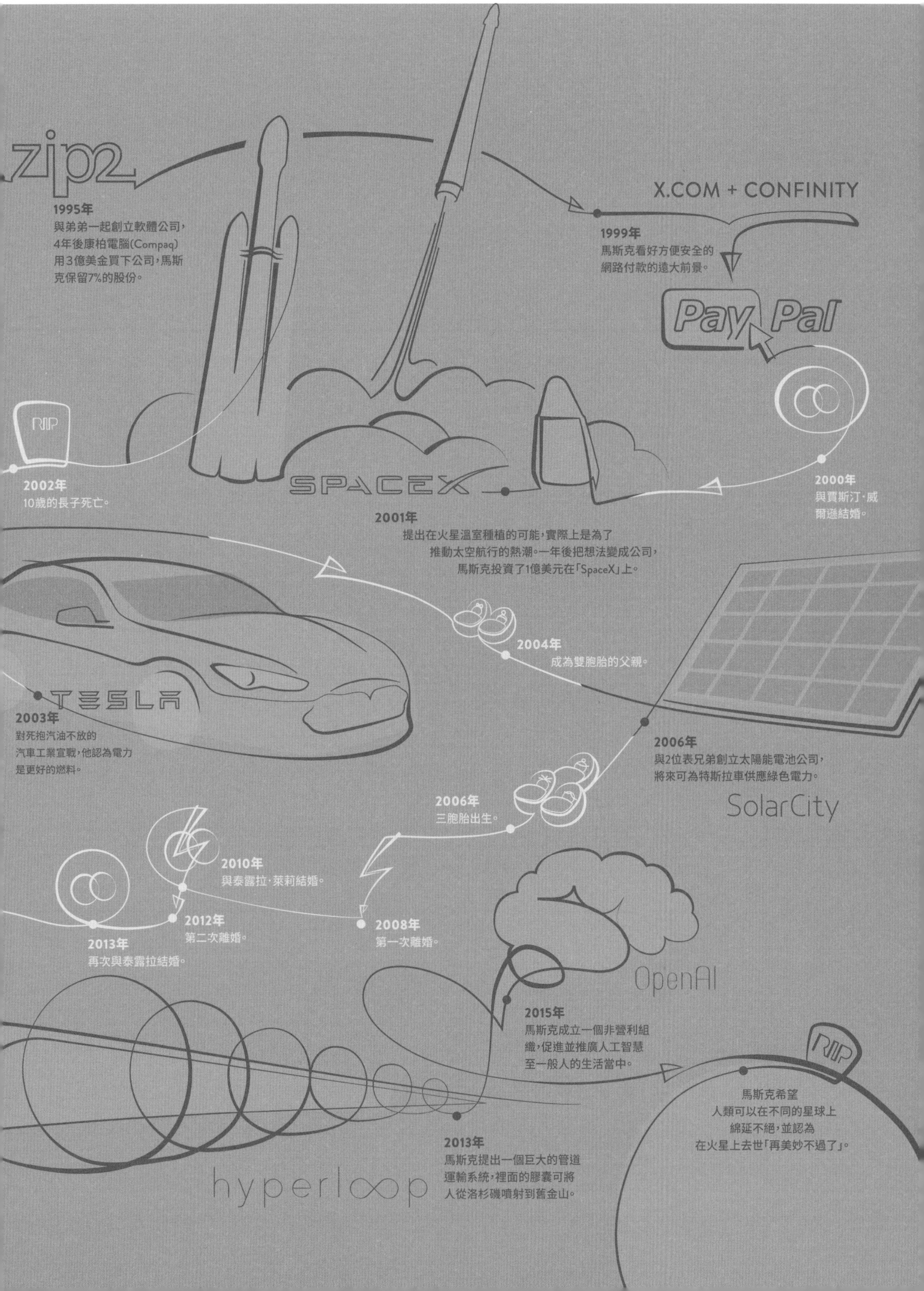
zip2
1995年
與弟弟一起創立軟體公司，4年後康柏電腦(Compaq)用3億美金買下公司，馬斯克保留7%的股份。
X.COM + CONFINITY
1999年
馬斯克看好方便安全的網路付款的遠大前景。
PayPal
RIP
2002年
10歲的長子死亡。
SPACEX
2001年
提出在火星溫室種植的可能，實際上是為了推動太空航行的熱潮。一年後把想法變成公司，馬斯克投資了1億美元在「SpaceX」上。
2000年
與賈斯汀·威爾遜結婚。
2004年
成為雙胞胎的父親。
TESLA
2003年
對死抱汽油不放的汽車工業宣戰，他認為電力是更好的燃料。
2006年
與2位表兄弟創立太陽能電池公司，將來可為特斯拉車供應綠色電力。
SolarCity
2006年
三胞胎出生。
2010年
與泰露拉·萊莉結婚。
2012年
第二次離婚。
2008年
第一次離婚。
2013年
再次與泰露拉結婚。
OpenAI
2015年
馬斯克成立一個非營利組織，促進並推廣人工智慧至一般人的生活當中。
RIP
馬斯克希望人類可以在不同的星球上綿延不絕，並認為在火星上去世「再美妙不過了」。
2013年
馬斯克提出一個巨大的管道運輸系統，裡面的膠囊可將人從洛杉磯噴射到舊金山。
hyperloop

新創獨角獸 & 它們的產地

獨角獸在文學裡是一種傳說生物，大部分的人都不相信世上真有這種動物。在新創企業界裡，獨角獸是具有傳說般不可思議的身價，也就是高於10億美金的年輕企業。投資者相信它們，或者至少相信這項極具風險的賭注在遙遠的未來是利多於弊。

全球獨角獸地圖

單位: 美金
資料年分: 2016年1月

將地圖上174頭獨角獸按行業類別區分

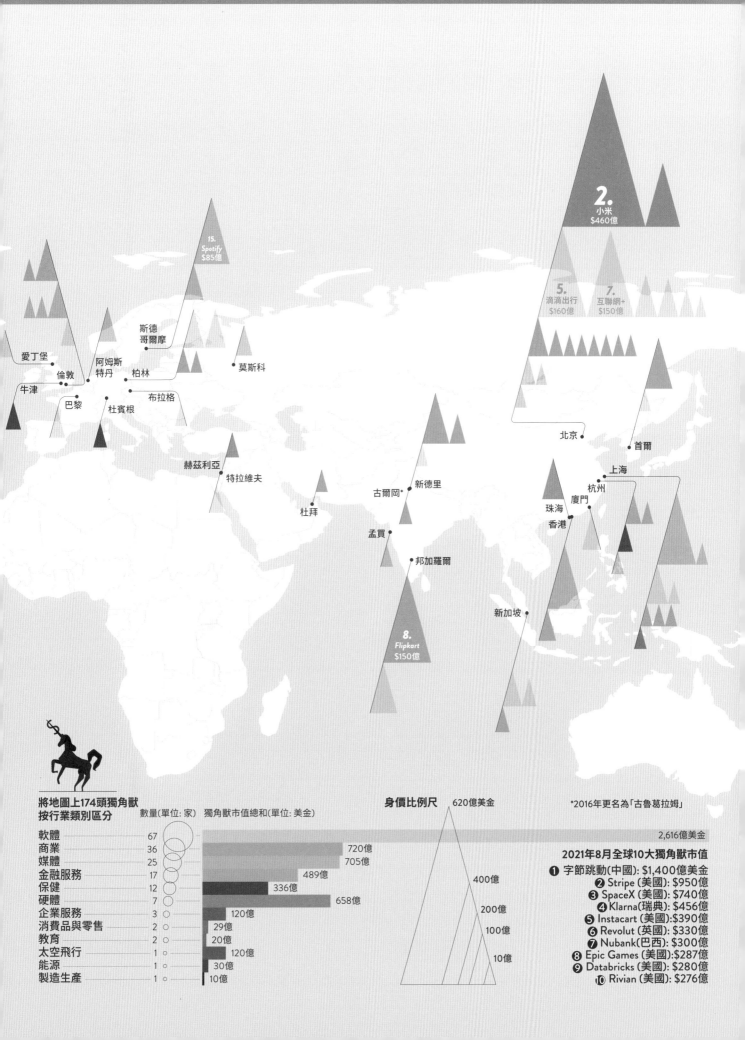

行業	數量(單位: 家)	獨角獸市值總和(單位: 美金)
軟體	67	2,616億美金
商業	36	720億
媒體	25	705億
金融服務	17	489億
保健	12	336億
硬體	7	658億
企業服務	3	120億
消費品與零售	2	29億
教育	2	20億
太空飛行	1	120億
能源	1	30億
製造生產	1	10億

身價比例尺

*2016年更名為「古魯葛拉姆」

2021年8月全球10大獨角獸市值

1. 字節跳動(中國): $1,400億美金
2. Stripe (美國): $950億
3. SpaceX (美國): $740億
4. Klarna(瑞典): $456億
5. Instacart (美國):$390億
6. Revolut (英國): $330億
7. Nubank(巴西): $300億
8. Epic Games (美國):$287億
9. Databricks (美國): $280億
10. Rivian (美國): $276億

新創勇者 vs. 市場巨人

「顛覆」是矽谷最重要的關鍵字。新創企業家喜歡自比為聖經中聰明靈敏的大衛，手上握有「數位」這把彈弓，朝巨人歌利亞蹣跚的老舊經營模式發動攻擊。有時他們的攻擊的確奏效，但效果遠遠不如他們宣稱的那樣顯著。被吵醒的歌利亞學得很快，並將其反擊稱為「數位轉型」。

數位顛覆
企業歷史
積習難改的結構
老顧客的期望
網路效應能讓對手迅速壯大，速度快到讓歌利亞眼花。
打造一個誰都無法拋棄不用的平台。
盡快推出產品，再從失敗中學習。
如何找出連顧客自己都不知道的需求?

前浪死在沙灘上?

哈佛經濟學家**克雷頓．克里斯汀生**（Clayton Christensen）是數位新創圈的理論大師。他認為，所有大企業都面臨兩難的困境，為了照顧忠實客戶，無法真正徹底創新。所有成功的大企業總有一天會被新企業「顛覆」。

打造直達客戶的平台

（幾乎）所有成功的新創企業都有自己的電子平台。平台從生產者直接通向顧客，將傳統的中介者踢出場外。最好的例子就是串流服務**Spotify**，成功地把唱片行擠開，讓樂手與聽眾間保持暢通。

網路效應

平台自身即帶有強大的網路效應，這個意思是說，當一個平台上聚集愈多的市場參與者，對其他人來說也就愈有吸引力。網路效應的最佳範例，無疑就是**臉書**的迅速壯大。

能自我反省的歌利亞懂得如何有組織地進行數位化，有時也知道藉助新創者的能力。
數位轉型
聰明的歌利亞能將科技更迭帶來的變動，與既有的流程、產品或銷售模式整合在一起。
懂得應變的歌利亞能結合兩者的優點，憑藉過往經驗以及面對改變的開放態度，將產品、銷售管道及商業模式朝著數位化的方向前進。
第28個汽車共享 App!
哇!真是徹底顛覆啊!(酸)

過度誇大數位重要性?

我們是否因為太想生活在一個充滿變動的時代，而過分誇耀了這個世代的進步呢？看來似乎如此。畢竟對生活來說，**Google**、**Amazon**或者**Twitter**並不比廁所、盤尼西林或腳踏車更有用，不是嗎？

「好管理」才是續命關鍵

局外人的顛覆力真的像克里斯汀生所宣稱的那樣必然嗎？**iPhone**確實是劃時代的顛覆性的產品，但真正阻擋**Nokia**像三星那般追趕Apple腳步的絆腳石，不正是Nokia自己的管理高層?

AMAZON巨人的自我顛覆

對此Amazon創辦人**傑夫・貝佐斯**(Jeff Bezos)給出一個簡單明快的定義：「比舊有熟知的東西更能贏得客戶的歡心，就是顛覆。」抱持這種態度，貝佐斯將一個初創企業培養成如歌利亞般巨大，而且仍在不斷擴張。

智慧工廠

人類在明日世界的產製過程中會扮演什麼角色？能確定的是，在智慧工廠裡人類不必再負擔太耗體力的工作，只須偶爾在某些地方插手調控。在這裡，大部分的工作會由能彼此溝通的智慧型機器解決，產品製造也會愈來愈按照顧客的個別需求生產。簡而言之，智慧工廠裡只有少數具備高級專業技術的工人，而且客製化生產會變成常態。

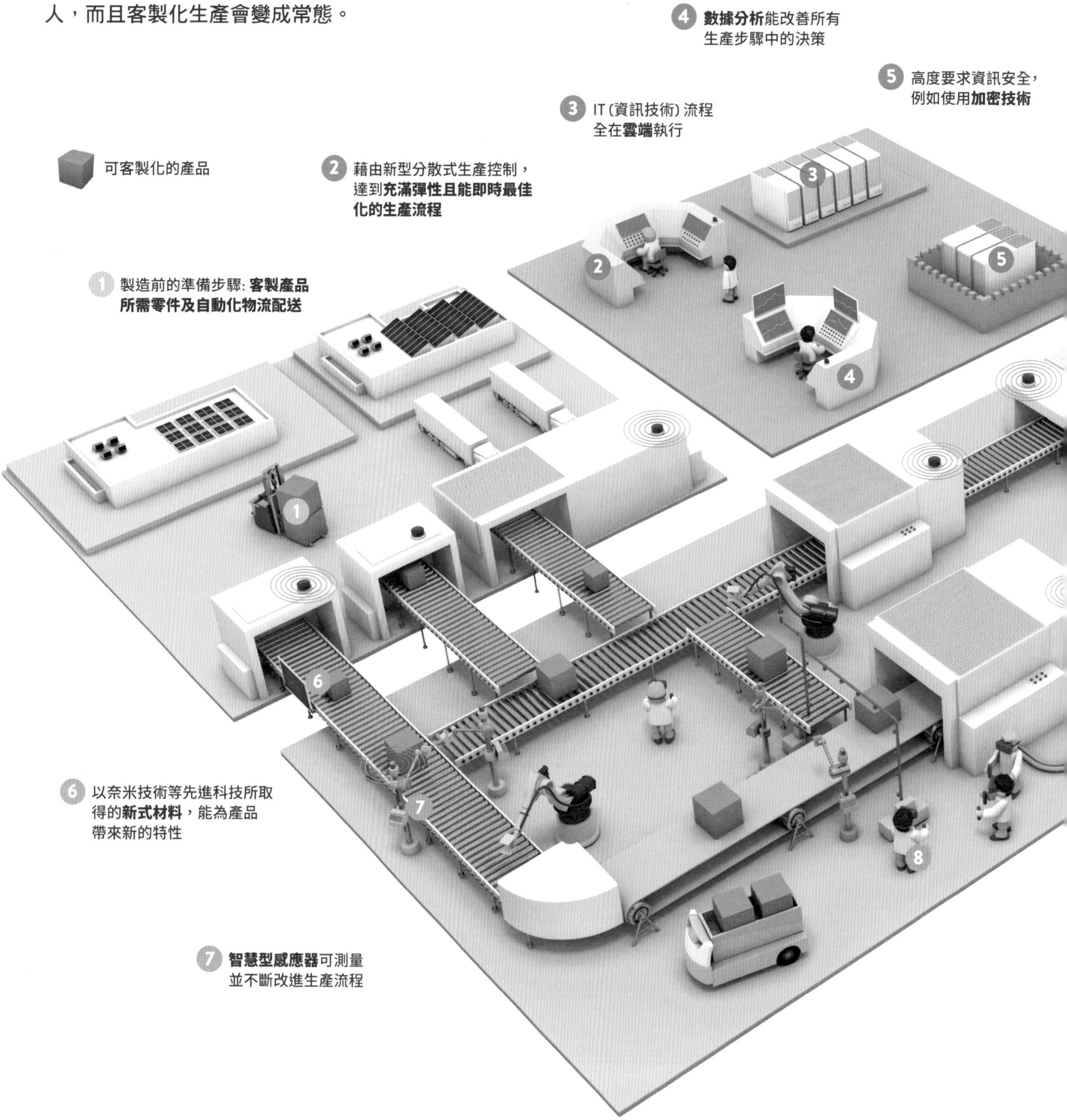
4 **數據分析**能改善所有生產步驟中的決策
5 高度要求資訊安全，例如使用**加密技術**
3 IT（資訊技術）流程全在**雲端**執行
可客製化的產品
2 藉由新型分散式生產控制，達到**充滿彈性且能即時最佳化的生產流程**
1 製造前的準備步驟：**客製產品所需零件及自動化物流配送**
6 以奈米技術等先進科技所取得的**新式材料**，能為產品帶來新的特性
7 **智慧型感應器**可測量並不斷改進生產流程

⑩ **積層製造(Additive Manufacturing)***
有利於客製化生產
*編注: 即俗稱的3D列印。

⑪ **產品自帶資訊**告知該如何繼續加工
(例如無線射頻辨識 [RFID] 晶片)

⑨ **預防性維修**:
需更新的機器會自動發出訊號

⑫ **自動駕駛汽車**
可彈性執行任務

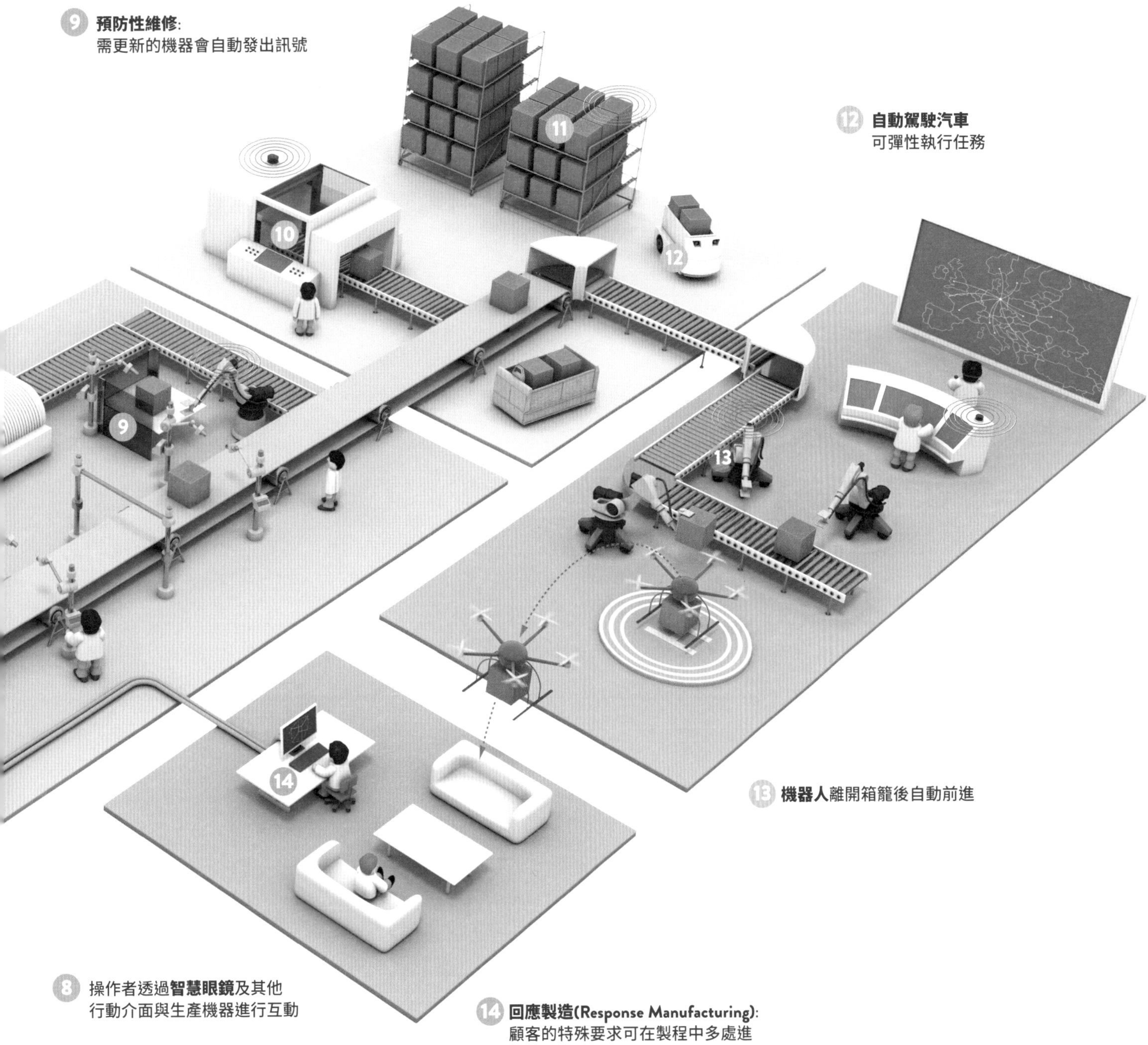

⑬ **機器人**離開箱籠後自動前進

⑧ 操作者透過**智慧眼鏡**及其他
行動介面與生產機器進行互動

⑭ **回應製造(Response Manufacturing)**:
顧客的特殊要求可在製程中多處進
行調整

工業 4.0 進化史

工業進步通常是跳躍式的進展，當有人已領先使用創新技術、提出全新事物時，企業就要準備跳躍了。從工業發展史來看，每一次技術典範轉移都會出現贏家與輸家。所謂「工業4.0」起初是德國政治人物跟商業聯盟喊出來的口號，目的是希望德國工業在生產數位網路化的這波浪潮中能設法領先，不要再像20年前那樣糊塗錯過了網路工業興起的時機。

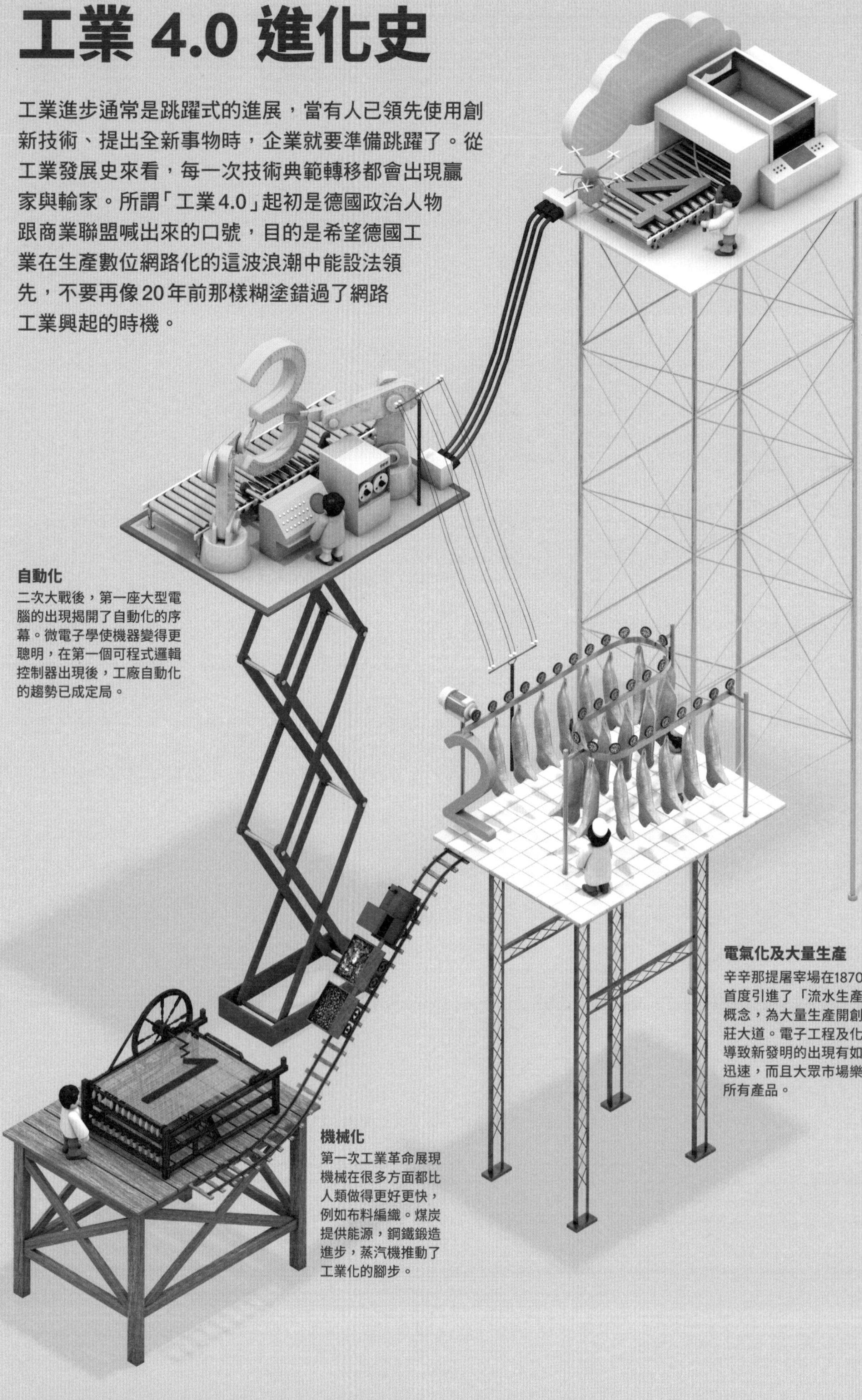

自動化系統連結
從前工廠機器人都得等著人類下指令才能工作，現在機器人能彼此溝通，需要人類發號施令的情況愈來愈少。

自動化
二次大戰後，第一座大型電腦的出現揭開了自動化的序幕。微電子學使機器變得更聰明，在第一個可程式邏輯控制器出現後，工廠自動化的趨勢已成定局。

電氣化及大量生產
辛辛那提屠宰場在1870年左右首度引進了「流水生產線」的概念，為大量生產開創一條康莊大道。電子工程及化學技術導致新發明的出現有如流水般迅速，而且大眾市場樂於接收所有產品。

機械化
第一次工業革命展現機械在很多方面都比人類做得更好更快，例如布料編織。煤炭提供能源，鋼鐵鍛造進步，蒸汽機推動了工業化的腳步。

強 AI：擁有自我的機器

機器人是指像人類一樣思考及行動的機器，打從啟蒙時代開始，人工智慧（artificial intelligence，簡稱AI）就不斷出現在人類的幻想中。電腦出現後，不切實際的幻想有了可能實現的技術概念基礎，人工智慧的研究可區分成「強人工智慧」（強AI）與「弱人工智慧」（弱AI）兩個方向，而「強人工智慧」的目標是希望機器能擁有創造性思考及獨立思考的能力，機器因此能發展出自我意識，甚至在某些狀況下還能出現感情。不過，強AI目前僅存於科幻小說及電玩遊戲的幻想情節，在可見的未來應該還不會出現。

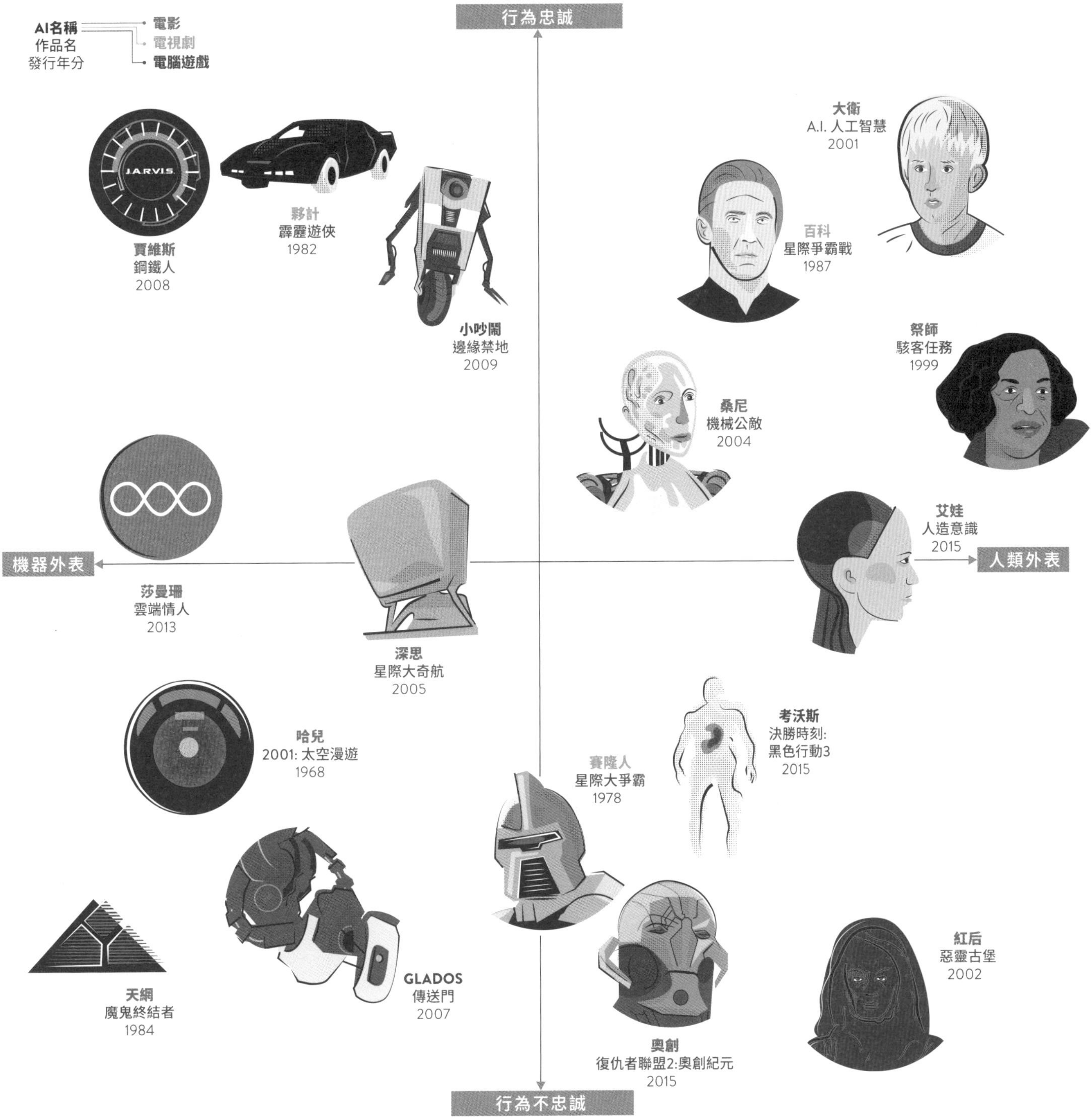

滲透日常的弱 AI

強 AI 對我們來說還是科幻小說中的情節，弱 AI 則在現今生活中扮演吃重的角色，接手許多從前只有人類能做的工作。「人工智慧」一詞在這裡容易產生誤解，因為自動化的工作通常只是繁瑣但重複性高的日常工作。

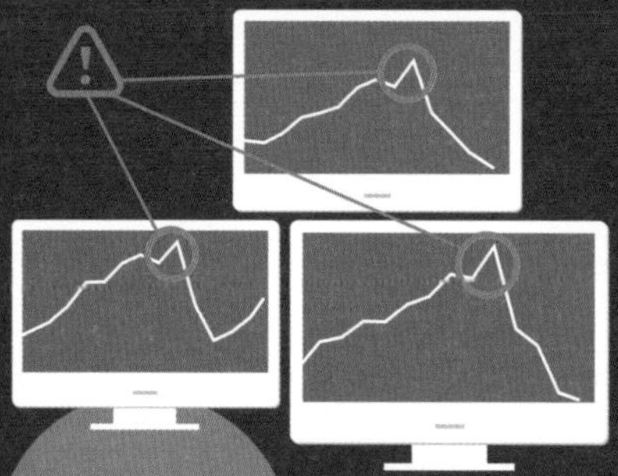

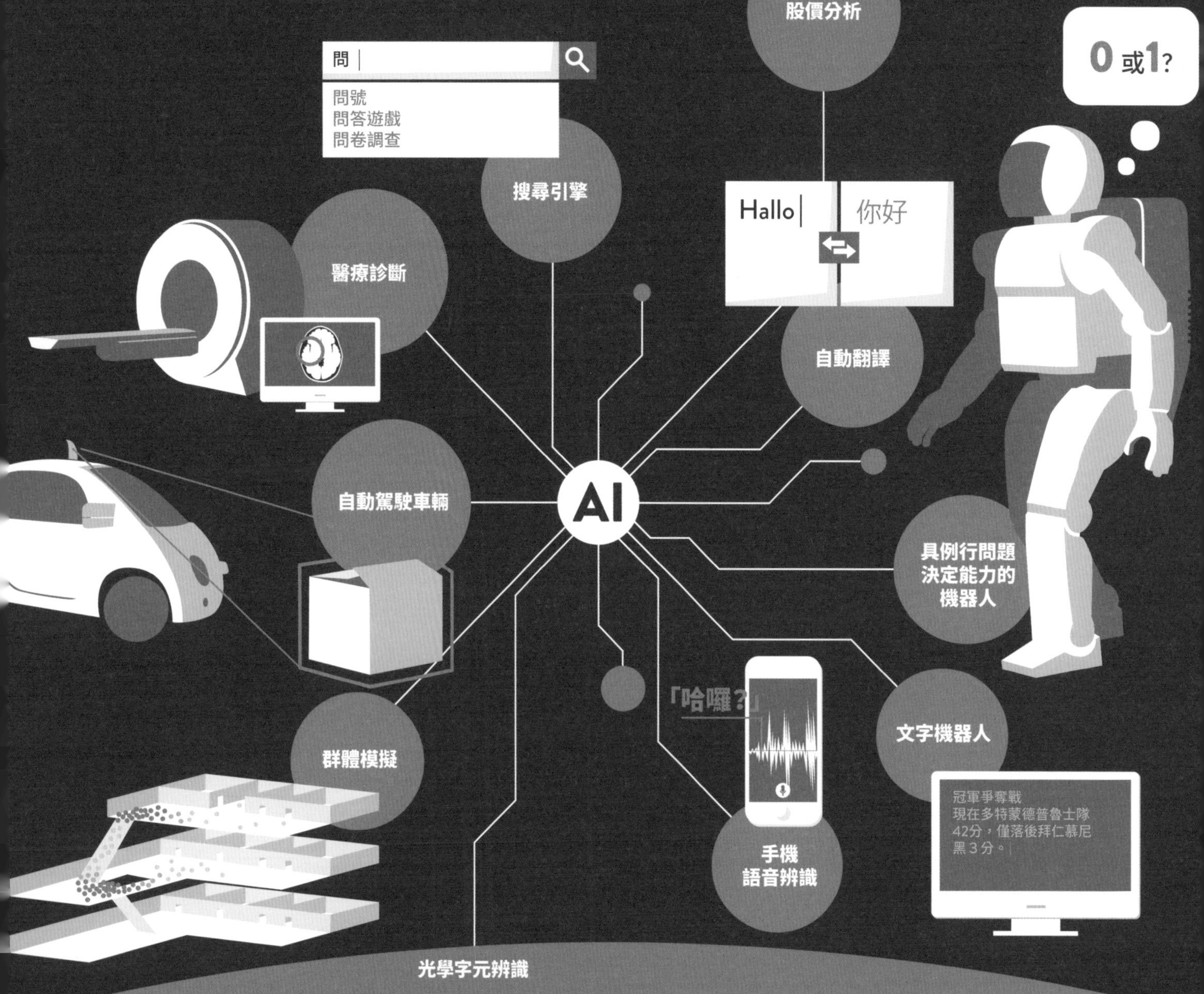

❶ **掃描**
郵件自動分揀機需能辨識郵遞區號，先掃描信封。

❷ **點陣化**
辨識出郵遞區號後，將所有數字化為點陣圖形並轉換成數學向量。

❸ **比較**
將此向量與訓練階段所蒐集到的資訊做比較。

❹ **訓練階段及結果輸出**
選擇最相近的原型數字做為辨識數字，同時原型數字也會參考新獲得的資訊進行微調。

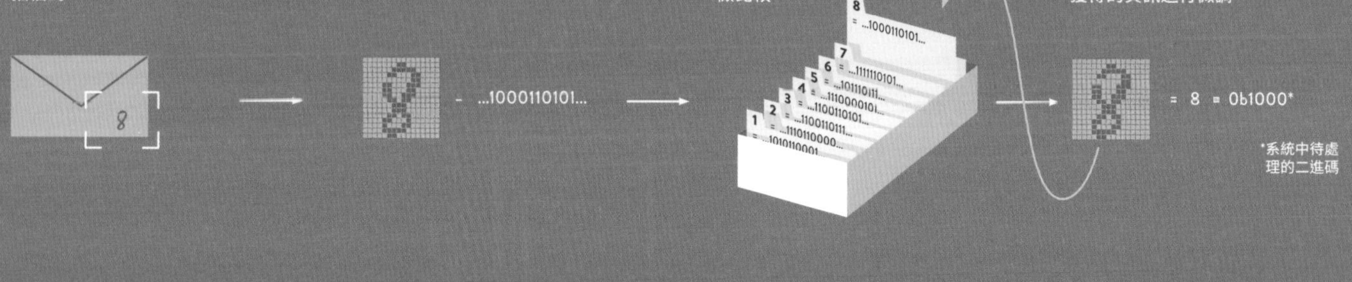

*系統中待處理的二進碼

AI即將超越人類？

自二次大戰結束以來，科學家便開始有系統地教導機器進行思考，到了1950年代中期，英國數學家圖靈展開首個大型研究計畫，確認機器是否具有智慧。

然而機器比預料中還要愚蠢，很難理解人類的語言，也無法進行一般例行思想活動，許多人因此大為失望，1970年代中期許多計畫也因此中斷，直到近代數位網路的發展，為人工智慧研究注入新活力。

當年萊特兄弟完成首次動力飛行後，飛行技術就神速發展，近年來弱AI短期內在多方面都有突破性進步，兩者進展頗為相似。

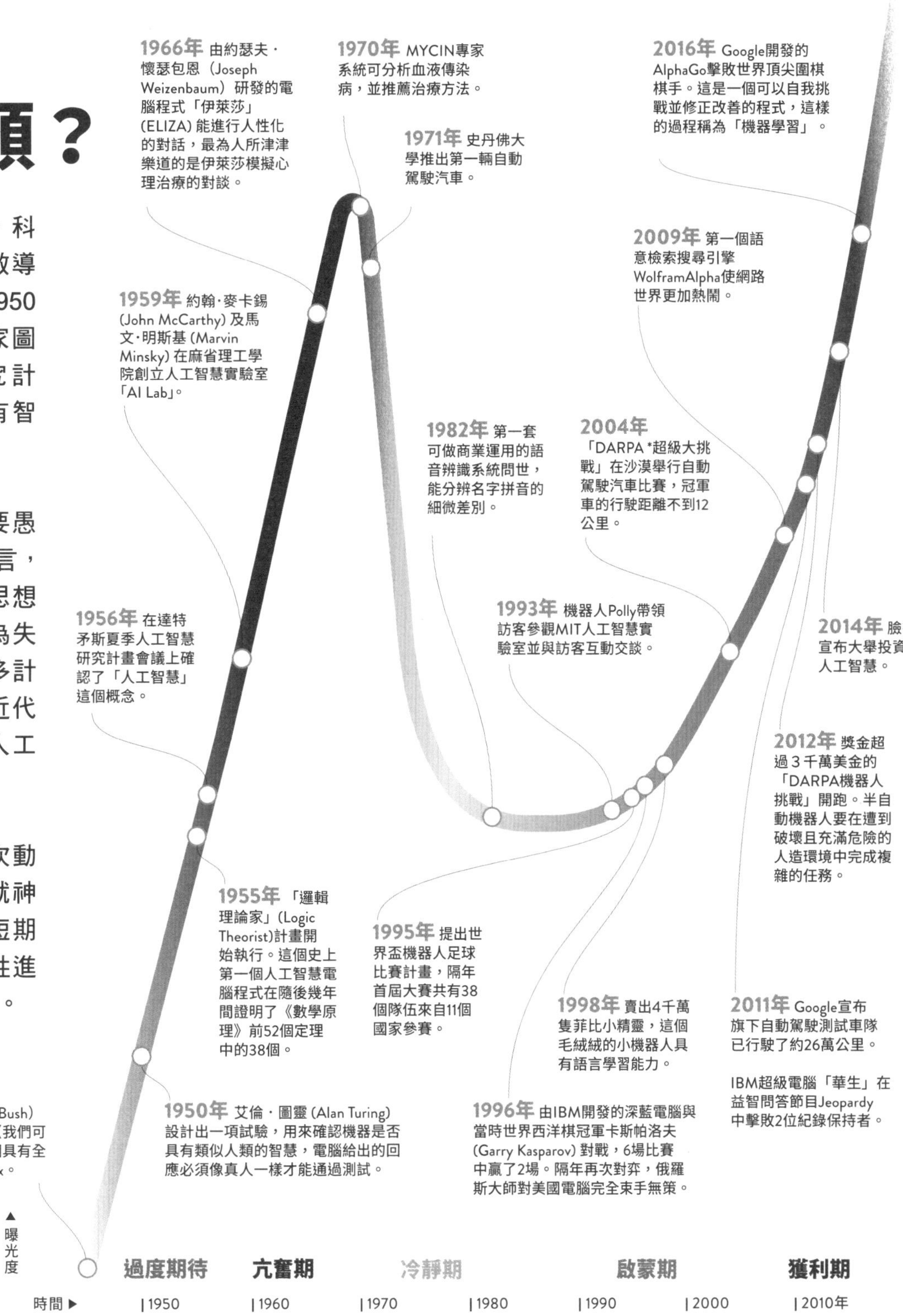
1945年 凡納爾・布希（Vannevar Bush）在《大西洋月刊》上發表一篇名為〈我們可能會這樣想〉的文章，文中提出一個具有全面知識機器的構想，並稱之為Memex。
1950年 艾倫・圖靈（Alan Turing）設計出一項試驗，用來確認機器是否具有類似人類的智慧，電腦給出的回應必須像真人一樣才能通過測試。
1955年 「邏輯理論家」（Logic Theorist）計畫開始執行。這個史上第一個人工智慧電腦程式在隨後幾年間證明了《數學原理》前52個定理中的38個。
1956年 在達特矛斯夏季人工智慧研究計畫會議上確認了「人工智慧」這個概念。
1959年 約翰・麥卡錫（John McCarthy）及馬文・明斯基（Marvin Minsky）在麻省理工學院創立人工智慧實驗室「AI Lab」。
1966年 由約瑟夫・懷瑟包恩（Joseph Weizenbaum）研發的電腦程式「伊萊莎」（ELIZA）能進行人性化的對話，最為人所津津樂道的是伊萊莎模擬心理治療的對談。
1970年 MYCIN專家系統可分析血液傳染病，並推薦治療方法。
1971年 史丹佛大學推出第一輛自動駕駛汽車。
1982年 第一套可做商業運用的語音辨識系統問世，能分辨名字拼音的細微差別。
1993年 機器人Polly帶領訪客參觀MIT人工智慧實驗室並與訪客互動交談。
1995年 提出世界盃機器人足球比賽計畫，隔年首屆大賽共有38個隊伍來自11個國家參賽。
1996年 由IBM開發的深藍電腦與當時世界西洋棋冠軍卡斯帕洛夫（Garry Kasparov）對戰，6場比賽中贏了2場。隔年再次對弈，俄羅斯大師對美國電腦完全束手無策。
1998年 賣出4千萬隻菲比小精靈，這個毛絨絨的小機器人具有語言學習能力。
2004年 「DARPA*超級大挑戰」在沙漠舉行自動駕駛汽車比賽，冠軍車的行駛距離不到12公里。
2009年 第一個語意檢索搜尋引擎WolframAlpha使網路世界更加熱鬧。
2011年 Google宣布旗下自動駕駛測試車隊已行駛了約26萬公里。
IBM超級電腦「華生」在益智問答節目Jeopardy中擊敗2位紀錄保持者。
2012年 獎金超過3千萬美金的「DARPA機器人挑戰」開跑。半自動機器人要在遭到破壞且充滿危險的人造環境中完成複雜的任務。
2014年 臉書宣布大舉投資人工智慧。
2016年 Google開發的AlphaGo擊敗世界頂尖圍棋棋手。這是一個可以自我挑戰並修正改善的程式，這樣的過程稱為「機器學習」。
▲曝光度
過度期待
亢奮期
冷靜期
啟蒙期
獲利期
時間▶
1950
1960
1970
1980
1990
2000
2010年

AI發展里程碑

圖靈測試

讓測試者（A）以看不到對方的方式（像是透過鍵盤）與另一個人（B）及電腦（C）交談。B與C都在設法說服A，自己是人不是機器。若A深入詢問後仍然無法判斷誰是人，電腦便通過圖靈測試。在嚴格的實驗條件下，至今仍然沒有任何電腦程式通過此項測試。

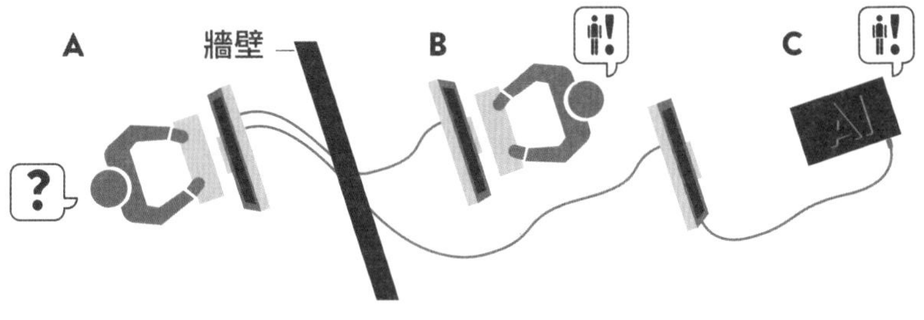
A
牆壁
B
C
AI

不作惡的 GOOGLE 帝國*

Google創辦人所立下的企業使命是重組全球資訊，並對所有人開放。伴隨這個偉大使命而來的，是個平凡無奇但卻利潤豐厚的商業模式：每個透過Google搜尋資訊的人，都會看到專為個人顯示的廣告。在這個企業使命與商業模式的基礎下，Google逐漸發展成一個複雜的企業集團，並在所有牽涉到數據的未來議題都插上一腳。

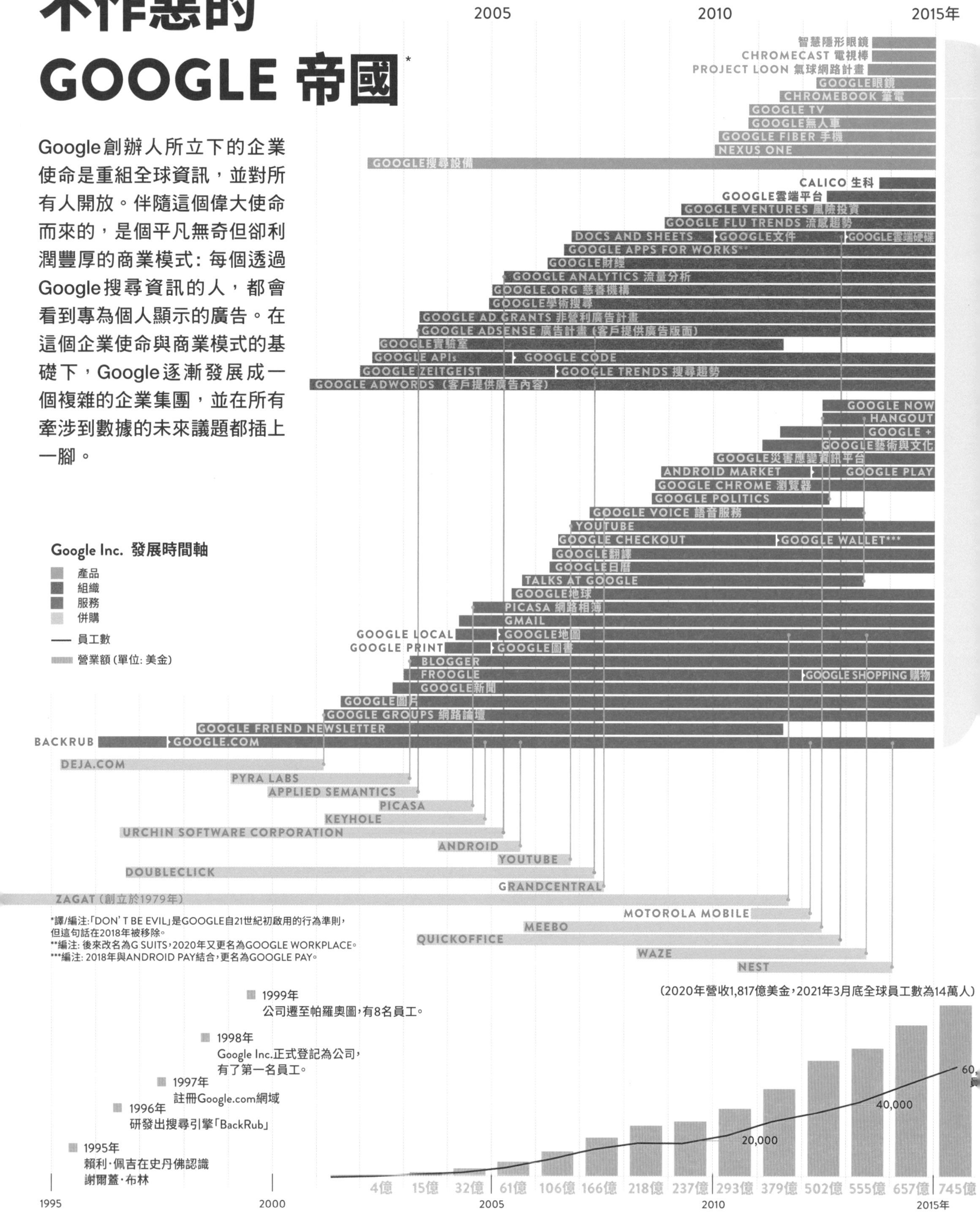

*譯/編注：「DON' T BE EVIL」是GOOGLE自21世紀初啟用的行為準則，但這句話在2018年被移除。
**編注：後來改名為G SUITS，2020年又更名為GOOGLE WORKPLACE。
***編注：2018年與ANDROID PAY結合，更名為GOOGLE PAY。

2015年10月
進行集團重組，成立 ALPHABET INC. 作為母公司

G
GOOGLE INC.

仍是集團內最賺錢的子公司，這家旗艦公司為集團內許多創意提供資金。

X

集團中最重要的研發實驗室，將許多大型計畫稱作「登月」(Moonshot)。

(宣告失敗的) Google眼鏡及自動駕駛汽車都是他們的研發企劃。

VERILY LIFE SCIENCES
所有能應用在人體上的相關研究實驗室

NEST LABS
智慧家庭之創新及服務

CALICO
重大疾病防治之研究中心

GOOGLE VENTURES
集團的風險投資公司
(著重在策略科技的早期投資)

GOOGLE CAPITAL
集團的投資公司
(著重在市場擴充階段，高度營利取向)

JIGSAW
設於紐約之政治智庫

FLUX
永續建築研發實驗室

SIDEWALK LABS
城市基礎設施創新研發中心

ACCESS AND ENERGY
Google的寬頻及有線電視服務 (前身為Fiber)，朝能源服務方向擴展。

深具潛力之計畫

LUNAR X PRIZE*
獎勵私人登月計畫之比賽。
*編注：這項競賽於2007年開始，競賽期限一再延遲，但直到2018年1月都沒有隊伍成功發射。
1公尺**
LOON
藉助高空氣球拓展網路連線範圍，已於2021年中止。
1公尺**
MAKANI
飛行的發電機，已於2020年中止。
GOOGLE WALLET
電子錢包，2018年更名為Google Pay。
SINGULARITY UNIVERSITY
奇點大學
未來科技智庫
SMART CONTACT LENS
可量血糖的智慧型隱形眼鏡
PROJECT AURA
虛擬實境解決方案
WING
送貨無人機
1公尺**
GOOGLE BRAIN
模擬大腦神經元之連接
1公尺**
GOOGLE DRIVERLESS CAR
自動駕駛汽車
**此為上方發明之比例尺對照。

「大數據」到底有多大？

大數據向我們保證：愈來愈聰明的演算法可以處理分析愈來愈龐大的數據量，也就能更準確地預測未來。截至目前為止，雖然發展仍然差強人意，但的確有逐漸進步的趨勢。

大數據的「4V」特性

巨量數據分析的品質取決於：

VOLUME 數量
用來分析的數據總量。

VARIETY 多樣
處理不同類型數據的能力
（例如文字、地圖、圖形及影像資料）。

VELOCITY 速度
數據匯入及分析速度相當（例如即時處理）。

VERACITY 真確
數據的可信度及精確度，能分辨造假數據。

大數據分析的4大目標

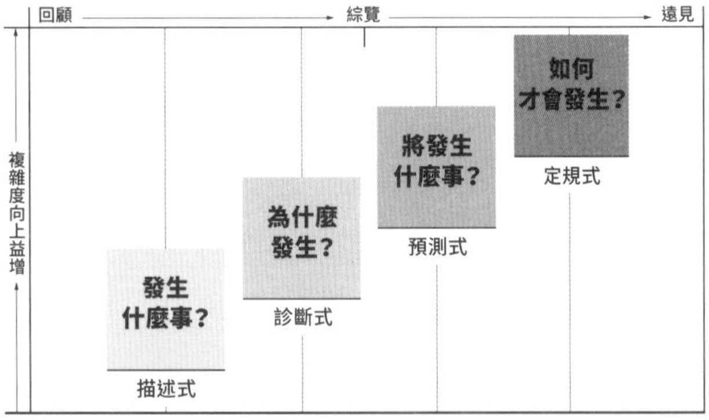

各行各業使用大數據的比例

抽樣調查（員工人數超過100人之德國企業）

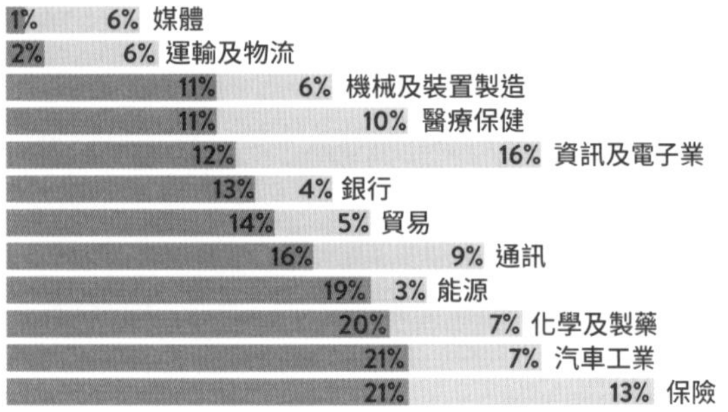

網路一分鐘
所產生的數據（2021）
60 s
410萬次
Google搜尋
110萬美元
網購交易額
130萬次
臉書會員登入
194,444人
使用推特
1.9億封
E-mail傳遞
470萬次
YouTube影片
觀看次數
5,900萬則
WhatsApp
FB Message訊息
764,000小時
Netflix觀看時數
INTERNET
全球數據量
180 ZB
(1ZB = 1兆GB)
150
120
90
60
30
0
2010年-2025年**
**2021至2025年數據為預估值。
情報局的行動剖繪
即時網站統計分析
更好更快的
市場調查
74068
透過以數據為主
的網站分析找到
專業人員
高效率且創新
的資訊管理
辨識金融交易中
的詐欺行為
彈性通訊支付系統
智慧型能源消耗控制
提高農牧業生產力：
裝置於設備上的感應器、
氣象歷史及即時分析、
土壤及植物特性分析

未來職場生存力

未來我們將如何工作？需要具備什麼能力才能在職場取勝？我們無從得知確實的狀況，但可以確定我們在數理科技上必須再進修，才更能掌控智慧型機器人；同時我們也要加強社交能力，因為成員特質各異的團隊工作愈來愈重要。

各行各業的未來人力資源策略

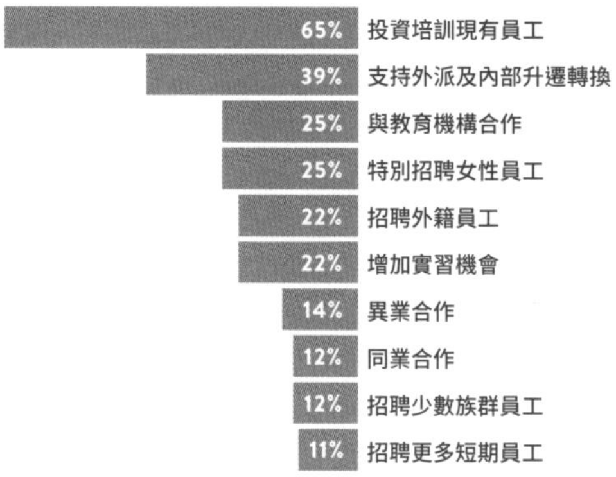

就業影響因素分析【按改變驅力及產業別區分】
（預計累計增長率，2015至2020年改變百分比）

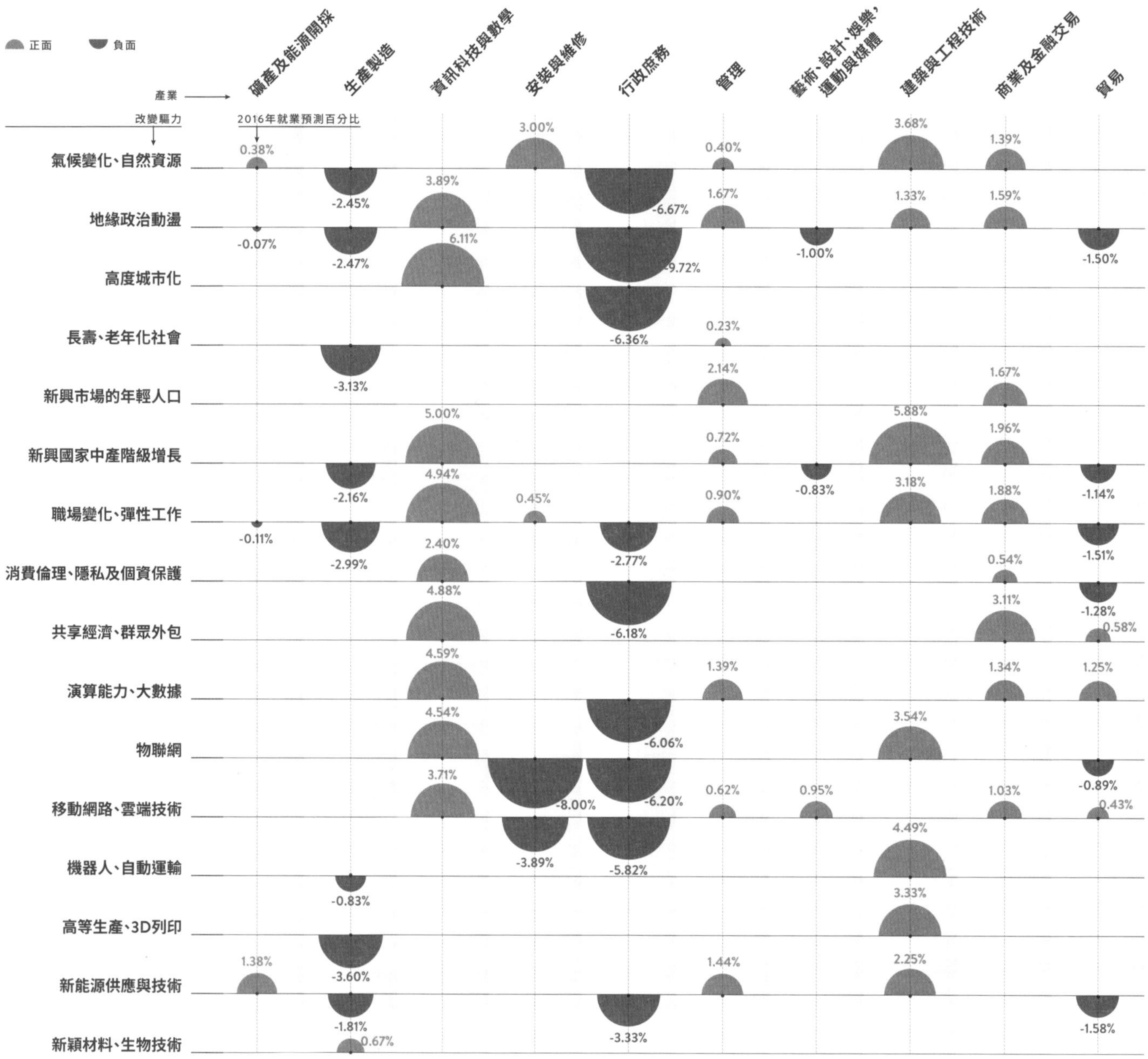

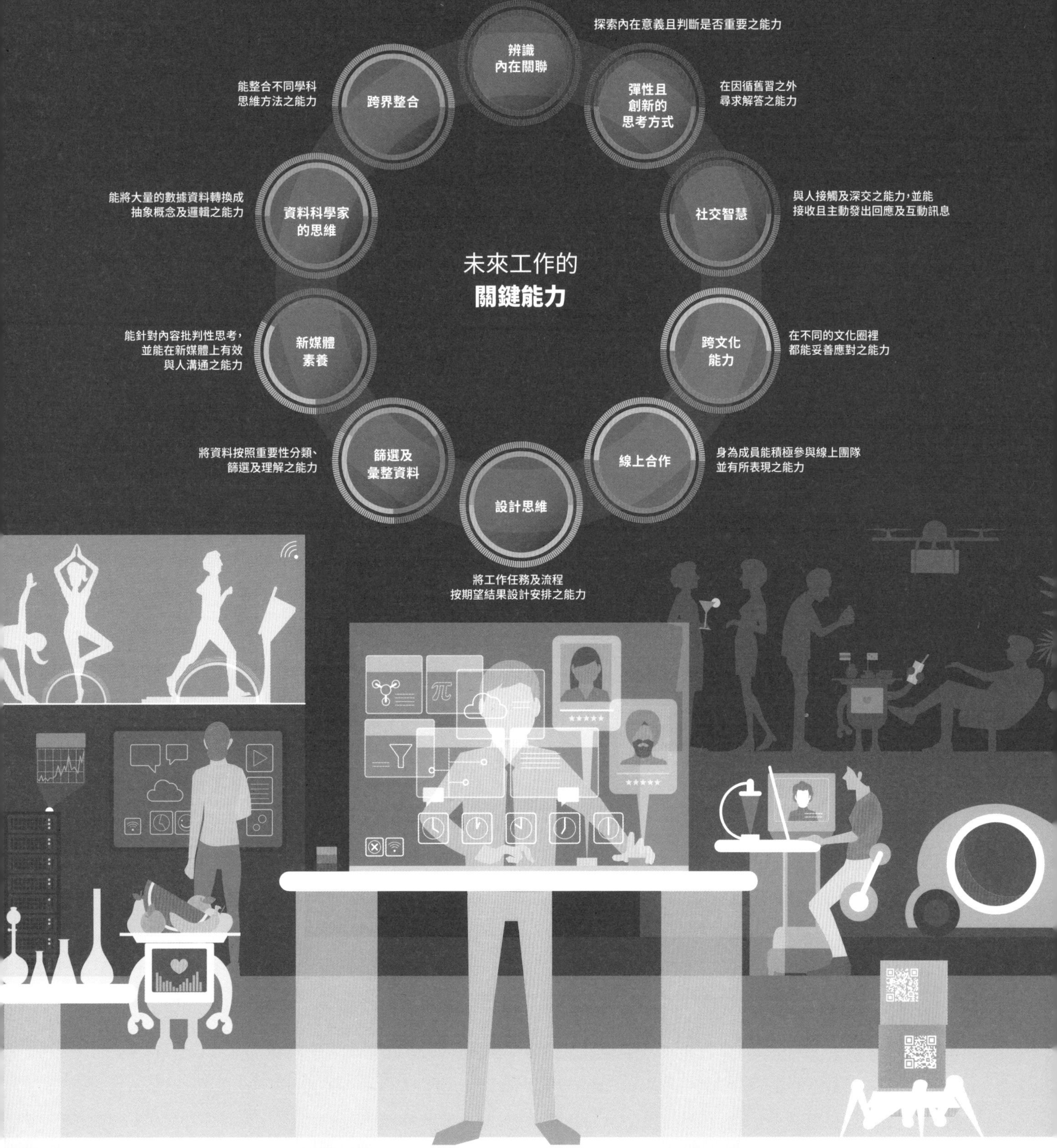
未來工作的
關鍵能力
辨識
內在關聯
探索內在意義且判斷是否重要之能力
彈性且
創新的
思考方式
在因循舊習之外
尋求解答之能力
社交智慧
與人接觸及深交之能力，並能
接收且主動發出回應及互動訊息
跨文化
能力
在不同的文化圈裡
都能妥善應對之能力
線上合作
身為成員能積極參與線上團隊
並有所表現之能力
設計思維
將工作任務及流程
按期望結果設計安排之能力
篩選及
彙整資料
將資料按照重要性分類、
篩選及理解之能力
新媒體
素養
能針對內容批判性思考，
並能在新媒體上有效
與人溝通之能力
資料科學家
的思維
能將大量的數據資料轉換成
抽象概念及邏輯之能力
跨界整合
能整合不同學科
思維方法之能力

改變工作型態的驅力

智慧型機器

由機器人或智慧型機器代替人工從事高重複性的工作。

電腦輔助的世界

感應器及計算的能力大幅提升，使世界變成一個可用程式編輯的系統。

新媒體經濟

新的傳播工具需要文字之外的新媒體駕馭能力。

跨結構組織

社交軟體創造了新型生產形式及價值創造。

全球網路世界

全世界的聯繫日益增強，使多樣及多方適應力成為組織行政的重心。

壽命延長

預期壽命延長改變了職場及進修之特性。

對社會變遷的看法
時間順序反映出受訪者對過去、現在和未來實際想法。(如第1類人認為1950/60年代的社會較「團結、穩定」，預測2030年將轉為「難以生存、自私的社會」。)

圖示
理想位置
1950/60年代
1970/80年代
1990年代
2000年代
2010年代
2020 (預測)
2030 (預測)

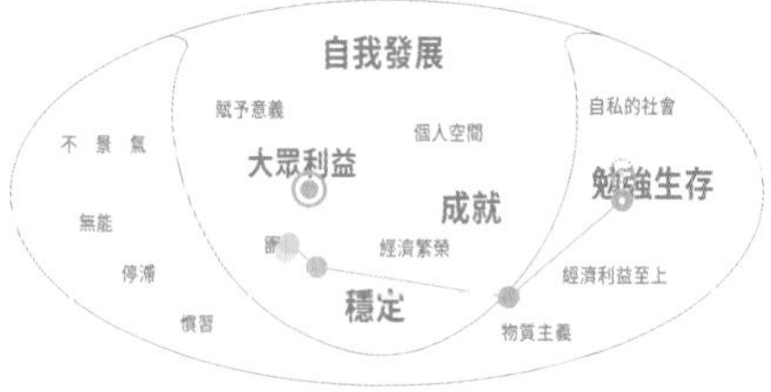

第❶類人

該類人的工作座右銘

工作可保衣食無憂

「數位化對你在工作上有何意義？」的回答

「數位化使原本
就有時間壓力的工作，
變得更複雜、
壓力更大。」

該類人占受訪者之比率

28%

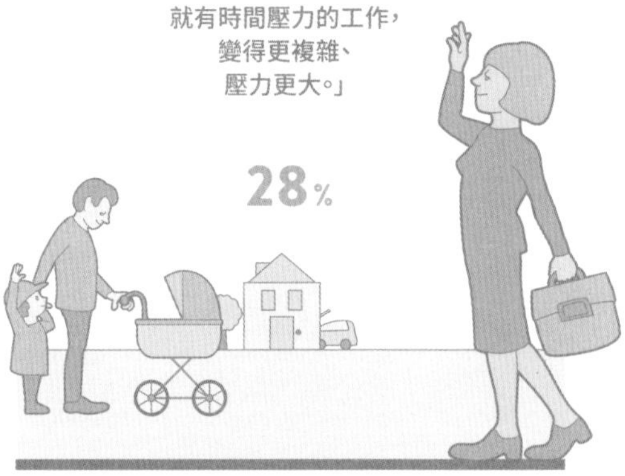

該類人的典型回答

對我來說，最重要的是我和家人能在安穩的社會衣食無憂地生活。
工作是生活的一部分，但佔據太多時間精力，以至於沒有自己的時間。
生活腳步愈來愈快，工作負擔也愈來愈多。
政府必須保障所有繳稅的人能有安穩的生活。

心態致勝

數位化改變了職場世界，但結果是好或壞，根據德國聯邦勞工部委託企業顧問公司nextpractice的一項大型研究調查結果，德國人對此看法相當分歧。將這種變化視為轉機或危機，與年齡、收入或學位高低並沒有太大的關係，最主要的變異因素是訪問者對於所處世界的價值觀，也就是他們對生活及工作的基本態度。

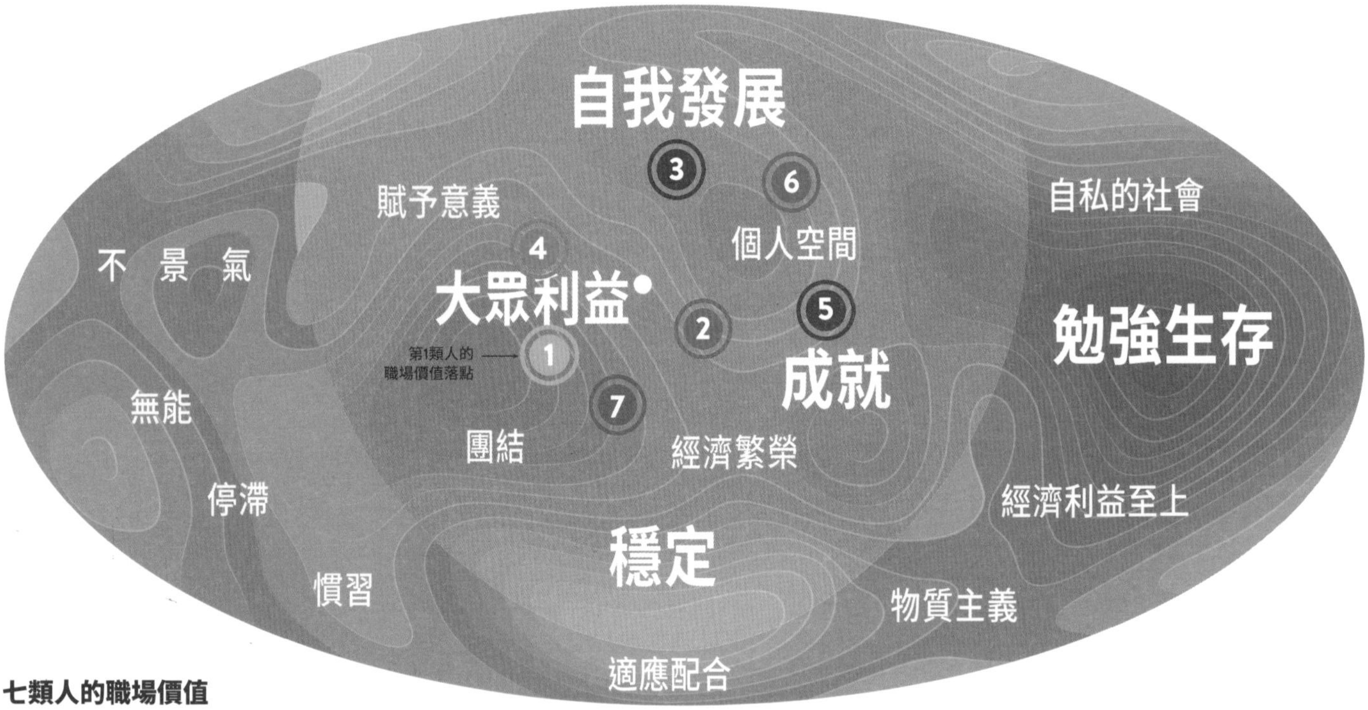

七類人的職場價值
你最重視什麼？
你現在及未來想從事什麼工作？你會成功嗎？
1,200位受訪者在深度查訪中回答了上述開放性問題，
將回答按照他們的價值觀及心態分為七類人，並在統計後定位於價值圖表上。
(如: 第1類人落點與「大眾利益」較近，代表第1類人較重視大眾利益。)

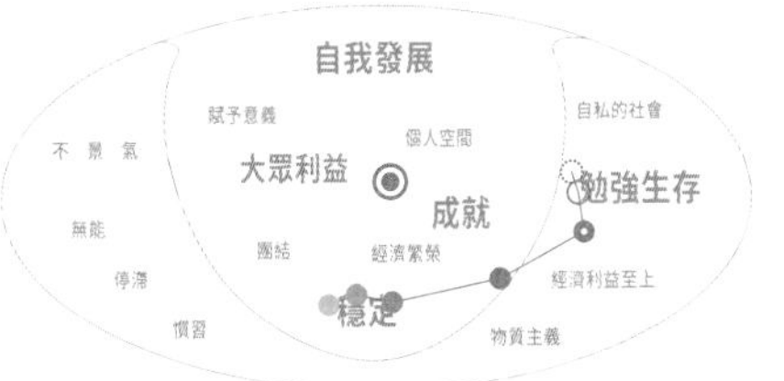

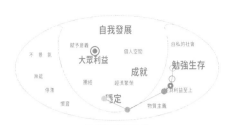

第❷類人

為富裕生活努力工作

「數位化後一切變得更透明，
我也有更多的發揮空間，
但這同時代表自己必須隨時待命。」

工作自然愈來愈複雜，也不會總是有趣，
但我相信只要認真去做，一定可以有所成就，
有成就自然就可以奢侈享受一下。
這個社會每一個參與者都必須一起努力，
保持德國經濟在歐洲的領先地位，
並確保傑出企業不會出走德國。

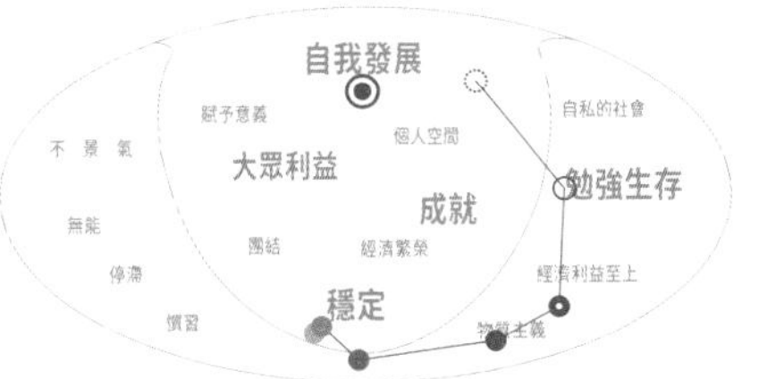

第❸類人

找到工作與生活的平衡點

「如果數位化給我帶來
更多不同的發展機會，而且不會
讓工作變得更乏味的話，
我覺得是很好的。」

我希望工作、家庭及自我發展都要兼顧，
自我發展及社會責任對我來說是一體的，
畢竟創造對大家都有利的環境是每個人的責任。
系統必須適應人，而不是人去適應系統。
我不會為了求物質條件的保障就犧牲自己的原則。

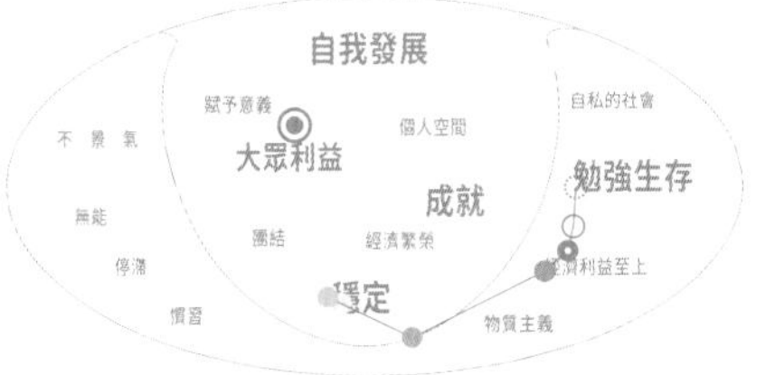

第❹類人

人生的意義在工作之外

「數位化對我來說就是隨時待命，
時時被人控制的感覺。」

我不相信人生的意義只能在工作裡面找尋，
所有對社會有貢獻的工作都具同等價值。
人性的展現可能是在很微小很個人的事情上，
所以國家必須保障每個人足以生活的津貼，
而非根據市場供需邏輯計算報酬價值。

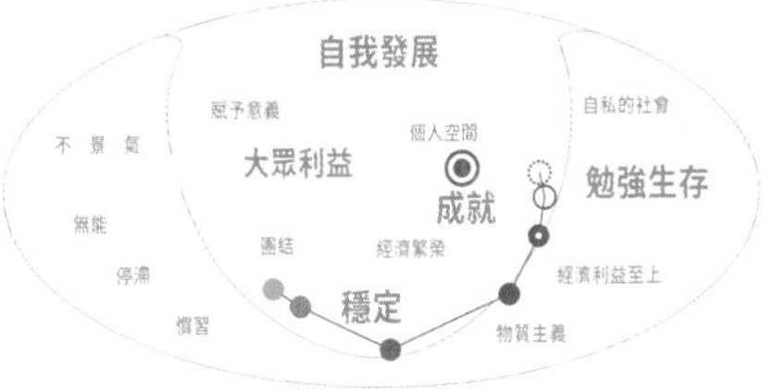

第❺類人

致力達成最佳成效

「職場數位化能讓人對急速變遷的環境條件，
做出適時適地的回應。」

責任及管理者的位置對我來說完全不是壓力，
反而讓我鬥志高昂，我喜歡讓自己處在最佳狀態。
經濟與社會近年來都有急遽的變化，
數位化的發展更是讓不斷進修成為必要。
應付這些新挑戰的政策周邊條件已經萬事俱備了。

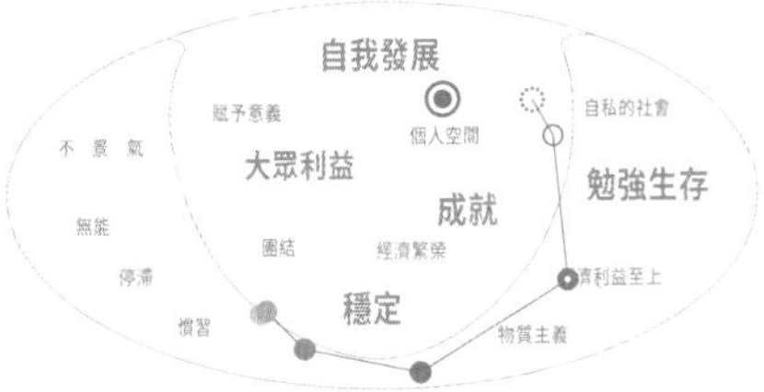

第❻類人

在工作中發展自我

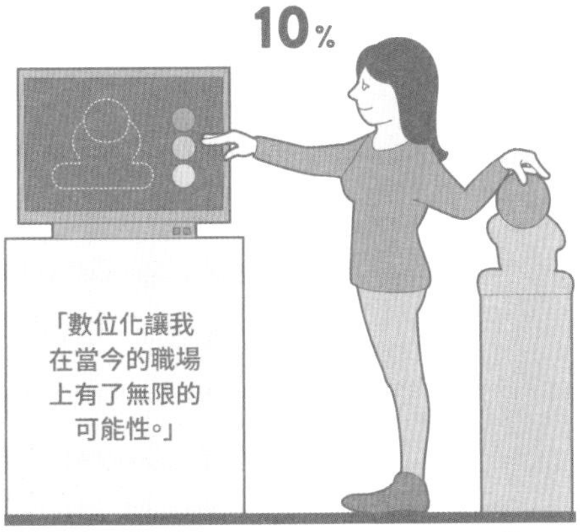

當今的職場是一個能提供人們無限發展可能、
不斷嘗試新事物的世界，而且是跨國界的。
如果社會及老闆能給予支持
（例如彈性上班及完善的托育制度），
這不會與效率及成就有所衝突。

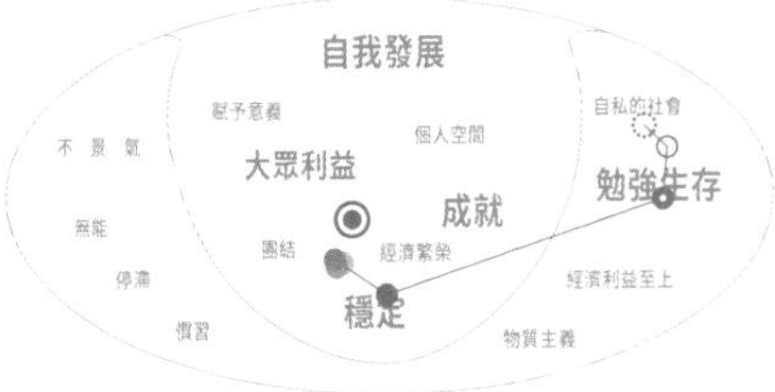

第❼類人

在一個彼此關係緊密的團隊工作

對我來說待在一個自己欣賞、有向心力、
會互助的團隊，對工作來說是很重要的。
這當然也會表現在物質方面上，但不只是如此而已。
我對現在的發展趨勢感到憂心，從前企業還會顧及
人們是否安適，且能提供足夠的工作機會給大家。
現在社會愈來愈多人無法通過篩選，被社會排除在外。

跟銀行說再見

銀行是包袱沉重的古老企業。許多金融領域的新創公司能在沒有歷史包袱下提供顧客更好更快更便宜的銀行服務，這也是金融科技（Fintech）創始者的信念。近十年來，他們企圖將傳統銀行業務分離出來，並設法征服，儘管成果還不算成功，但金融科技投資者仍然相當樂觀。

頂尖金融科技新創公司
單位：美金

2011年以後設立之Fintech獨角獸公司，依照2021年8月市值排名。*

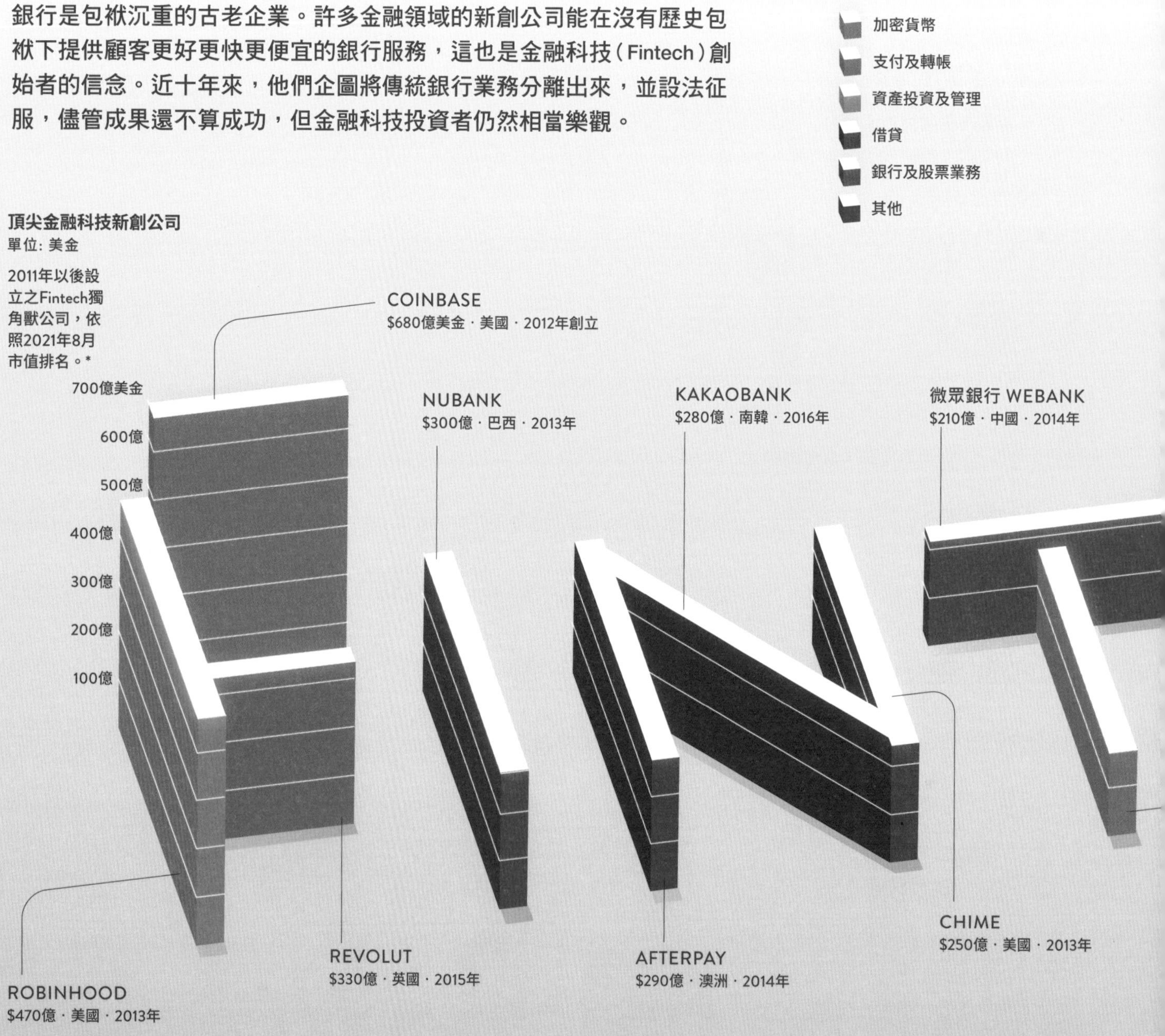

請問親愛的銀行家……****

傳統銀行及金融服務業者如何面對金融科技的挑戰？
（統計回覆同意之百分比）

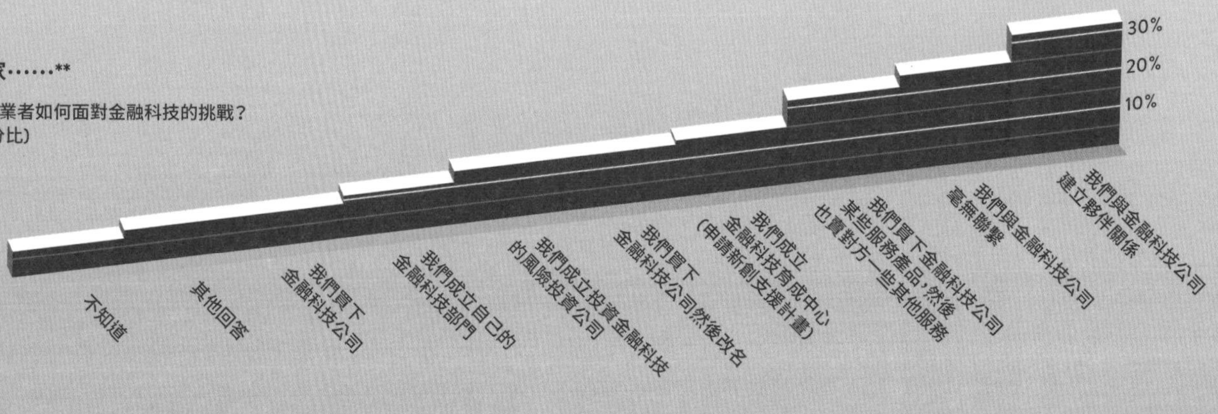

*編注：因螞蟻集團相比其他新創公司規模太大，所以另列比較。

**全世界財經機構及企業之問卷調查。

PAYPAL
$3,280億美金・美國・1998年

線上支付服務PayPal是全球最大的金融科技公司。這個從eBay發展出來的公司股票在2005年上市，2020年已擁有超過3.92億名全球用戶。如今這個公司規模顯然過於龐大，很難再將它視為金融科技的一員，因此大部分的金融科技公司名單上不會有它。

螞蟻集團
$1,500億美金・中國・2014年

前身就是俗稱的「螞蟻金服」，於2020年改名，是阿里巴巴集團分拆出來的金融集團。旗下子公司包含超過10億全球用戶的支付寶。

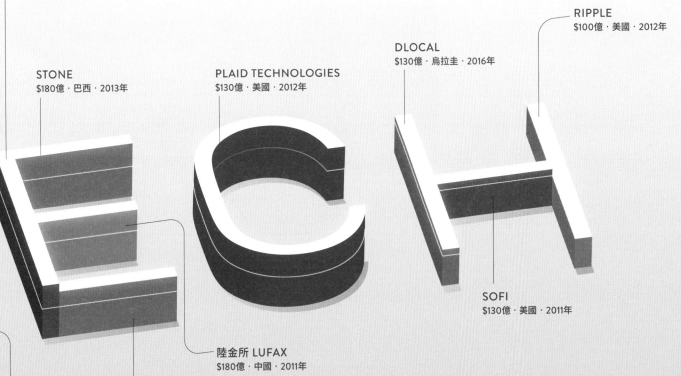

AFFIRM
$180億・美國・2012年

STONE
$180億・巴西・2013年

PLAID TECHNOLOGIES
$130億・美國・2012年

DLOCAL
$130億・烏拉圭・2016年

RIPPLE
$100億・美國・2012年

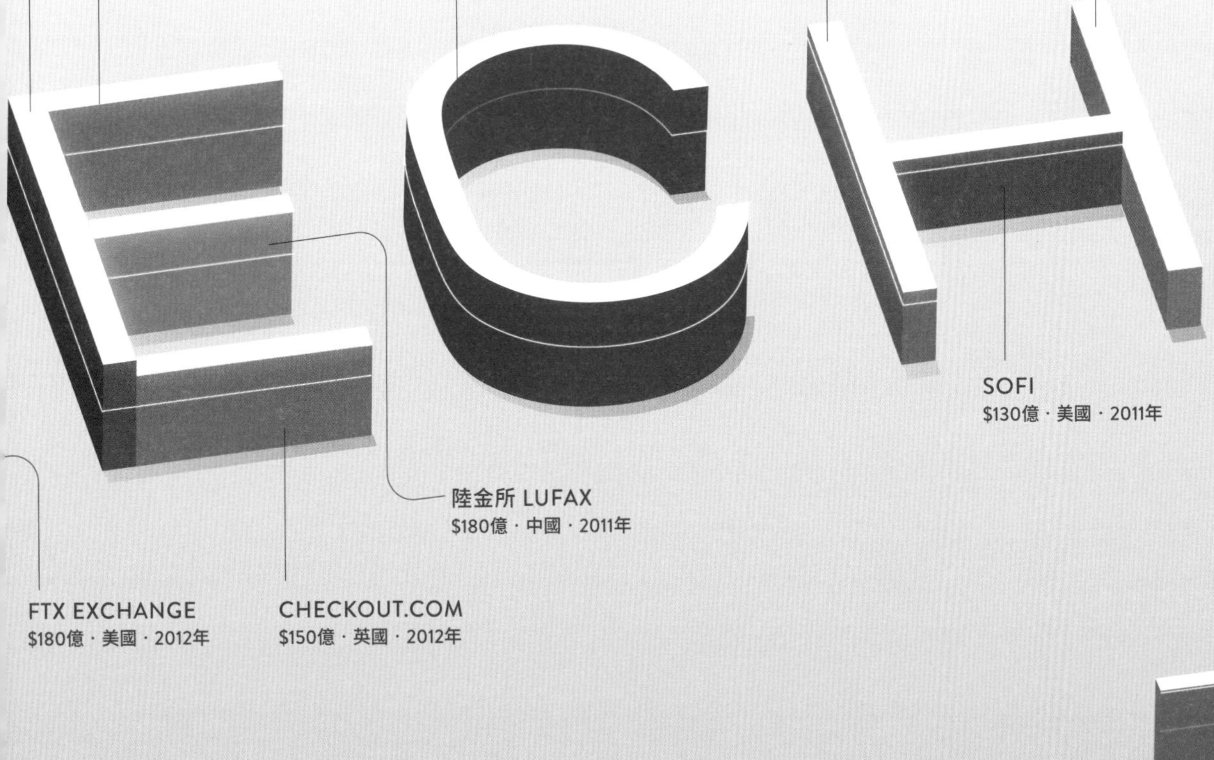

SOFI
$130億・美國・2011年

陸金所 LUFAX
$180億・中國・2011年

FTX EXCHANGE
$180億・美國・2012年

CHECKOUT.COM
$150億・英國・2012年

對於未來的預期**

未來5年內，金融科技公司可能在哪些市場出現突破性創新？
(回覆認同項目的百分比)

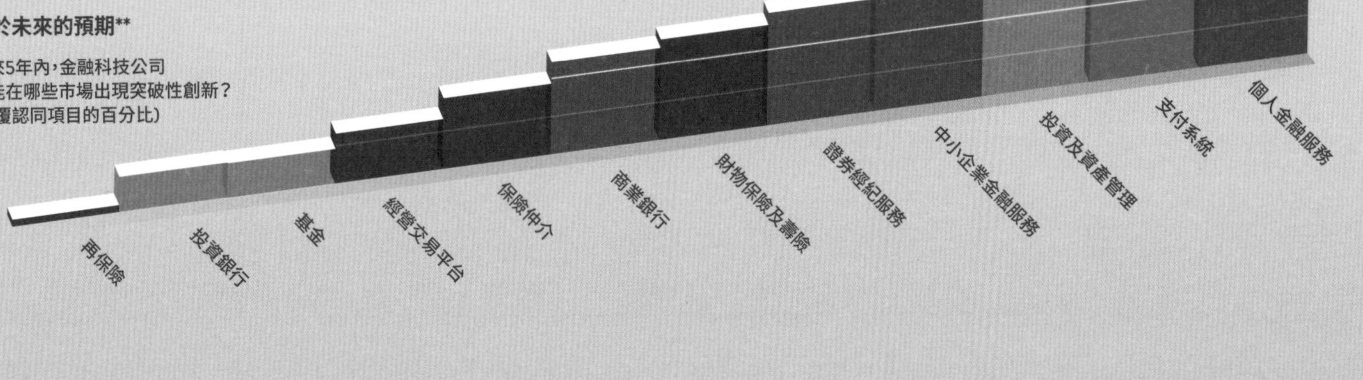

你挖到比特幣了嗎？

只有中央銀行能發行錢幣？誰說的。2009年出現一種電子平行貨幣*稱為比特幣，可在使用者之間匿名轉帳。比特幣不須由中央管控中心發行，而是藉由所謂「礦工」提供的電腦運算產生一定的數量，交易則全由網路管理。2021年薩爾瓦多採用比特幣為法定貨幣，成為全球先驅。

* 編注：平行貨幣是指與官方發行的法定貨幣同時並存使用的貨幣。

1 只要兩人都知道彼此的比特幣地址，付款人就可以轉帳給收款人。

5 經比特幣連結網路檢查後，收款人可以收到比特幣，並可以在特定交易所兌換成官方貨幣，匯率是波動的。

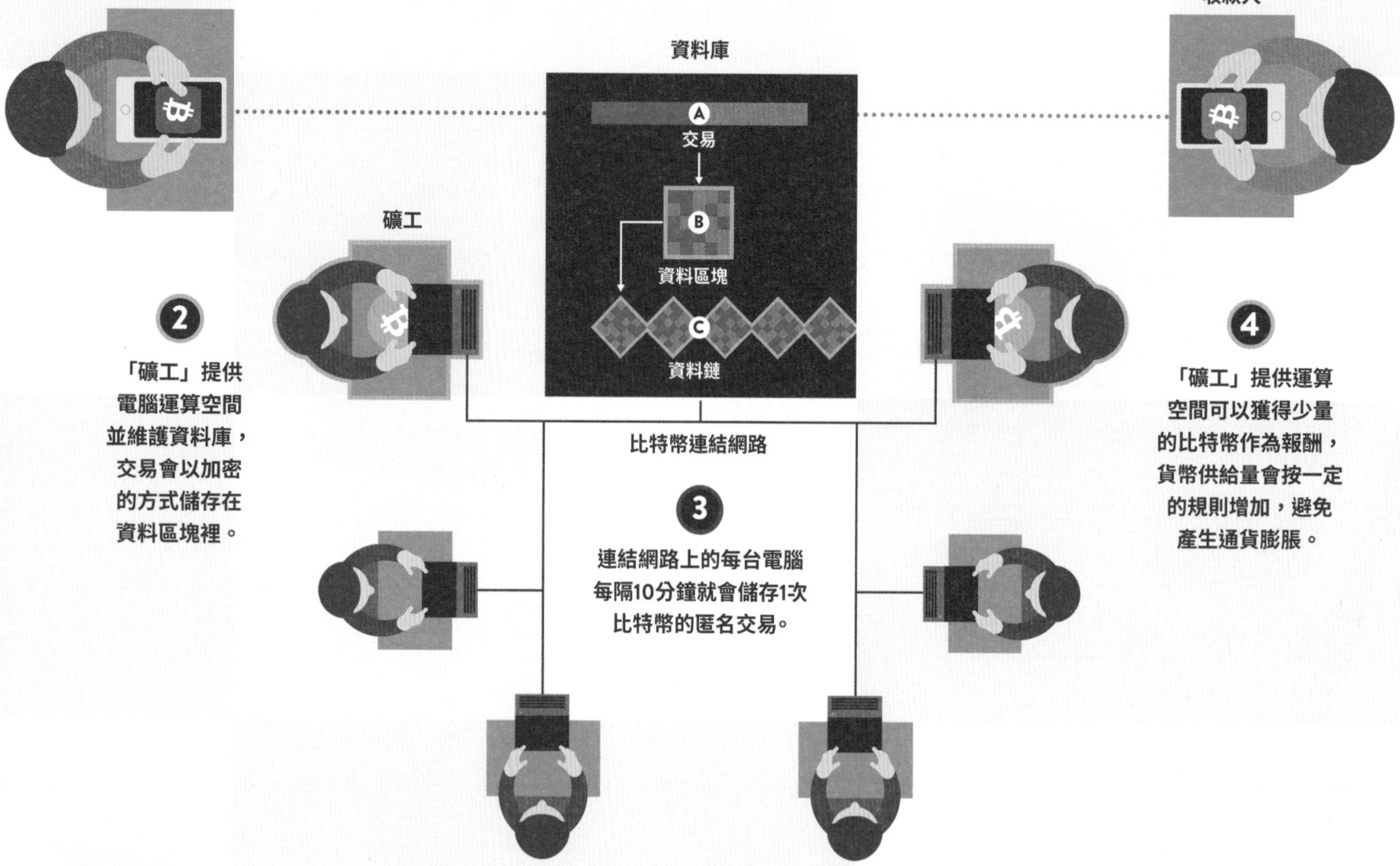

2 「礦工」提供電腦運算空間並維護資料庫，交易會以加密的方式儲存在資料區塊裡。

3 連結網路上的每台電腦每隔10分鐘就會儲存1次比特幣的匿名交易。

4 「礦工」提供運算空間可以獲得少量的比特幣作為報酬，貨幣供給量會按一定的規則增加，避免產生通貨膨脹。

比特幣的使用風險

因惡意軟體、數據竄改或線上股市遭人駭入而損失。

系統空間過度使用，今日交易速度常常變慢且變貴。

匯率波動太大，且對其商業用途過度期待。

政府為了避免人民洗錢及黑市交易而禁止或限制使用。

比特幣歷年發展變化

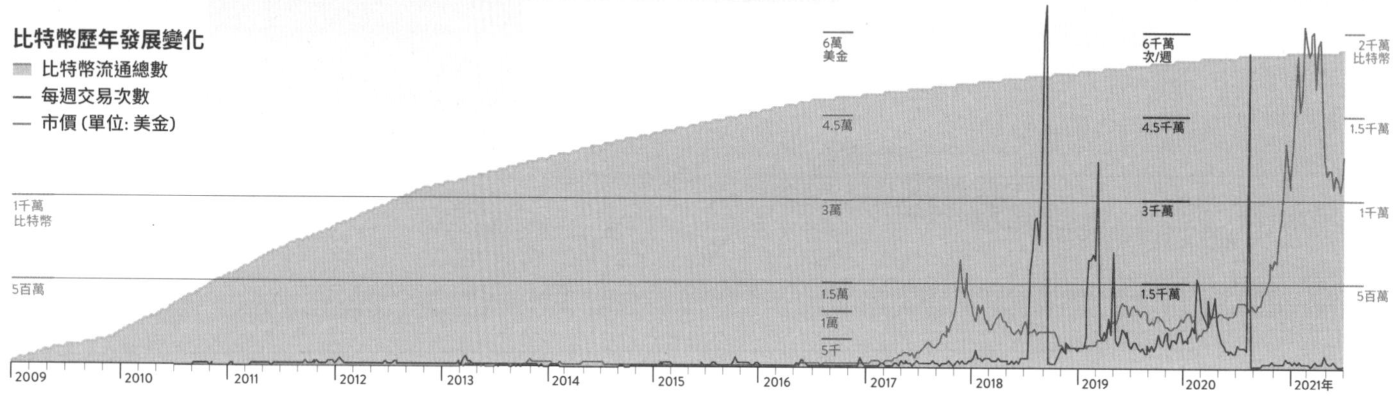

區塊鏈

支撐比特幣系統運作的技術叫「區塊鏈」，這種技術能做的可不單單是管理加密貨幣而已。區塊鏈是一種不受人為操縱的會計系統，同時存在許多電腦上，並不斷更新。許多人可以在彼此不知道對方是誰的狀況下直接進行大手筆的交易，因此區塊鏈極有潛力成為名符其實的「共享經濟的後盾」。

使用範例

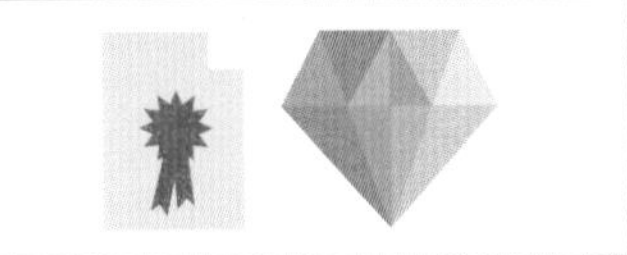

防偽證明書

市面鑽石常有贗品，區塊鏈可以用作真品證明，即使經過多次轉手，這個認證仍有效。

終結「公證制度」？

在目前的經濟制度下，所有大筆交易都需要經過可信賴的第三者見證與記錄，而區塊鏈的出現動搖了這項秩序。若是使用區塊鏈，用戶社群就能承接銀行或官方登記機構的中介及監理功能，也就自動取代了會計及代書的工作。

土地登記

許多國家沒有土地登記制度，區塊鏈可以忠實地記錄每筆土地產權。

控管供應鏈

香腸原料真的來自有機牧場嗎？透過區塊鏈，就能精確追踪每個加工步驟，甚至連原料中每隻豬的名字都有。

帳冊

物聯網上需要計帳的服務項目非常瑣碎，例如要記錄電網中有多少電是從私人太陽能系統輸入的話，區塊鏈技術是很棒的解方。

智能合約

區塊鏈也能應用在智能合約上，例如若積欠租金，就無法再啟動租賃電動車。

區塊鏈的優點

分散風險
區塊鏈是一種以分散方式儲存數據的創新方法。

難以竄改
區塊鏈有極高的安全標準，這得歸功於先進的加密技術。

全民監督
區塊鏈是匿名且透明，所有網路參與者都能隨時查看。

信賴保證
區塊鏈創造數位網路參與者之間的信任，也就是所謂的「信任協定」。

去中心化
區塊鏈能在不屬於任何人的平台上，引起網路效應，可說是沒有Uber公司監控的Uber系統。

I 個人篇

p. 8-9 全國法規資料庫・教育部建教合作資訊網・衛生福利部中央健康保險署・勞動部勞工保險局全球資訊網・財政部北區國稅局・Statistisches Bundesamt: www.destatis.de・Mikrozensus-Bevölkerung und Erwerbstätigkeit 2014, Statistisches Bundesamt: www.destatis.de・www.edelman.de

p.10-11 Statistisches Bundesamt: www.destatis.de・de.statista.com・de.wikipedia.org・www.bundeswehr.de・www.familienkasse-info.de・Bundesministerium für Arbeit und Soziales: www.bmas.de・Bundesministerium für Wirtschaft und Energie: www.bmwi.de・Bundesagentur für Arbeit: www.arbeitsagentur.de・Bundesagentur für Arbeit und Soziales (2014): Rentenversicherungsbericht 2014. www.bmas.de・TNS Infratest Sozialforschung: www.tns-infratest.com・Bundesministerium für Bildung und Forschung: Berufsbildungsbericht 2015. www.bmbf.de・Bundesinstitut für Berufsbildung: Datenbank Ausbildungsvergütungen. www.bibb.de・Gewerkschaft Erziehung und Wissenschaft: www.gew.de・www.gehalt.de・www.gehaltsvergleich.com・www.ausbildung.de

p.12-13 行政院國情簡介・中華民國統計資料網: 人力資源調查・行政院主計處・衛生福利部統計處・內政部戶政司全球資訊網・教育部教育統計查詢網・勞動部勞工局: 109年統計年報・公務人員退休撫卹基金管理委員會: 109年基金統計年報・行政院年金改革辦公室・衛生福利部・1111人力銀行薪資公秤: jobsalary.com.tw

p.14-15 terrihughes.com・Reinhard K. Sprenger (2014): Mythos Motivation-Wege aus einer Sackgasse (20. Aufgabe). Frankfurt am Main: Campus Verlag・de.wikipedia.org

p.16 臺灣指數公司: 臺灣50指數・各大企業公開資訊・The World University Rankings: THE Alma Mater Index 2017・www.timeshighereducation.com・作者個人研究・de.wikipedia.org・www.spiegel.de/wirtschaft/

p.17 自由時報: 標普企業CEO年薪排行榜「台南女兒」蘇姿豐17.5億奪冠・勞動部職類別薪資動態查詢・PersonalMarkt zit. nach Hamburger Abendblatt, Ausgabe vom 9./10.10.2010, S. 63, Ausgabe vom 16./17.7.2011, S. 57 und 1./2.11.2014, S. 61・BBE media zit. nach Handelsblatt, Ausgabe 203, 22.10.2014, S. 17 und Handelsblatt, Ausgabe 206, 24.10.2012, S. 24・Personal-Markt zit. nach de.statista.com・PersonalMarkt zit. nach Hamburger Abendblatt, 5./6.1.2013, S. 55・Statistisches Bundesamt zit. nach de.statista.com・www.gehalt.de・www.gehaltsvergleich.com/gehalt

p.18-19 中華民國行政院主計總處: 家庭收支調查報告・Statistisches Bundesamt: www.destatis.de・BLS Bureau of Labor Statistics – US Department of Labor 2015 (Stand 2014): www.bls.gov/news.release・Devisenkursstatistik, Dezember 2015, Statistisches Beiheft 5 zum Monatsbericht, Deutsche Bundesbank: www.bundesbank.de・www.kushnirs.org

p.20-21 Gerhard Bittner, Elke Schwarz (2015): Emotion Sellings-Messbar mehr kaufen durch neue Erkenntnisse der Neurokommunikation (2. Aufgage). Wiesbaden: Springer Gabler

p.22-23 World Academy of Science, Engineering and Technology International Journal of Social, Behavioral, Educational, Economic, Business and Industrial Engineering Vol. 7, No.1 (2013): waset.org/publications・thefunambulist.net・www.bonappetit.com・www.businessinsider.com・www.businessinsider.com

p.24-25 衛生福利部資料處: 遊民處理情形・Our world in Data: Gross National Income per capita (2017-2020)・Credit Suisse: The Global wealth report 2021・United Nations Rights Council (2014): www.ohchr.org/Documents・US Census Bureau (2014): www.census.gov・www.diakonie.de・UNDP (2014): Bericht über die menschliche Entwicklung 2014. www.dgvn.de・wirtschaftslexikon.gabler.de・www.laenderdaten.info・World Bank, Nationale statistische Ämter zit. nach de.statista.com・Food and Agriculture Organization of the United Nations zit. nach de.statista.com・Worldbank: data.worldbank.org・Central Intelligence Agency: www.cia.gov・Eurostat zit. nach de.statista.com・Statistisches Bundesamt: www.destatis.de・www.handelsblatt.com

p.26-27 forbes.com・Einwohnerzahlen zur Berechnung: Auswärtiges Amt・WealthX/UBS: Billionaire Census 2021. www.wealthx.com・de.wikipedia.org

p.28-29 勞動部: 109 年勞工生活及就業狀況調查統計結果・勞動部: 國際勞動統計 (2021)・Gesundheitsreport Techniker Krankenkasse 2015・DGB-Index Gute Arbeit, Der Report 2014・de.wikipedia.org

p.30-31 de.wikipedia.org (Juni 2015)

p.32 勞動部勞動統計查詢網・Statistisches Bundesamt: www.destatis.de・Statistisches Amt der DDR zit. nach de.statista.com・www.bpb.de・de.wikipedia.org

II 企業篇

p.34-35 Volkswagen AG Geschäftsbericht 2014 (März 2016): www.volkswagenag.com・Volkswagen AG Zahlen Daten Fakten, Navigator 2015: www.volkswagenag.com・www.spiegel.de/auto・www.manager-magazin.de/unternehmen

p.36-37 www.volkswagen-media-services.com/documents・www.waz-online.de/Wolfsburg・www.faz.net/aktuell/technik-motor・www.volkswagen-media-services.com・www.bezreg-arnsberg.nrw.de・www.ndr.de/kultur・Bevölkerungsbericht 2015, Stadt Wolfsburg: www.wolfsburg.de/statistik・Geländeplan © Volkswagen AG

p.38-39 作者個人研究

p.40-41 臺灣證券交易所法規分享資料庫・de.wikipedia.org・作者個人研究

p.42-43 臺灣證券交易所公開資訊觀測站・工商時報、CRIF中華徵信所: 台灣地區企業排名TOP5000 (2020)・經濟部商業司: 公司登記統計・PwC: Global Top 100 companies (March 2021)・Global Finance: The World 's Biggest Bankruptcies 2020・Financial Times: www.ft.com・thomsonreuters.com・www.ard.de・www.faz.net・Statistisches Bundesamt: www.destatis.de・www.handelsblatt.com・time.com・www.stepstone.de/gehaltsreport・www.wiwo.de/unternehmen・ntv: www.n-tv.de/wirtschaft・www.basf.com・www.siemens.com・www.forbes.com・Statistisches Bundesamt: www.destatis.de・de.wikipedia.org・www.chinamobileltd.com・www.fi nanzen.net・finance.yahoo.com・www.futuresmag.com・www.creditreform.de

p.44-45 Modell nach Michael Eugene Porter zit. nach: de.wikipedia.org/wiki/Wertkette・Prof. Dr. Arnd Wiedemann (2007, Universität Siegen): Wertschöpfungsketten im Umbruch. www.wiwi.uni-muenster.de・image.slidesharecdn.com/mcwerbe-industriefi nal-1233136676157674-2/95/analysis-of-advertising-industry-in-germany-6-728.jpg?cb=1233115521・www.henkel.de/nachhaltigkeit/wertschoepfungskette

p.46-47 en.wikipedia.org/wiki/Business_Model_Canvas

p.48-49 作者個人研究

p.50-51 全國法規資料庫・Robert M. Grant (2004): Contemporary Strategy Analysis (5th edition). Malde, USA: Blackwell・www.six-sigma-deutschland.de・Deutsches Marken- und Patentamt: www.dpma.de・ferdinandgrah.de/design-thinking・mt08a.wordpress.com・de.wikipedia.org・www.saiglobal.com (November 2015)

p.52-53 Friedrich-Alexander Universität Erlangen-Nürnberg: Online-Lehrbuch. www.economics.phil.fau.de・de.wikipedia.org・Prof. Dr. Dr. h.c. Ralf Reichwald und Kathrin Möslein, Technische Universität München: Organisation: Strukturen und Gestaltung. www.aib.wiso.tu-muenchen.de/publikationen・Dr. Christine Zöllner, Universität Hamburg (2012): Allgemeine Betriebswirtschaftslehre.www.wiso.uni-hamburg.de・Inka Schrader und Michael Treutler, Bauhaus-Universität Weimar (2002): Organisation in Multinationalen Unternehmen. www.cafe-diem.de・www.pqrst.at・Marion Schlachtet, Fachhochschule Frankfurt am Main: Grundmodelle der Aufbauorganisation im Unternehmen-ein kritischer Vergleich. www.fb3-fh-frankfurt.de・www.iwk-svk-dresden.de

p.54-55 Ute Rademacher (2014): Leichter führen und besser entscheiden-Psychologie für Manager. Wiesbaden: Springer Gabler・Bruce W. Tuck-man und Mary Ann Jensen (1977): Stages of Small-Group Development Revisited. faculty.wiu.edu・www.focus.de/finanzen・de.wikipedia.org・humanresources.about.com

p.56-57 金管會證券期貨局: 國際財務報導準則 (IFRSs)・de.wikipedia.org・wigbit.voegb.at

p.58-59 www.statista.com・www.brandeins.de・www.nielsen.com zit. nach de.statista.com・de.wikipedia.org

p.60-61 www.torok.com・Wirtschaftswoche: www.wiwo.de・grey.colorado.edu

p.62 個人研究

III 國民經濟篇

p.64-65 中華民國統計資訊網・de.statista.com・de.wikipedia.org

p.66-67 中華民國統計資訊網: 總體統計資料庫・Bundesagentur für Arbeit: www.arbeitsagentur.de・Statistisches Bundesamt: www.destatis.de・www.handelsblatt.com・de.statista.com・inflation.eu・www.tagesgeldvergleich.com・Deutsche Bank:www.deutsche-bank.de・Eurostat: ec.europa.eu/eurostat/de・Bundesministerium der Finanzen: www.bundesfi nanzministerium.de・Bundesbank: www.bundesbank.de

p.68-69 Jürgen Böker (2005): Arbeitsheft Wirtschaftspolitik/Wirtschaftsordnung (3. Aufgage). Darmstadt: Winklers Verlag・de.wikipedia.org

p.70-71 行政院國情簡介 (2021)・Statistisches Bundesamt: www.destatis.de

p.72-73 Bundesbank: www.bundesbank.de・Dr. Jens Weidmann, Bundesbank (2015): Geld und Geldpolitik. www.bundesbank.de・Herbert Sperber (2012): Wirtschaft verstehen. 120 Lernmodule für Schule, Studium und Beruf (4. Aufl age). Stuttgart: Schäff er-Poeschel

p.74-75 Organisation for Economic Co-operation and Development: data.oecd.org

p.76-77 Bundeszentrale für politische Bildung: www.bpb.de・de.wikipedia.org

p.78-79 Bundeszentrale für politische Bildung: www.bpb.de・de.wikipedia.org・Europäische Kommission (2015): Cartel Statistics. ec.europa.eu・Benjamin Rasch (2009): Wettbewerb durch Netzzugang- Eine ökonomische Analyse am Beispiel des deutschen Briefmarktes. Wiesbaden: Gabler・Bundesministerium der Finanzen, Zoll: www.zoll.de・www.zuhause.de・www.tagesspiegel.de・Bundesnetzagentur: www.bundesnetzagentur.de・Verband der Anbieter von Telekommunikations- und Mehrwertdiensten (2015): 17. TK-Marktanalyse Deutschland 2015. www.vatm.de・Netzwerk Europäischer Eisenbahnen (2013): Wettbewerber-Report, Eisenbahn 2013/2014. www.netzwerk-bahnen.de

p.80-81 Deutsche Bundesbank: www.bundesbank.de・www.faz.net・www.finanzen-heute.de・de.wikipedia.org・muenzenwoche.de

p.82-83 FED, Bank of England und Bundesbank zit. nach de.statista.com・Herbert Sperber (2012): Wirtschaft verstehen. 120 Lernmodule für Schule Studium und Beruf (4. Aufl age). Stuttgart: Schäff er-Poeschel・EZB zit. nach de.statista.com・Europäische Zentralbank: www.ecb.europa.eu/ecb

p.84-85 Europäische Zentralbank: sdw.ecb.europa.eu・Deutsche Bundesbank: www.bundesbank.de

p.86-87 財政部財政統計資料庫・中華民國統計資訊網・勞動部職類別薪資動態查詢・行政院農委會: 臺灣地區農林漁牧業就業人口・Statistisches Bundesamt: www.destatis.de・www.fi schinfo.de・Statistisches Bundesamt zit. nach de.statista.com・Bundesagentur für Arbeit zit. nach de.statista.com

p.88-89 Statistisches Bundesamt (div. statistische Jahrbücher): www.destatis.de・Mikrozensus-Bevölkerung und Erwerbstätigkeit-Stand und Entwicklung der Erwerbstätigkeit in Deutschland, Statistisches Bundesamt: www.destatis.de・www.sozialpolitik-aktuell.de・vdek zit. nach de.statista.com・Johann Fuchs, Alexander Kubis, Lutz Schneider (Bertelsmann Stiftung, 2015): Zuwanderungsbedarf aus Drittstaaten in Deutschland bis 2050, Szenarien für ein konstantes Erwerbspersonenpotenzial – unter Berücksichtigung der zukünftigen inländischen Erwerbsbeteiligung und der EU-Binnenmobilität. www.bertelsmann-stiftung.de・Sachverständigenrat Wirtschaft zit. nach de.statista.com

p.90-91 中華民國統計資料網: 人力資源調查・國家發展委員會人口推估查詢系統・勞動部勞動力發展署統計資料庫。

p.92-93 國家發展委員會・中華民國統計資訊網: 國富統計・Human Development Report 2020, United Nations Development Programme: hdr.undp.org・World Happiness Report 2021.worldhappiness.report・OECD: Bildung auf einen Blick 2014-OECD-Indikatoren. www.oecd-ilibrary.org・OECD, WHO zit. nach de.statista.com・Deutsche Bundesbank zit. nach de.statista.com・www.oecd.org

IV 世界經濟篇

p.96-97 Friedrich Ebert Stiftung (Online Akademie): fes-online-akademie.de・Lina Stotz und Gillian Kane: Global Garment Industry Factsheet. www.cleanclothes.org・www.bloomberg.com・Wall Street Journal: www.wsj.com

p.98-99 Deutscher Gewerkschaftsbund: einblick.dgb.de zit. nach IGB (Make Fruit Fair)・Rich Breuhaus (2008): 787 Dreamliner – A New Airplane for a New World, Government, Certifi cation and Environment. www.aci-na.org・Kenneth L. Kraemer, Greg Linden und Jason Dedrick (2007): Capturing Value in Global Networks. www.itif.org/fi les/KraemerPresentation.pdf

p.100-101 World Economic Forum (2014): The Global Competitiveness Report 2019. www.weforum.org/reports・www.heritage.org・reports.weforum.org

p.102-103 www.ggdc.net・US Census Bureau (2014): www.census.gov

p.104-105 www.wikimedia.de・www.noaa.gov・Hafen Hamburg Marketing zit. nach de.statista.com・Airports Council International: www.aci.aero・OECD and ITF（2015）：ITF Transport Outlook 2015. dx.doi.org/10.1787/9789282107782-en

p.106-107 de.wikipedia.org・saarc-sec.org

p.108-109 World Trade Organization: International Trade Statistics 2015, 2021・www.wto.org・Statistisches Bundesamt: www.destatis.de・WTO zit. nach de.statista.com・WTO zit. nach de.wikipedia.org・WTO: stat.wto.org/StatisticalProgram（bei TOP 3 der führenden Exportländer im Zeitverlauf „Warenexporte kumuliert in Mrd. US-Dollar: Nominaler Wert, d.h. zu jeweiligen Preisen, nicht inflations-, saison- oder kalender-bereinigt")

p.110-111 Karl Lallerstedt und Michael Wigell, The Finnish Institute of International Affairs（2014）：FIIA Briefing Paper 151, March 2014. www.fiia.fi

p.112-113 International Labour Organization: www.ilo.org

p.114-115 International Monetary Fund: www.imf.org・Worldbank: www.worldbank.org・OECD: www.oecd.org・World Trade Organization: www.wto.org・www.fsb.org・de.wikipedia.org・Jan Wouters, Jed Odermatt（Leuven Centre for Global Governance Studies）: Working Paper No. 128（2013）, Comparing the „Four Pillars" of Global Economic Governance: A Critical Analysis of the Institutional Design of the FSB, IMF, World Bank and WTO. eusi.jp/en/wp-content

p.116-117 www.statista.com・Bank for International Settlements: Triennial Central Bank Survey（2019）・de.wikipedia.org・www.spiegel.de・relbanks.com zit. nach de.statista.com・www.handelszeitung.ch

p.118-119 www.mba-mondays-illustrated.com・www.economist.com・The Economist: www.economist.com・de.wikipedia.org

p.120-121 www.fortune.com.

p.122-123 en.wikipedia.org・作者個人研究

p.124 經濟部水利署・Canadean, Beverage Marketing Corporation, International Bottled Water Association, Nestlé, Zenith International, Euromonitor, wafg, Statistisches Bundesamt und Verband Deutscher Mineralbrunnen zit. nach de.statista.com・作者個人研究

p.125 Statistisches Bundesamt: www.destatis.de・Organization for Economic Co-operation and Development: www.oecd-ilibrary.org

p.126-127 International Organization for Migration（2013）：World Migration Report 2013. publications.iom.int・United Nations, Department of Economic and Social Aff airs, Population Division, OECD-UNDESA（2013）：World Migration in Figures. www.oecd.org・United Nations, Department of Economic and Social Aff airs, Population Division（2013）：Trends in International Migrant Stock, Migrants by Destination and Origin. www.un.org

p.128 www.transfermarkt.de

V 理論篇

p.130-131 de.wikipedia.org

p.132-133 de.wikipedia.org・www.whoswho.de

p.134-135 agso. uni-graz.at/lexikon/klassiker・www.dhm.de/lemo/biografie・de.wikipedia.org・wirtschaftslexikon.gabler.de・doener235.wordpress.com/2008/06/28/maxis-mus-in-10-minuten

p.136-137 de.wikipedia.org・wirtschaftslexikon.gabler.de

p.138-139 de.wikipedia.org・www.keynes-gesellschaft.de

p.140-141 de.wikipedia.org（Mai 2016）・Financial Times Deutschland: Ökonomie–Die Klassiker kompakt, Broschüre

p.142-143 de.wikipedia.org（Mai 2016）・Financial Times Deutschland: Ökonomie–Die Klassiker kompakt, Broschüre・Financial Times Deutschland: Globalisierung – Wissen kompakt, Broschüre

VI 環境保護與資源篇

p.146-147 www.nachhaltigkeit.info

p.148-149 U.S. Department of the Interior and U.S. Geological Survey（2016）：Mineral Commodity Summary January 2016. minerals.usgs.gov/minerals・de.wikipedia.org

p.150-151 經濟部能源局能源統計資料查詢系統・Die Bundesanstalt für Geowissenschaften und Rohstoffe（2015）：Energiestudie – Reserven, Ressourcen und Verfügbarkeit von Energierohstoff en. www.bgr.bund.de・Bundesministerium für Wirtschaft und Energie（2016）：Energiedaten–Gesamtausgaben. www.bmwi.de・Lux Magazin（2014）：Ausgabe 05/2014, Süddeutscher Verlag onpact

p.152-153 經濟部水利署・www.statista.com・www.wasserwerke-sonneberg.de・Ernährungs- und Landwirtschafts-organisation der Vereinten Nationen: www.fao.org・Organisation für wirtschaftliche Zusammenarbeit und Entwicklung: www.oecd.org・Unesco: www.unesco.de・Statistisches Bundesamt: www.destatis.de・Bundesverband der Energie- und Wasserwirtschaft: www.bdew.de・Vereinigung Deutscher Gewässerschutz: www.vdg-online.de und www.virtuelles-wasser.de

p.154-155 行政院農委會農業統計資料查詢・World Integrated Trade Solution・Ernährungs- und Landwirtschafts-organisation der Vereinten Nationen: www.fao.org, faostat3.fao.org

p.156 行政院農委會農業統計資料查詢・Bundesministerium für Ernährung und Landwirtschaft: www.bmel.de・www.gfk-verein.org・div. Quellen zit. nach de.statista.com

p.157 ISAAA zit. nach de.statista.com・International Service for the Acquisition of Agri-Biotech Applications: www.isaaa.org

p.158-159 Heinrich Böll Stiftung, Bund für Umwelt- und Naturschutz Deutschland（2016）：Fleischatlas – Daten und Fakten über Tiere als Nahrungsmittel 2016. www.boell.de・www.foodwatch.org・de.statista.com・Fair Trade International（2019）Annual Report 2018-19 zit. nach de.statista.com・www.adm-ev.de/zahlen・Havas Media zit. nach de.statista.com・www.verpackungsbarometer.de・Verbraucherzentrale Nordrhein-Westfalen（2014）：Meinungsumfrage in NRW, Anteil der Haushalte mit Ökostrombezug. www.verbraucherzentrale.nrw・Bundesministerium für Ernährung und Landwirtschaft（2014）：TNS-Emnid-Umfrage, Einkaufs- und Ernährungsverhalten in Deutschland. www.bmel.de

p.160-161 Transparency International: www.transparency.org・Transparency International（2014）：Transparency in Corporate Reporting – Assessing the World's Largest Companies. www.transparency.org

p.162-163 作者個人研究

p.164-165 C.P. Baldé, F. Wang, R. Kuehr, J. Huisman, United Nations University–Institute for the Advanced Study of Sustainability（2015）：The global e-waste monitor 2020. i.unu.edu/media・socialmediaweek.org・International Telecommunication Union, ICT Data and Statistics Division Telecommunication Development Bureau（2014）：The World in 2014–ICT Facts and Figures. www.itu.int・www.itu.int・www.cta.tech・Informationszentrum Mobilfunk（2014）：Rohstoff e und Lebenszyklus eines Mobiltelefons – Factsheet. www.izmf.de・In Graphics Magazin（2012）：Ausgabe 4, S. 40/41, Golden Section Graphics・www.bitkom.org

p.166-167 Eurostat: ec.europa.eu・Statistisches Bundesamt: www.destatis.de・Lux Magazin（2013）：Ausgabe 05/2013, Süddeutscher Verlag onpact

p.168-169 財政部財政統計資料庫: 營利事業家數與銷售額・勞動部職類別薪資動態查詢・Statistisches Bundesamt: www.destatis.de・Statistisches Bundesamt（2015）：Produzierendes Gewerbe – Beschäftigung, Umsatz, Investitionen und Kostenstruktur der Unternehmen in der Energieversorgung, Wasserversorgung, Abwasser- und Abfallentsorgung, Beseitigung von Umweltverschmutzungen. www.destatis.de・Statistisches Bundesamt und IMF zit. nach de.statista.com（2016）：Branchenreport–Abfallentsorgung und Rückgewinnung 2015

p.170-171 www.dehst.de・klimawandel-bekaempfen.dgvn.de・de.wikipedia.org・European Environment Agency（2015）, EEA Technical report No.14/2015: Trends and projections in the EU ETS in 2015. www.eea.europa.eu・Umweltbundesamt: www.umweltbundesamt.de・International Carbon Action Partnership（2015 und 2016）：EmissionsTrading Worldwide, Status Report 2015. icapcarbonaction.com・European Environment Agency: www.eea.europa.eu/media/infographics

p.172-173 經濟部能源局再生能源資訊網・Bundesnetzagentur: www.bundesnetzagentur.de・Bundesverband der Energie- und Wasserwirtschaft（2013）, Presseinformationen: www.bdew.de/internet.nsf・de.wikipedia.org・www.ag-energiebilanzen.de・www.unendlich-viel-energie.de/mediathek・Bundesministerium für Wirtschaft und Energie（2015）：Erneuerbare Energien in Zahlen – Nationale und internationale Entwicklung im Jahr 2014. www.bmwi.de・Bundesministerium für Wirtschaft und Energie（2015）：Ein gutes Stück Arbeit–Die Energie der Zukunft, Vierter Monitoring-Bericht zur Energiewende. www.bmwi.de・International Renewable Energy Agency（2015）：Renewable Energy Prospects.www.irena.org

p.174-175 Bundesministerium für Umwelt, Naturschutz, Bau und Reaktorsicherheit（2021）：GreenTech made in Germany 4.0–Umwelttechnologie-Atlas für Deutschland. www.greentech-made-in-germany.de

VII 未來篇

p.178-179 www.naisbitt.com・John Naisbitt（1982）：Megatrends. Ten New Directions Transforming our Lives（6. Aufgage）. London: Warner Books・books.google.com/ngrams

p.180-181 nowandnext.com・www.trendone.com・www.rolandberger.de・www.zukunftsinstitut.de・www.pwc.com・weiterdenken.ch・mba13-group8.weebly.com

p.182-183 www.theatlantic.com・Dr. Christoph Pallaske（2010）：Zeittafel Geschichte – Wichtige Ereignisse und Epochen der Geschichte. www.teachersnews.net

p.184 de.wikipedia.org・Bundeszentrale für politische Bildung: www.bpb.de・wirtschaftslexikon.gabler.de・www.druckerinstitute.com・Joseph A. Schumpeter（2005）：Kapitalismus, Sozialismus und Demokratie（8. Aufgage）. Tübingen und Basel: UTB/A. Francke

p.185 Europäisches Patentamt: www.epo.org

p.186-187 Deutsche Akademie der Technikwissenschaften, Bundesverband der Deutschen Industrie（2015,2021）：Innovationsindikator–Schwerpunkt Mittelständische Wirtschaft. www.innovationsindikator.de

p.188-189 t3n.de・Ashlee Vance（2015）：Elon Musk – How the billionaire CEO of SpaceX and Tesla is shaping our future. London: Virgin Books・www.cnet.com

p.190-191 www.cbinsights.com/research-unicorn-companies・fortune.com/unicorns

p.192-193 作者個人研究

p.194-195 iot-analytics.com・作者個人研究

p.196 www.bmvit.gv.at・作者個人研究

p.197 de.wikipedia.org・作者個人研究

p.198 de.wikipedia.org・作者個人研究・www.chip.de

p.199 de.wikipedia.org・作者個人研究・www.chip.de

p.200-201 https://abc.xyz/・www.statista.com・commons.wikimedia.org・www.koozai.com・Google zit. nach de.statista.com・www.google.de/about・arstechnica.com

p.202-203 AllAccess.com: Infographic: What Happens In An Internet Minute 2020・www.statista.com・www.ibmbigdatahub.com/infographics・www.miprofs.com・www.n-news.de・www.unece.org・image-store.slidesharecdn.com/cdf4b8e8-ac15-45cb-819e-8d5b640873b6-original.png・www.research.ibm.com・Björn Bloching, Lars Luck, Thomas Ramge（2012）：Data Unser – Wie Kundendaten die Wirtschaft revolutionieren・München: Redline Verlag

p.204-205 World Economic Forum（2016）：Global Challenge Insight Report–The Future of Jobs, Employment, Skills and Workforce Strategy for the Fourth Industrial Revolution. www3.weforum.org・Institute for the Future for the University of Phoenix Research Institute（2011）：Future Work Skills 2020. www.iftf.org

p.206-207 nextpractice und Bundesministerium für Arbeit und Soziales（2016）：Wertewelten Arbeiten 4.0. www.arbeitenviernull.de

p.208-209 Forbes: THE FINTECH 50 LIST 2021・fortune.com/unicorns・Pricewater-houseCoopers（2016）：Global Fintech Report – Blurred lines: How FinTech is shaping Financial Services. www.pwc.com

p.210 www.statista.com・www.economist.com・www.ft.com・de.wikipedia.org・blockchain.com

p.211 Steff an Heuer und Thomas Ramge（2016）：Durchsichtige Geschäfte. In: brand eins, 05/2016. www.brandeins.de

就在不久的未來，讓我們歡迎……

人類自從發明輪子之後，便不斷尋找各種能減輕工作的工藝技術，如今愈來愈多的機器接手愈來愈多的工作，也創造了愈來愈多的財富。幾百年來都沒變過的原則是：人們工作，獲取報酬，其中一部分拿去繳稅給國家，剩餘的用來維持自己的生活，偶爾奢侈一下犒賞自己，獎賞中也包括自己參與生產出來的奢侈品。

薪資帳冊

地球觀　69

經濟學．INFOGRAPHICS視覺資訊大繪解

Wirtschaft verstehen mit Infografiken: Eine Einführung in 111 Infografiken

作　　者　托馬斯．蘭姆格（Thomas Ramge）
　　　　　揚．史沃喬夫（Jan Schwochow）
譯　　者　劉于怡

野人文化股份有限公司
社　　長　張瑩瑩
總 編 輯　蔡麗真
主　　編　陳瑾璇
責任編輯　陳韻竹
專業校對　林昌榮、簡淑媛
封面設計　児日設計
內頁排版　洪素貞
行銷企劃經理　林麗紅
行銷企劃　蔡逸萱、李映柔

讀書共和國出版集團
社　　長　郭重興
發 行 人　曾大福
業務平臺總經理　李雪麗
業務平臺副總經理　李復民
實體通路組　林詩富、陳志峰、郭文弘、王文賓、吳眉姍
網路暨海外通路組　張鑫峰、林裴瑤、范光杰
特販通路組　陳綺瑩、郭文龍
電子商務組　黃詩芸、李冠穎、林雅卿、高崇哲
專案企劃組　蔡孟庭、盤惟心
閱讀社群組　黃志堅、羅文浩、盧煒婷
版 權 部　黃知涵
印 務 部　江域平、黃禮賢、林文義、李孟儒
出　　版　野人文化股份有限公司
發　　行　遠足文化事業股份有限公司
　　　　　地址：231 新北市新店區民權路 108-2 號 9 樓
　　　　　電話：（02）2218-1417　傳真：（02）8667-1065
　　　　　電子信箱：service@bookrep.com.tw
　　　　　網址：www.bookrep.com.tw
　　　　　郵撥帳號：19504465 遠足文化事業股份有限公司
　　　　　客服專線：0800-221-029
法律顧問　華洋法律事務所　蘇文生律師
印　　製　凱林彩印股份有限公司
初版首刷　2022 年 03 月
初版 5 刷　2023 年 01 月

ISBN 9789863845706（平裝）
ISBN 9789863846116（EPUB）
ISBN 9789863846055（PDF）

歡迎團體訂購，另有優惠，請洽業務部（02）22181417 分機 1124

團隊名單

概念發想：Thomas Ramge, Jan Schwochow

文字： Thomas Ramge

美術總監：Klaas Neumann

資訊圖表製作：Annick Ehmann, Klaas Neumann, Anton Delchmann, Jan Schwochow, Katharina Schwochow, Verena Muckel, Nick Oelschlägel, Jakub Chrobok, Daniela Scharffenberg, Henning Trenkamp, Christian Eisenberg, Jonas Parnow, Christophorus Halsch, Jaroslaw Kaschtalinski

計畫負責人：Annemarie Kurz

研究與資料整理：Katja Ploch, Victoria Strathon, René Kohl, Heike Barnitzke

繁中版資訊更新及台灣資料補充，由野人文化編輯部蒐集及編纂。

國家圖書館出版品預行編目（CIP）資料

經濟學．INFOGRAPHICS 視覺資訊大繪解 / 托馬斯．蘭姆格（Thomas Ramge），揚．史沃喬夫（Jan Schwochow）合著 . -- 初版 . -- 新北市 : 野人文化股份有限公司出版 : 遠足文化事業股份有限公司發行 , 2022.03
　面；　公分 . --（地球觀 ; 69）
ISBN 978-986-384-570-6（平裝）

1. 經濟學 2. 圖表

550　　　110012919

野人文化
官方網頁

野人文化
讀者回函

經濟學．
INFOGRAPHICS
視覺資訊大繪解

線上讀者回函專用 QR CODE，你的寶貴意見，將是我們進步的最大動力。